Jürgen Horsch

Innovations- und Projektmanagement

Jürgen Horsch

Innovations- und Projektmanagement

Von der strategischen Konzeption bis zur operativen Umsetzung

GABLER

Bibliografische Information Der Deutschen Bibliothek
Die Deutsche Bibliothek verzeichnet diese Publikation in der Deutschen Nationalbibliografie;
detaillierte bibliografische Daten sind im Internet über <http://dnb.ddb.de> abrufbar.

Prof. Dr. Jürgen Horsch ist Professor für Finanzwirtschaft und Controlling an der FH
Hildesheim/Holzminden/Göttingen.

1. Auflage April 2003

Alle Rechte vorbehalten
© Springer Fachmedien Wiesbaden 2003
Ursprünglich erschienen bei Betriebswirtschaftlicher Verlag Dr . Th. Gabler GmbH,
Wiesbaden 2003.

Lektorat: Ulrike Lörcher / Katharina Harsdorf

www.gabler.de

Umschlaggestaltung: Ulrike Weigel, www.CorporateDesignGroup.de

Gedruckt auf säurefreiem und chlorfrei gebleichtem Papier

ISBN 978-3-409-12378-5   ISBN 978-3-322-89494-6 (eBook)
DOI 10.1007/978-3-322-89494-6

Für Anna Mirjam

Vorwort

Die in Deutschland seit mehreren Jahren geführte Standortdiskussion macht deutlich, dass Massenprodukte auf der Basis gängiger Technologien nur selten wettbewerbsfähig produziert werden können. Hinzu kommt, dass einfache Technologien leicht und schnell imitiert werden (vor allem von aufstrebenden Wirtschaftsnationen). Deshalb sind Unternehmen gezwungen, Wettbewerbsvorsprünge immer wieder neu zu erarbeiten. Deutsche Unternehmen werden sich daher auf Dauer im internationalen Wettbewerb nur dann behaupten können, wenn sie verfügbares Know-how in innovative Produkte und Prozesse umsetzen. Um solche Projekte optimal zu verwirklichen, ist ein Innovations- und Projektmanagement notwendig. Die Besonderheiten eines Innovations- und Projektmanagements resultieren daraus, dass es sich nicht um Routineprozesse, sondern um neuartige Aktivitäten mit bestehenden Unsicherheiten und Risiken handelt.

Im ersten Teil (Kapitel 1) des Buches wird nach der Definition der wesentlichen Kernbegriffe ein erster Überblick über den Gegenstand eines Projekt- und Innovationsmanagements gegeben.

Im zweiten Teil (Kapitel 2) steht die Erörterung der notwendigen strategischen Erfolgsfaktoren im Mittelpunkt, wobei insbesondere die Marktorientierung, Technologieorientierung und das richtige Timing von Innovationen vertieft werden. Notwendige Instrumente, beispielsweise die Portfolio-Analyse und die Balanced Scorecard finden hierbei Berücksichtigung. Darüber hinaus werden grundlegende organisatorische Gestaltungskonzepte (u.a. Lizenzstrategie, Venture-Management, eigenständige Forschung und Entwicklung) sowie personelle und sozio-kulturelle Rahmenbedingungen vorgestellt. Insofern umfasst das Innovationsmanagement überwiegend strategische Aspekte und Rahmenbedingungen, die durch das Topmanagement sicherzustellen sind.

Im dritten Kapitel wird ein Konzept zur operativen Umsetzung von Projekten vorgestellt. Dabei erfolgt zunächst eine Transformierung der strategischen Überlegungen in eine operative Projektprogrammplanung, die letztlich in ein Phasenkonzept zur Realisierung von Projekten mündet. Im Mittelpunkt stehen hierbei :

- Projektstart
- Projektorganisation
- Projektplanung
- Projektüberwachung
- Projektabschluss

Die dabei notwendigen Instrumente und Werkzeuge, wie z.B. Target Costing, FMEA, Projektstrukturplanung, Terminplanungstechniken, Belastungsdiagramme, Projektkostenrechnung, Meilenstein-Trendanalyse, Lebenszykluskostenrechnung, Zielterminrechnung, werden anhand einzelner aus der Unternehmenspraxis stammender Beispiele verdeutlicht.

Für Anregungen und konstruktive Kritik danke ich meinem Vater Peter Horsch und für die Erstellung der Grafiken meiner Frau Susanne Mandrella. Ein Dankeschön richte ich auch an Frau Lörcher und Frau Harsdorf vom Gabler Verlag für Ihre gute Zusammenarbeit.

Göttingen, im März 2003   Jürgen Horsch

Inhaltsverzeichnis

Vorwort V

Inhaltsverzeichnis VII

Abbildungsverzeichnis XIII

Abkürzungsverzeichnis.. XXI

1. Grundlagen...1

   1.1   Kernbegriffe...1
       1.1.1 Innovation 1
            1.1.1.1 Objektive vs. subjektive Innovation 2
            1.1.1.2 Basis- vs. evolutionäre Innovation 3
            1.1.1.3 Innovation als Prozess 6
            1.1.1.4 Zusammenfassende Bewertung..............................7
       1.1.2 Forschung und Entwicklung 8
       1.1.3 Projekt..9

   1.2   Arten von innovativen Projekten 12
       1.2.1 Produkte...13
       1.2.2 Prozesse 13

   1.3   Überblick über den Gegenstand eines Projekt- und
       Innovationsmanagements...15
       1.3.1 Besonderheiten...15
       1.3.2 Integriertes Lebenszykluskonzept.....................................16
       1.3.3 Beherrschung des magischen Dreiecks..............................21
            1.3.3.1 Qualität..22
            1.3.3.2 Kosten 22
            1.3.3.3 Zeit 24
       1.3.4 Defizite im Innovationsmanagement 26

2. Strategische Ebene: Innovationsmanagement 27

   2.1   Innovationen als wachstumsstrategisches Instrument....................28
       2.1.1 Gap-Analyse zur Verdeutlichung des Problems 28
       2.1.2 Optionen zur Schließung einer strategischen Lücke..........29
       2.1.3 Bewertung der Gap-Analyse...29

2.2   Grundlagen für eine Strategieentwicklung von Innovationen 30
       2.2.1 Phasen der Strategieentwicklung 30
       2.2.2 Portfolio-Analyse 32
       2.2.3 Bildung von strategischen Geschäftsfeldern und -einheiten 32
       2.2.4 Alternativen zur Erzielung strategischer Wettbewerbsvorteile 34
       2.2.5 Balanced Scorecard als Instrument der Strategieimplementierung 36

2.3   Kernfaktoren für eine Strategieentwicklung von Innovationen 40
       2.3.1 Marktorientierung von Innovationen 40
             2.3.1.1 Produkt-Markt-Matrix 40
             2.3.1.2 Marktattraktivitäts-Wettbewerbsvorteil-Portfolio 43
       2.3.2 Technologieorientierung von Innovationen 46
             2.3.2.1 Theorie, Technologie und Technik 46
             2.3.2.2 Technologie als Quelle und Gegenstand von
                      Innovationen 48
             2.3.2.3 Technologiefrüherkennung und -prognose 48
             2.3.2.4 Strategische Entscheidungen zum Technologieeinsatz 63
             2.3.2.5 Integration der Markt- und Technologieorientierung 68
       2.3.3 Timingstrategien 69
             2.3.3.1 Potenziale der Innovationsführer 73
             2.3.3.2 Potenziale der Innovationsfolger 75
             2.3.3.3 Bewertung der Vorteilhaftigkeit einer Timingstrategie 77

2.4   Organisatorische Gestaltungskonzepte der Innovation 79
       2.4.1 Überblick über grundlegende Innovationskonzepte 79
       2.4.2 Übernahme bestehender Innovationen 81
             2.4.2.1 Innovationseinkauf 81
             2.4.2.2 Imitationsmanagement 82
             2.4.2.3 Lizenznahme 83
             2.4.2.4 Unternehmensakquisition 84
       2.4.3 Ausgliederung des Innovationsmanagements 85
             2.4.3.1 Auftragsforschung 87
             2.4.3.2 Kooperation 87
             2.4.3.3 Venture-Management 92
       2.4.4 Eigenständige Forschung und Entwicklung 99
             2.4.4.1 Zentralisation und/oder Dezentralisation der Forschungs-
                      und Entwicklungsabteilung 99
             2.4.4.2 Integrationsmanagement 100
       2.4.5 Kontinuierliche Verbesserungsprozesse 108

2.5   Personelle und sozio-kulturelle Rahmenbedingungen der Innovation 111
       2.5.1 Erfolgsfaktor Personal 111
             2.5.1.1 Personalbedarfsplanung, -beschaffung und -auswahl 112
             2.5.1.2 Schaffung einer innovationsfördernden
                      Unternehmenskultur 115

2.5.1.3 Personalentwicklung 116
2.5.1.4 Personalführung 118
2.5.1.5 Job-Rotation 119
2.5.1.6 Betriebliches Anreizsystem...119
2.5.2 Überwindung von Widerständen gegen Innovationen 121
2.5.2.1 Analyse des Widerstandes..121
2.5.2.2 Ethik und Innovation..128
2.5.2.3 Promotorenmodell 132

3. Operative Ebene: Projektmanagement 137

3.1   Voraussetzungen für ein effektives und effizientes Projektmanagement......137

3.2   Projektprogrammplanung...138
3.2.1 Gegenstand der Projektprogrammplanung..................................138
3.2.2 Problemerkennung und Ideengenerierung 139
3.2.2.1 Ausgewählte Methoden für die Problemerkennung 139
3.2.2.2 Ausgewählte Methoden für die Ideengenerierung.................142
3.2.3 Bewertungsverfahren für Projektalternativen 148
3.2.3.1 Überblick..148
3.2.3.2 Verfahren für die Grobauswahl: Mehrdimensionale
Verfahren..149
3.2.3.3 Verfahren für die Feinauswahl: Eindimensionale
Verfahren..153
3.2.4 Risikobewertung von Projektalternativen 160
3.2.5 Finanzielle Rahmenbedingungen...164
3.2.5.1 Aufwendungen für Forschung und Entwicklung.................164
3.2.5.2 Ansätze der Budgetierung 166
3.2.5.3 Staatliche Förderprogramme 169

3.3   Projektstart: Festlegung der Projektziele 169
3.3.1 Lastenheft 170
3.3.2 Pflichtenheft..171
3.3.3 Target Costing 173
3.3.4 Quality Function Deployment...182
3.3.5 Design for Manufacture and Assembly 183
3.3.6 Fehlermöglichkeits- und Einflussanalyse 183

3.4   Organisation von Projekten..185
3.4.1 Beteiligte..185
3.4.1.1 Lenkungsausschuss 186
3.4.1.2 Projektleiter..187
3.4.1.3 Projektteam 189

3.4.2 Wahl der Aufbauorganisation 197
    3.4.2.1 Abwicklung des Projektes in der bestehenden
         Linienorganisation..198
    3.4.2.2 Stabsstellen-Projektorganisation 198
    3.4.2.3 Matrix-Projektorganisation 199
    3.4.2.4 Reine Projektorganisation 201
    3.4.2.5 Gesamtbewertung...201
    3.4.2.6 Externe Projektdurchführung 204

3.5 Projektplanung..206
  3.5.1 Grundlagen und Voraussetzungen 206
  3.5.2 Projektstrukturplanung...210
  3.5.3 Ablauf- und Terminplanung 214
    3.5.3.1 Prozess der Ablauf- und Terminplanung............214
    3.5.3.2 Methoden für die Aufwandschätzung 219
    3.5.3.3 Terminplanungstechniken 223
  3.5.4 Kapazitätsplanung..235
    3.5.4.1 Gegenstand und Phasen der Kapazitätsplanung....235
    3.5.4.2 Bedarfsermittlung der Ressourcen 237
    3.5.4.3 Darstellung des Ressourcenbedarfs im Rahmen eines
         Belastungsdiagramms..238
    3.5.4.4 Kapazitätsausgleich 239
    3.5.4.5 EDV-Einsatz...243
    3.5.4.6 Continuous Engineering 244
  3.5.5 Projektkostenplanung..245
    3.5.5.1 Gegenstand und Notwendigkeit einer
         Projektkostenplanung..245
    3.5.5.2 Bewertung der Projektkosten 246
    3.5.5.3 Prozesskostenrechnung 251
    3.5.5.4 Liquiditätsplanung...255
    3.5.5.5 Produktlebenszyklusrechnung...........................255

3.6 Projektüberwachung und Projektsteuerung............................256
  3.6.1 Ziel und Gegenstand 256
  3.6.2 Ursachen für Abweichungen.....................................259
  3.6.3 Informationsmanagement im Projekt............................261
  3.6.4 Überwachung der Projektkosten 263
    3.6.4.1 Ermittlung der Istkosten 263
    3.6.4.2 Problemstellung und Budgetanalyse 264
    3.6.4.3 Arten von Kostenabweichungen..........................266
    3.6.4.4 Methoden zur Ermittlung von
         Projektkostenabweichungen.....................................266
    3.6.4.5 Bewertung des Projektfortschritts 269
    3.6.4.6 Beispiel einer integrierten Projektkosten- und
         Leistungsanalyse 274

3.6.5 Überwachung der Projektdauer...279

3.6.6 Kennzahlen der Projekteffizienz...281

3.6.7 Prognose bezüglich der Restkosten und der restlichen
Projektdauer...283

    3.6.7.1 Vergangenheitsbezogene Bestimmung auf der Basis von
    Kennzahlen...283

    3.6.7.2 Meilenstein-Trendanalyse 287

3.6.8 Zielterminrechnung..292

3.6.9 Beurteilung der Bedeutung von auftretenden Abweichungen
bezüglich der Wirtschaftlichkeit des Projektes und Prüfung eines
eventuellen Projektabbruchs 297

    3.6.9.1 Begriff Projektabbruch 297

    3.6.9.2 Gründe und Entscheidungskriterien für einen
    Projektabbruch 298

3.7 Projektabschluss...303

3.7.1 Übergabe der Projektergebnisse und abschließende Tests.................303

3.7.2 Projektabschlussbericht und Dokumentation 305

3.7.3 Projektabschlusssitzung 305

Literaturverzeichnis 307

Stichwortverzeichnis..327

Abbildungsverzeichnis

Abbildung 1: Objektive und subjektive Sichtweise des Innovationsbegriffs....................2

Abbildung 2: Basisinnovationen und Korfjunktur 4

Abbildung 3: Profil von Innovationsansätzen..5

Abbildung 4: Innovation in Abhängigkeit vom Neuheitsgrad am Beispiel Volkswagen ..6

Abbildung 5: Begriffszusammenhänge...7

Abbildung 6: Konzept des integrierten Lebenszyklus 17

Abbildung 7: Entwicklungstrichter...20

Abbildung 8: Magisches Zieldreieck von innovativen Projekten 21

Abbildung 9: Kostenbeeinflussung und Kostenentstehung 23

Abbildung 10: Zeitfalle...24

Abbildung 11: Entwicklungszeit als Haupteinflussgröße des Ertrages 25

Abbildung 12: Gap-Analyse 28

Abbildung 13: Definition von strategischen Geschäftsfeldern und strategischen
Geschäftseinheiten 33

Abbildung 14: Wertschöpfungskette 35

Abbildung 15: Die Perspektiven der Balanced Scorecard 37

Abbildung 16: Stufenweise Operationalisierung von Strategien 38

Abbildung 17: Etappenziele und Fortschrittsbeurteilung 39

Abbildung 18: Produkt-Markt-Matrix (Ansoff-Matrix)...................................41

Abbildung 19: Marktattraktivitäts-Wettbewerbsvorteil-Portfolio 44

Abbildung 20: Normstrategien des Mc Kinsey-Geschäftsfeldportfolio 45

Abbildung 21: Zusammenhang von Theorie, Technologie und Technik 47

Abbildung 22: Patentanmeldungen mit Wirkung in der Bundesrepublik Deutschland ...52

Abbildung 23: Unternehmen mit den meisten Patentanmeldungen mit Wirkung in der
Bundesrepublik Deutschland 53

Abbildung 24: Technologien in der Wertschöpfungskette eines Unternehmens 57

Abbildung 25: Indikatoren eines Technologielebenszyklus 59

Abbildung 26: Idealtypische Lebenszykluskurve einer Technologie 60

Abbildung 27: Substitutionspotenzial neuer Technologien 61

Abbildung 28: Technologieportfolio 64

Abbildung 29: Technologieportfolio bei DaimlerChrysler..............................65

Abbildung 30: Zeitliche Transformation des Technologieportfolios................66

Abbildung 31: Strategische Optionen eines Technologieportfolios 67

Abbildung 32: Integration von Markt- und Technologieorientierung 69

Abbildung 33: Innovationsportfolio 70

Abbildung 34: Timing des Markteintritts 71

Abbildung 35: Charakterisierung prominenter Führer- und Folgerinnovationen nach
wirtschaftlichem Erfolg..71

Abbildung 36: Zeitorientierte Gestaltung des Produktinnovationsprozesses.......................72

Abbildung 37: Erfahrungskurve 73

Abbildung 38: Optimaler Markteintritt unter situativen Gesichtspunkten.......78

Abbildung 39: Optimale Bezugsquelle für Innovationen 81

Abbildung 40: Träger der Integrationsgestaltung 86

Abbildung 41: Möglichkeiten zur Beendigung von Kooperationen.................93

Abbildung 42: Vorteile des Venture-Managements 94

Abbildung 43: Gesamtportfolio nach Branchen 96

Abbildung 44: Überblick über die Geber von Venture-Capital des Bundesverbandes
Deutscher Kapitalbeteiligungsgesellschaften (BVK) e.V. 97

Abbildung 45: Ausgewählte Möglichkeiten der Eingliederung von Forschung und
Entwicklung in die Aufbauorganisation von Unternehmen in
funktionaler Hinsicht..101

Abbildung 46: Ausgewählte Möglichkeiten der Eingliederung von Forschung und
Entwicklung in die Aufbauorganisation von Unternehmen in
divisionaler Hinsicht 102

Abbildung 47: Integrationsbedarf bei innovativen Projekten 103

Abbildung 48: Ausgewählte Instrumente zur Behandlung von Schnittstellen-
Problemen 105

Abbildung 49: Begriff Verbesserungsvorschlag...109

Abbildung 50: Ziele des Betrieblichen Vorschlagswesens.............................109

Abbildung 51: Betriebliches Vorschlagswesen ausgewählter Unternehmen................110

Abbildung 52: Verteilung des Personals im Bereich Forschung und Entwicklung des Wirtschaftssektors 112

Abbildung 53: Ausgewählte Persönlichkeitsmerkmale des Innovators 114

Abbildung 54: 10 Regeln zur Innovationsblockade 117

Abbildung 55: Nutzung und wahrgenommene Bedeutung von Anreizen 120

Abbildung 56: Widerstand potenzieller personeller und institutioneller Gruppierungen 122

Abbildung 57: Widerstände gegen Innovationen..123

Abbildung 58: Innovationsfördernde und -hemmende Faktoren 126

Abbildung 59: Konzept der Arbeitsteilung im Innovationsmanagement.......................133

Abbildung 60: Strategien der Opposition und Gegenstrategien der Promotoren...........135

Abbildung 61: Konzept der Produktklinik...140

Abbildung 62: Neudesign durch Cherry Picking 141

Abbildung 63: Externe Anregungen eines Innovationsprojektes...................................142

Abbildung 64: Synektik-Methode 146

Abbildung 65: Morphologische Analyse 147

Abbildung 66: Bewertungsverfahren innovativer Projekte...150

Abbildung 67: Relevante Kriterien für Bewertungsverfahren 151

Abbildung 68: Beispiel einer Nutzwertanalyse 153

Abbildung 69: Wirtschaftlichkeitsanalyse 154

Abbildung 70: Entscheidungsbaumdarstellung für eine Produktinnovation.................156

Abbildung 71: Kapitalwert der Projektalternative A 157

Abbildung 72: Beispiel für Kriterien einer Sensitivitätsanalyse...................................158

Abbildung 73: Vorgehensweise bei der Projektprogrammplanung 159

Abbildung 74: Ausfallraten im Innovationsprozess..161

Abbildung 75: Projektrisikoportfolio...162

Abbildung 76: Aufwendungen für Forschung und Entwicklung des Wirtschaftssektors 1983-2001 in Mio. € pro Jahr..164

Abbildung 77: Verteilung der Aufwendungen für Forschung und Entwicklung des Wirtschaftssektors nach Branchen am Gesamtumsatz der jeweiligen Branche 165

Abbildung 78: Kriterien der Budgetierung von Forschung und Entwicklung 166

Abbildung 79: Istverteilung des Forschungs- und Entwicklungsbudgets 167

Abbildung 80: Fördermittelprogramme, Voraussetzungen und Konditionen 170

Abbildung 81: Inhalte des Pflichtenheftes 172

Abbildung 82: Bestimmung der Zielkosten 174

Abbildung 83: Gewünschte Produktfunktionen an ein Mobilfunkgerät und ihre
Gewichtung 177

Abbildung 84: Beitrag der Komponenten zur Erfüllung der Produktfunktionen 178

Abbildung 85: Bedeutung der Komponenten 178

Abbildung 86: Ermittlung des Kostensenkungsziels 179

Abbildung 87: Gegenüberstellung von Komponentenbedeutung und prognostiziertem
Kostenanteil 180

Abbildung 88: Zielkostenkontrolldiagramm 182

Abbildung 89: Zusammenhang zwischen einer System-, Konstruktions- und Prozess-
FMEA 185

Abbildung 90: Projektbeteiligte 186

Abbildung 91: Rollen des Projektleiters im Überblick 187

Abbildung 92: Zusammenhang von Größe des Projektteams und Anzahl der
Kommunikationsbeziehungen 189

Abbildung 93: Modell der optimalen Größe des Projektteams 190

Abbildung 94: System überlappender Gruppen 191

Abbildung 95: Teambildung bei der Baureihenentwicklung 192

Abbildung 96: Fachliche Eckbereiche bei einem Entwicklungsprojekt 193

Abbildung 97: Konfliktursachen im Projekt 194

Abbildung 98: Teamentwicklung 196

Abbildung 99: Verteilung der Kompetenzen zwischen Projekt und Linien-
organisation 197

Abbildung 100: Stabsstellen-Projektorganisation 199

Abbildung 101: Grundkonzept einer Matrix-Projektorganisation 200

Abbildung 102: Funktionale Anforderungen unterschiedlicher Entwicklungs-
aufgaben 202

Abbildung 103: Bewertung der einzelnen Projektorganisationsvarianten 203

Abbildung 104: Einzelauftragsorganisation 204

Abbildung 105: Generalunternehmerschaft 205

Abbildung 106: Offenes Konsortium 205

Abbildung 107: Projektcontrolling-Zyklus 206

Abbildung 108: Module der Projektplanung 208

Abbildung 109: Meilensteine einer Produktentwicklung 208

Abbildung 110: Projektplan und Phasenplan 209

Abbildung 111: Grundstruktur eines Projektstrukturplans 211

Abbildung 112: Projektstrukturplan auf der Basis verschiedener Strukturierungslogiken 212

Abbildung 113: Inhalte einer Arbeitspaketbeschreibung 213

Abbildung 114: Phasenweise Entwicklung eines Projektstrukturplans 214

Abbildung 115: Teilprozesse der Ablauf- und Terminplanung 215

Abbildung 116: Zusammenhang zwischen Projektstrukturplan und Vorgängen 216

Abbildung 117: Grobterminplan am Beispiel Airbus 217

Abbildung 118: Detailplanung des Arbeitspaketes „Türverkleidung" 218

Abbildung 119: Beispiel Kalendrierung 220

Abbildung 120: Schätzklausur 222

Abbildung 121: Beispiel eines Balkendiagramms auf Basis von MS-Project 224

Abbildung 122: Grundformen der Netzplantechnik 226

Abbildung 123: Verfahren der Netzplantechnik 227

Abbildung 124: Beispiel eines Vorgangsknotens 228

Abbildung 125: Berechnung der Pufferzeiten 230

Abbildung 126: Ergebnisse aus einem MPM-Vorgangsknotennetzplan 231

Abbildung 127: Teilnetzplan 232

Abbildung 128: Deterministische und stochastische Planung 233

Abbildung 129: Ausgangswerte für einen PERT-Netzplan 234

Abbildung 130: Berechnung eines PERT-Netzplans 235

Abbildung 131: Ermittlung der verfügbaren Restkapazität 237

Abbildung 132: Ermittlung des Ressourcenbedarfs..238

Abbildung 133: Belastungsdiagramm...239

Abbildung 134: Optimierter Ressourceneinsatz 241

Abbildung 135: Ressourcenbedarf bei Strecken und Stauchen von Vorgängen...........242

Abbildung 136: Continuous Engineering 244

Abbildung 137: Entwicklung der Forschungs- und Entwicklungskostenanteile 246

Abbildung 138: Kostenstruktur der Prototyp-Entwicklung und Entwicklung zur
Marktreife 247

Abbildung 139: Gliederung der Projektkosten auf Basis des Projektstrukturplans 250

Abbildung 140: Zeitbezogene Kostenplanung...251

Abbildung 141: Vorteile einer Prozesskostenrechnung im Entwicklungsbereich 252

Abbildung 142: Vorgehensweise bei der Prozesskostenrechnung...........................252

Abbildung 143: Phasen, Aktivitäten und Kostenstellen des Entwicklungsprozesses 253

Abbildung 144: Prozesskosten für den Hauptprozess „Produktentwicklung"...............254

Abbildung 145: Überblick über Aufgaben und Methoden der Projektüberwachung
und -steuerung 257

Abbildung 146: Ursachen für Projektabweichungen auf Basis des Fischgrätenmodells..260

Abbildung 147: Beispiel für Berichte im Projektmanagement 262

Abbildung 148: Interpretation von Projektstatusberichten 262

Abbildung 149: Kapazitätsabweichungsanalyse...264

Abbildung 150: Budgetkontrolle 265

Abbildung 151: Integrierte Projektkosten- und Leistungsüberwachung....................267

Abbildung 152: Vergleich zwischen Sollkosten und Istkosten.................................267

Abbildung 153: Vergleich zwischen Plankosten und erwarteten Gesamtkosten des
Meilensteins 268

Abbildung 154: Vergleich zwischen Plankosten und Istkosten des abgeschlossenen
Meilensteins 269

Abbildung 155: Messung des Arbeitsfortschritts durch Mengenproportionalität..........271

Abbildung 156: 90 %-Syndrom..272

Abbildung 157: Messung des Arbeitsfortschritts durch Definition von Meilensteinen.273

Abbildung 158: Gegenüberstellung von Ist-, Plan- und Sollkosten in den ersten 12
Projektmonaten 275

Abbildung 159: Verlauf der Ist-, Plan- und Sollkosten in den ersten 12 Projektmonaten..276

Abbildung 160: Kostenvarianz und Kostenindex 277

Abbildung 161: Leistungsvarianz und Leistungsindex..278

Abbildung 162: Ermittlung der Gesamtabweichung 278

Abbildung 163: Zeitabweichung 279

Abbildung 164: Konsequenzen einer Terminverzögerung eines Vorgangs für das
Projekt..280

Abbildung 165: Prognose von Restdauer und Restkosten 285

Abbildung 166: Prognostizierte Kostenabweichung des Gesamtprojektes....................286

Abbildung 167: Meilenstein-Trendanalyse zum Berichtszeitpunkt 01.01.2003 289

Abbildung 168: Kosten-Meilenstein-Trendanalyse 291

Abbildung 169: Zusammenhang zwischen Projektkosten und Projektdauer.................294

Abbildung 170: Übersicht über Beschleunigungszeiten und -kosten 295

Abbildung 171: Alternativen der Projektbeschleunigung..296

Abbildung 172: Wirtschaftlichkeitsanalyse während der Projektrealisierung 300

Abbildung 173: Gründe für den Abbruch von Forschungs- und Entwicklungs-
projekten 302

Abkürzungsverzeichnis

Abb	Abbildung
ArbEG	Arbeitnehmererfindungsgesetz
Bd	Band
BGB	Bürgerliches Gesetzbuch
BVW	Betriebliches Vorschlagswesen
ED	Erwartete Dauer
FAZ	Frühester Anfangszeitpunkt
FEZ	Frühester Endzeitpunkt
FP	Freier Puffer
FRP	Freier Rückwärtspuffer
FZ (i)	Frühestmöglicher Zeitpunkt des Ereignisses i
GA	Gesamtabweichung
GebrMG	Gebrauchsmustergesetz
GP	Gesamter Puffer
Hrsg	Herausgeber
i	Eintreten eines Ereignisses i
IK	Istkosten
JV	Jointventure
KD	Kunden
KV	Kostenvarianz
LV	Leistungsvarianz
MEK	Materialeinzelkosten
OD	Optimistische Dauer
PatG	Patentgesetz
PD	Pessimistische Dauer
PK	Plankosten
PZKR	Prozesskostenrechnung
S	Seite
SAZ	Spätester Anfangszeitpunkt
SEZ	Spätester Endzeitpunkt
SK	Sollkosten
SZ (i)	Spätestnotwendiger Zeitpunkt des Ereignisses i
UP	Unabhängiger Puffer
V	Varianz
V FZ	Varianz eines Ereignisses bei frühestmöglichem Zeitpunkt
V SZ	Varianz eines Ereignisses bei spätestnotwendigem Zeitpunkt
VV	Verbesserungsvorschlag
WD	Wahrscheinlichste Dauer
ZBB	Zero Base Budgeting

1. Grundlagen

1.1 Kernbegriffe

Weder in der Wissenschaft noch in der Praxis werden die Begriffe Innovation, Forschung und Entwicklung sowie Projekt einheitlich interpretiert. Um möglichen Missverständnissen vorzubeugen, müssen zunächst die relevanten Begriffe definiert und voneinander abgegrenzt werden.

1.1.1 Innovation

Die präzise Bestimmung des Innovationsbegriffes ist nicht nur eine akademische Aufgabe. Vielmehr muss auch der Praktiker im Unternehmen festlegen, was er als Innovation bezeichnen will. Erfolgt dies nicht, besteht die Gefahr, dass Sachverhalte von hohem Innovationsgehalt mit einem Instrumentarium behandelt werden, welches Routineaufgaben vorbehalten ist. Umgekehrt gilt, dass Vorlagen, die fälschlicherweise als innovativ eingestuft worden sind oder einen geringen Innovationsgehalt haben, einen unangemessen aufwändigen Prozess durchlaufen und obendrein das Topmanagement mit Trivialproblemen belasten.

Der Begriff Innovation hat seinen etymologischen Ursprung in dem lateinischen Wort „novus" = neu bzw. „innovare" = erneuern und dem sich daraus entwickelten „innovatio" = Erneuerung. Nach Hinterhuber [vgl. 1975, S. 10] wird der Begriff seit knapp 2000 Jahren verwendet, worunter in seiner erstmaligen Verwendung die Erneuerung des Menschen durch Taufe und Glaube verstanden worden ist.

In den 30er-Jahren führt Schumpeter den Begriff der Innovation erstmals in die Wirtschaftstheorie ein [vgl. Lange, S. 10]. Gleichwohl ist festzustellen, dass eine allgemein gültige und einheitliche Definition des Innovationsbegriffes bislang nicht existiert. Allen Definitionsansätzen ist jedoch die Verknüpfung des Innovationsbegriffes mit den Merkmalen der Veränderung und der Neuheit eines Zustandes oder Prozesses gemeinsam [vgl. Hauschildt, 1997, S. 5-6].

Innovationen sind somit unmittelbar mit Problemlösungsprozessen im Unternehmen verbunden. Pleschak/Sabisch [S. 1] verstehen unter einem Problem „eine ungeklärte bzw. widerspruchsvolle Situation, die durch eine qualitativ und quantitativ bestimmbare Differenz zwischen einem vorhandenen Istzustand und einem notwendigen oder wünschenswerten Soll-Zustand (Ziel) charakterisiert wird." Zur Überwindung dieser Differenz reichen häufig die vorhandenen Erkenntnisse, die bisher verwendeten Produkte, Methoden, Prozesse, Organisationsstrukturen usw. nicht mehr aus. Die Lösung des Problems erfordert daher neue Erkenntnisse und Erfahrungen, neue wissenschaftlich-technische Ergebnisse sowie technische, wirtschaftliche und soziale Veränderungen im Unternehmen.

1.1.1.1 Objektive vs. subjektive Innovation

Als Antwort auf die Frage, für wen eine Innovation neu ist, lassen sich zwei Extrempositionen, nämlich die subjektive und die objektive Neuheit, feststellen. Während die objektive Neuheit für jeden Betrachter (im Sinne einer Weltneuheit) neu ist, setzt die Erfüllung der subjektiven Neuheit lediglich voraus, dass das betreffende Objekt für einen bestimmten Betrachter neu ist. Dabei können sehr unterschiedliche Sichtweisen einer subjektiven Neuheit konstatiert werden (Abbildung 1).

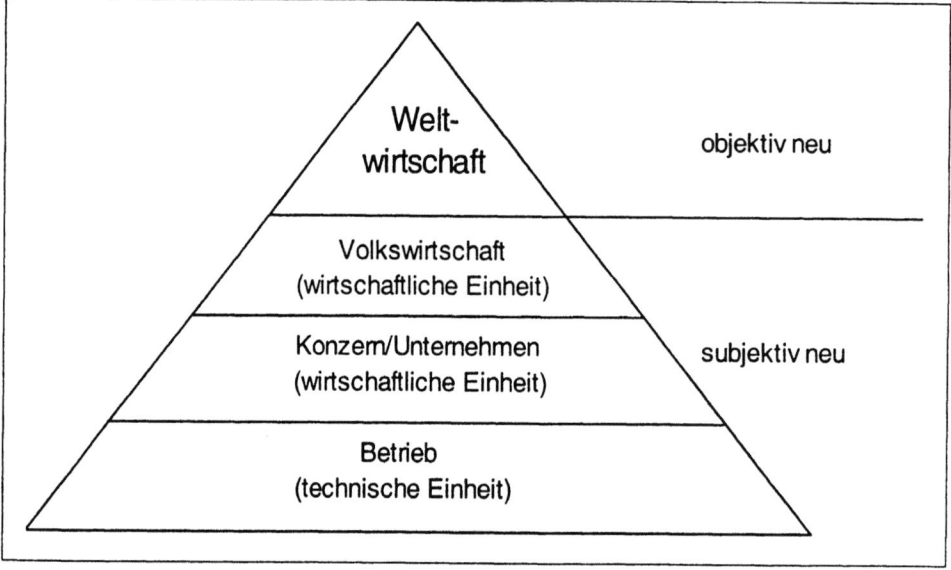

Abbildung 1: Objektive und subjektive Sichtweise des Innovationsbegriffs

Als objektive Innovation kann beispielsweise eine neue Produktfunktion (z.B. Walkman) bzw. eine neue Art der Realisierung einer Produktfunktion (z.B. Düsenantrieb bei Flugzeugen) herangezogen werden. So lag mit dem Walkman zum Zeitpunkt der Markteinführung ein vergleichbares Produkt nicht vor: Der Walkman ermöglichte eine objektiv neue Funktion (individuelles Musik hören, ohne andere dabei zu stören), durch die Miniaturisierung und das äußerst geringe Gewicht (beide Kriterien stellen objektiv neue physikalische Merkmale dar) konnte das Produkt an jedem Ort (z.B. außerhalb der Wohnung) genutzt werden. Gleichwohl waren die verwendeten Technologien am Markt und für Sony weder objektiv noch subjektiv neu. Dies zeigt sich auch daran, dass auf Grund des großen Markterfolges die Wettbewerber dieses Produkt sofort nachbauen konnten und auch keine Patente zu beachten waren [vgl. Hübner, S. 10-11].

Stippel [vgl. S. 12] weist allerdings darauf hin, dass bereits die herrschende Patentierungspraxis den gewerblichen Rechtsschutz jeweils für eine national abgegrenzte Volkswirtschaft vergibt und somit einen regionalen Innovationsbegriff prägt, der das als innovativ definiert, was auf dem nationalen Markt erstmalig eingeführt wird.

Grundsätzlich geht die Betriebswirtschaftslehre von der subjektiven Sicht einer Innovation aus. Das heißt ein Produkt oder Prozess wird als innovativ bezeichnet, wenn es/er aus der Sicht des jeweiligen Unternehmens neu ist, zumal als Bezugsobjekt der Betriebswirtschaft die Unternehmung gilt. Diese Begriffsauffassung ist auch deshalb sinnvoll, da jede Neuerung zu unternehmensindividuellen Konsequenzen führt. Beispielsweise erfordert die Entwicklung und Markteinführung eines neuen Produktes den Durchlauf eines Innovationsprozesses, unabhängig davon, ob das Produkt bereits anderswo entwickelt worden ist [vgl. Nieschlag/Dichtl/ Hörschgen, S. 261-262; Sabisch, S. 10; Stippel, S. 12].

1.1.1.2 Basis- vs. evolutionäre Innovation

Eine zweite Überlegung besteht in der Frage, wie neu ein Gegenstand mindestens sein muss, um als Innovation zu gelten. Prinzipiell lassen sich Veränderungen in zwei Gruppen einteilen:

Basis- bzw. radikale Innovationen (neue Produkte, Neugestaltung von Prozessen und Arbeitsabläufen) stellen revolutionäre, sprunghafte Veränderungen dar, die insbesondere durch die Nutzung neuartiger Technologien zu Stande kommen (Basisinnovationen). Damit kann eine neue Produktfamilie oder der Eintritt in ein neues Geschäftsfeld ermöglicht werden. Mit radikalen Neuerungsprojekten ist in der Regel eine relativ große Veränderung in den Entwicklungsabteilungen, in der Fertigung, in der Logistik, im Vertrieb und in anderen Funktionsbereichen verbunden. Radikale Innovationen sind in der Regel auf eine intensive langfristige Forschung angewiesen.

Basisinnovationen werden häufig als zentraler Motor der Konjunktur gesehen. Dabei wird unterstellt, dass (mehr oder minder unregelmäßige) Innovationsschübe lang anhaltende konjunkturelle Aufschwungphasen auslösen, die schließlich abklingen, wenn die zu Grunde liegenden Technologien ausgeschöpft sind, um neuen Innovationen Platz zu machen. Die nach Nikolai D. Kondratieff benannten Kondratieff-Zyklen (Abbildung 2) weisen eine Dauer von 40-60 Jahren auf [vgl. Blum, S. 348; Cezanne, S. 467 und S. 471; Nefiodow, S. 11-23; Peritsch, S. 3].

Die Dampfmaschine als erster Kondratieff-Zyklus löst den ersten Aufschwung aus (1790-1813). Damit werden neue Möglichkeiten der Energiegewinnung an jedem beliebigen Ort realisiert. Die Erfindung von James Watt ist eine grundlegende Voraussetzung für den Übergang von der handwerklichen zur industriellen Produktion und für das Entstehen einer Serien- und Massenfertigung. Nicht zuletzt bildet sie den Ursprung der Maschinenbaubranche.

Eisenbahn und Stahlindustrie stellen den zweiten Zyklus dar (1844-1874). Die zunehmende Mobilität von Personen und Gütern, bedingt auch durch die Dampfschifffahrt und

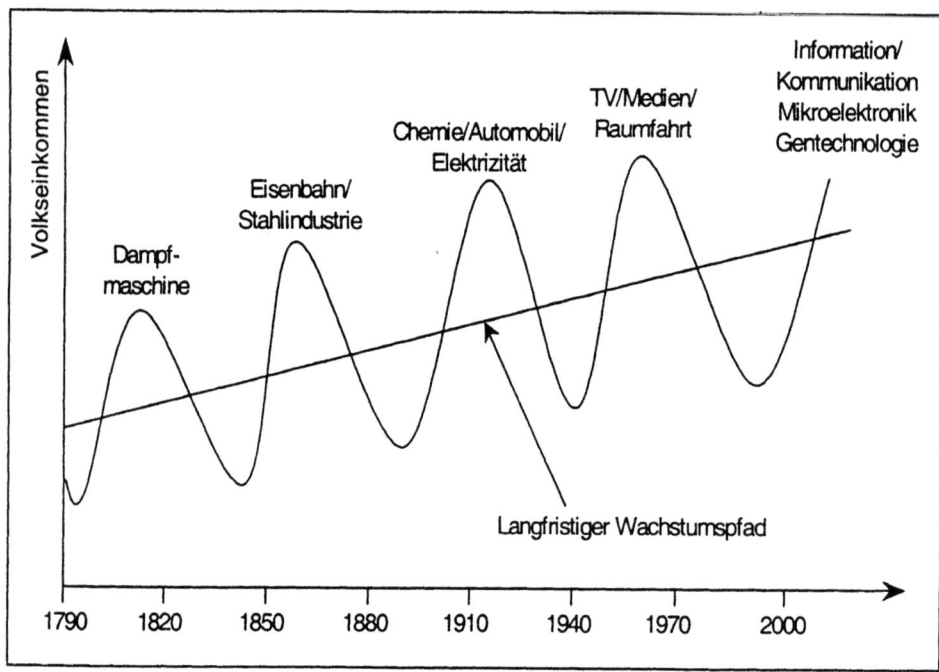

Abbildung 2: Basisinnovationen und Konjunktur

die vermehrte Herstellung von Investitionsgütern in der Schwerindustrie, gibt der Wirtschaft grundlegende Wachstumsimpulse.

Der Einsatz der Elektrizität als Energiequelle im industriellen Fertigungsprozess sowie die Chemie und die Motorisierung markieren den dritten Zyklus (1885-1916).

Der nach dem zweiten Weltkrieg einsetzende Aufschwung wird als Beginn eines vierten Kondratieff-Zyklus, beispielsweise auf Basis von TV/Medien sowie Luft- und Raumfahrt, interpretiert.

Nach Durchschreitung der Abschwungphase Mitte der 70er und Anfang der 80er-Jahre befindet sich nach dieser Vorstellung die Weltwirtschaft am Beginn eines fünften Kondratieff-Zyklus, wobei Mikroelektronik und möglicherweise die Gentechnologie die Basisinnovationen bilden. Den Bereich Gesundheit/Biotechnologie sieht Nefiodow [vgl. S. 22] auch bereits als sechsten Zyklus.

Von Interesse ist, dass während des Absinkens der langen Wellen besonders viele wichtige Entdeckungen und Erfindungen gemacht werden, die jedoch gewöhnlich erst beim Beginn des neuen langen Anstiegs im großen wirtschaftlich genutzt werden.

Evolutionäre Innovationen (ständige, kontinuierliche Verbesserungen, inkrementale Änderungen) unter Beibehaltung der gleichen Prinziplösung. Specht/Beckmann [vgl. S. 217] sprechen dabei auch von Weiterentwicklungsprojekten, die auf bereits existierenden und praktisch erprobten technischen Lösungen aufbauen. Für Projekte dieser Kategorie ist charakteristisch, dass sie immer in der Nähe bisheriger Erfahrungen bleiben, jedoch versucht wird, die bisherigen Grenzen etwas auszuweiten.

Hinsichtlich der Zuordnung beider Gruppen zum Innovationsbegriff bestehen in der Literatur entgegengesetzte Auffassungen. Während überwiegend in älteren Monografien [vgl. Geschka, 1970, S. 823 oder das Verständnis von Schumpeter, S. 137-138] Innovationen als mutative, sprunghafte, revolutionäre Veränderungen definiert werden und es nach Schumpeter zu einer „schöpferischen Zerstörung" der bisherigen Struktur kommt, schließen mittlerweile die meisten Autoren in ihrem Innovationsverständnis inkrementale, kleine aber kontinuierliche Bemühungen zur Verbesserung des Wertschöpfungsprozesses ein [vgl. beispielsweise Bea/Haas, S. 538; Bleicher, K., S. 627-628; Bullinger, 1994, S. 36-37; Thom, 1980, S. 23-24].

Anstatt Innovationsaufgaben traditionell den oft spezialisierten Funktionsbereichen (Abteilung Forschung und Entwicklung) oder Hierarchieebenen (Geschäftsführung) zuzuweisen, verfolgen Innovationen der „neuen Art" nach Bullinger einen prozesshaften Ansatz insofern, als die Verbesserung zur ständigen Aufgabe aller an einem Wertschöpfungsprozess Beteiligten erhoben wird. Diese Vorgehensweise, die vor allem in Japan erfolgreich und unter dem Begriff Kaizen umgesetzt wird, ist in deutschen Unternehmen auch unter der Bezeichnung „Kontinuierlicher Verbesserungsprozess" (KVP) geläufig. Ein Vergleichsprofil der beiden Innovationsansätze zeigt Abbildung 3.

	INNOVATION "alter Art"	INNOVATION "neuer Art"
Effekt	kurzfristig, aber dramatisch	langfristig und andauernd, aber undramatisch
Tempo	große Schritte	kleine Schritte
Protagonisten	wenige Auserwählte, Geschäftsleitung und Mitarbeiterstab	jeder Firmenangestellte, interfunktionelle Organisation
Vorgehensweisen	"Ellbogenverfahren", individuelle Ideen und Anstrengungen	Kollektivgeist, Gruppenarbeit, Systematik
Devise	Abbruch und Neuaufbau	Erhaltung und Verbesserung
Erfolgsrezept	technologische Errungenschaften, neue Erfindungen, neue Theorien	konventionelles Know-how und jeweiliger Stand der Technik
Führungsgrundsatz	spezialistenorientiert	generalistenorientiert
Informationsaustausch	geheim und intern	öffentlich und gemeinsam
Feedback	eingeschränkt	umfassend und intensiv

Abbildung 3: Profil von Innovationsansätzen [Modifiziert nach Bullinger, 1994, S. 37]

Abbildung 4 zeigt, dass in einem Unternehmen im Regelfall innovative Produkte mit unterschiedlichem Neuheitsgrad entwickelt werden. Dabei ist es nicht immer eindeutig, wie der Neuheitsgrad genau zu bewerten ist.

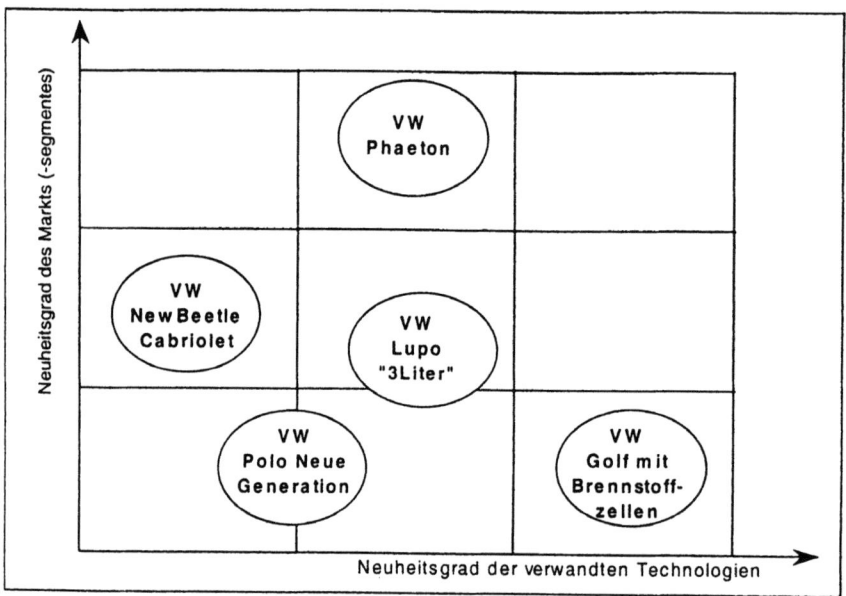

Abbildung 4: Innovation in Abhängigkeit vom Neuheitsgrad am Beispiel Volkswagen

1.1.1.3 Innovation als Prozess

Zweckmäßigerweise ist zunächst der Begriff der Innovation von der **Invention** zu unterscheiden [vgl. Brockhoff, 1999, S. 38; Macharzina, S. 553], zumal das betriebswirtschaftliche Interesse im Vergleich zu den Ingenieurwissenschaften nicht nur auf die Verbesserung der Wissensgenerierung, sondern auch auf die Optimierung der Wissensverwertung gerichtet ist. Eine Invention ist die im Ergebnis durch Forschung und Entwicklung entstandene **erstmalige** technische Realisierung einer Problemlösung. Dabei wird die Invention häufig mit Erfindung - im Sinne einer Weltneuheit - gleichgesetzt. Eine Erfindung kann als eine Anweisung definiert werden, wie mit „Hilfe der Naturkräfte oder durch Einwirken auf Naturkräfte ein unmittelbar auf technischem Gebiet liegendes Ergebnis zur Lösung eines technischen Problems wiederholbar" erzielt wird [Brändel, S. 40].

Im Gegensatz dazu stellt die Innovation die erstmalige **wirtschaftliche Anwendung** einer neuen Problemlösung dar. Innovationen auf technischem Gebiet bauen somit unmittelbar auf der Nutzung von Inventionen auf. Demnach finden zwischen der Invention und einer Innovation die Prozesse der Markteinführung einschließlich der zuvor erfolgten Produktionseinführung statt.

Die Akzeptanz einer neuen Problemlösung durch potenzielle Nutzer führt zur **Adoption**, das heißt zur Annahme der Innovation bei weiteren Anwendern. Auf dieser Grundlage schließt sich die **Diffusion**, die raum-zeitliche Ausbreitung im Markt, an. Vor allem bei erfolgreichen Innovationen erfolgt im weiteren Verlauf die **Imitation** (Abbildung 5), unter der eine wiederholte Anwendung einer neuen Problemlösung in anderen Unternehmen zu verstehen ist. Aus der Sicht dieser Unternehmen handelt es sich dabei ebenfalls um eine Innovation (siehe auch Kapitel 1.1.1.1).

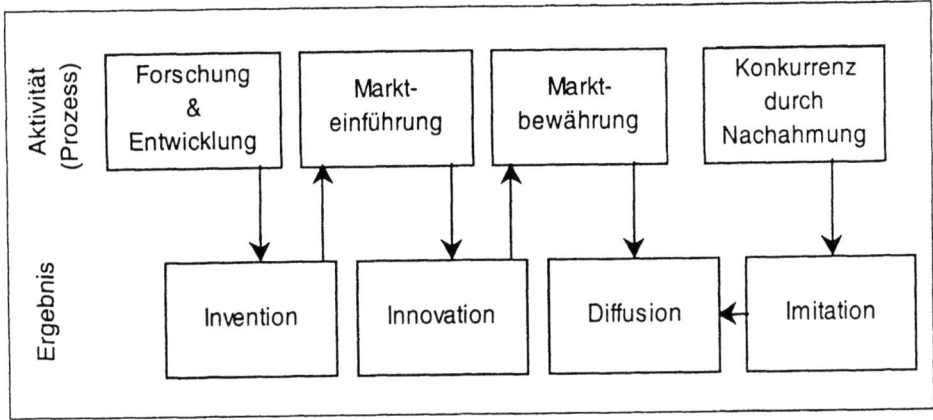

Abbildung 5: Begriffszusammenhänge

1.1.1.4 Zusammenfassende Bewertung

Die Definition des Innovationsbegriffs wird in der betriebswirtschaftlichen Forschung überwiegend weit formuliert. In diesem Buch wird von einem subjektiven und evolutionären Innovationsverständnis ausgegangen, wobei die Durchführung von Innovationen im Rahmen eines Prozesses erfolgt.

Der Vorteil einer solchen Begriffsauffassung liegt darin, dass alle Sachverhalte, die auf die Einführung von Neuerungen gerichtet sind, in die Betrachtung einbezogen werden, zumal eine klare Operationalisierung des für eine Innovation

- mindestens geforderten Neuheitsgrades ebenso wenig möglich ist wie
- eine präzise Trennung von revolutionären und evolutionären Veränderungen. Vielmehr existieren Übergangsformen. Außerdem sind ständige Verbesserungen in ihrer Wirkung auf die Unternehmensentwicklung nicht zu unterschätzen und gehören zum Aufgabenfeld des Innovationsmanagements.

Der Nachteil dieser weiten Begriffsfassung besteht einerseits in der Formulierung von Aussagen, die für alle Innovationen gleichermaßen gültig sind. Andererseits existieren auf Grund von Ausmaß und Neuheitsgrad zwischen einzelnen Innovationen wesentliche Unterschiede bezüglich ihrer wirtschaftlichen und sozialen Wirkung.

Allerdings kann der Innovationsgrad durch eine Unterscheidung nach Produkt- bzw. Prozessinnovation, Unternehmens- und Marktinnovation verdeutlicht werden [vgl. Pepels, S. 67; Siegwart/Senti, S. 29]. Danach ist eine Unternehmensinnovation dann gegeben, wenn ein Produkt oder ein Prozess für die betreffende Unternehmung, nicht aber für andere Unternehmen bzw. den Markt, neuartig ist. Dagegen wird von einer Marktinnovation dann gesprochen, wenn ein Produkt erstmalig am Markt verfügbar ist bzw. eine Prozessinnovation zur Anwendung kommt. Das heißt, dass eine Marktinnovation mit einer objektiven Innovation gleichzusetzen ist.

1.1.2   Forschung und Entwicklung

Die Forschung und Entwicklung sind der funktionale und institutionelle Bereich einer Unternehmung, in dem Inventionen und Innovationen initiiert und auf den Weg gebracht werden. Demnach soll neues natur- und ingenieurwissenschaftliches Wissen erworben und/oder solches Wissen bei Produkten oder genutzten Herstellungsverfahren auf neuartige Weise angewendet werden [vgl. u.a. Brockhoff, 1999, S. 48-50; Gerpott, 1999, S. 28; Specht/Beckmann, S. 15-16].

Gleichwohl darf nicht übersehen werden, dass neue Problemlösungen häufig auch durch die Zusammenarbeit mehrerer betrieblicher Funktionsbereiche zustandekommen, wobei die Anstöße sowohl aus dem Marketing als auch aus der Produktion oder dem betrieblichen Vorschlagswesen stammen können.

Obwohl sich im Sprachgebrauch Forschung und Entwicklung als ein einheitlicher Begriff darstellen, umfassen sie verschiedene Aufgabenbereiche. Wie die Forschung primär auf die **Generierung neuen technologischen Wissens** gerichtet ist, so zielt die Entwicklung vornehmlich auf die **Umsetzung der naturwissenschaftlich-technischen Erkenntnisse** in marktfähige Produkte und Verfahren. Innerhalb des Forschungsbereiches wird klassischerweise weiter zwischen **Grundlagenforschung** und **angewandter Forschung** unterschieden [vgl. Staudt, S. 1186-1188], wobei sich die Grundlagenforschung mit der Gewinnung neuer Erkenntnisse ohne unmittelbaren Bezug auf die Anwendung befasst. Ihre Aufgabe besteht vornehmlich in der Bereitstellung prinzipiell neuer technischer Lösungsprinzipien (Problemlösungspotenziale).

Demgegenüber bemüht sich die angewandte Forschung um die Gewinnung neuer Erkenntnisse mit dem Ziel ihrer Anwendung. Hierbei geht es vor allem um die technische Lösung eines konkreten Anwendungsproblems.

Die Anpassung technischer Lösungen an die ökonomischen Anforderungen gehört wiederum zu den Aufgaben des **Entwicklungsbereiches**. Die Entwicklungsarbeit ist dadurch gekennzeichnet, dass sie sich im Gegensatz zur Forschung in einem Bereich weitgehend gesicherter Erkenntnisse bewegt. Die Entwicklung kann nach Kreis [vgl. S. 41] aus der

- Neuentwicklung (Erweiterung der betrieblichen Produktpalette),
- Weiterentwicklung (Anpassung der Produkte an den neuesten technischbetriebswirtschaftlichen Stand),

- Erprobung (Querschnittsaufgabe von Neu- und Weiterentwicklung, z.B. in Bezug auf Materialien, Erzeugnisse, Systeme, Verfahren)

bestehen.

Aus Sicht privatwirtschaftlicher Unternehmen haben die angewandte Forschung und die Entwicklung die höchste Priorität. Nur rund 5 % der Aufwendungen der Unternehmen werden nach informellen Schätzungen in die Grundlagenforschung investiert [vgl. Bundesministerium für Bildung und Forschung, S. 52]. Bestätigt wird dies durch eine empirische Untersuchung von Eggers [vgl. S. 13]. Danach liegt der Anteil der Unternehmen an der Grundlagenforschung bei 3,8 %, an der angewandten Forschung bei 20,9 % und an der Entwicklung bei 67,1 %.

Als Hauptgründe für das geringe Engagement der Unternehmen im Bereich der Grundlagenforschung gelten

- die große Unsicherheit, die wissenschaftlich-technologischen Ziele zu erreichen bzw. wirtschaftlich zu verwerten,
- die lange Zeitdauer bis zum Vorliegen von verwertbaren Ergebnissen,
- die Verwendbarkeit der Ergebnisse aus der Grundlagenforschung auch für Wettbewerber, da die erzielten Ergebnisse aus der Grundlagenforschung von anderen Unternehmen genutzt werden können, zumal kaum Möglichkeiten zur Durchsetzung des Ausschließlichkeitsprinzips existieren.

Insofern wird Grundlagenforschung überwiegend von universitären Einrichtungen oder von Forschungseinrichtungen, wie beispielsweise der Max-Planck-Gesellschaft [vgl. Menache/Weitnauer, S. 46], durchgeführt.

Eng mit der Forschung und Entwicklung ist das Technologiemanagement verbunden. Schnittmenge beider Teilgebiete ist die interne Erzeugung technologischen Wissens. Gegenstand des Technologiemanagements ist darüber hinaus der Erwerb und Verkauf von technologischem Wissen [vgl. König/Völker, S. 13].

1.1.3   Projekt

Projekte sind so alt wie die Menschheit. Von den ersten Projekten berichtet die Bibel im ersten Buch Mose 6,5-8,22 (Arche Noah) und 11,1-9 (Turmbau zu Babel). Gleichwohl liegt in der Literatur trotz dieser langen Zeitspanne für den Projektbegriff keine allgemein gültige Definition vor. Es ist allerdings festzustellen, dass der Begriff tendenziell inflationär verwendet wird.

Nach DIN 69 901 stellt ein Projekt ein Vorhaben dar,

- das im Wesentlichen durch die „Einmaligkeit der Bedingungen in ihrer Gesamtheit gekennzeichnet ist, wie z.B.
- Zielvorgabe

- zeitliche, finanzielle, personelle oder andere Begrenzungen,
- Abgrenzung gegenüber anderen Vorhaben,
- projektspezifische Organisation."

Die nachgenannten Kriterien versuchen den Projektbegriff zu schärfen. Dies ist jedoch nicht so aufzufassen, dass bei einem Projekt, mit Ausnahme des ersten Kriteriums, immer alle Kennzeichen vorliegen müssen, was durch die Einschränkung „häufig" aufgezeigt wird.

Abgrenzbares Einzelvorhaben
Im Gegensatz zu einem Routineprozess, der fortlaufend wiederholt wird, existiert für ein Projekt eine Zielvorgabe, deren Realisierung mit dem Start der Umsetzung beginnt und im Idealfall mit dem Erreichen der Zielsetzung endet. Die Zielsetzung, die von einem unternehmensinternen oder -externen (Kunden) vorgegeben wird, kann sich auf Grund geänderter Umweltbedingungen während der Ausführung des Projektes ändern.

Häufig neuartig
Analog zum Innovationsbegriff ist mit dem Kriterium neuartig nicht zwingend eine radikale Neuheit, beispielsweise im Sinne eines Vorstoßes bis an die Grenzen des technologisch Machbaren, gemeint. Vielmehr genügt hierbei nach betriebswirtschaftlichem Verständnis eine subjektive Neuheit. Das Kriterium „neuartig" bezieht sich dabei nicht auf die einzelnen Aktivitäten innerhalb eines Projektes, sondern auf das Vorhaben als Ganzes.

Aber auch in Projekten mit hohem Neuheitsgrad gibt es Aktivitäten, die auch in vorangegangen Projekten ähnlich oder gar gleich abgelaufen sind. Umgekehrt gilt: je weniger sich die einzelnen Objekte in ihrer Konfiguration voneinander unterscheiden und je mehr die Rahmenbedingungen konstant bleiben, desto eher sind auch die Übergänge zur Kleinserienfertigung (z.B. Schiffsbau) fließend.

Allerdings sind nicht alle Projekte als innovativ aufzufassen.

So sind Investitionsmaßnahmen, z.B.

- der Aufbau einer neuen Produktionsstätte in Malaysia durch Jenoptik,
- die Erweiterung des Flughafens Frankfurt am Main oder
- der Bau der ICE-Neubautrasse Erfurt-Nürnberg

ebenso wie organisatorische Maßnahmen vom Kaliber einer

- Einführung von SAP R3 in einem Unternehmen oder die
- Verbesserung eines Geschäftsprozesses

Projekte, die aber zugleich nicht als innovativ bezeichnet werden.

Häufig risikoreich
Ein angestrebtes Projektergebnis kann nicht mit absoluter Sicherheit erreicht werden. Dies gilt vor allem für innovative Projekte. Das Kriterium „risikoreich" ist eng mit dem Neuheitsgrad und der daraus resultierenden Unsicherheit verbunden und drückt aus, dass

für den Eintritt bestimmter (erwarteter bzw. erhoffter) Ereignisse weder subjektive (Erfahrung) noch objektive (statistisch ermittelte) Wahrscheinlichkeiten angegeben werden können.

Häufig komplex und interdisziplinär

Auch wenn nicht immer eindeutig zu entscheiden ist, ob Projekt A oder Projekt B eine höhere Komplexität aufweist, so bereitet eine exakte Messung des Kriteriums „komplex" zweifellos Schwierigkeiten, zumal es doch charakteristisch für den Projektbegriff im Allgemeinen und bei innovativen Projekten im Speziellen ist. Das Kriterium „komplex" ist aber nicht so zu verstehen, dass es nur für sehr umfangreiche Vorhaben, z.B. wie bei Luft- und Raumfahrtprojekten, zutrifft. Vielmehr ist daran gedacht, dass vornehmlich innovative Projekte häufig durch eine unklare Problemstruktur gekennzeichnet sind. Diese resultiert aus der zeitlichen Dynamik auf Grund der Veränderbarkeit der Rahmenbedingungen (z.B. Kundenwünsche, Gesetzgebung), dem Umfang und der Vernetzung der relevanten Aufgaben sowie der Voraussetzung, für die Realisierung eines Projektes das Know-how unterschiedlicher (interdisziplinär) Funktionsbereiche und Fachdisziplinen heranzuziehen. So weist beispielsweise Kamphausen [vgl. S. 38] darauf hin, dass zur Entwicklung eines PKW der gehobenen Mittelklasse ca. 2,8 Mio. Ingenieurstunden in einem Zeitraum von 2-5 Jahren notwendig sind sowie 20.000 Einzelteile mit ca. 6.000 Funktionen, 140.000 Schnittstellen und 700 Fahrzeugeigenschaften berücksichtigt werden müssen.

Häufig Termindruck

Termindruck resultiert vor allem aus der Erwartung, dass mit der Nutzung des Projektes Wettbewerbsvorteile verbunden sind, die das eigene Unternehmen oder ein Kunde möglichst frühzeitig beanspruchen möchten. Dies gilt beispielsweise für die Situation, dass bei längerer Projektdauer Wettbewerber ein vergleichbares Produkt früher einführen und somit die Investitionen nicht mehr amortisiert werden können (Zeitfalle). Auf Grund der in der Regel unvollständig bekannten Problemstruktur ist ein nicht-linearer zeitlicher Verlauf typisch.

Häufig im Rahmen eines verabschiedeten Budgets

In der Unternehmenspraxis werden für die meisten Projekte gesonderte Budgets erstellt, deren Einhaltung in der Realisierungsphase überwacht werden. Dies ist insofern von Bedeutung, als Projekte unter Kosten-Nutzen-Gesichtspunkten befürwortet werden und sich deshalb gegenüber anderen Projektideen durchgesetzt haben.

Häufig projektspezifische Organisation

Die Auf- und Ablauforganisation eines Unternehmens ist im Regelfall auf die Realisierung von Routineprozessen ausgerichtet. Dies führt einerseits zu einer Spezialisierung der Stellen, andererseits zu erheblichen Schnittstellen mit anderen Funktionsbereichen. Da an einem Projekt im Regelfall mehrere Funktionsbereiche beteiligt werden, ist eine gesonderte Projektorganisation sinnvoll, die als temporäre Organisation für die Dauer des Projektes existiert.

1.2   Arten von innovativen Projekten

Die vorherrschende Sicht [vgl. u.a. Gerpott, 1999, S. 39-40; Hauschildt, 1997, S. 39-40; Thom, 1980, S. 32; Vahs/Burmester, S. 5] einer Klassifikation bezieht sich auf das Substrat der Innovation und unterscheidet nach

- **Produktinnovationen:** Neu entwickelte materielle und immaterielle Wirtschaftsgüter, die auf die Befriedigung konkreter Kundenbedürfnisse abzielen,
- **Prozess- bzw. Verfahrensinnovationen:** Veränderungen bzw. Neugestaltung der im Unternehmen für die Leistungserbringung erforderlichen materiellen und informationellen Prozesse.

Trotz der analytischen Trennung sind die Innovationsarten nicht unabhängig voneinander, sondern treten häufig in kombinierter Form auf. So setzt die Herstellung eines neuen Produktes die Erneuerung der Produktionsanlagen oder die der Ablauforganisation voraus, bzw. ein neu eingeführtes Produktionsverfahren bedingt die Herstellung eines neuen Produktes. Gleichwohl werden Prozessinnovationen - im Gegensatz zu solchen in japanischen Unternehmen - häufig vernachlässigt, obwohl sie zur Erzielung von Wettbewerbsvorteilen unverzichtbar sind.

Darüber hinaus kommt es bei der Betrachtung des Innovationsobjektes auf die jeweilige Sichtweise an: Für einen Hersteller von Werkzeugmaschinen stellt eine neue CNC-Maschine eine Produktinnovation dar. Kommt dieses Produkt bei einem Kunden im Produktionsprozess zum Einsatz, handelt es sich um eine Prozessinnovation.

Im Schnitt stellen Unternehmen deutlich mehr finanzielle Mittel für Produkt- als für Prozessinnovationen bereit. So ermitteln Grenzmann u.a. [vgl. S. 34], dass Unternehmen des deutschen Wirtschaftssektors hinsichtlich der finanziellen Mittel 68 % für Produkt- und 22 % für Prozessinnovationen sowie 10 % für Vorhaben, die gleichermaßen auf Produkte und Prozesse zielen, aufwenden.

Industrieentwicklungs- und -lebenszyklusmodelle weisen darauf hin, dass die Bedeutung von Prozessinnovationen vom Reifegrad der Industrie abhängig ist, in dem ein Unternehmen operiert. Demnach erzielen Unternehmen in „jungen" Branchen Wettbewerbsvorteile aus Produktinnovationen in Form von Differenzierungsvorteilen, in „reifen" Branchen hingegen solche aus Prozessinnovationen in Form von Kostenvorteilen [vgl. Bürgel/Haller/Binder, 1996, S. 148-152; Gerpott, 1999, S. 40-42].

Neben der Unterscheidung der Projektarten nach Produkten bzw. Prozessen ist auch eine Differenzierung zwischen internen und externen Projekten üblich.

Danach gehören bei internen Projekten Auftraggeber und Auftragnehmer der selben Organisation an. Dies ist beispielsweise dann der Fall, wenn die Entwicklung eines Produktes durch die eigene Forschungs- und Entwicklungsabteilung erfolgt (siehe auch Kapitel 2.4.4.1) und das Projekt durch das zuständige Geschäfts- bzw. Vorstandsmitglied befürwortet wird.

Gehören Auftraggeber und Auftragnehmer verschiedenen Organisationen an, so wird von externen Projekten gesprochen. Auch das ist im Zusammenhang mit innovativen Projekten relevant, beispielsweise bei der Auftragsforschung (siehe auch Kapitel 2.4.3.1). Externe Projekte setzen juristisch abgesicherte Verträge (Rechte und Pflichten der Vertragspartner) voraus, zumal Regressansprüche die erwarteten finanziellen Projektergebnisse beeinträchtigen können. Dies bedingt ein „claim Management", das sich mit der Abwehr finanzieller Regressansprüche auseinander setzt.

1.2.1 Produkte

Im Kern handelt es sich bei Produktinnovationen um neuartige, bislang auf dem Markt noch nicht angebotene oder wesentlich verbesserte Produkte. Durch die Befriedigung der Kundenbedürfnisse bestimmen sie maßgeblich die Wettbewerbsfähigkeit eines Unternehmens. Dabei erwächst die wirtschaftliche Bedeutung neuer Produkte eines Unternehmens daraus, dass die Produktlebensdauer tendenziell sinkt und der Anteil neuer Produkte am Gesamtumsatz der meisten Unternehmen steigt.

Auch wenn im Rahmen dieses Buches von technologisch geprägten Produkten ausgegangen wird, ist der Hinweis wichtig, dass unter Produktinnovationen auch Finanzinnovationen (z.B. neue Wertpapiertypen) verstanden werden können.

1.2.2 Prozesse

Als Prozess wird eine Serie von Handlungen, Tätigkeiten bzw. Verrichtungen zur Schaffung von Produkten, Dienstleistungen oder internen Leistungen angesehen. Gegenstand von Prozessinnovationen ist die Veränderung bzw. Neugestaltung der im Unternehmen für die Leistungserbringung erforderlichen materiellen und informationellen Prozesse. Ziel der Veränderung der Prozesse sind Kostensenkungen, Produktivitätserhöhungen und Qualitätsverbesserungen. In der Vergangenheit sind Prozessinnovationen gegenüber Produktinnovationen häufig vernachlässigt worden. Im Vergleich dazu ist die Stärke vieler japanischer Unternehmen vor allem auf den Einsatz wirksamer Prozessinnovationen zurückzuführen. Insofern ist es unumgänglich, dass sich Produkt- und Prozessinnovationen unmittelbar ergänzen und als gleichwertig zur Erzielung von Wettbewerbsvorteilen anerkannt werden.

Grundsätzlich sind Prozesse eine Abfolge von Aktivitäten, die mit ihrer logischen, funktionsübergreifenden Verknüpfung der Erstellung von Leistungen dienen [vgl. Gaitanides, S. 1683]. Diese Leistungen kommen in- oder externen Kunden zugute, für die sie wertvolle Ergebnisse erbringen. Die Bedürfnisse der in- bzw. externen Kunden bilden den entscheidenden Ausgangspunkt der Prozessgestaltung. Nach Bullinger [vgl. 1995, S. 782-783] können vier Gruppen von Prozessen im Unternehmen unterschieden werden:

■ **Kernprozesse des Unternehmens:** Sie umfassen die primären Aktivitäten in der Wertschöpfungskette, gehen in der Regel über funktionale Organisationseinheiten hinaus und orientieren sich an der Bedienung externer Kunden (insbesondere Herstellung und Verkauf eines Produktes).

■ **Unterstützungsprozesse:** Es handelt sich um die Abfolgen sekundärer Aktivitäten für die Absicherung der Kernprozesse. Die Kunden dieser Prozesse stammen aus dem Unternehmen (z.B. Aufgabenfelder des Personalmanagements).

■ **Geschäftsnetzwerkprozesse:** Sie gehen über die Grenzen des Unternehmens hinaus und beziehen die Aktivitäten von Kunden, Lieferanten und anderen Kooperationspartnern ein (z.B. Simultaneous Engineering, E-Business). Die zunehmende Bedeutung des E-Business zeigt die aktuelle Studie zum „E-Commerce in Deutschland". Danach wird in 2002 ein Umsatz in Höhe von 1.690 Mrd. Euro erwartet. Dies ist mehr als das Vierzehnfache im Vergleich zu 1998 (118 Mrd. Euro) [vgl. Müller/Wielowski, S. 195].

■ **Managementprozesse:** Sie sind für die Planung, Steuerung und Kontrolle der Prozesse sowie für den Ressourceneinsatz zuständig.

Durch konsequente Orientierung an der Gestaltung durchgängiger Prozesse im Unternehmen, durch klar definierte Prozessergebnisse für die Kunden und durch eindeutige Regelung der Zuständigkeit lassen sich gegenüber der traditionellen funktionsbezogenen Vorgehensweise bedeutende Rationalisierungseffekte erzielen.

Die Gestaltung durchgängiger Prozesse geht von folgenden allgemein gültigen Prinzipien aus [vgl. Bösenberg/Metzen, S. 68; Bullinger, 1995, S. 784]:

■ Kundenorientierung: Konsequentes Anpassen an die Bedürfnisse der Kunden.
■ Mitarbeiterorientierung: Einbeziehung der Mitarbeiter (wichtigste Ressource des Unternehmens) in die Prozesse der Arbeit und Organisation in Teams.
■ Prozessverantwortung: Durchgängige Eigenverantwortung für die Prozessergebnisse, Einführung von Prozessverantwortlichen gegenüber den Kunden.
■ Durchführung kontinuierlicher Verbesserungen.
■ Priorität wertschöpfender Aktivitäten.
■ Reduzierung der Warte- und Liegezeiten.
■ Nutzung von Automatisierungs- und Standardisierungspotenzialen.

Als Sonderform der Prozessinnovationen gelten Sozialinnovationen. Diese haben in der Regel Veränderungen im Humanbereich der Unternehmung zum Ziel, bei denen die Verbesserung der Leistungsfähigkeit und Leistungsbereitschaft der Mitarbeiter im Vordergrund steht. Dies gilt beispielsweise für die

■ Veränderung der Arbeitsinhalte, insbesondere durch Abbau körperlicher Belastungen und die Beseitigung von Monotonie im Arbeitsablauf. Daraus folgt die Entwicklung neuer Formen der Arbeitsorganisation (z.B. Job Rotation, Job Enlargement, Job Enrichment, Teilautonome Arbeitsgruppen).

■ Selbststeuerung und Selbstkontrolle der Mitarbeiter an Stelle bisheriger Überwachung.

- Entwicklung neuer Formen der Arbeitszeitgestaltung.
- Motivation der Mitarbeiter zu höheren Leistungen (z.B. neue Entlohnungsmodelle) und zur Mitwirkung an kontinuierlichen Verbesserungsprozessen.

Da die Gestaltung reiner Sozialinnovationen nicht zu den genuinen Aufgaben des Projekt- und Innovationsmanagements gehört, werden Sozialinnovationen in diesem Buch nicht weiter berücksichtigt.

1.3 Überblick über den Gegenstand eines Projekt- und Innovationsmanagements

1.3.1 Besonderheiten

Projekte sind in der Regel dann erfolgreich, wenn sie nicht nur zufälligen Charakter tragen, sondern auch systematisch vorbereitet und durchgesetzt werden. Des Weiteren existieren in der Unternehmenspraxis Erfahrungswerte insoweit, als innovative Aufgaben innerhalb der Organisationsstrukturen kaum durchgeführt werden können, zumal diese auf die Durchführung von Routineprozessen spezialisiert sind. Dazu bedarf es des Projekt- und Innovationsmanagements. Seine Aufgabe besteht darin, das Innovationsgeschehen im Unternehmen so zu steuern, dass langfristige Wettbewerbsvorteile erzielt werden können.

Dabei ist die Steuerung durch spezifische Merkmale gekennzeichnet [vgl. Hauschildt, 1997, S. 26-27]:

- **Komplexität der Entscheidung:** Die Innovationsentscheidung zeichnet sich durch eine hohe Komplexität aus, zumal sie von einer Vielzahl wirtschaftlicher, technischer und sozialer Einflussfaktoren bestimmt wird, die ihrerseits wiederum nur unsicher bewertet werden können. Hinzu kommt, dass Innovationsprobleme meist nur unklar strukturiert sind, das heißt, dass viele Beziehungen zwischen den Systemelementen unbekannt oder verschwommen sind.
- **Besondere Durchsetzungsprobleme:** Die Durchsetzung einer Innovation ist häufig mit Widerständen verbunden (siehe auch Kapitel 2.5.2). In ihrer Konzentration auf Routineprobleme hat die betriebswirtschaftliche Entscheidungstheorie den Durchsetzungsaspekt überwiegend ignoriert. Bei innovativen Problemstellungen ist dies nicht möglich. Die Widerstände erwachsen im Wesentlichen daraus, dass die betroffenen Mitarbeiter oder Marktpartner bewusst dem Status quo verhaftet sind und sich weigern, die Innovationen als vorteilhaft zu akzeptieren.
- **Mehrstufigkeit der Entscheidung:** Innovationsentscheidungen beziehen sich in der Regel auf einen längeren Zeitraum und erfolgen in mehreren Stufen unter Einsatz un-

terschiedlicher Bewertungsverfahren. Vielfach sind erst mit zunehmendem Erkenntnisfortschritt Präzisierungen der getroffenen Entscheidungen möglich.

1.3.2 Integriertes Lebenszykluskonzept

Der fachliche Umfang des Innovationsmanagements lässt sich besonders eindrücklich an der Sichtweise des integrierten Produktlebenszykluskonzeptes veranschaulichen [vgl. Back-Hock, S. 706; Corsten/Corsten, S. 28; Ewert/Wagenhofer, S. 325; Hahn, S. 378; Pfeiffer/Metze/Schneider/Amler, S. 27; Sabisch, S. 47].

In Analogie zu allgemein beobachtbaren biologischen Vorgängen gehen **Lebenszyklus-konzepte** davon aus, dass sich auch die Umwelt eines Produktes oder einer Technologie wandelt und somit fast alle Produkte und Technologien eine begrenzte Lebensdauer haben. Das traditionelle Lebenszykluskonzept eines Produktes betrachtet nur die Verweildauer des Produktes am Markt. Dies ist insofern nachteilig, als nur die Kosten- und Erlösaspekte am Markt erfasst werden. Jedem Marktzyklus eines Produktes geht jedoch eine kostenintensive Vorbereitungsphase (Beobachtung, Forschung, Entwicklung, Produktions- und Vertriebsvorbereitung) voraus, deren Management und Ergebnisse die Marktphase erheblich beeinflussen. Hinzu kommt der mittlerweile vielfach zu beobachtende Trend, dass diese Vorbereitungsphase immer länger und kostenintensiver, die reine Marktphase hingegen immer kürzer wird. Deshalb empfiehlt sich eine integrierte Betrachtung des Lebenszyklus (Abbildung 6), wodurch das Modell an strategischem Charakter aber auch an praktischer Relevanz gewinnt.

Die einzelnen Phasen sind wie folgt charakterisiert:

Beobachtungszyklus
Während dieser Phase werden strategisch wichtige Informationen aus dem gesellschaftlichen und wissenschaftlich-technologischen Umfeld gewonnen, die die Zukunft des Unternehmens beeinflussen können und für die gezielte Initiierung für ein neues Produkt oder einen neuen Prozess absolut erforderlich sind. Insofern muss der Beobachtungszyklus zu einer permanenten Institution gemacht werden. Ziel dieser Aktivitäten ist das frühzeitige und mit möglichst geringer Ungewissheit versehene Erkennen von Chancen und Risiken für das Unternehmen. Frühzeitigkeit und Gewissheit sind dabei in der Regel gegenläufig (siehe auch Kapitel 3.2.4).

Entstehungszyklus
In dieser Phase werden die Produkte von morgen geschaffen, das heißt es werden Entscheidungen über konkrete strategische Zukunftsgeschäftsfelder getroffen. Erst in den letzten Jahren ist das Bewusstsein gewachsen, dass dieser Zyklus ebenfalls durch eine sorgfältige Planung und Kontrolle gelenkt werden muss. Der Entstehungszyklus umfasst drei Phasen:

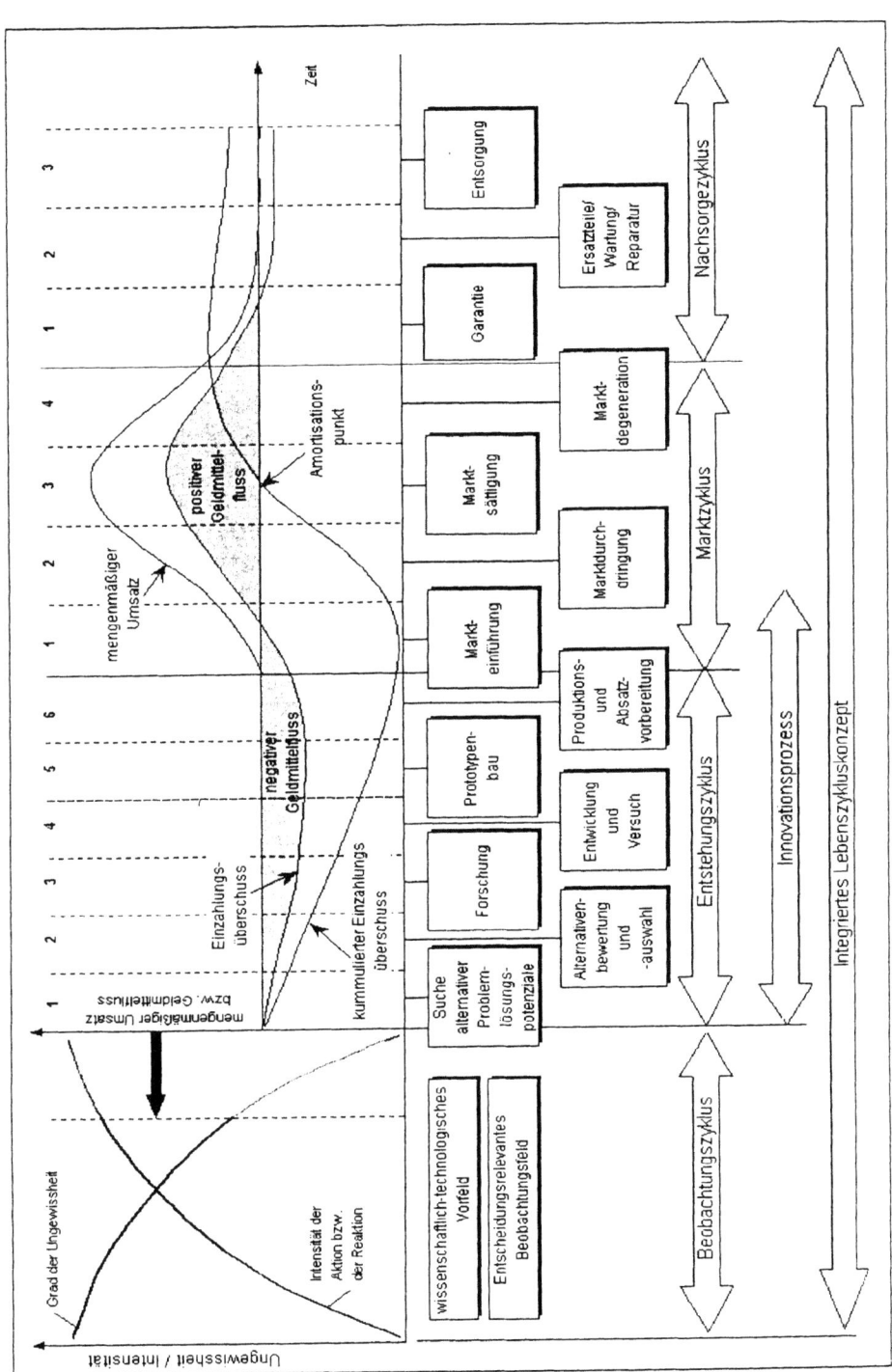

Abbildung 6: Konzept des integrierten Lebenszyklus

1. Alternativensuchprozess: Suche nach neuen und alternativen Ideen für neue Produkte.
2. Alternativenbewertungs- und -auswahlprozess.
3. Realisierungsprozess des Produktes, der die entsprechenden Forschungs- und Entwicklungsaktivitäten einschließlich der Aktivitäten von Produktion und Absatzvorbereitung enthält.

Marktzyklus

Der Marktzyklus (Marktperiode) bezieht sich auf einen Zeitraum, in dem ein Produkt am Markt angeboten und abgesetzt wird (traditioneller Produktlebenszyklus). Er beginnt mit dem Zeitpunkt der Markteinführung des Neuproduktes (Innovationsadoption) und endet mit der Produktelimination.

Allerdings ist eine Allgemeingültigkeit des klassischen Produktlebenszyklus nicht gegeben. Außerdem ist der Neuheitsgrad des Produktes zu berücksichtigen [vgl. Siegwart/Senti, S. 9]. Handelt es sich um eine Neuentwicklung im Sinne einer Marktinnovation, ist tendenziell ein S-förmiger Kurvenverlauf zu erwarten. Stellt das Produkt lediglich eine Unternehmensinnovation dar, so hängt der Lebenszyklus vor allem von der Marketingstrategie der Unternehmung ab. Auch der Lebenszyklus bei einer Weiterentwicklung kann völlig unterschiedlich verlaufen. Dabei ist abzuklären, ob ein neuer Produktlebenszyklus entsteht oder ob lediglich eine Phase des Lebenszyklus verlängert wird.

Innovationszyklus

Der Innovationszyklus umfasst den Beobachtungs- und Entstehungszyklus sowie die Markteinführung als ersten Teil des Marktzyklus.

Nachsorgezyklus

Der Nachsorgezyklus berücksichtigt die Phase der Nutzung des Produktes durch die Kunden und umfasst Leistungen aus Garantieverpflichtungen, Lieferung von Ersatzteilen/Wartungs- und Reparaturleistungen sowie die Entsorgung.

Integrierter Lebenszyklus

Der integrierte Lebenszyklus setzt sich aus dem Beobachtungs-, Entstehungs-, Markt- und Nachsorgezyklus zusammen. Er umfasst den Zeitraum vom Entstehen einer neuen Produktidee bis zum Ausscheiden des Produktes aus dem Markt und aus der Nutzung für die Bedürfnisbefriedigung.

Zu berücksichtigen ist, dass die Teilzyklen sich zeitlich überschneiden. So beginnt der Nachsorgezyklus, sobald das erste Produkt beim Kunden in Betrieb genommen wird. Auch die Entwicklungsarbeiten sind bei der Markteinführung noch nicht gänzlich abgeschlossen. Vielmehr kommt es zu Produktmodifikationen oder einer Produktdifferenzierung.

Innovationsmanagement erstreckt sich stets auf den gesamten Innovationsprozess (im Gegensatz zum Management von Forschung und Entwicklung) und enthält bereichsübergreifende, gesamtunternehmerische Aufgaben, wobei mit dem Begriff „Innovationsmanagement" überwiegend die strategischen Aufgabenfelder im Mittelpunkt stehen. In diesem Sinne ist Innovationsmanagement eine originäre Aufgabe des Top-Managements.

Unter dem Aspekt der allgemeinen Managementfunktion beinhaltet Innovationsmanagement im Kern die Festlegung von Zielen für die im Unternehmen durchzuführenden Innovationen, somit eine Innovationsstrategie, die Auswahl von Innovationsfeldern, die Schaffung der für erfolgreiche Innovationen notwendigen Organisationsstrukturen im Unternehmen sowie die Herausbildung innovationsfördernder sozialer Beziehungen und Informationssysteme im Unternehmen.

Im Vergleich zum **Management von Forschung und Entwicklung** ist folgende Abgrenzung sinnvoll:

- Forschung und Entwicklung beziehen sich auf naturwissenschaftlich-technische Prozesse. Innovationen umschließen darüber hinaus auch die administrativen Prozesse im oben angedeuteten Sinne. Forschung und Entwicklung sind somit Teilmenge der Innovationsaktivität eines Unternehmens [vgl. Bürgel/Haller/Binder, 1996, S. 14-15].
- Forschungs- und Entwicklungsprozesse werden in vielen Unternehmen systematisch durchgeführt, das heißt sie folgen bestimmten Konzepten, sind in Raum und Zeit stärker eingegrenzt, in Grenzen planbar und auf jeden Fall vielfach wiederholten „Abläufen" unterworfen. Das Innovationsmanagement muss zudem auch solche Prozesse meistern, die einmalig und unwiederholbar auftreten und bei denen weder eine Spezialisierung möglich oder sinnvoll noch eine formale Institutionalisierung wirtschaftlich sind (z.B. Durchführung einer Fusion zweier Unternehmen).

Mit dem Begriff des **Projektmanagements** wird hingegen der operative Teil des Innovationsmanagements konkretisiert. Projektmanagement wird dabei als das Führungskonzept zur Realisierung von komplexen und innovativen Vorhaben verstanden.

Analog zu den Begriffen Management und Organisation lassen sich dem Projektmanagement eine funktionale bzw. prozessuale und eine institutionelle Dimension zuordnen.

Bei der funktionalen Sichtweise steht die Gesamtheit von Führungsaufgaben (analog zu DIN 69901) im Mittelpunkt, und zwar Zielsetzung, Planung, Organisation, Entscheidung, Delegation und Überwachung/Kontrolle von Projekten sowie im Kern Information und Kommunikation.

Beleuchtet man Projektmanagement unter institutionellen Gesichtspunkten, geht es vorwiegend um die mit spezifischen Kompetenzen ausgestatteten Personen und Institutionen und ihre organisatorische Einbindung in das Unternehmen.

Dagegen wird von **Multi-Projektmanagement** [Bergfeld/Leitz/Mempel, S. 533] immer dann gesprochen, „wenn mehrere Projekte parallel abgewickelt werden, die um die gleichen Ressourcen (z.B. Mitarbeiter, Management, Maschinen, Finanzmittel) konkurrieren." Beständig werden Projekte abgeschlossen und neue in die Projektpalette aufgenommen. Damit kann ein neues Projekt mit hoher Priorität unter Umständen die bisherige Ressourcenzuteilung anderer Projekte negativ beeinflussen. Deshalb müssen in die Analyse des Multi-Projektmanagements alle Projekte einbezogen werden. Dabei muss nicht nur eine Entscheidung darüber getroffen werden, ob ein Projektprogramm zusammenzustellen ist, sondern die Projekte müssen darüber hinaus gleichzeitig mit den Aktivitäten anderer Abteilungen koordiniert werden [vgl. Lomnitz, S. 22-25; Rickert, S. 11-12].

Zusammenfassung

Das Projekt- und Innovationsmanagement umfasst einen Komplex strategischer und operativer Aufgaben zur Planung, Organisation und Kontrolle von Innovationsprozessen sowie zur Schaffung der dazu erforderlichen internen bzw. externen Rahmenbedingungen. Seine Besonderheit resultiert daraus, dass es sich nicht um Routineprozesse, sondern um neuartige Aktivitäten mit objektiv bestehenden Unsicherheiten und Risiken handelt. Ausgehend von dem bekannten „Entwicklungstrichter", wird der Unterschied zwischen strategischen und operativen Aufgaben deutlich (Abbildung 7). Danach ist es im strategischen Teil (dem Innovationsmanagement im engeren Sinne) im Wesentlichen das Ziel, den Trichter optimal zu positionieren (Markt- und Technologieattraktivität sowie Timingstrategie), während es im operativen Teil (Projektmanagement) darum geht, die Projekte unter Zeit-, Qualitäts- und Kostengesichtspunkten optimal durch den Trichter zu bringen.

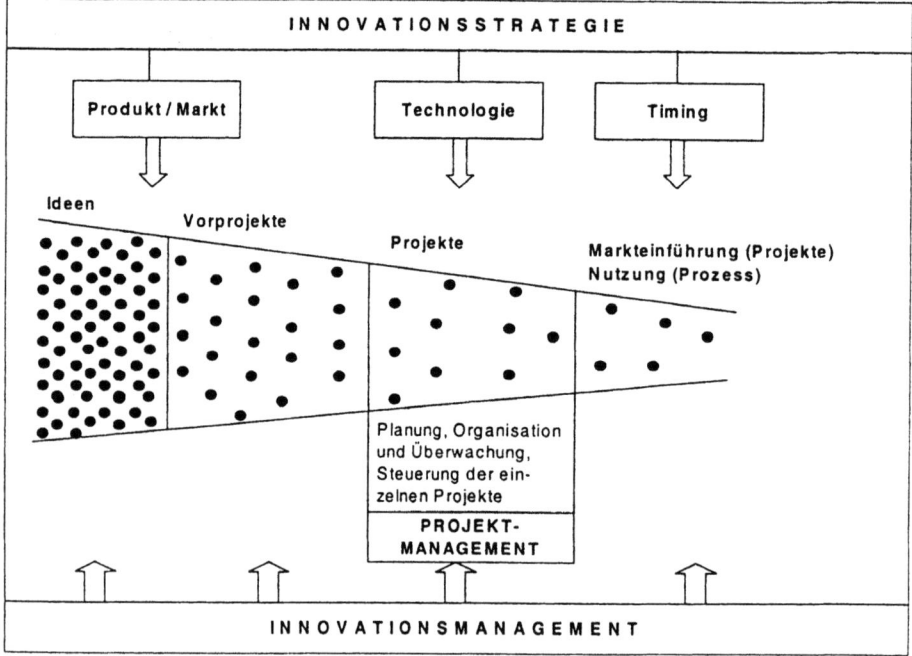

Abbildung 7: Entwicklungstrichter [Eigene Abbildung in Anlehnung an Boutellier/Völker/Voit, S. 8]

1.3.3   Beherrschung des magischen Dreiecks

Der Übergang vom Verkäufer- zum Käufermarkt sowie die Intensivierung der (globalen) Konkurrenz bedeuten für die Unternehmen eine Anpassung ihrer Leistungen an eine Vielzahl von Märkten mit unterschiedlichen Strukturen und Kundenbedürfnissen. Gleichzeitig ist zu konstatieren, dass Technologien immer komplexer werden und sich in immer kürzeren Zeitabschnitten ändern.

In Analogie zum magischen Viereck der Volkswirtschaft (Inflation, Beschäftigung, Wachstum, außenwirtschaftliches Gleichgewicht) wird die oben genannte Sichtweise in einem magischen Dreieck verdeutlicht (Abbildung 8).

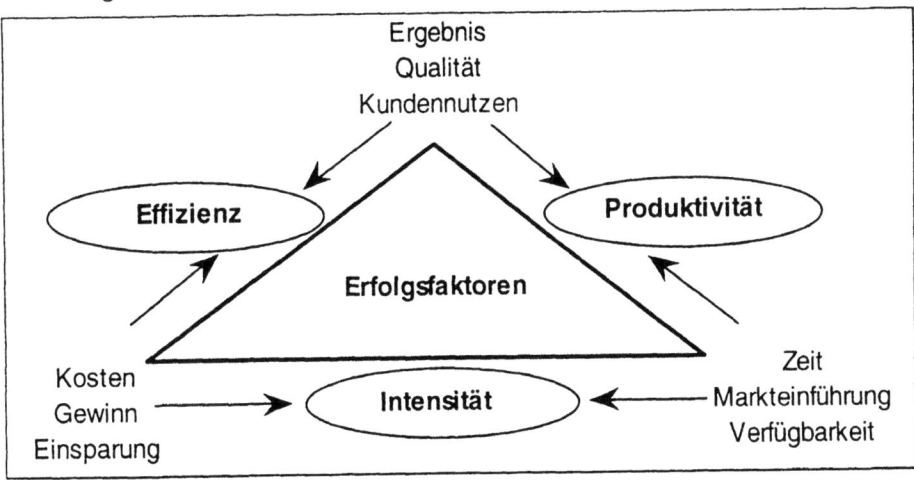

Abbildung 8: Magisches Zieldreieck von innovativen Projekten

Während Innovationen in der Vergangenheit zunächst häufig darauf abgezielt haben, die Kosten zu senken, wird ab den Achtzigerjahren die Qualität zu einem zentralen Punkt im Wettbewerb. In den letzten Jahren rückt die Zeit zunehmend in den Mittelpunkt. Gegenwärtig ist es zur Erlangung von Wettbewerbsvorteilen immer mehr erforderlich, innovative Projekte auf die gleichzeitige Verbesserung aller drei Größen unter Beachtung gesellschaftlicher Aspekte einzustellen. Dies ist deshalb der Fall, weil die einzelnen Zielgrößen voneinander abhängig sind und der Versuch, nur eine der Zielgrößen zu optimieren (z.B. die Qualität), unweigerlich zu negativen Konsequenzen für zumindest eine der anderen Zielgrößen führt (z.B. Verlängerung der Entwicklungszeit und somit späterer, vielleicht auch zu später Markteintritt). Umgekehrt gilt aber auch, dass eine zu stark ausgeprägte Betonung der Zeitminimierung zu Qualitätsmängeln führen kann. Zu nennen sind die anfänglichen Schwierigkeiten bei der Mercedes A-Klasse und beim Audi TT. De Pay [vgl. S. 55] demonstriert an dem Beispiel der Markteinführung des Wankel-Motors bei NSU im Herbst 1967, dass dies im Automobilsektor häufiger vorkommt. Im

Gegensatz zur Mercedes A-Klasse und zum Audi TT kann der ramponierte Ruf des NSU RO 80 nicht mehr aufpoliert werden.

Umgekehrt garantiert mehr Zeit oder ein höheres Budget nicht, dass die Qualität des Projektes zunimmt.

Letztlich ist sicher von Bedeutung, welche der drei Variablen aus Sicht des Unternehmens die größere Bedeutung hat. Die Projektplanung muss dann eine entsprechende Optimierung sicherstellen.

1.3.3.1 Qualität

Angesichts der Globalisierung der Wirtschaft reichen nationale Qualitätsbestimmungen nicht mehr aus. Deshalb ist es einleuchtend, dass die International Standards Organization (ISO) weltweit anerkannte Maßstäbe festlegt. Danach ist Qualität „die Gesamtheit von Merkmalen einer Einheit bezüglich ihrer Eignung, festgelegte und vorausgesetzte Erfordernisse zu erfüllen" [DIN EN ISO 8402, 1995, S. 3].

Der Qualitätsbegriff hat sich in den letzten Jahrzehnten permanent erweitert. Während früher Qualität vor allem die technische Beschaffenheit von Produkten (Produktqualität) beschreibt, umfasst Qualität heute die gesamten Leistungen des Unternehmens (Integriertes Qualitätsmanagement). Ausgehend von den Bedürfnissen und Forderungen der Kunden (z.B. Funktion, Gebrauchsnutzen, Zuverlässigkeit, Haltbarkeit, Kundendienst, Entsorgbarkeit), der Öffentlichkeit (z.B. Sicherheit von Leben und Gesundheit, Schutz der Umwelt) und des Herstellerunternehmens (z.B. Produzierbarkeit, Variantenvielfalt), wird Qualität sowohl auf die Unternehmung als Ganzes (Unternehmenskultur, Organisationsstruktur, Mitarbeiterführung) als auch die Prozesse im Unternehmen bezogen.

Innovationen können wesentliche Beiträge zur Erreichung der Qualitätsziele leisten und führen grundsätzlich zu einer Erhöhung des in- oder externen Kundennutzens und zur Verbesserung der Qualität der Produkte. Dies wird sowohl durch Produkt- als auch Prozessinnovationen erreicht.

Darüber hinaus sind mit Innovationen häufig, zumindest mittelbar, soziale und andere gesellschaftliche Ziele verbunden. Dies betrifft folgende Aspekte:

- Humanisierung der Arbeitsgestaltung (z.B. moderne Formen der Arbeitsorganisation),
- Verbesserung des Arbeits- und Gesundheitsschutzes,
- Sicherung vorhandener bzw. Schaffung neuer Arbeitsplätze zur Herstellung neuer Produkte und zum Einsatz neuer Verfahren,
- Erfüllung geltender Bestimmungen des Umweltschutzes.

1.3.3.2 Kosten

Nach Wöhe [vgl. S. 376] stellen Kosten „den mit Preisen bewerteten Verzehr von Produktionsfaktoren (einschließlich öffentlicher Abgaben) dar, der durch die Erstellung der betrieblichen Interessen verursacht wird."

Innovationen sind ein wesentliches Mittel, um die Kosten der Produkte und der Prozesse zu reduzieren. Insbesondere der Einsatz moderner Schlüsseltechnologien führt zu Kostensenkungen in Form von

- Verringerung der Lohnkosten in Verbindung mit der Automation von Prozessen.
- Senkung der Materialkosten je Erzeugniseinheit in Verbindung mit der Miniaturisierung (insbesondere in den Bereichen der Mikroelektronik), dem Einsatz neuer und kostengünstigerer Werkstoffe, der Anwendung neuer Konstruktionslösungen usw.
- Senkung des Energieverbrauchs je Leistungseinheit durch neue Verfahrensprinzipien, Rückgewinnung von Energie.
- Verringerung der Maschinenkosten durch Erhöhung der Produktivität.
- Verbesserung des Preis-Leistungs-Verhältnisses bzw. des Kosten-Leistungs-Verhältnisses durch höhere Leistungsfähigkeit von Erzeugnissen.

Um den Entwicklungstendenzen des Marktes Rechnung zu tragen, sind bereits zu Beginn einer Innovation marktorientierte Zielkosten für die Entwicklung neuer Produkte festzulegen. Dies geschieht mit Hilfe des Target Costing (siehe auch Kapitel 3.3.3), das durch eine Prozesskostenrechnung (siehe auch Kapitel 3.5.5.3) und Produktlebenszyklusrechnung (siehe auch Kapitel 3.5.5.5) unterstützt wird.

Nach einer Studie von Creese und Moore [vgl. S. 25] werden ca. 75-85 % der kumulativen Produktlebenskosten während der Produkt- und Prozessplanung festgelegt, wobei in dieser Phase nur 5-7 % der Gesamtkosten anfallen. Diese ergeben sich vor allem aus der Konstruktion der Bauteile, der Materialwahl und der Wahl des Fertigungsprozesses, die nicht nur den Marktzyklus, sondern auch den Nachsorgezyklus (Garantie-, Entsorgungskosten) beeinflussen.

Umgekehrt nimmt die Beeinflussbarkeit der Erfolgsdimensionen während des Produktlebens ab (Abbildung 9).

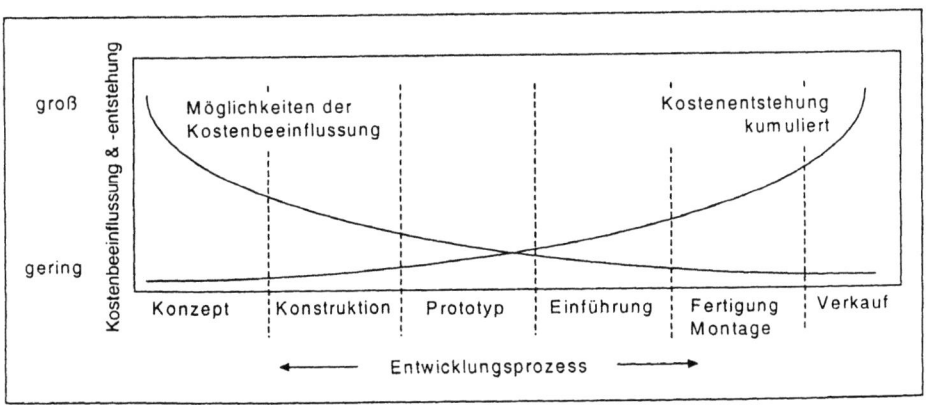

Abbildung 9: Kostenbeeinflussung und Kostenentstehung

Schätzungen gehen davon aus, dass nach Abschluss der Produktplanung 90 % der funktionalen Eigenschaften, 80 % der Termine, 70 % der Qualität und 60 % der Produktkosten nicht mehr beeinflussbar sind [vgl. Hahn, S. 1077].

Beispielsweise lassen sich Konstruktionszeichnungen für ein Produkt in der Konzeptphase innerhalb kurzer Zeit mittels CAD vergleichsweise problemlos verändern. Befindet sich das Projekt jedoch in einem fortgeschrittenen Zustand, beispielsweise in der Phase der Nullserienerstellung, sind Änderungskosten durch bereits getroffene Entscheidungen (z.B. Maschinen- und Werkzeugeinsatz) deutlich höher.

Somit zeigt sich die überragende Bedeutung der Planung in der Entwicklungsphase eines Projektes.

1.3.3.3 Zeit

Die Bedeutung des Faktors Zeit wird durch zwei Entwicklungen verdeutlicht:

- Die Produktlebenszeiten auf dem Markt haben sich in den letzten 10 Jahren in nahezu allen Branchen erheblich verringert. Paradebeispiel hierfür ist die Entwicklung von Prozessoren und Speicherchips, die in kurzen Zeitabständen am Markt eingeführt worden sind.
- Die Amortisationsdauer für die im Verlauf des Innovationsprozesses zu tätigenden Investitionen erhöht sich tendenziell. Dies ist vor allem auf steigende Investitionen infolge höherer Komplexität der Innovationen, wachsende Anlagen- und Maschinenpreise (z.B. Aufbau einer Speicherfabrik von Siemens in Höhe von einer Mrd. €) und zunehmende Auflagen für Umweltschutz zurückzuführen.

Wegen kürzerer Produktlebenszyklen und längerer Produktentstehungszeiten wird die Zeitspanne für die Amortisation der Entwicklungskosten und die Erwirtschaftung eines Gewinns in gefährlicher Weise reduziert. Die Unternehmen geraten in eine „Zeitfalle" (Abbildung 10).

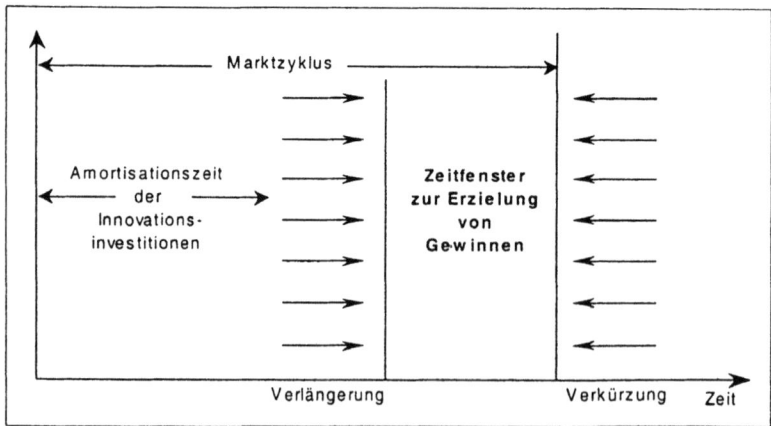

Abbildung 10: Zeitfalle [Geschka, 1993, S. 18]

Eine Studie von Bullinger [vgl. 1990, S. 34], in der die durchschnittlichen Produktlebenszeiten und Pay-off-Perioden in deutschen Unternehmen verschiedener Branchen untersucht worden sind, führt zu folgenden Ergebnissen: Die Zeitspanne, die Unternehmen
zur Erwirtschaftung eines Gewinns verbleibt, wird in allen untersuchten Branchen geringer. Dies gilt in kritischer Weise beispielsweise für die Entwicklung in der Elektronik-
und Computer-Branche, in der sich die Produktlebenszeiten in 10 Jahren um 46 % verkürzt haben. Gleichzeitig ist die Zeitdauer, die ein Produkt zur Amortisation der Investitionen benötigt, um 5,5 % gestiegen. Die Gewinnphase beträgt somit nur noch etwa ein
Jahr.

Auf Grund dieser Entwicklung ist es auch nicht mehr überraschend, dass der benötigte
Zeitraum zur Entwicklung eines Produktes sich ganz erheblich auf den Erfolg einer Innovation auswirkt. Ein bekanntes Beispiel liefert die Siemens AG für Projekte im Elekt-
ronikbereich: Bei Produkten mit einem Lebenszyklus von unter fünf Jahren vermindert
eine Verzögerung des Markteintritts um sechs Monate das produktbezogene Ergebnis
um 25 % bis 30 %. Des Weiteren führt eine Überschreitung der geplanten Produktkosten
um 10 % bei Einhaltung des geplanten Markteintritts zu einer Ergebnisverminderung
von 15 % bis 20 %, während eine Erhöhung der Entwicklungskosten um 50 % nur ein
um 5 % bis 10 % schlechteres Ergebnis zur Folge hat [vgl. Schmelzer/Buttermilch, S.
46; Schmelzer, S. 30] (Abbildung 11).

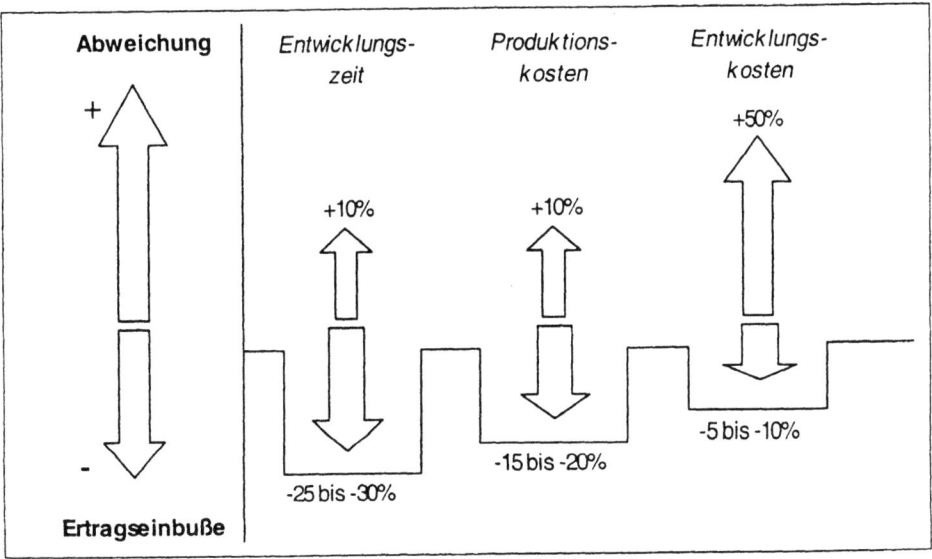

Abbildung 11: Entwicklungszeit als Haupteinflussgröße des Ertrages [Modifiziert nach
Sommerlatte, S. 13]

Vergleichbare Zusammenhänge liegen am Markt für Laserdrucker vor. Bei einem jährlichen Marktwachstum von 20 %, einem Preisverfall von 12 % pro Jahr und einem Produktlebenszyklus von fünf Jahren verzeichnet eine Verzögerung der Markteinführung

um sechs Monate einen Ergebnisrückgang von über 30 %. Dagegen reduziert eine Erhöhung der Entwicklungskosten um 30 % bei fristgerechtem Markteintritt das gesamte Produktergebnis nur um 2,3 %. Ähnliche Beispiele existieren auch für die Automobilindustrie.

Allerdings darf aus diesen Beispielen keine allgemeine Gesetzmäßigkeit abgeleitet werden. So belegt ein Beispiel aus einem langsam wachsenden Markt mit langen Produktlebenszyklen, dass eine Überschreitung der Entwicklungskosten um 9 % bei dünnen Gewinnmargen zu Ergebnisrückgängen um 45 % geführt hat [vgl. von Wangenheim/ Dörnemann, S. 302-303].

1.3.4   Defizite im Innovationsmanagement

Obwohl die Notwendigkeit von Innovationen unbestritten ist, haben die meisten Unternehmen, besonders kleinere und mittelständische, Schwierigkeiten, ein effektives und effizientes Innovationsmanagement sicherzustellen. Eine im Sommer 1999 von der Stuttgarter Unternehmensberatung Management Partner durchgeführte Untersuchung bei 80 deutschen und schweizerischen Unternehmen zeigt, dass nur jedes siebte Unternehmen über eine eigene Innovationsstrategie verfügt. Zudem ist auch eine innovationsfeindliche Kultur zu konstatieren, die im Abblocken neuer Ideen und im Beharren eingefahrener Denkweisen zum Ausdruck kommt. Insofern ist es auch nicht überraschend, dass fast die Hälfte der befragten Unternehmen ihr Innovationsmanagement als unzureichend bewertet [vgl. Stähli, S. 99].

Zu ähnlichen Ergebnissen kommen die Studien von Arthur D. Little [1997] und PricewaterhouseCoopers [1998]. Danach zeichnen sich die zahlreichen innovationsschwachen Unternehmen durch zwei Sachverhalte aus:

1. Unfähigkeit, den Innovationsbedarf zu erkennen.
2. Unvermögen, schnell und flexibel auf die Herausforderungen der Märkte zu reagieren.

Kommt es bei diesen Unternehmen nicht zu einer Veränderung, bedeutet dies - zumindest bei sich schnell wandelnden Branchen - den ökonomischen Ruin.

2. Strategische Ebene: Innovationsmanagement

Der sprachliche Ursprung des Strategiebegriffes fußt auf den griechischen Worten „stratós" (Heer) und „ágein" (führen). Der ursprüngliche Begriff definiert somit die Kunst der Heeresführung und wird im militärischen Bereich seit vielen Jahrhunderten verwendet.

Begründete strategische Ausrichtungen auf Produkt- und Technologieentwicklung sowie auf Marktentwicklung und Wettbewerbsverhalten des Unternehmens stellen einen ersten zentralen Schritt zum erfolgreichen Innovationsmanagement dar. Sie sind als langfristig wirkende Grundsatzentscheidungen für die Unternehmensentwicklung insbesondere deshalb unerlässlich, weil Innovationen über einen längeren Zeitraum die Umsatz- und Gewinnentwicklung beeinflussen sowie erhebliche finanzielle, personelle und materielle Ressourcen binden.

Strategien bilden zugleich ein unentbehrliches Bindeglied zwischen den zukunftsorientierten Zielen eines Unternehmens und den vielfältigen operativen Aufgaben und Aktivitäten in den einzelnen Unternehmensbereichen. Nach Hinterhuber [vgl. 1992a, S. 11] sind strategische Entscheidungen - im Gegensatz zu operativen Entscheidungen - nicht an die Erfüllung eines bestimmten Ziels, sondern an die Suche einer optimalen Ziel-Position gekoppelt.

Die für Innovationen zentralen strategischen Aufgabenfelder können wie folgt zusammengefasst werden:

- Schaffung langfristigen Erfolg versprechender Entwicklungsperspektiven durch die Auswahl der im Unternehmen zu entwickelnden Produkte bzw. Prozesse.
- Festlegung der anzuwendenden bzw. der zu entwickelnden Technologien.
- Wahl des Marktes, der Marktsegmente und der Marketinginstrumente.
- Schaffung von Wettbewerbsvorteilen am Markt, Bestimmung der Wettbewerbsformen und -methoden.
- Zeitliche Festlegung der Neuprodukteinführung.
- Sicherung der Kapitalrentabilität, die ausreichenden Spielraum für Innovationen lässt.

2.1 Innovationen als wachstumsstrategisches Instrument

2.1.1 Gap-Analyse zur Verdeutlichung des Problems

Legt man die grundsätzliche Existenz von Produktlebenszyklen mit langfristig abnehmenden Umsätzen und Gewinnen zu Grunde, so ist eine im Zeitablauf abweichende Zielgröße zwischen dem erwünschten und dem erreichten Zielniveau zu erwarten, sofern ein konstantes oder gar steigendes Zielniveau angestrebt wird. Die Gap-Analyse [vgl. Bea/Haas, S. 162-163; Brockhoff, 1999, S. 112-114], die die Ergebnisse der strategischen Zielplanung und der Zielerreichungsprozesse für bestehende Produkte zusammenführt, beinhaltet somit eine antizipative Soll-Wird-Abweichungsbestimmung.

Die sich ergebende Ziellücke wird in der Regel in eine operative und eine strategische Lücke eingeteilt. Während die operative Lücke mit operativen Maßnahmen (z.B. Intensivierung der Marketing-Maßnahmen oder Rationalisierungsmaßnahmen) geschlossen werden kann, ist dies bei der strategischen Lücke nicht möglich. Die Schließung einer strategischen Lücke bedarf vielmehr der Schaffung neuer Erfolgspotenziale.

Zur Darstellung des tatsächlichen Handlungsbedarfs ist es erforderlich, zwischen einer geschlossenen (Wird-Entwicklung) und einer offenen (Ziel-Wird-Abweichung) strategischen Lücke zu differenzieren. Berücksichtigt man zusätzlich die in der Zukunft erwarteten Erfolgswirkungen der sich noch in der Entwicklung befindlichen Projekte, so kann grob prognostiziert werden, ob und wann die Unternehmensziele auch durch die bereits eingeleiteten strategischen Maßnahmen nicht mehr erreicht werden, die strategische Lücke also offen bleibt (Abbildung 12).

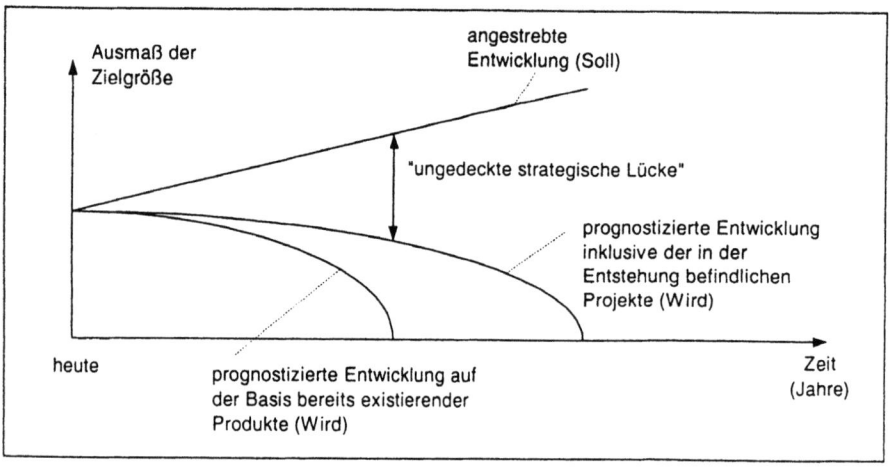

Abbildung 12: Gap-Analyse

Zu bedenken ist, dass ein laufendes, also aktuell Kosten verursachendes, Projekt gegebenenfalls erst in einigen Jahren, beispielsweise bei der Markteinführung, Erträge einbringt. Dieses Time-lag, das von Branche zu Branche unterschiedlich ist, ist auch für die Unternehmensplanung im Hinblick auf die Finanzierung von Bedeutung.

2.1.2 Optionen zur Schließung einer strategischen Lücke

Zur Schließung einer strategischen Lücke bieten sich verschiedene Wachstumskonzepte an. Grundsätzlich kann zwischen internem und externem Wachstum unterschieden werden. Während internes Wachstum durch sämtliche Produkt/Markt-bezogene Eigenaktivitäten erreicht wird (siehe auch Kapitel 2.3.1.1 und Kapitel 2.4.4), erfolgt externes Wachstum durch Lizenznahme, Kooperation, Fusion oder Kauf von anderen Unternehmen. Interne Wachstumsstrategien können sowohl in einer Intensivierung der vorhandenen als auch in einer Ausweitung der Unternehmensaktivitäten bestehen.

Damit wird deutlich, dass Produktinnovationen zwar nicht das einzige, aber ein wesentliches Element von internen Wachstumsstrategien sind. Die Wirkung von erfolgreichen Produktinnovationen auf den Umsatz ergibt sich aus dem folgenden Kausalzusammenhang: Neben dem direkten Umsatzzuwachs durch die Aufnahme neuer Produkte ins Produktprogramm können die durch Produktinnovationen zusätzlich erzielten Gewinne für erneute Wachstumsmaßnahmen investiert werden. Auch empirische Untersuchungen bestätigen einen eindeutig positiven Zusammenhang zwischen der Produktinnovationstätigkeit und dem Unternehmenswachstum [vgl. Meffert, S. 376].

Die generelle Bedeutung von Produktinnovationen als Wachstumsstrategie hat in den letzten Jahrzehnten angesichts zahlreicher stagnierender Märkte erheblich zugenommen. Produktinnovationen werden dabei als geeignetes Mittel angesehen, Wachstumskrisen zu überwinden, indem durch Verbesserungsinnovationen zusätzliche Nachfrage ausgelöst und durch Basisinnovationen neue Märkte geschaffen werden.

2.1.3 Bewertung der Gap-Analyse

Die Stärken der Gap-Analyse bestehen vor allem darin, dass sie das strategische Problembewusstsein durch Offenlegung der Divergenz zwischen der geplanten und erwarteten Unternehmenssituation fördert und ihr durch die zukunftsgerichtete Perspektive eine Frühwarnfunktion zukommt. Damit kann sichergestellt werden, dass Forschungs- und Entwicklungsarbeiten, Anlageinvestitionen sowie Marketing-Aktivitäten rechtzeitig eingeleitet werden. Hinzu kommt, dass aus der Gap-Analyse eine Qualitätsverbesserung der Zielplanung resultieren kann, weil die Durchführung einer solchen die explizite Zielplanung voraussetzt und so zu einer Offenlegung der Ziele führt. Darüber hinaus können die

Zielplanungen vor dem Hintergrund der Erfolgsprognosen gegebenenfalls an ein realistischeres Niveau angepasst werden.

Die Schwächen der Gap-Analyse sind vor allem darauf zurückzuführen, dass die Aussagekraft in besonderem Maße von der Qualität der Erfolgsprognosen für die bestehenden Produkte und Projekte abhängt. Bei der herkömmlichen Gap-Analyse beruht die Prognose eher auf einer Extrapolation der Entwicklung in der Vergangenheit, ohne dass die Ursachen und Einflussgrößen der Kurvenverläufe berücksichtigt werden. Im Zeitalter erhöhter Umweltdynamik und Diskontinuitäten erscheint ein solches Vorgehen jedoch problematisch. In dieser Hinsicht ist eine Fundierung erst mit der Einbeziehung der erfolgsbeeinflussenden Faktoren möglich.

2.2   Grundlagen für eine Strategieentwicklung von Innovationen

2.2.1   Phasen der Strategieentwicklung

Für die Entwicklung und Realisierung von Strategien sind drei Schritte zu unterscheiden:

- Analyse der strategischen Ausgangssituation.
- Bestimmung der strategischen Zielposition der Unternehmung und ihrer strategischen Geschäftseinheiten.
- Festlegung der Mittel und Wege, um die formulierte Strategie unter Beachtung von Zeit und Kosten so zu erreichen, dass Wettbewerbsvorteile geschaffen werden.

A) Analyse der strategischen Ausgangssituation
Gegenstand einer Situationsanalyse ist letztlich die Einschätzung der Stärken und Schwächen sowie der Chancen und Risiken eines (vorhandenen, modifizierten oder neuen) Geschäftsfeldes (siehe hierzu auch Kapitel 2.2.3). Während **Umfeldanalysen** die Chancen und Risiken bewerten, die aus der (Zukunfts-) Analyse potenzieller Abnehmermärkte und des Unternehmensumfeldes (z.B. Marktentwicklung, technologische Entwicklung, ökologische und rechtliche Erfordernisse) entnommen sind, stellen **Unternehmensanalysen** die Stärken und Schwächen durch Einschätzung der eigenen Potenziale sowie der der (potenziellen) Wettbewerber dar. Jede dieser Einzelanalysen wird nach Kriterien erstellt, welche mehr oder weniger spezifisch für die Branche, das Unternehmen, die Geschäftsfelder und Produkte sind. Diese sind zunächst zu definieren, anschließend mit professionellen Einschätzungen auszufüllen und schließlich im Hinblick auf das eigene Unternehmen zu gewichten sind.

B) Bestimmung der strategischen Zielposition
Aufbauend auf den Ergebnissen der strategischen Ausgangssituation, handelt es sich bei der Bestimmung der strategischen Zielposition um langfristig wirkende Entscheidungen

zur Realisierung von Innovationen auf festgelegten Märkten und Technologiegebieten. Es geht bei der strategischen Planung weniger um die Formulierung eines quantifizierbaren Ziels als vielmehr um die Bestimmung der Wettbewerbsposition, wobei zur Verdeutlichung häufig Portfolio-Modelle eingesetzt werden.

Bezüglich der Auswahl der strategischen Zielposition ist grundsätzlich zu bedenken, dass die Unternehmensumwelt je nach Branche einem mehr oder weniger schnellen Wandel unterliegt. Eine Veränderung der Umwelt(en) für Unternehmen können dabei Chancen aber auch Gefahren hervorbringen. Dabei entstehen für ein Unternehmen dann Chancen, wenn es relative Stärken im Hinblick auf Umweltveränderungen aufweist. Risiken erwachsen, wenn Gefahren der Umwelt auf relative Schwächen des Unternehmens treffen.

Da die Entwicklung in der Umwelt relativ autonom und vom Unternehmen nur partiell beeinflussbar ist, bleibt den Unternehmen in der Regel nur der Weg zur Anpassung an die Umweltentwicklungen. Eine reaktive Verhaltensweise führt für ein Unternehmen auf Dauer zu Verlusten (z.B. Marktanteil). Aus diesem Grunde muss verstärkt eine vorausschauende Umweltveränderung erfolgen, auf deren Basis geeignete Anpassungsmaßnahmen entwickelt und umgesetzt werden können.

C) Festlegung der Mittel und Wege

Um die festgelegten strategischen Ziele erreichen zu können, ist eine Zuteilung entsprechender **personeller, materieller und finanzieller Ressourcen** erforderlich. Dabei geht es vornehmlich um die Bereitstellung von

- Mitarbeitern für die qualifizierte Vorbereitung, Planung und Kontrolle der Innovation.
- Mitarbeitern zur Durchführung der erforderlichen Forschungs- und Entwicklungsarbeiten.
- Marketing-Spezialisten für die langfristige Marktvorbereitung und Markteinführung der Innovation.
- finanziellen Mitteln für Forschungs- und Entwicklungsarbeiten sowie für neue Produktionsanlagen.
- Investitionen für den Aufbau neuer bzw. Ausbau vorhandener Vertriebswege.

Zudem ist die optimale Verteilung der Ressourcen zwischen den einzelnen Geschäftseinheiten unumgänglich. Strategische Geschäftseinheiten mit hohem Ressourcenverbrauch setzen voraus, dass im Unternehmen auf anderen, in der Regel weniger innovativen, Geschäftsfeldern die dafür notwendigen Gewinne bzw. Deckungsbeiträge erwirtschaftet werden.

2.2.2   Portfolio-Analyse

Die Grundidee der Portfolio-Analyse besteht darin, dass eine Entscheidung nicht isoliert, sondern in Verbindung mit anderen Entscheidungen gesehen wird. Vielmehr greift die Portfolio-Analyse den Gedanken einer Gegenüberstellung von Unternehmensanalyse und Umweltanalyse auf. Dabei wird die Umwelt als im Prinzip unbeeinflussbare Umweltdeterminante einerseits und das Unternehmen mit vom Unternehmen beeinflussbare Größen andererseits auf einer zweidimensionalen Matrix erfasst. Je nach Portfolio werden dabei die Dimensionen des Portfolios unterschiedlich interpretiert. In den Matrixfeldern werden die Strategischen Geschäftsfelder (vgl. Kapitel 2.2.3) als Entscheidungsobjekte positioniert. Portfolios können dabei sowohl für eine Istanalyse (Istportfolio) als auch für ein Sollkonzept (Zielportfolio) genutzt werden.

Die Beliebtheit der Portfolioanalyse resultiert daraus, dass sie einfach und anschaulich eine Gesamtansicht von Unternehmen, Geschäftsfeldern usw. und damit eine gute Basis für die Diskussion strategischer Fragen und die Entscheidungsunterstützung bietet (z.B. Positionierung der Kräfte des Unternehmens, Start oder Abbruch von Projekten).

Ausgangsbasis ist jedoch, dass sie zu den jeweiligen Unernehmenscharakteristiken und Problemstellungen passt. Gerade der Vorteil der Einfachheit birgt jedoch die Gefahr der Übersimplifizierung (Einbeziehung von zu vielen Kriterien mit der Tendenz zur Nivellierung von Kriterien bzw. Quantifizierung der Kriterien mit großen Unsicherheiten). Insofern stellen Portfolio-Modelle keine Universalmethode zur Lösung aller strategischen Probleme dar, weshalb sie nicht überschätzt bzw. daraus keine methodengläubige Schlüsse gezogen werden dürfen.

2.2.3   Bildung von strategischen Geschäftsfeldern und -einheiten

Wie bereits schon bei der Klärung des Portfoliobegriffes verdeutlicht, stellen die strategischen Geschäftsfelder (SGF) das in einzelne Aktionsbereiche zerlegte unternehmerische Tätigkeitsfeld dar. Durch diese Modularisierung wird eine gezielte Marktbearbeitung ermöglicht.

Möglichkeiten zur Bildung strategischer Geschäftsfelder sind vor allem:

- Produkt: Geschäftsfelder der Siemens AG sind u.a. in den Bereichen Telekommunikation, Medizintechnik, Verkehr und Energie zu sehen.
- Nachfrager: Eine Bank unterscheidet in Firmenkunden, vermögende Privatkunden und restliche Privatkunden.
- Problemlösung: Ein Software-Unternehmen bietet Problemlösungen für Lohnbuchhaltung, Kostenrechnung usw. an.

Das Unternehmen weist nun jedem SGF Ressourcen zu, die dem jeweils geschätzten Erfolgspotenzial entsprechend dimensioniert und qualifiziert werden. Hierfür werden auch auf der Seite des Unternehmens die verfügbaren Ressourcen modularisiert, und zwar derart, dass jedes Modul (so genannte strategische Geschäftseinheit oder SGE) einem SGF zugeordnet wird und für dieses Leistungen erbringt (Abbildung 13).

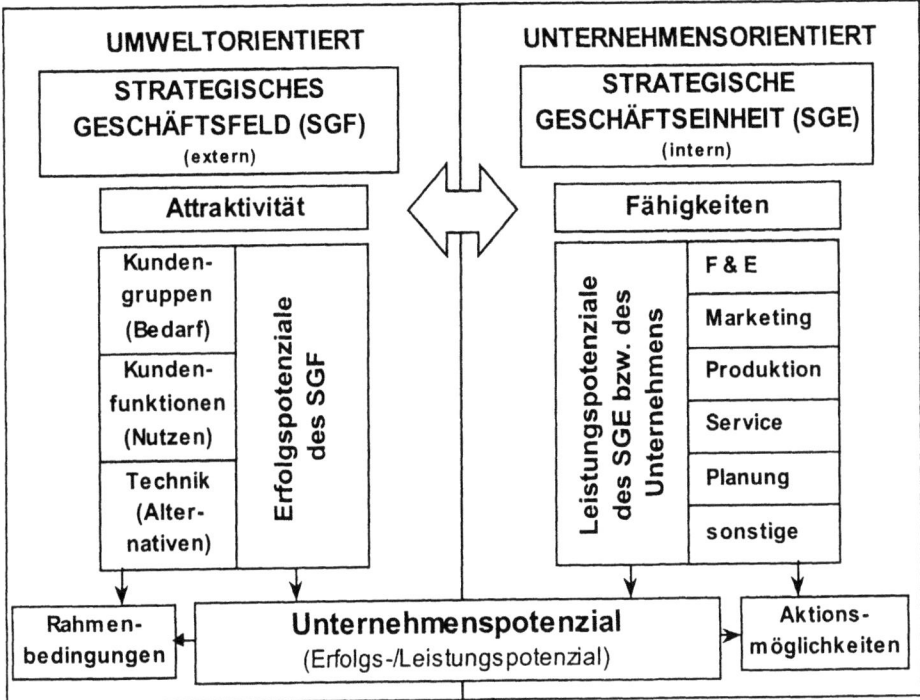

Abbildung 13: Definition von strategischen Geschäftsfeldern und strategischen Geschäftseinheiten [Bullinger, 1994, S. 92]

Nach Hinterhuber [vgl. 1992b, S. 141-142] handelt es sich bei einer SGE somit um eine Unternehmenseinheit (beispielsweise in Form einer Division, Geschäftsbereich), an die der Prozess der Formulierung und Ausführungen spezifischer Strategien von der Unternehmensleitung delegiert wird. In der Geschäftseinheit werden dann Entscheidungen über die Ressourcenzuteilungen in Abhängigkeit von ihrer Positionierung im strategischen Ziel-Portfolio der Unternehmung getroffen. Allgemein gilt, dass eine SGE

■ eine eigenständige Marktaufgabe haben sollte,
■ möglichst wenig Überschneidungen zu anderen Geschäftseinheiten aufweisen sollte,
■ möglichst wenige Kombinationen aus Abnehmergruppen und Technologien enthalten sollte,
■ von Führungskräften geleitet werden sollte, die für die Entwicklung, Durchführung und Kontrolle der Strategien verantwortlich sind.

Häufig umfasst eine SGE mehrere Untereinheiten, die häufig als Geschäftsgebiete bezeichnet werden. Unter einem Geschäftsgebiet wird eine organisatorische Einheit verstanden, die jeweils nach Produktlinien, geographischen Marktsegmenten, Endverbrauchern, Vertriebssystemen usw. geordnet ist.

2.2.4   Alternativen zur Erzielung strategischer Wettbewerbsvorteile

Ausgangsüberlegung ist das Erfordernis der Kompatibilität von Wettbewerbs- und Innovationsstrategie. Porter [vgl. S. 37-44] unterscheidet dabei drei Grundtypen von Wettbewerbsstrategien, die für jedes strategisches Geschäftsfeld in Frage kommen:

- Kostenführerschaft.
- Differenzierung.
- Konzentration auf Schwerpunkte.

Ziel der **Kosten-** oder **Preisführerschaft** ist es, durch möglichst niedrige Kosten die Stückkosten unter das Niveau der wichtigsten Wettbewerber zu senken und durch relative Preisvorteile Wettbewerbserfolge zu realisieren. Hierfür sind vor allem Maßnahmen erforderlich, wie sie sich aus produktivitätssteigernden Prozessinnovationen, Standardisierung von Produkten, Kostensenkungen in allen Funktionsbereichen ergeben. Da die Kostensenkungspotenziale einen großen relativen Marktanteil verlangen, eignet sich diese Strategie vor allem dann, wenn die Produkte vom Abnehmer als homogen empfunden werden.

Die **Differenzierung** hingegen verfolgt das Ziel, durch Schaffung von Produkt- oder Leistungsvorteilen den Ansprüchen der Kunden gerecht zu werden. Ansatzpunkte für das Innovationsmanagement sind bei Verfolgung dieser Strategie hauptsächlich:

- Hohe Kreativität bei der Suche nach neuartigen Problemlösungen.
- Hohes Niveau der Forschungs- und Entwicklungstätigkeit.
- Orientierung an der Verbesserung der Produktqualität (z.B. Erhöhung der Leistungsfähigkeit, Erhöhung der Zuverlässigkeit, Verringerung des spezifischen Material- und Energieverbrauchs, hohe Reparatur- und Wartungsfreundlichkeit, Verbesserung der ergonomischen Gestaltung, Verbesserung der Umweltverträglichkeit).
- Schnelle Markteinführung von Innovationen.
- Ausgeprägte Kundennähe (z.B. Erweiterung des Serviceangebotes, Verbesserung der Kundenberatung, Betreuung der Kunden während des gesamten Lebenszyklus.).

Allerdings können Unternehmen bei der Einführung bedeutsamer Technologien gleichzeitig sowohl Kosten senken als auch die Differenzierung steigern und damit beide Strategien integrieren. So können beispielsweise neue Fertigungsverfahren nicht nur zu Kosteneinsparungen, sondern auch zu einer qualitativ hochwertigen Produktgestaltung führen.

Die Strategie der **Konzentration** ist immer mit einer Selektion von Marktsegmenten bzw. einer Spezialisierung auf spezifische Teilmärkte verbunden (Marktnischenpolitik). Dabei geht die Strategie von der Überlegung aus, dass ein Unternehmen, das seine gesamten Aktivitäten auf einen ausgewählten Schwerpunkt konzentriert, seine strategischen Ziele besser als Konkurrenten erreichen kann, die sich in einem breiten Wettbewerb befinden und ihr Potenzial zur Bearbeitung unterschiedlicher Gebiete zersplittern müssen. Die Konzentration richtet sich dabei vorwiegend auf Marktsegmente, deren Produktanforderungen durch Angebote der Wettbewerber nicht oder nur unzureichend befriedigt werden (z.B. aus der Sicht eines Großunternehmens wegen zu hohen Aufwands oder zu geringer Flexibilität). Insofern eignet sich die Nischenbearbeitung auch für kleine und mittlere Unternehmen.

Die **Wertschöpfungskette** von Porter (Abbildung 14) stellt ein praktikables Instrument dar, um alle Tätigkeiten von der Forschung und Entwicklung bis hin zur Verwendung des Produktes beim Kunden in die einzelnen Elemente zu zerlegen und dadurch die Möglichkeit zu schaffen, spezifische Wettbewerbsvorteile im Vergleich zu den Wettbewerbern zu finden. Der Grundgedanke besteht in einer Orientierung an den wertschöpfenden Prozessen. Von besonderer Bedeutung sind diejenigen Prozesse, die Differenzierungs- und Kostensenkungspotenziale enthalten. Bei den einzelnen Aktivitäten einer Wertkette handelt es sich um primäre Aktivitäten (Eingangs- und Ausgangslogistik, Produktion, Marketing, Kundendienst) und um unterstützende Aktivitäten (Unternehmensinfrastruktur, Personalwirtschaft, Beschaffung, Technologieentwicklung).

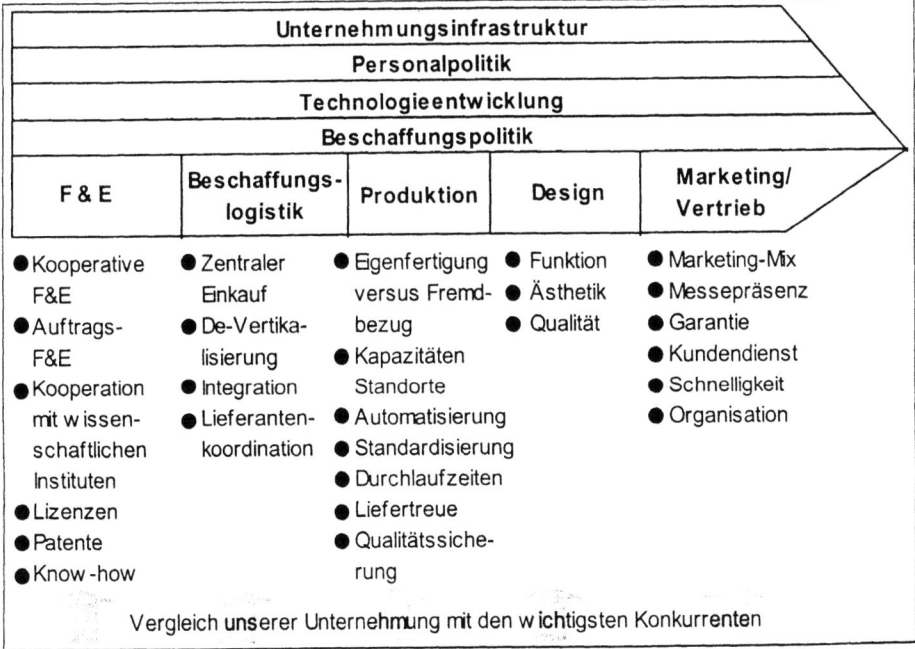

Abbildung 14: Wertschöpfungskette [Hinterhuber, 1992a, S. 152 nach Porter, S. 66]

Geht man von der Wertschöpfungskette aus, ergeben sich für Unternehmen viele potenzielle Quellen von Wettbewerbsvorteilen. Zum Wesen der Wettbewerbsstrategie gehört es, sich selektiv auf wenige, aber wichtige Quellen von Wettbewerbsvorteilen zu konzentrieren und diese unter dem Gesichtspunkt der Durchführbarkeit zu prüfen. Voraussetzung, damit sich Wettbewerbsvorteile aus der Forschung und Entwicklung ergeben, ist der Zugang zu kritischen Ressourcen, beispielsweise hervorragende Mitarbeiter, Beherrschung von Technologien, Kooperationen mit anderen Unternehmen/Instituten, Lizenzen und Patente usw., die gleichzeitig von anderen Unternehmen entweder höhere Kosten und/oder einen längeren Zeitraum erfordern.

2.2.5   Balanced Scorecard als Instrument der Strategieimplementierung

Die Umsetzung der Strategie in operative Pläne gehört zu einer zentralen Aufgabe eines Unternehmens. Kaplan/Norton legen mit der Balanced Scorecard ein Instrument vor, dass diese Lücke zwischen der Entwicklung und Formulierung einer Strategie und ihre Umsetzung schließen kann [vgl. Horváth, 2001, S. 264-266].

Ins Deutsche übersetzt lässt sich Balanced Scorecard in etwa mit „gewichteter Berichtsbogen", „ausgewogener Zielebogen" bzw. „Konzept der strategischen Anzeigetafel" übersetzen.

Die Hauptziele liegen in der

■ Unterstützung der Umsetzung von Strategien durch deren Konkretisierung und Messbarmachung
■ Kommunikation der Strategie im Unternehmen
■ Identifikation strategischer Initiativen
■ Durchführung von periodischen und systematischen Strategie-Reviews

Im Gegensatz zu vielen anderen Strategiekonzepten wird die Innovationsperspektive als eine von vier Perspektiven explizit mit eingebunden (Abbildung 15).

Finanzperspektive

■ Sind vorwiegend vergangenheitsorientiert, d.h. informieren mit time-lag und können deshalb kaum zur zukunftsorientierten Steuerung eines Unternehmens verwendet werden.
■ Sie erklären nur eingeschränkt die Ursachen von Entwicklungen des Unternehmens.

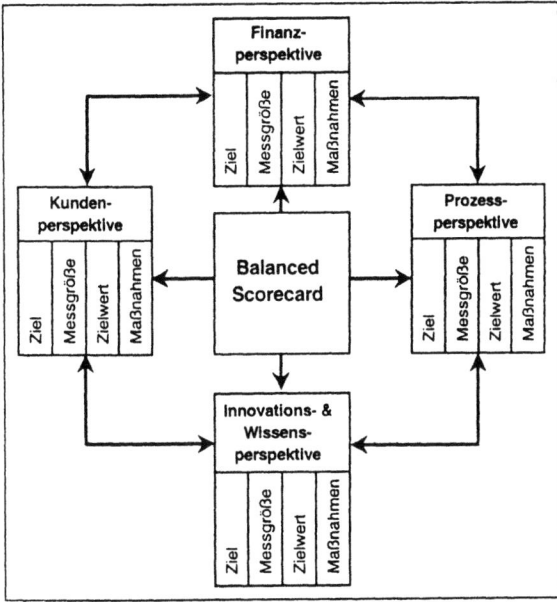

Abbildung 15: Die Perspektiven der Balanced Scorecard

Kernfrage:
Welche Finanzziele muss das Unternehmen erreichen, um im Sinne des Shareholder-Value-Ansatzes eine Vermögensmaximierung aus Sicht der Eigenkapitalgeber zu erzielen ?

Kundenperspektive

Kernfrage:
Welche Leistungen muss das Unternehmen für seine Kunden erbringen bzw. wie werden die Kunden zufrieden gestellt ?

Prozessperspektive

Kernfrage:
Welche betrieblichen Prozesse müssen exzellent beherrscht werden ?

Innovations- und Wissensperspektive

Kernfrage:
Über welches Wissen muss die Organisation verfügen und welches Innovationspotenzial muss das Unternehmen besitzen ?

Für jede **Perspektive** wird empfohlen eine Anzahl von etwa **5 Kennzahlen** (Ratios) zu verwenden. Zur Operationalisierung dieser Ziele sind darüber hinaus eindeutige Messgrößen und Zielwerte festzulegen sowie **Maßnahmen** zu deren Realisierung einzuleiten (Abbildung 16).

Perspektive	Strategische Ziele	Messgröße	Zielwert	Maßnahmen
Finanz	Erhöhung des Shareholder Value	Börsenwert des Unternehmens	+ 15 %	nachfolgende Perspektiven
	Optimierung der Kostenstruktur	Gesamtkosten	- 20 %	Einführung PZKR und ZBB
	Stärkeres internationales Wachstum	Umsatzwachstum Ausland	+ 50 %	JV in China, Akquisition USA
Kunden	Erhöhung der KD-Zufriedenheit	Customer Service Index	80 Indexpunkte	one face for the customer
	Einfachgeräte am Markt besser positionieren	Marktanteil im Massensegment	12 %	Einrichtung Händlerforum
	Imageverbesserung Hochpreissegment	Imagewerte Zielkunden	75 Indexpunkte	Marketingkonzept neu, Designstudie
	Erhöhung Kundenbindung	Wiederverkaufsquote	75 %	Einführung Pay-back-Karte
Prozesse	Verringerung der Fehlerquote	Fehlerquote	- 30 %	Einführung von teilautonomen AG
	Schnelle Belieferung des Kunden	Durchlaufzeit von Aufträgen in Tagen	90 % in 48 h	Projekt: Prozessoptimierung
	Verringerung Vertriebskosten	Vertriebskosten je Kunde	- 25 %	Projekt: e-business
	Verbesserung interne KD-Orientier.	Schnittstellenbefragungsindex	70 Indexpunkte	Einführung BVW u. Qualitätszirkel
Innovation und Wissen	Produkte standardisieren	Anteil Gleichteile an MEK	50 %	Verbesserung des Projektcontrolling
	Entwicklungskompetenz steigern	Verkürzung der Produktentwicklungszeit	- 3 Monate	Projekt: Simultane Produktentwicklung
	Erhöhung der Mitarbeiterzufriedenheit	Employee Commitment Index	65 Indexpunkte	Schaffung eines neuen Entlohnungssystems

Abbildung 16: Stufenweise Operationalisierung von Strategien

Abbildung 17 vermittelt einen Einblick bezüglich der festgelegten Etappenziele sowie den augenblicklichen Status der zwischenzeitlichen Zielerreichung. Zur besseren Visualisierung kann - je nach Grad der Zielerreichung - symbolisch eine Ampelfarbe (grün, gelb, rot) geschaltet werden, wobei hierfür Grenzwerte festzulegen sind.

Perspek-tive	Strategische Ziele	Messgröße	Zielwert	Etappenziele			Ampel
				1. J.	2. J.	3. J.	Status
Finanz	Erhöhung des Shareholder Value	Börsenwert des Unternehmens	+ 15 %	5	10	15	[　]
	Optimierung der Kostenstruktur	Gesamtkosten	- 20 %	-5	-15	-20	[　]
	Stärkeres internationales Wachstum	Umsatzwachstum Ausland	+ 50 %	10	30	50	[　]
Kunden	Erhöhung der KD-Zufriedenheit	Customer Service Index	80 Index-punkte	70	75	80	[　]
	Einfachgeräte am Markt besser positionieren	Marktanteil im Massensegment	12 %	8	10	12	[　]
	Imageverbesserung Hochpreissegment	Imagewerte Zielkunden	75 Index-punkte	65	70	75	[　]
	Erhöhung Kundenbindung	Wieder-verkaufsquote	75 %	60	65	75	[　]
Prozesse	Verringerung der Fehlerquote	Fehlerquote	- 30 %	-10	-20	-30	[　]
	Schnelle Belieferung des Kunden	Durchlaufzeit von Aufträgen in Tagen	90 % in 48 h	75	85	90	[　]
	Verringerung Vertriebskosten	Vertriebskosten je Kunde	- 25 %	-5	-15	-25	[　]
	Verbesserung interne KD-Orientier.	Schnittstellen-befragungsindex	70 Index-punkte	50	60	70	[　]
Innovation u. Wissen	Produkte standardisieren	Anteil Gleich-teile an MEK	50 %	40	45	50	[　]
	Entwicklungs-kompetenz steigern	Verkürzung der Produktent-wicklungszeit	- 3 Monate	-	-	-3	[　]
	Erhöhung der Mitarbeiter-zufriedenheit	Employee Commitment Index	65 Index-punkte	55	60	65	[　]

Abbildung 17: Etappenziele und Fortschrittsbeurteilung

2.3 Kernfaktoren für eine Strategieentwicklung von Innovationen

Kernkriterien für eine Strategieentwicklung von Innovationen sind:

- Marktorientierung
- Technologieorientierung
- passende Timingstrategie

Diese drei Kernkriterien werden anschließend näher betrachtet.

2.3.1 Marktorientierung von Innovationen

Der Erfolg einer Innovation hängt davon ab, dass diese für den Kunden qualitativ und/oder quantitativ (Kosten, Zeit) einen spürbaren Fortschritt mit sich bringt und dieser Fortschritt zur Lösung eines Problems beiträgt, das einen größeren Kreis von potenziellen Kunden betrifft.

Damit müssen Innovationen - von der Ideenfindung angefangen - auf die Bedürfnisse der Kunden und die differenzierten Bedingungen des Marktes zugeschnitten sein und somit zur Wettbewerbsfähigkeit eines Unternehmens beitragen. In dieser Hinsicht stellt die Marktorientierung für die Innovation eine der grundsätzlichen strategischen Forderungen an das Innovationsmanagement dar.

Nach Aaker [vgl. S. 204] kann ein Wettbewerbsvorteil dann als dauerhaft gelten, wenn

- er von den tatsächlichen Fähigkeiten des Unternehmens getragen wird.
- die Strategie auf die Bedingungen des Zielmarktes zugeschnitten ist.
- die Wettbewerber nicht über die gleichen Stärken wie das eigene Unternehmen verfügen und nicht in der Lage sind, den Vorteil leicht aufzuholen.
- er möglichst groß ist, um einen deutlichen Unterschied auszumachen.
- er im Hinblick auf die Veränderung der Umwelt zukunftsrelevant ist.
- die Merkmalsunterschiede vom Kunden auch akzeptiert werden und für seine Entscheidungen relevant sind.

2.3.1.1 Produkt-Markt-Matrix

Wie aus der Gap-Analyse deutlich geworden (siehe auch Kapitel 2.1.1), lässt sich eine strategische Lücke nur durch neue Erfolgspotenziale schließen.

Um die Marktorientierung (und die damit verbundene Wettbewerbsorientierung) zu systematisieren, ist es sinnvoll, zunächst ausschließlich die Optionen an den Märkten zu betrachten. Dabei ist eine Systematisierung, die auf Ansoff zurückgeht, nützlich [vgl. beispielsweise Becker, S. 148-179; Bestmann, S. 366-370]. Daraus ergeben sich durch

Kombination von alten/neuen Produkten und alten/neuen Märkten vier Produkt-Markt-Strategien (Abbildung 18) bzw. Schwerpunkte der Forschungs- und Entwicklungsprogrammplanung. Gleichwohl bleibt bei der Ansoff-Matrix eine Reihe von wichtigen Punkten ausgeklammert, die den Aussagegehalt etwas einschränken:

■ Marktteilnehmerbezogene Aspekte, vor allem die Konkurrenz, bleiben unbeachtet.
■ Desinvestitions- bzw. Rückzugsstrategien bleiben unberücksichtigt.
■ Interne Schwächen und Stärken werden ebenso wenig systematisch aufgespürt wie Marktchancen und Risiken.

	Derzeitige Märkte	Neue Märkte
Derzeitige Produkte	intensive Marktbearbeitung **Marktdurchdringungsstrategie**	für eine existierende Problemlösung neue Märkte finden **Marktentwicklungsstrategie**
Neue Produkte	mit neuen Produkten in bestehenden Märkten **Produktentwicklungsstrategie**	horizontale, vertikale, laterale Diversifikation **Diversifikationsstrategie**

Abbildung 18: Produkt-Markt-Matrix (Ansoff-Matrix)

A) Marktdurchdringung

Ziel der Marktdurchdringung ist die Vergrößerung des Marktanteils mit den vorhandenen Produkten an den gegenwärtigen Märkten. Dabei erfolgt eine intensivere Bearbeitung bisheriger Märkte mit dem absatzpolitischen Instrumentarium. Von Bedeutung ist darüber hinaus die Rationalisierung des Herstellungsprozesses zur Kostensenkung.

B) Marktentwicklung

Gegenstand sind Anpassungsentwicklungen zur Erfüllung spezifischer Kundenwünsche, die Erschließung neuer Absatzmärkte (z.B. in anderen Ländern) und der Aufbau neuer Vertriebswege. Ein zentrales Instrument der Marktentwicklung ist die Produktdifferenzierung. Sie ist dadurch gekennzeichnet, dass die Anzahl der angebotenen Produktvarianten so erhöht wird, dass die neuen Märkte optimal bedient werden können. Dazu werden einzelne oder zugleich mehrere Produktmerkmale einer Ursprungsvariante verändert (z.B. VW Polo Classic als Stufenheckvariante). Produktdifferenzierungen sind typisch für einen großen Teil der produktbezogenen Verbesserungsinnovationen im Unternehmen und vorwiegend geeignet, Wettbewerbsvorteile am Markt zu erzielen. Dieser Weg basiert häufig auf der angewandten Differenzierungsstrategie (im Gegensatz zur Strategie der Kostenführerschaft) in der Wettbewerbsorientierung der Unternehmen (siehe auch Kapitel 2.2.1).

C) Produktentwicklung
Ziel ist die Neuentwicklung von Produkten mit wesentlich besseren Gebrauchseigenschaften und/oder neuen Einsatzgebieten. Dabei handelt es sich entweder um eine Produktmodifikation, -substitution oder um neue Produkte im Sinne einer Unternehmens- oder Marktinnovation.

Bei einer **Produktmodifikation** handelt es sich um geringfügige Veränderungen an einem Produkt, z.B. Anpassung des Produktes an spezifische oder veränderte Kundenwünsche. Insofern ist mit einer Produktmodifikation ein vergleichsweise geringerer Entwicklungsaufwand für das Unternehmen als mit der Entwicklung neuer Produkte verbunden. Deshalb wird auch von evolutionären oder inkrementalen Innovationen gesprochen (siehe auch Kapitel 1.1.1.2). Wesentliche Veränderungen der Wettbewerbsposition oder gar Technologiesprünge sind jedoch auf diesem Wege nicht erzielbar.

Bei einer **Produktsubstitution** geht es um die Entwicklung eines Nachfolgeproduktes und Ablösung des bislang aktuellen Produktes (z.B. Ablösung des VW Golf III durch den VW Golf IV). Häufig wird eine Verbesserung des Produktes durch den Einsatz neuer Technologien erreicht. Hierzu gehören Produkte wie die weiße LED-Lichtquelle, die u.a. die bisherigen Frontscheinwerfer verändern werden und zu einer besseren Ausleuchtung der Straße bei gleichzeitig geringerem Lichtstrom (Lichtleistung) und somit Blendung führen. Hinzu kommen eine längere Lebensdauer und geringere Kosten.

Neue Produkte, die erstmals Lösungen für bislang offene Probleme anbieten, kombinieren häufig neue Technologien mit neuen Anwendungen. Sie können als Unternehmens- oder Marktinnovationen bzw. als radikale Innovationen bezeichnet werden (siehe auch Kapitel 1.1.1.2 und Kapitel 1.1.1.4). Beispiele hierzu sind Antiblockier-, Antischlupfsysteme sowie Airbags für die grundlegende Verbesserung der Fahrsicherheit von PKW oder Fahrzeuglampen, die je nach Geschwindigkeit und Fahrtrichtung (besseres Ausleuchten von Kurven) variieren.

D) Diversifikation
Produktinnovationen sind häufig mit Diversifikationsprozessen verbunden, die die umfassendste und aufwändigste Art von Veränderungen im Unternehmen beinhalten, zumal nicht nur neue Produkte entwickelt werden, sondern auch (für das Unternehmen) an neuen Märkten abgesetzt werden müssen. Diese gleichzeitige Erneuerung des Leistungsangebotes und der Absatzmärkte erfordert nicht nur umfangreiche, koordinierte Aktivitäten in der Forschung und Entwicklung sowie im Marketing, sondern bedeutet sowohl einen hohen Aufwand als auch ein Risiko für das Unternehmen bei der Durchsetzung der Innovation.

Die typischen Formen der Diversifikation werden wie folgt unterschieden [vgl. Nieschlag/Dichtl/Hörschgen, S. 282-283]:

- horizontal,
- vertikal
- lateral.

Eine **horizontale Diversifikation** ist durch einen sachlichen Zusammenhang der Tätigkeitsfelder des Unternehmens gekennzeichnet. Mit dem neuen Produkt wendet sich das Unternehmen in der Regel an bereits vorhandene Kunden (z.B. Allfinanzstrategie der Banken).

Bei einer **vertikalen Diversifikation** werden solche Produkte hinzugenommen, die dem bisherigen Wertschöpfungsprozess vor- oder nachgelagert sind (z.B. Übernahme eines Lieferanten zur Absicherung der Rohstoffversorgung oder Selbstherstellung eines Vorproduktes).

Letztlich lässt eine **laterale Diversifikation** in der Regel keinen sachlichen Zusammenhang des neuen Produktes mit dem bisherigen Tätigkeitsfeld des Unternehmens erkennen (z.B. Finanzdienstleistungen von Quelle). Motive dieser Diversifikation sind in der Regel die Partizipation an Wachstumsbranchen, die Risikostreuung, vorhandene Management-Erfahrungen, aber auch persönliche Neigungen der Unternehmensleitung [vgl. Sonntag, S. 132-134].

2.3.1.2 Marktattraktivitäts-Wettbewerbsvorteil-Portfolio

Welche dieser Produkt-Markt-Strategien sich für ein Unternehmen bzw. Geschäftsfeld als zweckmäßig erweisen, ist sinnvollerweise Gegenstand des Marktattraktivitäts-Wettbewerbsvorteil-Portfolio. Die Dimensionen dieses von der Unternehmensberatung McKinsey eingeführten Portfolios werden in die (Multi-) Faktoren Marktattraktivität (Geschäftsfeldattraktivität des strategischen Geschäftsfeldes) und Wettbewerbsvorteil (relative Wettbewerbsstärke der strategischen Geschäftseinheiten) aufgesplittet (Abbildung 19) [vgl. Hinterhuber, 1992a, S. 112-114; Piontek, S. 102].

Die einzelnen umwelt- und unternehmensbezogenen Faktoren erweisen sich jedoch nicht ein für alle Mal als allgemein gültig, sondern sie sind vielmehr für jedes Unternehmen bzw. für jedes strategische Geschäftsfeld festzulegen und regelmäßig zu überprüfen.

Die Messung der **Marktattraktivität** erfolgt speziell durch folgende Dimensionen:

- Marktwachstum und -größe.
- Marktqualität (insbesondere Rentabilität der Branche, Stellung im Markt-Lebenszyklus, Spielraum für die Preispolitik, Wettbewerbsintensität, Verhaltensstabilität der Abnehmer, Eintrittsbarrieren für neue Anbieter, Substitutionsmöglichkeiten).
- Ressourcensicherheit (vor allem Störanfälligkeit in der Versorgung mit Energie und Rohstoffen, Beeinträchtigung der Wirtschaftlichkeit der Produktionsprozesse durch Erhöhung der Energie- und Rohstoffpreise).

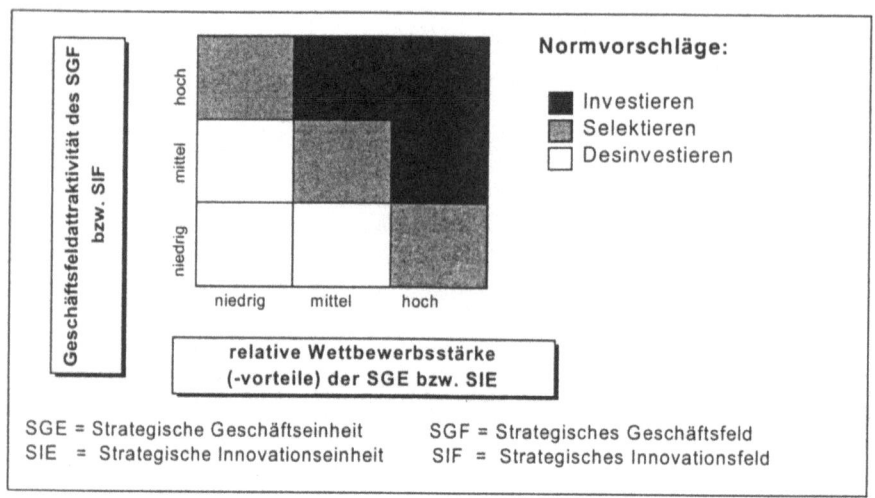

Abbildung 19: Marktattraktivitäts-Wettbewerbsvorteil-Portfolio [Modifiziert nach Bullinger, 1994, S.152; Hinterhuber, 1992a, S. 111]

■ Umweltsituation (hauptsächlich Abhängigkeit von der Gesetzgebung, Risiko staatlicher Eingriffe, Umweltbelastung, Konjunkturabhängigkeit).

Der **relative Wettbewerbsvorteil** wird durch folgende Dimensionen ermittelt:

■ Relative Marktposition (im Vergleich zum stärksten Konkurrenten), gemessen an den Indikatoren Marktanteil und seine Entwicklung, Größe und Finanzkraft des Unternehmens, Rentabilität, Marketingpotenzial (z.B. Image), Preisvorteile (z.B. auf Grund von Qualität, Lieferzeiten, Service, Technik, Sortimentsbreite).

■ Relatives Produktionspotenzial (vor allem Kostenvorteile bei der Produktion, Innovationsfähigkeit der Anlagen bei wechselnden Marktbedingungen, Produktionskapazität, Standortvorteile, Produktivität).

■ Relatives Forschungs- und Entwicklungspotenzial (vor allem Stand der Forschung, Innovationspotenzial).

■ Relative Qualifikation der Führungskräfte und Mitarbeiter (hauptsächlich Professionalität, Innovationsklima).

Nachdem die einzelnen Kriterien gewichtet und geschätzt bzw. gemessen worden sind, kommt es zu einer Verdichtung (zumeist durch einfache Addition) der gewichteten Kriterienausprägungen zu je einem Gesamtwert der beiden Hauptkriterien und letztlich zu einer Eintragung der Istposition in das Koordinatensystem. Für jede der beiden Dimensionen können maximal 100 Punkte erreicht werden. Da das Portfolio 3 x 3 Felder beinhaltet, ist eine niedrige Bewertung einer Dimension von 0-33, eine mittlere Bewertung einer von 34-66 und eine hohe Bewertung einer solchen von 67-100 Punkten zuzuordnen.

Die einzelnen ermittelten Felder der Matrix haben unterschiedliche Erfolgschancen für eine Produktinnovation (Abbildung 20).

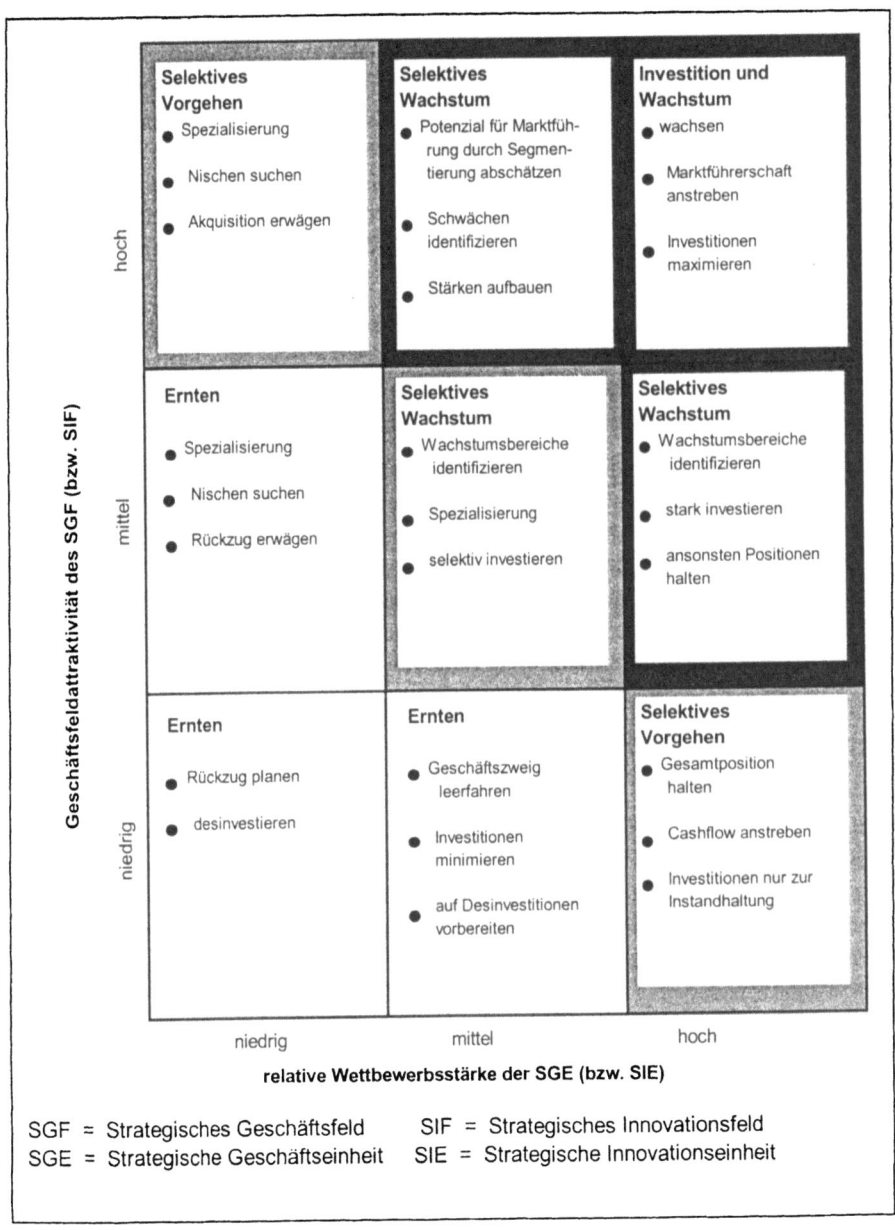

Abbildung 20: Normstrategien des Mc Kinsey-Geschäftsfeldportfolio [Modifiziert nach Bullinger, 1994, S. 153; Hinterhuber, 1992a, S. 126]

Gute Bedingungen für die Platzierung neuer bzw. verbesserter Produkte weisen die Felder eins bis drei auf (Investitions- bzw. Innovationsfelder). Auf die hier positionierten Produkte bzw. Forschungsprojekte sollten die Forschungs- und Entwicklungsaktivitäten in Verbindung mit entsprechenden Marketing-Maßnahmen konzentriert werden. Für die Selektions- und Differenzierungsfelder (Felder vier bis sechs) sollte geprüft werden, ob durch Forschung und Entwicklung oder Marketing eine Veränderung der dort platzierten Produkte möglich und zweckmäßig ist, sodass eine Verschiebung ihrer Positionen auf die Investitionsfelder erfolgen kann. Die Quadranten sieben bis neun umfassen dagegen typische Desinvestitionsfelder, auf denen sich grundsätzlich (mit Ausnahme von Verbundprodukten) keine Entwicklungsarbeiten und Marketingaktivitäten mehr lohnen.

Der Vorteil des Marktattraktivitäts-Wettbewerbsvorteil-Portfolios ist vor allem darin zu sehen, dass es umfassend eine Vielzahl von strategischen Faktoren berücksichtigt. Darin liegt jedoch gleichzeitig seine Schwäche. Um jede strategische Geschäftseinheit positionieren zu können, sind Operationalisierungen der Einzelfaktoren nötig. Die damit einhergehenden Bewertungsprobleme werfen unter Umständen erhebliche Probleme auf.

Grenzen einer Marketing-dominierenden Betrachtung
Als zentraler Einwand gegen eine marketing-dominante Vorgehensweise gilt vor allem der eingeschränkte Prognosehorizont der Marktforschung. Es besteht die Gefahr, dass bei ausschließlicher Verwendung dieses Planungsansatzes die marginalen Weiterentwicklungen dominieren und bedeutende Neuerungen chancenlos bleiben. Somit wird eine Strategie auf kurze Sicht betrieben [vgl. Brockhoff, 1999, S. 220]. Insofern wird deutlich, dass die Gesamtansicht um technologische Aspekte zu erweitern ist.

2.3.2   Technologieorientierung von Innovationen

2.3.2.1   Theorie, Technologie und Technik

Unter einer **Theorie** ist eine Anzahl bewährter Hypothesen zu verstehen, die miteinander in Verbindung stehen. Diese Theorien enthalten wissenschaftliche Gesetze und leisten einen Beitrag zur Erklärung der Realität. Insofern stellen sie Ursache-Wirkungs-Aussagen dar. Zur Lösung praktischer Probleme ist jedoch eine Ziel-Mittel-Aussage notwendig. Dies setzt eine Transformation theoretischer Ursache-Wirkungs-Aussagen voraus. Theorien sind somit als Fundament für Technologien zu sehen, die als Bindeglied zwischen Theorie und Praxis betrachtet werden können (Abbildung 21).

Eine Vielzahl der einschlägigen deutschsprachigen betriebswirtschaftlichen Veröffentlichungen nimmt eine analytische Trennung von Technologie und Technik vor [vgl. z.B. Brockhoff, 1999, S. 27; Bürgel/Haller/Binder, 1996, S. 13; Gerpott, 1999, S. 17-18].

Danach wird unter einer **Technologie** das Wissen über mögliche Ziel-Mittelbeziehungen verstanden, das zur Lösung praktischer Probleme geeignet ist. Erst die konkrete Anwendung einer Technologie wird als **Technik** bezeichnet, die nach Produkten oder Produktionsprozessen definiert wird. Umgekehrt heißt das, dass angesichts der Komplexität die

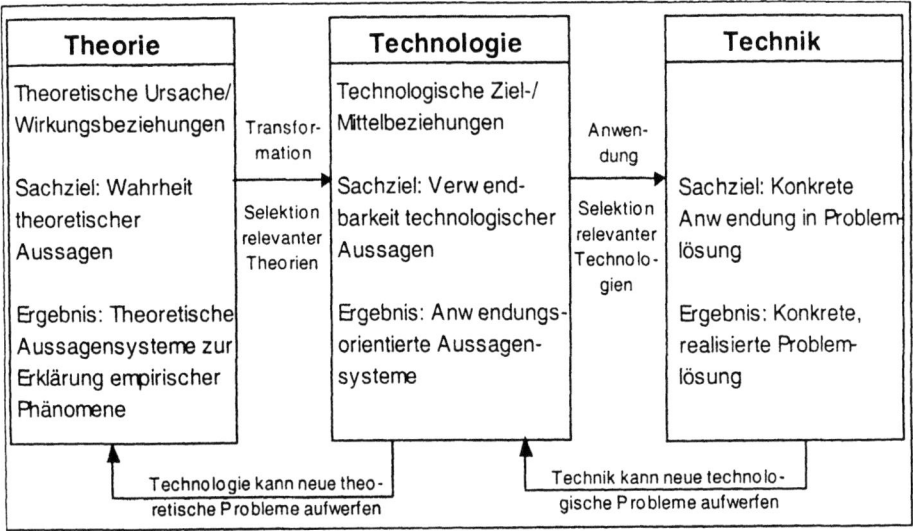

Abbildung 21: Zusammenhang von Theorie, Technologie und Technik [Specht/Beckmann, S. 14]

meisten Produkte und Prozesse auf der praktischen Anwendung vielfältiger Techniken basieren, die jeweils den Nutzen von Technologien voraussetzen, welche ihrerseits wiederum auf Theorien beruhen.

Insgesamt ist am Innovationsprozess eine Vielzahl technologischer Disziplinen beteiligt. In der Automobilindustrie sind dies beispielsweise Mechanik, Elektrik, Hydraulik, Elektronik, Sensorik, Regeltechnik, Aerodynamik, Statik, Werkstoffkunde, Fertigungstechnik, Design, Ergonomie usw.

Aus rein betriebswirtschaftlicher Sicht erscheint es dem Verfasser jedoch als sekundär zwischen Technologie und Technik zu unterscheiden, zumal privatwirtschaftliche Unternehmen Technologien ausschließlich nach ihrer kommerziellen Verwendung beurteilen. Nach Gerpott [vgl. 1999, S. 19] und Schröder [vgl. S. 1995-1996] mangelt es auch an operationalen Kriterien, um den Übergang von einer technologischen zu einer technischen Lösung zu bestimmen. Danach ist zwar eine Technologie gegenüber einer technischen Lösung von einer graduell schwächeren Ausrichtung auf eine spezifische kommerzielle Anwendung gekennzeichnet, gleichwohl sind die Übergänge zwischen Technologie und Technik fast immer fließend. Betrachtet man beispielsweise ein Anti-Blockier-System (ABS), das auf verschiedenen Theorien der Physik und der Elektrotechnik aufbaut, so wäre im konkreten Einzelfall kaum festzustellen, ob ein ABS-Prototyp schon eine Technik oder noch eine Technologie ist, wenn er für einen ganz bestimmten PKW-Typ noch nicht optimiert worden ist.

2.3.2.2 Technologie als Quelle und Gegenstand von Innovationen

Neue Technologien bilden den Ausgangspunkt grundlegender Veränderungen für Produkte und Prozesse. Sie sind unter den derzeitigen und zukünftigen Bedingungen der Produktivitätsentwicklung die wichtigste Quelle für wirtschaftliches Wachstum und die Schaffung von Wettbewerbsvorteilen. Dies gilt besonders, weil [vgl. Hinterhuber, 1992b, S. 46]

- sie die Grundlage für die Entwicklung neuer Produkte sind, neue Problemlösungen zur Befriedigung von Bedürfnissen bzw. eine Erweiterung des Leistungsangebotes zur Folge haben.
- Prozesstechnologie-Innovationen eine Rationalisierung der Fertigung und Senkung der Herstellungskosten der Produkte bewirken. Sie sind damit Voraussetzung für das Anstreben der Kostenführerschaft.
- durch die Entwicklung von Substitutionstechnologien Markteintrittsbarrieren überwunden werden können.
- die Entwicklung und Anwendung von Systemtechnologien die Übernahme der Systemführerschaft für komplexe Produkte ermöglichen.

Die im Unternehmen zum Einsatz gelangenden Technologien können hinsichtlich ihres Gegenstandes nach folgenden zwei Aspekten klassifiziert werden. Gleichwohl ist für den Aufbau technologischer Kernkompetenzen eine enge Verflechtung von Produkt- und Prozessinnovationen erforderlich:

- **Produkttechnologien**, die das einem Produkt zu Grunde liegende technische Funktionsprinzip kennzeichnen (z.B. Otto-Motor bei Verbrennungsmotoren). Grundsätzlich beruht jedes Produkt auf einer oder mehreren Technologien. Ein und dieselbe Technologie kann jedoch für verschiedene Produkte bzw. Produktgruppen angewandt werden. Dabei bestimmen die eingesetzten Produkttechnologien insbesondere die Produkteigenschaften, den Kundennutzen sowie die Kosten für die Nutzung des Produktes. Es ist daher erforderlich, dass jede Geschäftseinheit die Technologien identifiziert, auf denen ihre Produkte beruhen, und sie von ihrer Bedeutung her einschätzt.
- **Prozesstechnologien**, die der Herstellung eines Produktes dienen. Dabei benötigt jedes Produkt für seine Herstellung eine Reihe von Technologien (z.B. Schweißtechnik, Lasertechnik, Montagetechnik usw.). Die angewandten Prozesstechnologien bestimmen vorwiegend die Qualität, führen zu wesentlichen Verbesserungen von Produkteigenschaften und lösen damit Produktinnovationen aus. Dies gilt z.B. für mikroelektronische Steuerungen oder die Laser-Technologie, die mit einer Erhöhung der Verarbeitungsgüte und Zuverlässigkeit verbunden sind. Darüber hinaus wirken sich Prozesstechnologien wesentlich auf die Herstellungskosten der Produkte aus.

2.3.2.3 Technologiefrüherkennung und -prognose

Grundüberlegung ist die Bewertung [vgl. Gerpott, 1999, S. 101-109; Wolfrum, S. 134-151] von Technologien. Diese bezieht sich insbesondere auf die

- Weiterentwicklungspotenziale neuer Technologien,

- Grenzen bekannter Technologien,
- Substitutionsbeziehungen zwischen Technologien.

A) Analyse externer Quellen

Ziel ist es, dass ein Unternehmen zeitlich vor seinen Wettbewerbern mit dem Aufbau eigener Kompetenzen und mit viel versprechenden Technologien beginnt oder sie extern beschafft. Als Quellen zur Bewertung von Technologien kommen einerseits innovative Kunden als auch innovative Zulieferer in Betracht. Folglich stellen Kontakte mit diesen Kunden bzw. Lieferanten gute Möglichkeiten dar, frühzeitig Hinweise auf Technologietrends zu gewinnen. Hinzu kommen Konferenzkontakte und/oder ein temporärer Personalaustausch mit wissenschaftlich führenden Institutionen (z.B. Max-Planck- oder Frauenhofer-Institute), die bei der Erforschung von Technologien als weltweit führend gelten, und die Auswertung öffentlich zugänglicher Informationsquellen (Auswertung von Fachliteratur, Patenten, technischen Standards).

B) Bedeutung von Schutzrechten für Innovationen

Schutzrechte dienen dem Schutz schöpferischer Leistungen vor unberechtigter Nutzung und Nachahmung, wobei unter dem Gesichtspunkt von Innovationen vor allem die gewerblichen Schutzrechte (Patent, Gebrauchsmuster) von Bedeutung sind. Nicht weiterhin berücksichtigt werden Schutzrechte nicht technischer Art wie Geschmacksmuster, Marken- und Urheberrechte.

Für Innovationen sind Schutzrechte aus zahlreichen Gründen von Bedeutung. Dies gilt insbesondere für

- die Prüfung, ob mit einer Produkt- oder Prozessentwicklung Schutzrechte anderer verletzt werden, womit auch Doppelentwicklungen vermieden werden.
- die Untersuchung auf formale Möglichkeit und wirtschaftliche Zweckmäßigkeit einer eigenen Schutzrechtsanmeldung.
- die Überlegung, ob an der Stelle einer eigenen Entwicklung die Übernahme einer Lizenz sinnvoller ist.
- die Möglichkeit, aus Patentrecherchen Anstöße für eigene Neuentwicklungen zu erhalten bzw. Erkenntnisse zu erlangen, mit welchen Marktsegmenten sich Wettbewerber beschäftigen (Konkurrenzanalyse). Eine solche Recherche kann beispielsweise in den 25 Patentinformationszentren in Deutschland durchgeführt werden.

Der Nutzen eines Schutzrechtes besteht aus Sicht eines Innovators vor allem in der zeitlich befristeten Monopolstellung der ausschließlichen Nutzung der geschützten Erfindung. Diese beträgt bei Patenten 20 Jahre (§ 16 Abs. 1 PatG) und bei Gebrauchsmustern 3 Jahre mit einer Verlängerungsmöglichkeit auf 10 Jahre (§ 23 Abs. 2 GebrMG). Daraus ergibt sich nicht nur eine Stärkung der Marktposition, sondern auch die Option, das geschützte Know-how in Form von Lizenzen an andere Unternehmen zu verkaufen und damit die zusätzliche Erwirtschaftung von Gewinnen. Auch Imageaspekte können von Bedeutung sein [vgl. Brändel, S. 12-13]. Missling [vgl. 2000a, S. 57] stellt fest, dass Schutzrechte gerade für junge Unternehmen eine wichtige wirtschaftliche Bedeutung haben, zumal sie bei Gesprächen mit öffentlichen und privaten Investoren im Hinblick auf die Erlangung von Fördermitteln eine erhebliche Rolle spielen.

a) Patent

Patente stellen das wichtigste Schutzrecht für Innovationen dar. Sie werden vom Patentamt auf Grund einer Patentanmeldung und einer daraus resultierenden Prüfung erteilt. Problematisch ist allerdings das Erteilungsverfahren von Patenten. Nach Informationen des Deutschen Patentamtes ist das Patentverfahren durchschnittlich erst nach 2 bis 2 ½ Jahren abgeschlossen.

Die Grundlagen des Patenterteilungsverfahrens sind schon mehrere Jahrhunderte alt. In einem Patentgesuch von Galilei heißt es 1593 bezüglich eines Pumpwerkes:

„Da es mir aber nicht zusagt, dass jene Erfindung, die mein Eigentum ist und von mir mit großer Mühe und viel Kosten zu Stande gebracht wurde, Gemeingut eines jeden Beliebigen wird, so bitte ich ehrerbietig, Ew. Durchlaucht möchten mich gnädigst mit der Gunst bedenken, die Eure Huld in ähnlichen Fällen jedem Künstler in irgendeinem Handwerk verleiht, nämlich: Dass außer meiner Person oder meinen Erben oder solchen, die von mir oder von ihnen ein Recht dazu erhalten, es niemanden gestattet sei, besagtes mein neues Werk anzufertigen, noch es anfertigen zu lassen, noch es, wenn es angefertigt ist, zu gebrauchen, noch es in abgeänderter Form zu anderem Zweck ... auf einen Zeitraum von 40 Jahren ... bei ... Geldstrafe für den Verletzungsfall, von der ich einen Teil erhalte. Wonach ich noch eifriger auf neue Erfindungen zum allgemeinen Wohl bedacht bin und Euch mich untertänig empfehle"

Neun Monate später wurde das Patent auf Grundlage des Patentgesetzes Venedigs aus dem Jahre 1474 erteilt [Brändel, S. 33-34].

Für die Erteilung eines Patentes sind folgende sachlichen Voraussetzungen von Bedeutung [vgl. Brändel, S. 40-55]:

- **Neuheit der technischen Lösung.** Nach § 3 Abs. 1 PatG gilt eine Erfindung „als neu, wenn sie nicht zum Stand der Technik gehört. Der Stand der Technik umfasst alle Kenntnisse, die vor dem für den Zeitrang der Anmeldung maßgeblichen Tag durch schriftliche oder mündliche Beschreibung, durch Benutzung oder in sonstiger Weise der Öffentlichkeit zugänglich gemacht worden sind." Dabei bezieht sich der Neuheitsbegriff auf alle in der Welt öffentlich zugänglichen Informationen über den Gegenstand der Erfindung. Sobald die Veröffentlichung einer Erfindungsidee vorliegt, macht dies eine spätere Erteilung des Patents rechtlich unmöglich. Dabei ist zu beachten, dass auch eigene Vorveröffentlichungen des Erfinders bzw. Anmelders zum Stand der Technik gerechnet werden. Insofern ist der richtige Weg, eine Erfindung erst anzumelden und dann zu publizieren.
- **Erfindungshöhe.** Eine patentfähige Erfindung muss sich nach § 4 PatG mit einem deutlichen Abstand vom bisherigen Stand der Technik abheben und darf sich nicht für den Fachmann „in nahe liegender Weise aus dem Stand der Technik" ergeben. Diese Beurteilung ist die am häufigsten umstrittene Frage bei der Prüfung der Patentfähigkeit.

■ **Gewerbliche Anwendbarkeit.** Die Erfindung muss nach § 5 Abs. 1 PatG gewerblich anwendbar sein. Dies schließt die Wiederholbarkeit der Anwendung ein. Ergebnisse der Grundlagenforschung und der Technologieentwicklung fallen somit dann nicht darunter, wenn sie gewerblich noch nicht anwendbar sind.

Nach dem Gegenstand der Erfindung kann ein Patent einerseits auf **Erzeugnisse** im Sinne von Vorrichtungen (z.B. Maschinen), Stoffe, die in der Natur nicht vorkommen (z.B. Kunststoffe, Arzneimittel), unbewegliche Sachen (z.B. Deiche) und elektrische Schaltungen sowie sonstige Anordnungen erteilt werden. Gentechnische Erfindungen zählen ebenfalls zu patentierfähigen Leistungen, bei denen Naturkräfte (Mechanik, Elektrizität, chemische Prozesse) zum Einsatz kommen. Andererseits können Patente auf **Verfahren** erteilt werden. Dies gilt insbesondere für Herstellverfahren von Erzeugnissen und Arbeitsverfahren, die nicht der Produktion eines bestimmten Erzeugnisses dienen (z.B. Messverfahren), sowie neue Verwendungsmöglickeiten eines Erzeugnisses in einer bestimmten, bisher nicht bekannten Weise.

Nicht patentierbar sind dagegen (§ 1 Abs. 2 PatG):

■ Entdeckungen sowie wissenschaftliche Theorien und mathematische Methoden.
■ ästhetische Formschöpfungen (hier kann das Geschmacksmustergesetz greifen).
■ Pläne, Regeln und Verfahren für gedankliche Tätigkeiten, für Spiele oder für geschäftliche Tätigkeiten sowie Programme für Datenverarbeitungsanlagen.
■ die Wiedergabe von Informationen.

Persönliche geistige Schöpfungen ästetischer Art genießen den Schutz auf Grund des Urheberrechtsgesetzes (UrhG) bzw. solche von geringerem gestalterischem Niveau den auf Grund des Geschmacksmustergesetzes (GeschmMG). Hierunter fallen auch Datenverarbeitungsprogramme, bei denen die gewerbliche Anwendung zweifellos im Vordergrund steht. Ähnliches gilt für das Verlagsrecht. Gleichwohl hat sich die restriktive Linie bei Programmen für Datenverarbeitungsanlagen in den letzten Jahren gewandelt. Insofern werden mittlerweile Patente für programmbasierte Verfahren erteilt, wenn diese als Mittel zur Problemlösung auf dem Gebiet der Technik eingesetzt werden. Ein Beispiel für solche patentierbare Erfindungen stellt das Antiblockier-System bei Kraftfahrzeugen dar, in denen verschiedene Sensoren und Wirkungselemente, von einem bestimmten Programm gesteuert, zusammenspielen. Gleichwohl ist es immer noch empfehlenswert, den technischen Charakter des Softwareverfahrens in den Vordergrund zu stellen.

Für die Anmeldung, Prüfung und Erteilung von Patenten werden Gebühren und Auslagen erhoben. Dabei beträgt die Anmeldegebühr 503 €. Hinzu kommen noch die Kosten für den Patentanwalt von ca. 3.000 €, der eine Patentanmeldung ausarbeitet und einreicht. Stellt der Anmelder einen Antrag auf Verfahrenskontrollhilfe, kann er bei mangelnder wirtschaftlicher Leistungsfähigkeit teilweise oder ganz von den Verfahrensgebühren befreit werden. Dies gilt auch bezüglich der Kosten für den Patentanwalt.

Die Wirkung eines Patentes besteht hauptsächlich darin, dass der Patentinhaber die ausschließliche, zeitlich befristete Befugnis hat, eine Erfindung zu nutzen, womit jedem Dritten die Herstellung, Verwendung und Anbietung von Erzeugnissen/Verfahren ohne

Zustimmung des Patentinhabers verboten ist. Allerdings wird die Veröffentlichung einer detaillierten Beschreibung der Erfindung gefordert. Die Ansicht von Vahs/Burmester [vgl. S. 148], dass immer mehr Unternehmen dazu übergehen, keine Patente mehr anzumelden, zumal dadurch den Wettbewerbern Möglichkeiten zur Imitation (um die patentierte Idee „herum" erfinden) oder Variation geben werden, sondern sich mehr davon versprechen, die Wissensdiffusion möglichst bis zur Markteinführung zu unterbinden, kann hinsichtlich der Entwicklung der Patentanmeldungen sowohl beim Deutschen Patentamt als auch beim Europäischen Patentamt nicht bestätigt werden. Vielmehr ist die Anzahl der Patente in den letzten Jahren immer weiter angestiegen. Abbildung 22 veranschaulicht dies anhand der Zahlen des deutschen Patentamtes (DPA) und des europäischen Patentamtes (EPA). Gleichwohl spielt die Imitation von patentierten Innovationen in der Tat eine wichtige Rolle. Nach einer empirischen Untersuchung von Vidal [vgl. S. 45] werden 60 % der patentierten Innovationen innerhalb von vier Jahren imitiert, wobei die Kosten der Imitation lediglich 65 % der patentierten Innovationskosten ausmachen.

Anmeldungen beim Deutschen Patent- und Markenamt					Anmeldungen beim Europäischen Patentamt				
Land	**1997**	**1998**	**1999**	**2000**	**2001**	**1997**	**1998**	**1999**	**2000**	**2001**
D	45.345	47.633	51.105	53.521	52.650	13.505	15.922	17.948	19.847	21.246
USA	2.135	1.881	2.145	2.391	2.580	20.252	23.279	25.048	28.214	30.348
J	3.345	3.241	3.137	3.699	3.551	12.726	13.747	14.513	17.033	19.776
CH	1.206	1.190	1.314	1.290	1.405	2.699	3.148	3.200	3.544	3.788
A	563	557	604	716	767	633	759	790	807	810
F	597	524	565	530	382	5.010	5.596	6.094	6.726	6.776
S	195	175	197	203	216	1.434	1.712	1.933	2.229	2.534
NL	150	188	168	257	256	3.144	3.485	3.819	4.406	5.351
GB	162	205	154	172	107	3.913	3.923	4.101	4.311	4.836
I	169	155	144	135	158	2.469	2.833	2.998	3.192	3.287
Sonstige	1.862	1.617	1.750	1.948	2.079	5.701	6.933	7.937	9.385	10.853
Insgesamt	**55.729**	**57.366**	**61.283**	**64.862**	**64.151**	**71.486**	**81.337**	**88.381**	**99.694**	**109.605**

Abbildung 22: Patentanmeldungen mit Wirkung in der Bundesrepublik Deutschland
[DPMA Jahresbericht 1999, S. 14, 2000, S. 16, 2001, S. 89]

Die starken Aktivitäten ausländischer Anmelder am deutschen Patentmarkt sind auch in der Auflistung der 20 meisten Patentanmelder zu erkennen (Abbildung 23). Die Liste enthält die im Jahre 2001 vom Deutschen Patent- und Markenamt und vom Europäischen Patentamt veröffentlichten Anmeldungen mit Wirkung für die Bundesrepublik Deutschland. Danach kommen unter den meisten 20 (50) Patentanmeldern 8 (18) aus Deutschland, 5 (14) aus Japan und 4 (11) aus den USA und jeweils einer (zwei) aus Frankreich, den Niederlanden und Schweden (2 Finnland, Südkorea, Kanada).

Nr. 2001	Nr. 2000	Nr. 1999	Unternehmen	Land	Summe 2001	Anmeldungen DPMA 2001	EPA 2001	Summe 2000	Anmeldungen DPMA 2000	EPA 2000	Summe 1999	Anmeldungen DPMA 1999	EPA 1999
1	1	1	Siemens AG	D	3.252	1.923	1.329	3.644	2.290	1.354	3.743	2.260	1.483
2	2	2	Robert Bosch GmbH	D	3.156	2.099	1.057	2.522	1.650	872	2.393	1.601	792
3	5	8	Volkswagen AG	D	1.543	1.183	360	1.079	778	301	790	575	215
4	6	5	Matsushita Electric Industrial Co. Ltd.	J	1.353	48	1.305	1.072	25	1.047	835	32	803
5	3	4	DaimlerChrysler AG	D	1.330	1.154	176	1.588	1.139	449	1.278	939	339
6	7	6	Koninkijke Philips Electronics N.V.	NL	1.289	10	1.279	999	5	994	835	1	834
7	k.A.	k.A.	Infineon AG	D	1.269	731	538	k.A.	k.A.	k.A.	k.A.	k.A.	k.A.
8	4	3	BASF AG	D	1.259	676	583	1.247	683	564	1.344	724	620
9	11	14	Sony Corp.	J	1.023	38	985	772	25	747	567	30	537
10	8	7	Bayer AG	D	956	539	417	916	504	412	816	465	351
11	10	13	Lucent Technologies Inc.	USA	796	1	795	797	0	797	570	0	570
12	13	15	Bayerische Motoren Werke AG	D	754	503	251	705	492	213	560	407	153
13	16	17	Mitsubishi Denki K.K.	J	716	285	431	589	201	388	550	338	212
14	9	12	The Procter & Gamble Co.	USA	715	0	715	897	0	897	696	1	695
15	17	25	Telefonaktiebolaget L M Ericsson	S	708	12	696	557	20	537	359	44	315
16	23	24	General Electric Co.	USA	695	48	647	439	25	414	373	86	287
17	15	9	NEC Corp.	J	690	113	577	598	85	513	785	93	692
18	12	11	Alcatel	F	639	115	524	737	158	579	740	206	534
19	14	10	Canon K.K.	J	600	15	585	695	12	683	748	6	742
20	19	16	Hewlett-Packard Co.	USA	532	140	392	536	62	474	556	85	471

Abbildung 23: Unternehmen mit den meisten Patentanmeldungen mit Wirkung in der Bundesrepublik Deutschland [DPMA Jahresbericht 1999, S. 16, 2000, S. 18, 2001, S. 16]

Aber auch gemessen an den international ermittelten Patentanmeldungen für 2000, sind Japan (399.013), die USA (163.699) und Deutschland (53.521) die Länder [DPMA, S. 19]; auf die rund 70 % aller Erstanmeldungen weltweit entfallen. Diese Reihenfolge gilt wiederum für fast alle technischen Bereiche. Lediglich im Bereich der Biotechnologie, Gentechnik und der Arzneimittel sind die USA vor Japan an erster Stelle bzw. in der Kraftfahrzeugtechnik liegt Deutschland hinter Japan und vor den USA auf Platz zwei.

Wichtig ist darüber hinaus, welche Schwerpunkte bei den Patentaktivitäten (hier für das Jahr 2001, in den Jahren zuvor aber vergleichbar) gesetzt werden. Danach sind „Fahrzeugtechnik" (7.923 Patentanmeldungen), „Mess- und Prüftechnik" (3.968), „Kommunikationstechnik" (3.601), „Medizintechnik" (2.943), „Digitale Rechen- und Speichertechnik" (2.835), „Arzneimittel" (1.729), „Halbleitertechnik" (1.664) und „Biotechnologie" (1.114) diejenigen Bereiche mit der größten Anzahl von Patentanmeldungen [DPMA, S. 20].

Von Bedeutung ist, dass die Schutzwirkung eines vom Deutschen Patentamt erteilten Patents sich nur auf die Bundesrepublik Deutschland bezieht. Schutzrechte haben eine streng territoriale Wirkung. Daher muss im Ausland für jedes Land, in dem Schutz begehrt wird, das Schutzrecht gesondert beantragt werden. Bei Erteilung eines Patentes durch das Europäische Patentamt können hingegen gleichzeitig Schutzrechte für mehrere Länder (zurzeit Belgien, Dänemark, Deutschland, Finnland, Frankreich, Griechenland, Großbritannien, Irland, Italien, Liechtenstein, Luxemburg, Monaco, Niederlande, Österreich, Portugal, Schweden, Schweiz, Spanien, Türkei und Zypern) erlangt werden. Das erteilte euopäische Patent hat in den Staaten, in denen es gültig ist, dieselbe rechtliche Wirkung wie ein national erteiltes Patent. Gleichwohl betragen die Kosten für die Anmeldung eines europäischen Patentes inklusive des Patentanwalts einschließlich Validierung des erteilten Patentes in den genannten Staaten durchschnittlich 45.000 DM. Außerdem ist eine Erweiterung des Erfindungsschutzes im Rahmen des Patentzusammenarbeitsvertrags möglich, dem fast 100 Mitgliedsländer, unter anderem auch die USA, unterworfen sind. Voraussetzung ist die Anmeldung beim Deutschen oder Europäischen Patentamt.

Faix [vgl. S. 14-18] weist darauf hin, dass insbesondere in großen Unternehmen bei einer Vielzahl von Patenten eine unternehmerische Patentpolitik erforderlich ist, um systematische, ziel- und ressourcenentsprechende Entscheidungen über die Anmeldung, den Fortbestand oder die Elimination von Patenten zu treffen. Er schlägt hierfür eine Patentportfolio-Analyse vor, wobei die Patente bzw. Patentfelder (z.B. Patente für eine bestimmte Produktlinie) nach zwei Dimensionen - Attraktivität und Stärke - beurteilt werden. Dabei lässt sich die Attraktivität eines Patentes anhand der zu schützenden Erfindung begründen. Demnach ist ein Patent besonders attraktiv, wenn es sich beispielsweise in verschiedenen Sektoren anwenden lässt, direkte Erträge durch Lizenzgebühren möglich sind und es Vorstöße von Konkurrenten verhindert. Dagegen wird die Stärke des Patentes als zweites Hauptkriterium durch die Rechtsposition des Patents und die Möglichkeit des Patentinhabers zu dessen Durchsetzung bestimmt. Dabei hängt die Rechtsposition einerseits von der erreichten Stellung im Erteilungsverfahren ab. Während eine Anmeldung bis zur Offenlegung ungeschützt ist, genießt sie danach - als unerteiltes Patent - einstweiligen Schutz, der sich aber nur auf Entschädigungen von Benutzern der Erfindung bezieht. Erst mit der Patenterteilung entsteht eine vollumfängliche Absicherung, gegen die in erster Linie nur noch Nichtigkeitsklagen möglich sind. Andererseits ist die Stärke eines Patentes dann als hoch einzuschätzen, wenn Alternativen zu der Erfindung durch eigene Defensivrechte geschützt sind, so dass eine Umgehung schwierig wird.

Ziel der Analyse ist, ob die Schutzrechtsaktivitäten des Unternehmens ausgewogen sind. So sind Patente bzw. Patentfelder mit hoher Attraktivität, die den Erfolg des Unternehmens in der Zukunft absichern, durch breite Anmeldung von Patenten, Gebrauchsmustern usw. rechtlich abzusichern. Patente mit geringer Attraktivität sind je nach ihrer rechtlichen Stärke entweder zu eliminieren oder zu verkaufen.

b) Gebrauchsmuster

Auch Gebrauchsmuster dienen dem Schutz schöpferischer technischer Leistungen, die sich, wie beim Patent auch, durch Neuheit vom gegenwärtigen Stand der Technik abheben. Gleichwohl wird die Erfindungshöhe als nicht patentwürdig eingestuft. § 1 Abs. 1 GebrMG (im Gegensatz zu §§ 1 Abs. 1, 4 PatG) spricht nicht von „erfinderischer Tätigkeit", sondern von einem „erfinderischen Schritt". Wie groß der Abstand sein muss, um aus einer dem Gebrauchsmusterschutz zugänglichen schöpferischen technischen Leistung eine patentwürdige Leistung werden zu lassen, ist im Gesetz nicht geregelt und muss somit der Rechtsprechung vorbehalten bleiben.

In der derzeit gültigen Fassung des Gesetzes können Erzeugnisse jeglicher Art Gegenstand eines Gebrauchsmusters sein. Der Begriff umfasst Vorrichtungen, Stoffe, unbewegliche Gegenstände aber auch Schaltungen. Dagegen können Gebrauchsmuster nicht für Verfahren (§ 2 Nr. 3 GebrMG) vergeben werden. Wie nach § 1 Abs. 2 PatG sind auch nach § 1 Abs. 2 GebrMG Entdeckungen/wissenschaftliche Theorien usw., ästetische Formschöpfungen, Programme für Datenverarbeitungsanlagen usw. sowie die Wiedergabe von Informationen nicht Gegenstand eines Gebrauchsmusters.

Gebrauchsmuster haben eine große praktische Bedeutung. Diese resultiert daraus, dass Gebrauchsmuster einfach zu erlangen sind und häufig parallel zu Patentanmeldungen vorgenommen werden, weil bis zur Erteilung eines Gebrauchsmusters beim deutschen Patentamt durchschnittlich nur wenige Monte vergehen. Für die Dauer des Patenterteilungsverfahrens ist die Erfindung dann durch das Gebrauchsmustergesetz geschützt. Somit kann der Gebrauchsmusterinhaber mit der Verwertung der Erfindung früher beginnen. Die Schnelligkeit der Gebrauchsmustererteilung kommt deshalb zu Stande, weil eine Prüfung auf Neuheit, Erfindungshöhe und gewerbliche Anwendbarkeit nicht stattfindet [vgl. Brändel, S. 182; Missling, 2000a, S. 66].

c) Arbeitnehmererfinderrecht

Häufig ist nicht das Unternehmen, das eine Erfindung wirtschaftlich verwertet, sondern dessen Arbeitnehmer Erfinder. Dies ist nach Missling/Menache [vgl. S. 74] in mehr als % der Fall. Das Gesetz über Arbeitnehmererfindungen (ArbEG) vom 25.7.1957 regelt die Rechtsbeziehung zwischen Arbeitnehmern und Arbeitgeber und gilt unter anderem für patent- und gebrauchsmusterfähige Erfindungen von Arbeitnehmern im privaten und öffentlichen Dienst sowie von Beamten und Soldaten. Das Gesetz unterscheidet nach Diensterfindung, freier Erfindung und technischem Verbesserungsvorschlag.

Eine **Diensterfindung** liegt nach § 4 Abs. 2 ArbEG dann vor, wenn die Erfindung während der Dauer des Arbeitsverhältnisses auf Grund der beruflichen Tätigkeit entstanden ist oder maßgeblich auf Erfahrungen des Betriebes beruht. Dabei ist es unerheblich, ob an der Erfindung während der Dienst- oder Freizeit gearbeitet worden ist. Vielmehr ergibt sich eine Meldepflicht des Arbeitnehmers aus § 5 Abs. 1 ArbEG, wobei die Erfindung umfassend im Hinblick auf die technische Aufgabe, ihre Lösung und ihr Zustandekommen (§ 5 Abs. 2 ArbEG) beschrieben werden muss. Innerhalb von vier Monaten muss der Arbeitgeber gegenüber dem Arbeitnehmer eine Erklärung abgeben, die in der Regel die unbeschränkte Inanspruchnahme der Erfindung zur Folge hat. Daraus ergibt sich, dass alle Rechte an der Diensterfindung mit Ausnahme des Erfinderpersönlichkeitsrechts auf den Arbeitgeber übergehen (§ 7 Abs. 1 ArbEG). Gleichzeitig muss der Arbeitgeber dem Arbeitnehmer eine angemessene Vergütung leisten (§ 9 Abs. 2 ArbEG).

Erfüllt eine Erfindung nicht die Voraussetzungen einer Diensterfindung, handelt es sich um eine **freie Erfindung** (§ 4 Abs. 3 i.V. mit §§ 18, 19 ArbEG). Im Fall einer freien Erfindung steht dem Arbeitgeber kein Recht auf Inanspruchnahme zu. Allerdings kann der Arbeitnehmer dem Arbeitgeber das Recht zur Benutzung der Erfindung zu angemessenen Bedingungen anbieten (§ 19 ArbEG).

Technische Verbesserungsvorschläge im Sinne von § 3 ArbEG sind Vorschläge für sonstige technische Neuerungen, die nicht patent- oder gebrauchsmusterfähig sind. Diese stehen dem Arbeitgeber zu. Wird durch den Vorschlag dem Arbeitgeber eine Monopolstellung verschafft (z.B. als Betriebsgeheimnis), steht dem Arbeitnehmer eine angemessene Vergütung zu (§ 20 Abs. 1 i.V. mit § 3 ArbEG). Darüber hinaus können Tarif- oder Betriebsvereinbarungen Regelungen auch für sonstige technische Verbesserungsvorschläge beinhalten, die keine Vorzugsstellung für den Arbeitgeber bedeuten (§ 20 Abs. 2 ArbEG).

C) Nutzwertanalytische Technologiebewertung

Durch eine nutzwertanalytische Technologiebewertung kann die Leistungsfähigkeit der vorhandenen Technologien ermittelt werden. Voraussetzung ist hierfür die Festlegung und Gewichtung von Kriterien für den Leistungsstand. Dabei wird zwischen technisch orientierten Leistungskriterien, wie beispielsweise Prozesssicherheit, Verhalten bei Störungen, Flexibilität des Einsatzes, Umweltverhalten, und ökonomisch orientierten Leistungskriterien wie beispielsweise Nutzungsgrad, Wiederbeschaffungswerte, differenziert. Außerdem wird eine zusammenfassende Analyse technischer Verfahren präsentiert. Der Vorteil der Methode besteht in der umfassenden und dennoch differenzierten Beurteilung des technischen Leistungsstandes, der mit den typischen Nachteilen der Nutzwertanalyse, zumal der Dominanz subjektiver Elemente des Verfahrens, erkauft wird.

D) Wertkettenanalyse

Ausgehend von Porters Wertschöpfungskette (siehe auch Kapitel 2.2.1), sind aus technologischer Sicht diejenigen Technologien zu identifizieren, mit deren Hilfe die nutzenstiftenden Aktivitäten realisiert werden (Abbildung 24). In einem zweiten Schritt werden die strategische Bedeutung der einzelnen Technologien und ihr Veränderungspotenzial abgeschätzt. Letztlich werden in einem dritten Schritt die Entwicklungstendenzen der einzelnen Technologien und deren Konsequenzen für die strategisch relevanten Aktivitäten prognostiziert.

E) Modelle der Technologieprognose

Für die Prognose von Technologien sind zwei grundsätzliche Perspektiven zu unterscheiden [vgl. Milling/Maier, S. 26]: **Leistungszyklusbezogene Modelle** betrachten die Leistungsfähigkeit von Technologien in Abhängigkeit von der Zeit bzw. dem kumulierten Forschungs- und Entwicklungsaufwand. In Analogie zu Produktlebenszykluskonzepten werden leistungszyklusbezogene Modelle als Technologielebenszyklusmodelle bezeichnet. Des Weiteren beschreiben **nachfragezyklusbezogene Modelle** die Geschwindigkeit und das Ausmaß der Verbreitung einer Technologie.

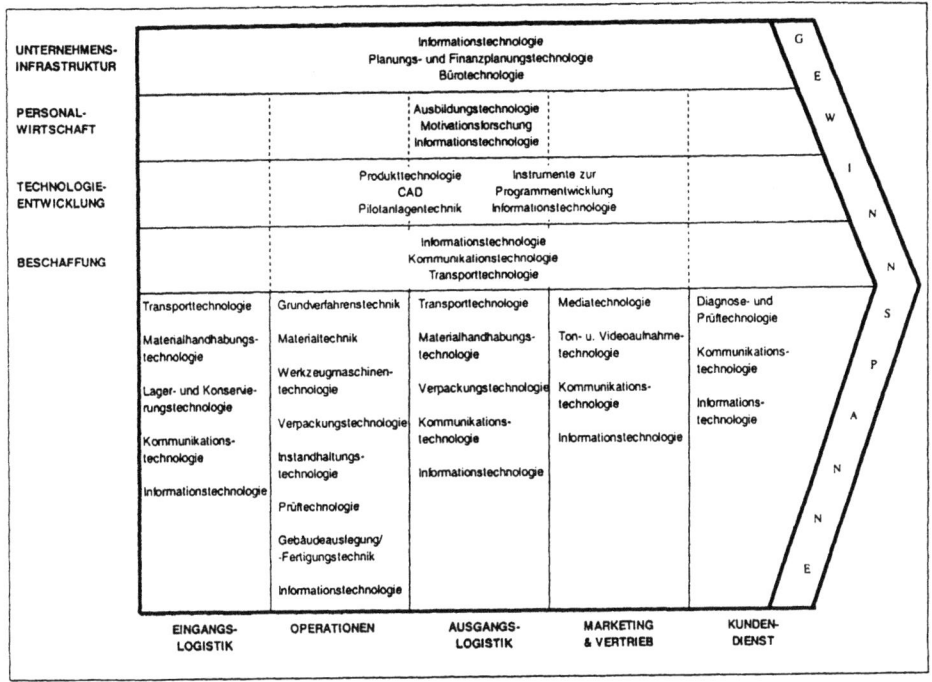

Abbildung 24: Technologien in der Wertschöpfungskette eines Unternehmens [Porter, S. 226]

a) Leistungszyklusbezogene Modelle zur Technologieprognose

Dem Technologielebenszyklusmodell liegen drei Annahmen zu Grunde:

1. Das Lösungsprinzip, das jeder Technologie eigen ist, nähert sich im Zeitablauf einer Leistungsgrenze.
2. Neue Technologien weisen in der Anfangsphase einen geringen Leistungszuwachs pro Zeit- oder Ressourceneinheit auf, der nach Vorliegen einer kritischen Informationsmasse rasch zunimmt.
3. Bei Annäherung an ihre Leistungsgrenze nimmt die Leistungsfortschrittsrate einer Technologie immer weiter ab.

Ausgehend von dem Konzept der Unternehmensberatung Arthur D. Little, werden zur Einordnung einer Technologie im Lebenszyklus folgende Niveaustufen unterschieden [vgl. Hinterhuber, 1992b, S. 52; Servatius, S. 112-132]:

Basistechnologien

Basistechnologien verkörpern den gegenwärtigen Stand des technologischen Fortschritts. Sie sind ausgereift, werden breit angewendet und gestatten nur noch kleinere Verbesserungsinnovationen (z.B. Verbrennungsmotor).

Schlüsseltechnologien

Schlüsseltechnologien weisen ein bedeutendes Entwicklungspotenzial auf und bieten deshalb für die Erringung von Wettbewerbsvorteilen gute Chancen (z.B. Mikrotechnologie). Die Entwicklung und/oder Verbesserung der Schlüsseltechnologien müssen deshalb Priorität bei der Zuteilung von personellen und materiellen Ressourcen haben.

Schrittmachertechnologien

Diese befinden sich noch weitgehend im Entwicklungsstadium und werden nur von wenigen Wettbewerbern genutzt. Ihre Anwendung ist in der Regel mit erheblichen Investitionen verbunden. Teilweise wird bei Technologien, die sich noch in einem sehr frühen Entwicklungsstadium befinden und bei denen die Wettbewerbsposition nur mit extrem hoher Ungewissheit vorherzusagen ist, von Zukunftstechnologien gesprochen, üblicherweise bleibt es aber bei der hier vorgenommenen Einteilung in drei Niveaustufen.

Zu den Schrittmachertechnologien kann beispielsweise die Nanotechnologie [vgl. CC-NanoChem; o.V., 2000, S. 1568-1569] gezählt werden. Die Grundeinheit der Nanotechnologie ist der Nanometer, der millionste Teil eines Millimeters. Diese Technologie, in die seit wenigen Jahren immer mehr Ressourcen investiert werden, soll zukünftig beispielsweise zur Herstellung neuer Speichertechnologien verwendet werden, da die zurzeit übliche magnetische Datenspeicherung auf Festplatten kaum noch weiter steigerbar ist. IBM plant, diese Speicherchips in fünf Jahren am Markt einzuführen. Auch die Herstellung neuer Prozessorengenerationen könnte drastisch verringert werden. Darüber hinaus ist die Nanotechnologie beispielsweise für neue Werkstoffe (z.B. Antireflexbeschichtungen), neue Oberflächen (z.B. Korrosionsschutz, schmutzabweisende Oberflächen) und für medizinische Zwecke (z.B. kontrollierter Transport von medizinisch wirksamen Stoffen, die wegen ihrer Größe leicht die Zellmembran durchdringen können) einsetzbar.

Weitere Schrittmachertechnologien sind beispielsweise die Gen- und Brennstoffzellentechnologie.

Gleichwohl durchlaufen nicht alle Technologien den gesamten Zyklus, zumal sich weder alle Schrittmachertechnologien zu Schlüsseltechnologien noch alle Schlüsseltechnologien zu Basistechnologien entwickeln.

Nach dem Technologielebenszyklus-Konzept der Unternehmensberatung Arthur D. Little [vgl. 1991, S. 68; Servatius, S. 119; Sommerlatte/Deschamps, S. 52-53] lässt sich anhand verschiedener Indikatoren die Entwicklungsphase einer Technologie einschätzen (Abbildung 25).

Danach bestehen in der **Entstehungsphase** einer Technologie nur vage Vorstellungen, welches konkrete Potenzial mit einer neuen Technologie eröffnet wird. Aber auch Anwender sind nicht in der Lage, zuverlässige Aussagen darüber zu machen, unter welchen Bedingungen sie auf diese Technologien für Produkte zurückgreifen werden.

In der **Wachstumsphase** einer Technologie hingegen ist bereits so viel Wissen angesammelt und verbreitet, dass die Sicherheit für konkrete Anwendungen ausreichend vorhanden und sie auch schon praktisch realisiert worden ist. Immer mehr Unternehmen holen auf, bis das mit der Technologie verbundene Know-how allgemein verfügbar ist.

Leistungs-index der Technologie				
Indikatoren	Entstehungs-phase	Wachstums-phase	Reife-phase	Alters-phase
Kernziel	Etablierung eines neuen Geschäftsfeldes und dauerhafte Wettbewerbs-vorteile	Verschaffung von Wettbewerbs-vorsprüngen	Kosten-optimierung	Kosten-optimierung
Unsicherheit über technolo-gische Leistungs-fähigkeit und F&E-Aufwand	Hoch	Mittel	Niedrig	Sehr niedrig
Anzahl der Anwendungs-gebiete	Unbekannt	Zunehmend	Stabil	Abnehmend
Investitionen in Technologie-entwicklung	Mittel (Grundlagen)	Hoch (Anwendungen)	Niedrig (Kosten-senkungen)	Sehr niedrig
Zahl der Patent-anmeldungen	Zunehmend, sehr groß	Hoch, groß	Abnehmend, klein	Abnehmend, sehr klein
Typ der Patente	Konzept-patente	Produkt-patente	Verfahrens-patente	
Zugangs-barieren	F&E-Fähigkeiten	Personal	Lizenzen	Anwendungs-Know-how
Zeitbedarf von F&E bis zur Marktreife	7-15 Jahre	2-7 Jahre	1-4 Jahre	1-4 Jahre
Technologie-typ	Schritt-macher-techno-logie	Schlüssel-techno-logie	Basis-technologie	

Abbildung 25: Indikatoren eines Technologielebenszyklus

In der **Reifephase** werden die verbleibenden, bislang noch nicht erschlossenen Marktpotenziale immer geringer. Dies gilt auch für den Zusatznutzen weiterer technischer Fortschritte.

Letztlich ist die Altersphase zu nennen, die dadurch gekennzeichnet ist, dass Substitutionstechnologien, die ein höheres Potenzial versprechen, einer Technologie den Rang ablaufen.

Die Unternehmensberatung McKinsey hat zur Bewertung von Technologien in Anlehnung an den Technologielebenszyklus das „S-Kurven-Konzept" entwickelt [vgl. Bullinger, 1994, S. 124-125; Krubasik, S. 29]. Grundüberlegung ist die, dass, wenn auf einem Diagramm die Leistungsfähigkeit einer Technologie sowie der kumulierte Forschungs- und Entwicklungsaufwand (nicht die Zeit !) eingetragen werden, sich in vielen Fällen eine S-Kurve ergibt (Abbildung 26).

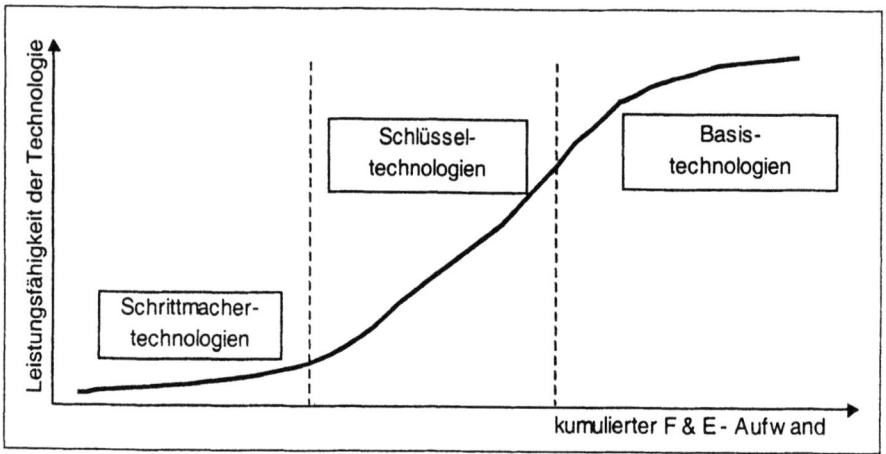

Abbildung 26: Idealtypische Lebenszykluskurve einer Technologie [Bullinger, 1994, S. 123]

Die zentrale Aussage dieser S-Kurve besteht darin, dass das Verhältnis von Forschungs- und Entwicklungs-Output zu -Input, also die **Forschungs- und Entwicklungsproduktivität**, im Verlaufe eines **Technologielebenszyklus** einen **charakteristischen Wandel** durchläuft. Zunächst lässt sich die Leistungsfähigkeit einer Technologie mit relativ geringen Investitionen erhöhen, mit zunehmendem Leistungsstandard lassen sich dann ab einem Wendepunkt die Leistungszuwächse nur noch unterproportional steigern. Eine Zuweisung von Ressourcen für Basistechnologien einer Branche ist somit auf Grund dieses S-Kurven-Konzeptes nur begrenzt vorteilhaft. Dies gilt auch deshalb, weil eine Basistechnologie auf Grund der allgemeinen Verfügbarkeit in der Branche wenig Differenzierungspotenzial am Markt bietet bzw. es allgemein bei einer ausgereiften Technologie schwer ist, noch zusätzliche Leistungsschübe zu erzielen.

Deutet sich die Reife einer Technologie an, bei der zusätzliche Forschungs- und Entwicklungsinvestitionen die Leistungsfähigkeit der Technologie kaum noch signifikant erhöhen, so ist die Frage zu klären, ob nicht der Übergang zu einer **Substitutionstechnologie** (falls Alternativen existieren) eine bessere Forschungs- und Entwicklungsproduktivität (vgl. die Effizienzdreiecke in Abbildung 27) bietet. Diesen Übergang bezeichnet man auch als „Sprung auf eine andere S-Kurve". Die hinreichend genaue Bestimmung dieses Zeitpunktes im Rahmen einer **Technikpotenzialabschätzung** [vgl. Geschka, 1995, S. 624-642; Pfeiffer/Weiß, S. 664-677] kann für das Unternehmen von existenzieller Bedeutung sein. Prinzipiell kann die Leistungsfähigkeit der neuen Technologie sowohl auf einem höheren als auch auf einem niedrigeren Niveau einsetzen.

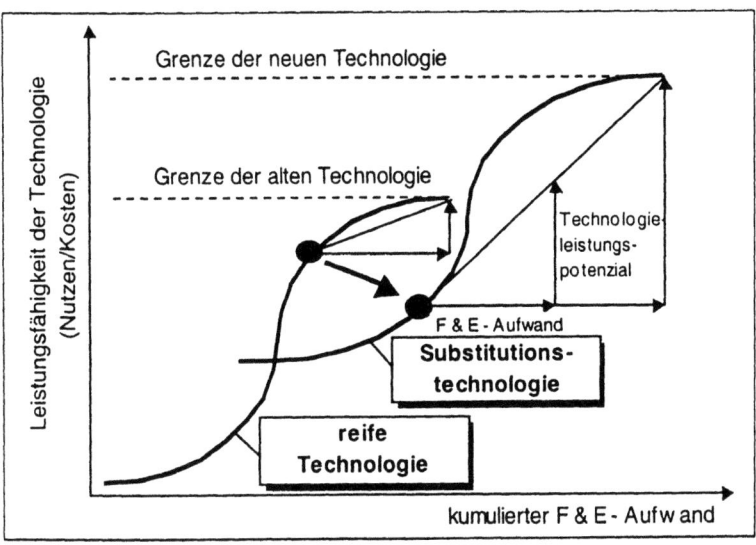

Abbildung 27: Substitutionspotenzial neuer Technologien [Modifiziert nach Foster, S. 111; Krubasik, S. 29]

Foster [vgl. S. 132-148] nennt zwei anschauliche Beispiele aus der Reifen- und Elektronikindustrie.

Als Leistungsparamter (y-Achse) gilt Reifenkord. Je höher dieser Wert ist, desto eher erfüllt ein Reifen die Eigenschaften Laufruhe, Haltbarkeit, Pannenschutz usw. Als Reifengewebe wird für Diagonalreifen zuerst Baumwolle, dann Reyon, später Nylon und anschließend Polyester eingesetzt. Dabei ergeben sich zwar nicht immer S-förmige Kurvenverläufe, es zeigt sich jedoch, dass Unternehmen, die rechtzeitig die Grenzen einer Technologie erkennen, wie im Beispiel Celanese (Polyester statt Nylon), viel schneller technologische Fortschritte erreichen als Du Pont, das zu diesem Zeitpunkt noch auf Nylon setzt. Dabei kann Celanese etwa halb so viel für die Entwicklung seines Reifengewebes ausgeben wie Du Pont und kommt dennoch zweieinhalbmal schneller voran als Du Pont. Celanese wiederum wird zu einem späteren Zeitpunkt von Michelin (Gürtelreifen) auf der Basis von Stahlkord abgelöst, weil das Unternehmen zu lang am Diagonalreifen festhält.

Einen Wechsel in der Branchenspitze gibt es auch im Elektroniksektor. Unter den 10 größten Herstellern von Transistoren sind mit Texas Instruments und Motorola nur noch zwei, die 30 Jahre später in der nachfolgenden Halbleitertechnologie noch eine führende Rolle spielen. Ähnlich die Situation bei IBM: 1972 ist IBM das nach Umsatz größte Unternehmen der USA, 1982 wird es von Spitzenführungskräften zum weltweit besten Unternehmen gekürt, wiederum 10 Jahre später nimmt IBM nicht einmal mehr Rang 20 unter den umsatzstärksten US-Unternehmen ein. Als wesentliche Ursache gilt die Unfähigkeit, sich von in der Vergangenheit erfolgreichen technologischen Lösungen zu distanzieren, anstatt neue Technologien zu entwickeln und sie in die eigenen Produkte und Prozesse zu integrieren.

Zusammenfassend ist die Beachtung der technologieorientierten Dimension bei der strategischen Planung ohne Zweifel erforderlich. Gleichwohl weist das S-Kurven-Konzept zwei elementare Probleme auf: Einerseits das **Prognosedilemma**. Da der tatsächliche Kurvenverlauf aus einer Ex-post-Analyse resultiert, ist der Zeitpunkt des Technologiesprungs unbekannt, zumal die Festlegung der technologischen Leistungsgrenzen, die Abschätzung des kumulierten Forschungs- und Entwicklungsaufwands und die Bestimmung des aktuellen Punktes der „alten" und der „neuen" Technologie nur schwer möglich sind. Daraus ergibt sich ein hoher Unsicherheitsfaktor. Andererseits ist das Fehlen **wettbewerblicher und marktstrategischer** Kriterien zu bemängeln. Stattdessen übernimmt die technische Leistungsfähigkeit den zentralen strategischen Indikator. Die Wettbewerbsrelevanz der betreffenden Technologie bleibt somit unbeachtet, gleichwohl ist nicht jede neu eingebrachte Technologie unbedingt erfolgskritisch.

Beispiel: 1998 entwickelt Motorola ein Iridium-Handy, das erste Mobiltelefon, das ununterbrochene, drahtlose Kommunikation rund um die Erde, unabhängig vom Standort der Benutzer und der Beschaffenheit der Gegend, ermöglicht. Gleichzeitig wird es ein Flop. In der Eile, von der neuen Technik Gebrauch zu machen, hat Motorola die Nachteile übersehen: Das Gerät ist nicht nur schwer, sondern es erfordert auch mehrere Zusatzgeräte. Hauptproblem ist aber, dass es in keinem Auto oder Gebäude verwendbar ist, also genau dort, wo es am häufigsten benötigt wird. Bei einem Preis von 3.000 US-$ ist es für die Kunden nicht einleuchtend genug, dafür auf 150 US-$-Handys zu verzichten [vgl. Chan/Mauborgne, S. 86].

Trotz dieser Defizite bietet das S-Kurvenkonzept eine gute Grundlage zur Technologiebewertung. Auch hier gilt, dass es offensichtlich leichter ist, bestehende Konzepte zu kritisieren, als neue, bessere zu konzipieren.

b) Nachfragezyklusbezogene Modelle zur Technologieprognose
Während leistungszyklusbezogene Modelle unterstellen, dass zur Erzielung von Wettbewerbsvorteilen hauptsächlich das Leistungsniveau einer Technologie von Bedeutung ist, zeigen empirische Untersuchungen, dass die Verbreitung von technologischen Produktinnovationen (z.B. Air-Bag-Sicherungssysteme für PKW oder Mobilfunkgeräte) erhebliche Zeiträume benötigt. Insofern versucht die Diffusionsforschung die zeitliche Entwicklung der erstmaligen Verbreitung von technologischen Innovationen zu beschreiben, zu erklären und zu prognostizieren. Danach sind fünf Eigenschaften von technologischen Innovationen aus Sicht des Adopters von Bedeutung [vgl. Gerpott, 1999, S. 127-128; Schmalen/Pechtl, S. 819-824; Specht/Beckmann, S. 97; Weiber, S. 5-6]:

1. Relativer Vorteil: Ausmaß, in dem eine Innovation eine bessere Kosten-Nutzen-Relation als bisher verwendete Produkte/Prozesse aufweist.
2. Kompatibilität: Vereinbarkeit der Innovation mit Werten, Normen und Erfahrungen (z.B. Weiterverwendbarkeit der Software bei technologischen Veränderungen des Computers).

3. Komplexität: Verständnis der Haupteigenschaften und des Anwendungsnutzens.
4. Erprobbarkeit: Möglichkeit, die angegebenen Eigenschaften und den Nutzen durch den Adopter zu testen.
5. Kommunizierbarkeit: Möglichkeiten, die zentralen Eigenschaften der Innovation Interessenten bekannt zu machen.

2.3.2.4 Strategische Entscheidungen zum Technologieeinsatz

A) Technologische Kernkompetenzen

Zur Identifikation von so genannten technologischen **Kernkompetenzen** sind nach Prahalad/Hamel [vgl. S. 71] und Bürgel/Haller/Binder [vgl. 1995, S. 3] vier Gesichtspunkte von Bedeutung:

- Eine Kernkompetenz eröffnet potenziell den Zugang zu einem weiten Spektrum an Produkten und Märkten. So findet sich beispielsweise die Kernkompetenz „Motorenbau" von Honda in unterschiedlichen Produkten (PKW, Motorräder, Kettensägen, Rasenmäher). Dagegen besitzt Sony Kernkompetenzen in der Miniaturisierung (z.B. Walkman, Discman, Videocameras, Hifi-Geräte), Swatch in einer Bündelung aus Automatisierungstechnologien, Marketingfähigkeiten und Design.
- Eine Kernkompetenz muss zu dem von den Kunden als wahrgenommenen Vorzug des Endproduktes gehören.
- Eine Kernkompetenz ist von Konkurrenten nur schwer nachzuahmen, da sie gleichzeitig aus Erfahrungen, Techniken, Entwicklungs- und/oder Produktionsfertigkeiten resultiert.
- Die Anzahl der Kernkompetenzen ist begrenzt, im Idealfall sind es fünf bis sechs, in der Regel weniger.

B) Technologieportfolio

Im Rahmen einer Technologieportfolio-Analyse geht es um den prinzipiellen Versuch, die im Unternehmen angewandten Produkt- bzw. Prozesstechnologien in einer zweidimensionalen Matrix abzubilden und aus den sich ergebenden Konstellationen differenzierte Strategien für zukünftige Entwicklungsaktivitäten abzuleiten.

Die Dimensionen sind einerseits die vom Unternehmen prinzipiell nicht beeinflussbare Umweltsituation im Technologiebereich, die so genannte Technologieattraktivität, andererseits die unternehmenseigene Stärke zur Entwicklung von Technologien, die relative Ressourcenstärke.

In der Vergangenheit sind mehrere Varianten eines Technologieportfolios entwickelt worden, so beispielsweise die Ansätze von Pfeiffer und seinen Mitarbeitern und den Unternehmensberatungsgesellschaften A.D. Little (hier steht die Lebenszyklusphase der Technologie im Mittelpunkt) [vgl. Sommerlatte/Deschamps, S. 63-65] und Booz, Allen & Hamilton (Ziel ist die Überprüfung des Fits zwischen Technologiestrategie und Geschäftsfeldportfolio) [vgl. Michel, S. 147-148].

Nachfolgend wird der Ansatz Pfeiffer/Metze/Schneider/Amler [vgl. S. 77-102] weiterverfolgt, da er die größte Beachtung gefunden hat [vgl. Michel, S. 133], zumal er dem

Anwender neben Portfolio und Normstrategien auch eine detaillierte Vorgehensweise liefert.

Die Vorgehensweise verläuft in vier Schritten:

1. Identifizierung von Technologien
Neben den bei der Herstellung von Produkten verwendeten Technologien sind auch die bei der Herstellung von Produktionsmitteln verwendeten zu identifizieren und zu ordnen.

2. Ermittlung des Istzustandes
Im zweiten Schritt werden die Technologieattraktivität und die Ressourcenstärke erfasst und beurteilt (Abbildung 28).

Bezüglich der Technologieattraktivität sind die identifizierten Technologien nach ihrer Potenzial- und Bedarfsrelevanz zu gewichten. Dabei gibt die Potenzialrelevanz die Weiterentwicklungsmöglichkeiten einer Technologie an, die mit dem Stand im Technologielebenszyklus korrespondiert, während die Bedarfsrelevanz den Umfang und die Arten möglicher Anwendungen der Technologie verdeutlicht.

Die Ressourcenstärke hingegen zeigt an, ob und inwieweit die im Unternehmen vorhandenen Mittel (Know-how und Finanzstärke) im Vergleich zur Konkurrenz zur Realisierung des anvisierten Technologiepotenzials ausreichend und geeignet sind. Sie erörtert somit die Fähigkeit der strategischen Technologieeinheiten zur Lösung der technischen Probleme der strategischen Geschäftsfelder.

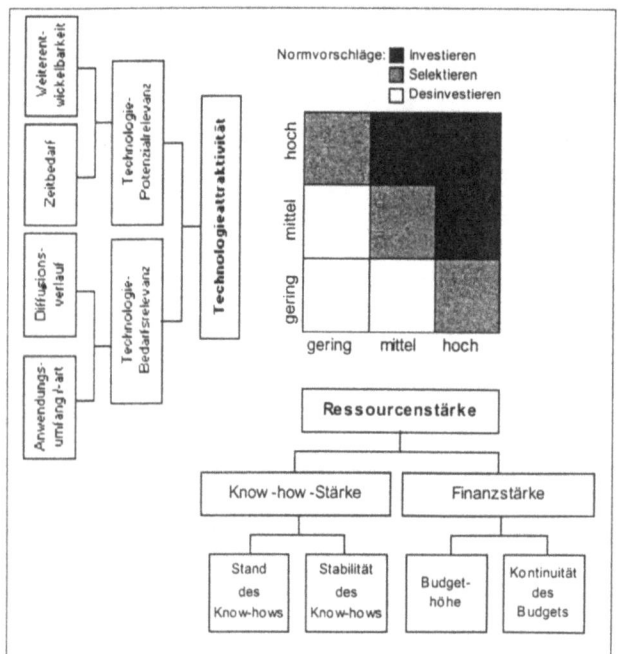

Abbildung 28: Technologieportfolio [Modifiziert nach Pfeiffer/Metze/Schneider/Amler, S. 88-93]

Übertragen auf das Unternehmen DaimlerChrysler, ergibt sich für den Forschungsbereich 1 folgendes Technologieportfolio (Abbildung 29). Dabei entspricht die Technologieattraktivität den Umsatzpotenzialen, die durch neue Technologien über Produkte zu realisieren sind. Je nach Einordnung im Portfolio lassen sich prinzipielle Entscheide über Ressourcenzuteilungen und Deinvestitionen treffen.

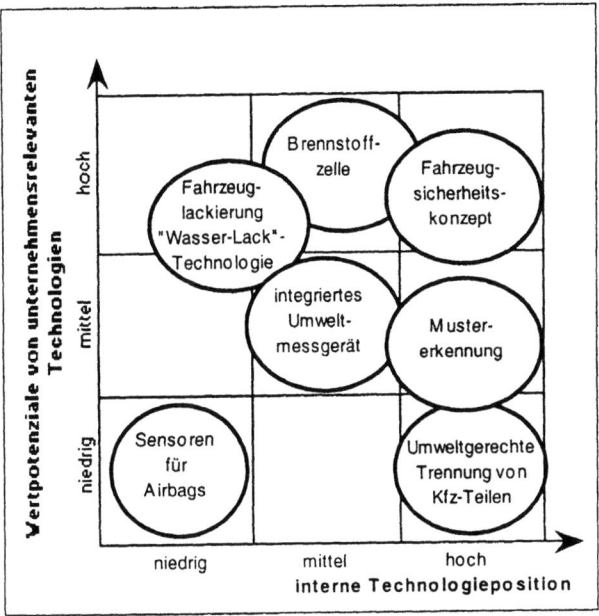

Abbildung 29: Technologieportfolio bei DaimlerChrysler [Eigene Abbildung in Anlehnung an Völker, S. 280]

3. Zeitliche Transformation des Technologieportfolios

Beim dritten Schritt steht die Transformation des Istzustandes-Portfolio in ein Zukunfts-Portfolio im Mittelpunkt. Dadurch kann festgestellt werden, wo in Zukunft Chancen sind, Versäumtes nachzuholen und Bestehendes auszubauen bzw. wo Risiken bestehen, den Vorsprung oder gar den Anschluss zu verlieren. Hierzu müssen die in der Matrix ausgewiesenen Technologien in Relation zu möglichen konkurrierenden Technologien gesetzt werden. Im nachfolgenden Beispiel werden der Technologie des Verbrennungsmotors, als im Unternehmen traditionell verwandte Technologie mit mittlerer Technologieattraktivität und hoher Ressourcenstärke, die Alternativen, hier Wasserstoffantrieb (und im weiteren auch Gas- und Elektroantrieb), gegenübergestellt, wobei der Wasserstoffantrieb wegen seines höheren Weiterentwicklungspotenzials als wesentlich attraktiver eingeschätzt wird, für den aber kein Know-how im Unternehmen vorhanden ist. Somit wandert die Ressourcenstärke des betrachteten Unternehmens für das Technologiefeld "Antriebstechnik" bei steigender Technologie-Attraktivität nach links, das heißt sie nimmt ab. Ziel ist demnach, keine technologischen Alternativen außen vor zu lassen und zu entscheiden, ob eine bestimmte Technologie im Unternehmen verwandt werden soll oder nicht (Abbildung 30).

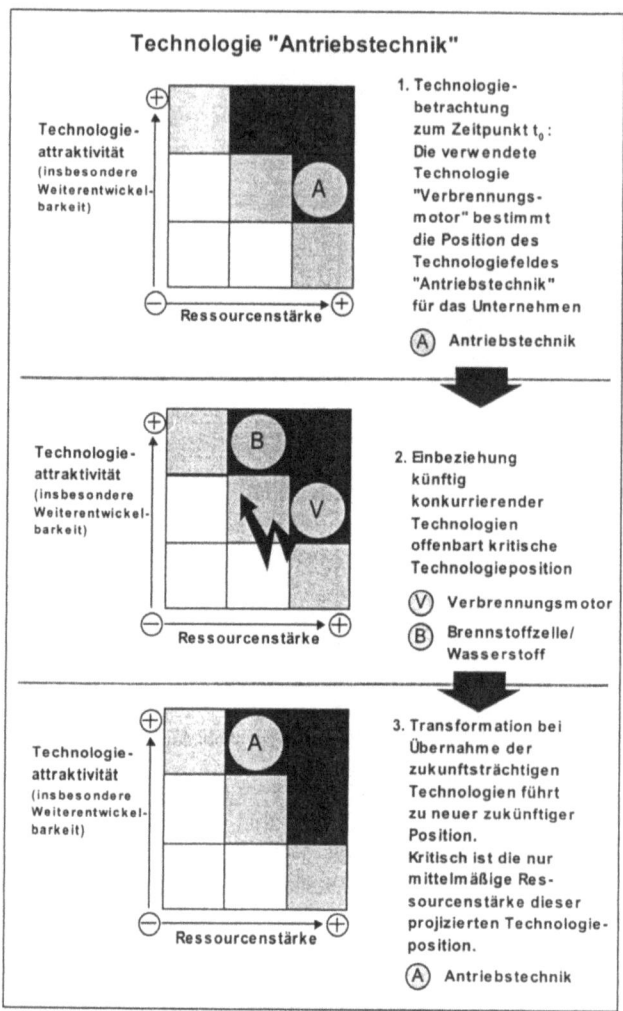

Abbildung 30: Zeitliche Transformation des Technologieportfolios

4. Überführen der Analyse in konkrete Projektprogramme
Ziel ist die Bereitstellung ausreichender und gezielter Ressourcen zur langfristigen Erfolgssicherung des Unternehmens (Abbildung 31).

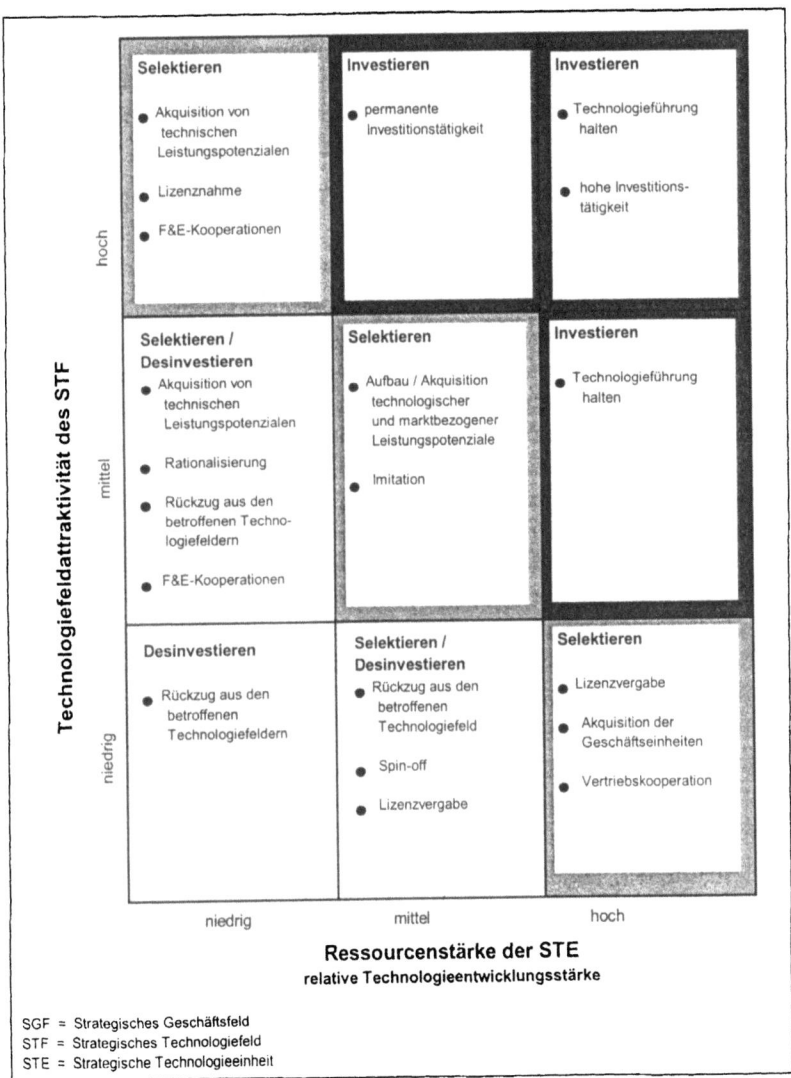

Abbildung 31: Strategische Optionen eines Technologieportfolios [Modifiziert nach Pfeiffer/Metze/Schneider/Amler, S. 99]

Investitionsempfehlungen werden für solche Technologien gegeben, die eine mittlere bis hohe Technologieattraktivität und Ressourcenstärke aufweisen. Dabei handelt es sich um relevante, neue Technologien mit großem Ressourcenbedarf, die häufig das zukünftige technologische Know-how determinieren. Die Strategieempfehlung lautet im Wesentlichen, die Ressourcenstärke zu halten bzw. weiter auszubauen. Dies erfordert permanente Investitionen, um das technologische Niveau anzuheben bzw. zu halten.

Desinvestitionsempfehlungen werden für Technologien mit geringer bis mittlerer Attraktivität und Ressourcenstärke ausgesprochen, da Investitionen in solche Technologien keine prinzipielle Verbesserung der Leistungsfähigkeit erwarten lassen. Als generelle Strategie wird der Abbau der Forschungs- und Entwicklungsaktivitäten empfohlen, um die freiwerdenden Mittel in attraktivere Technologien investieren zu können.

Selektionsempfehlungen werden für die drei Diagonalfelder der Matrix angegeben. Sie weisen sowohl Merkmale der Felder mit Investitions- als auch mit Desinvestitionsempfehlungen auf. Dabei lassen sich folgende Aussagen gewinnen:

- Für das Feld mit hoher Technologieattraktivität und geringer Ressourcenstärke sollten größere Investitionen zur Erreichung einer mittleren bis hohen Ressourcenstärke und somit zur Schließung einer strategischen technologischen Lücke durchgeführt werden. Es kann aber auch ein Rückzug aus diesen Technologien erwogen werden und sofern diese unverzichtbar sind, müssen sie von außen zugekauft werden. Auch Kooperationen mit anderen Unternehmen sind eine sinnvolle Alternative.

- Für das Feld mit mittlerer Technologieattraktivität und Ressourcenstärke sollten zur Erlangung einer hohen Ressourcenstärke Investitionen im gemäßigten Umfang durchgeführt werden, wenn es sich um eine zentrale Technologie handelt. Aber auch hier kann ein Zukauf und/oder eine Imitation erwogen werden.

- Für das Feld mit geringer Technologieattraktivität und hoher Ressourcenstärke sind entweder Investitionen zum Halten des technologischen Vorsprungs bei gleichzeitiger Lizenzvergabe durchzuführen oder eine langsame Desinvestition vorzunehmen, wobei dabei bewusst ein geringerer als der höchste Entwicklungsstand in Kauf genommen wird.

2.3.2.5 Integration der Markt- und Technologieorientierung

Grundsätzlich ist festzustellen, dass weder eine einseitig technologieorientierte noch eine einseitig marktorientierte, sondern eine integrierte Innovationsstrategie erfolgversprechend ist. Mit anderen Worten: Technisch fortgeschrittene Produkte, die nicht den Marktbedürfnissen entsprechen, sind ebenso zum Scheitern verurteilt, wie Produkte, die zwar kurzfristig den Marktbedürfnissen angepasst sind, aber langfristig keine neue technologische Perspektive bieten. Insofern ist es unumgänglich, eine Innovationsstrategie zu entwickeln, die sowohl technologische Strategien mit Produkt-Markt-Strategien verknüpft als auch auf operativer Ebene sich am Forschungs- und Entwicklungsprogramm (siehe auch Kapitel 3.2) orientiert (Abbildung 32).

Begreift man den Markt- und den Technologiebereich, denen ein Innovationsprojekt zugeordnet werden kann, zusammen als ein Innovationsfeld, so lassen sich das Markt- und Technologieportfolio in ein gemeinsames Innovationsfeld-Portfolio integrieren. Auch hierzu existieren diverse Ansätze, insbesondere von McKinsey [vgl. Krubasik, S. 30], A.D. Little [vgl. Servatius, S. 124] und Michel [vgl. S. 198].

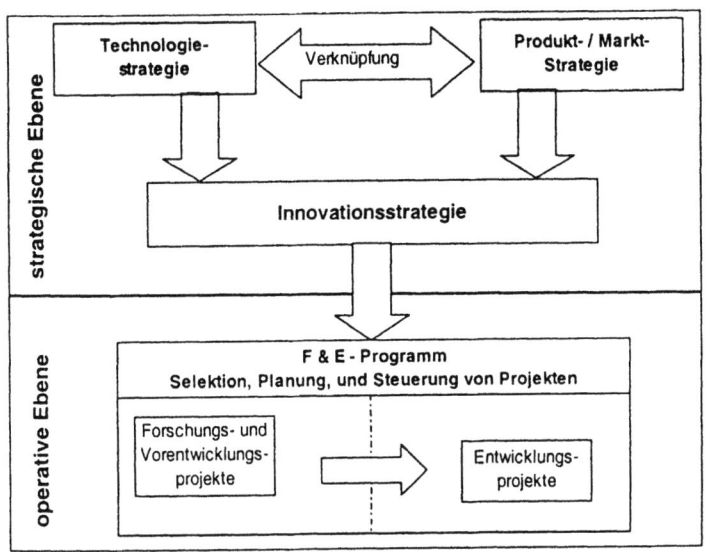

Abbildung 32: Integration von Markt- und Technologieorientierung

Nachfolgend wird stellvertretend auf das Portfolio von Michel (Abbildung 33) näher eingegangen. Die Integration erfolgt durch Addition der Scoring-Werte im Markt- und im Technologieportfolio. Als gemeinsame Achsenbezeichnung ergeben sich für das Modell die „Innovationsfeldattraktivität" und die „relative Innovationsfeldstärke". Anhand dieses Portfolios lässt sich erkennen, ob die erwarteten Produktinnovationserfolge schwerpunktmäßig auf günstigen Umfeldbedingungen (hohe Innovationsfeldattraktivität) oder auf eigenen Wettbewerbsvorteilen beruhen (hohe relative Innovationsfeldstärke). Gleichzeitig resultiert jedoch daraus das Problem hoher Komplexität und Aggregiertheit der beiden Dimensionen und teilweise auch das der Subkriterien.

2.3.3 Timingstrategien

Zur Schaffung und Behauptung von Wettbewerbsvorteilen ist die Festlegung des richtigen Zeitpunktes des Markteintritts (time-to-market) von besonderer Bedeutung. Was das Timing des Markteintritts anbetrifft, werden in der Literatur verschiedene Strategieansätze vorgestellt (Abbildung 34). Weit verbreitet ist die Differenzierung nach Backhaus [vgl. S. 221], die vor allem für Investitionsgüter zweckmäßig ist.

Als **Pionier** (first-to-market) wird derjenige Anbieter bezeichnet, der als Erster mit einem neuen Produkt oder einer neuen Technologie am Markt ist. Dadurch wird eine neue Produktkategorie, das heißt eine Klasse von Produkten geschaffen, die von Nachfragern als deutlich unterschiedlich im Vergleich zu bereits verfügbaren, anderen Produktkategorien wahrgenommen werden.

Nachfolgerunternehmen nehmen eigene Forschungs- und Entwicklungsaktivitäten erst dann in Angriff, nachdem Ergebnisse anderer Wettbewerber, zumindest in ihren Grundzügen, bekannt geworden sind. Je nach Umfang des Zeitraums, nachdem ein Unternehmen zur Markteinführung gelangt ist, kann in **frühe Folger** (second-to-market) und **späte Folger** (later-to-market) unterschieden werden. Problematisch ist jedoch die mangelnde Operationalisierbarkeit, wann von frühen und wann von späten Folgern gesprochen werden soll. Sinnvoller ist hingegen die Aufgliederung in Abhängigkeit vom Grad der Weiterentwicklung einer Innovation. Danach kann zwischen **modifizierenden oder innovativen Folgern**, die eine am Markt durch einen Pionier eingeführte Produktkategorie zwar nicht gerade radikal, aber dennoch erkennbar weiterentwickeln, und **imitierenden Folgern**, die sich auf das Kopieren einer Innovation anderer Unternehmen beschränken, differenziert werden.

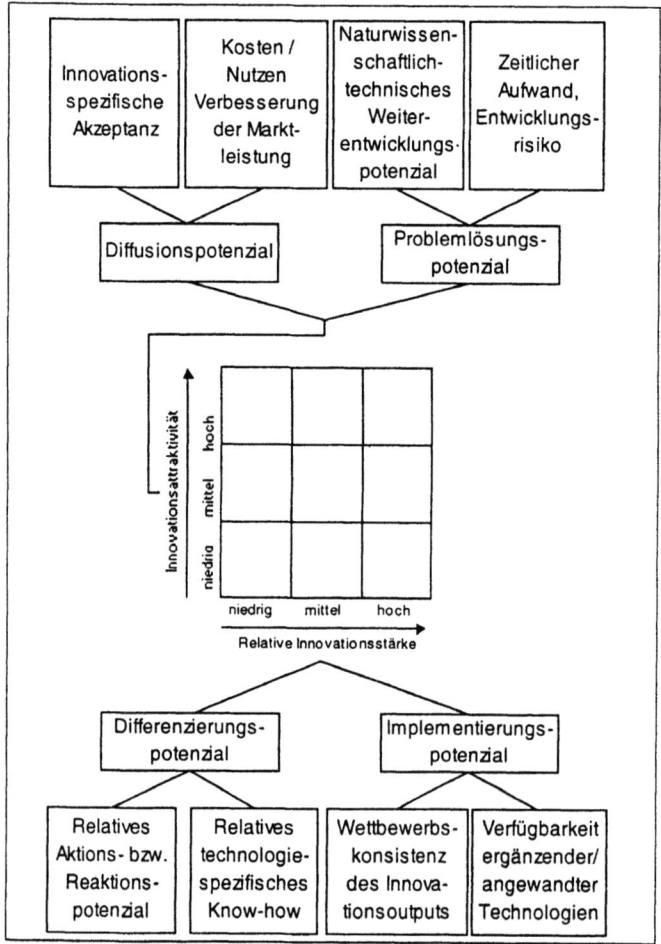

Abbildung 33: Innovationsportfolio [Michel, S. 198]

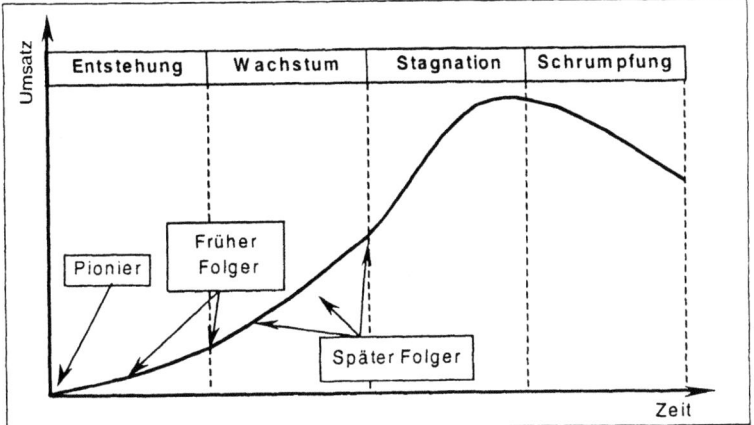

Abbildung 34: Timing des Markteintritts [Buchholz, 1998, S. 27]

Die Einschätzung einzelner Beispiele für erfolgreiche und nicht erfolgreiche Pioniere und Folger sind zahlreich, aber nicht immer zweifelsfrei [vgl. beispielsweise Buchholz, 1998, S. 29-36; Perillieux, 1995, S. 269-278]. Abbildung 35 zeigt einige Beispiele.

	Führer/Pionier	Folger
Erfolgreich	• Minolta (Autofokus Kleinbildkamera) • Pilkington (Floatglas) • Sony (Compact Disk) • Searle (Nutrasweet-Süßstoff) • Dupont (Teflon) • Procter & Gamble (Pampers) • Frosch (ökologischer Reiniger)	• IBM (Personal-Computer) • Microsoft (Betriebssystem) • Intel (32 Bit-Mikroprozessor) • Seiko (Quarzuhren) • Matsushita und JVC (Videorecorder) • Samsung (Mikrowellenherd) • Xerox (Fotokopierer) • Boing bzw. Airbus (Düsenflugzeug) • Trumpf (Hochleistungslaser) • Texas Instruments (Taschenrechner) • Siemens (FCKW-freier Kühlschrank) • Mazda (Wankel-Motor)
Erfolglos	• RC Cola (Diät-Cola) • Philips (Videorecorder) • EMI (Computer-Tomographie) • Bowmar (Taschenrechner) • De Haviland (Düsenflugzeug) • Spectra Physics (Hochleistungslaser) • Foron (FCKW-freier Kühlschrank) • NSU (Wankel-Motor)	• Kodak (Sofortbildkamera) • DEC (Personal-Computer) • Hoechst (Rekombiniertes Humaninsulin)

Abbildung 35: Charakterisierung prominenter Führer- und Folgerinnovationen nach wirtschaftlichem Erfolg

Teilweise wird in der Fachliteratur [z.B. Buchholz, 1998, S. 31; Gerpott, 1999, S. 190]
der Inventions- vom Innovationszeitpunkt unterschieden, da nicht immer unterstellt werden kann, dass Forschungs- und Entwicklungspioniere auch als Markteintrittspioniere
auftreten (Abbildung 36).

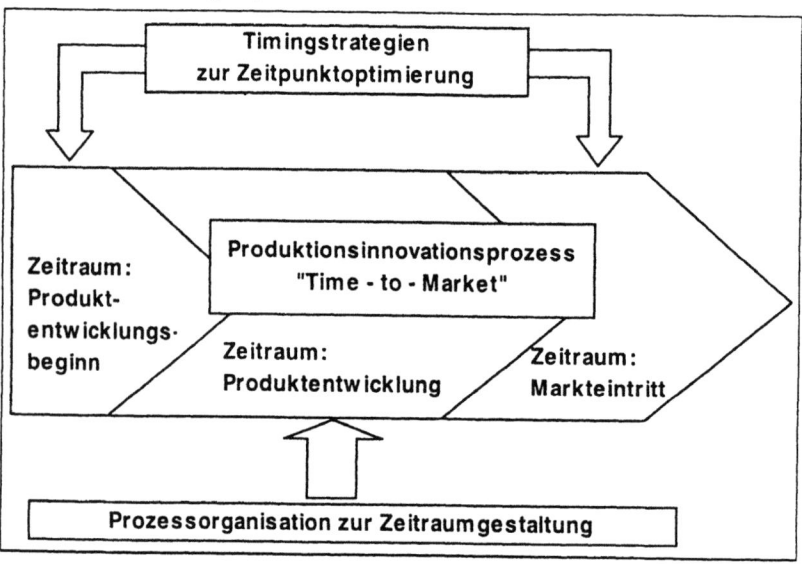

Abbildung 36: Zeitorientierte Gestaltung des Produktinnovationsprozesses [Buchholz, 1998, S. 22]

Empirische Befunde von Specht/Perillieux [vgl. S. 216] zeigen, dass ein Teil der untersuchten deutschen Unternehmen die Inventionsführer- mit der Innovationsfolgerposition
(23 %) oder die Inventionsfolger- mit der Innovationsführerrolle (19 %) kombiniert, wobei der Inventionsführer unabhängig vom gewählten Markteintrittszeitpunkt signifikant
häufiger erfolgreich ist als der Inventionsfolger.

Auch für das Inventions- bzw. Produktentwicklungstiming wird eine Differenzierung
vorgenommen und mit Produktentwicklungspionier, modifizierendem Folger sowie imi-
tierendem Folger bezeichnet. Allerdings ist eine genaue Bewertung schwierig, weil nicht
immer bekannt ist, wann ein Unternehmen erstmalig ein Produkt entwickelt hat, ohne es
am Markt einzuführen. Die verschiedenen Followertypen heben sich nicht nach dem
zeitlichen Abstand zum Pionier, sondern hinsichtlich des Unterschieds der verwandten
Produkttechnologien voneinander ab. Modifizierende Folger greifen die Produkttechnologie des Pioniers auf und versuchen diese zu verbessern und weiterzuentwickeln. Dagegen ist der imitierende Folger ausschließlich auf die Nachahmung der Produktinnovation
ausgerichtet.

Eine Entwicklung bewusst zurückzuhalten und somit den Markteintritt zu verzögern,
kann verschiedene Gründe haben. Ein Grund kann sein, die Gefahr der Kanibalisierung
eigener, bereits am Markt befindlicher Produkte zu vermeiden. Diese zögerliche Hal-
tung, die nicht grundsätzlich negativ zu bewerten ist, kann einem Produktentwicklungs-

folger die Möglichkeit geben, ihm beim Markteintritt zuvorzukommen. Beispielsweise hat Gilette die Markteinführung rostfreier Rasierklingen herausgezögert, um die im Markt eingeführten Rasierklingen, bei denen Gilette die Marktführerschaft innehat, nicht zu kanibalisieren. Wilkinson, ein Unternehmen, das bis dahin nicht im Rasierklingenmarkt tätig gewesen ist, kommt Gilette mit der Markteinführung rostfreier Klingen zuvor und verschafft sich auf Anhieb größere Marktanteile. Andere Unternehmen, die mit einer verspäteten Markteinführung Chancen verpasst haben, sind im Telefaxgeräte- (Siemens) und Quarzuhrmarkt (Deutsche Uhrenindustrie) auszumachen.

2.3.3.1 Potenziale der Innovationsführer

A) Zeitweilige Monopolstellung
Bis zum Eintritt von Folgern besitzt der Innovationsführer eine Monopolstellung, die es ihm ermöglicht, wegen fehlender Konkurrenz einen Teil des Marktpotenzials bei gleichzeitig größeren preispolitischen Spielräumen abzuschöpfen.

B) Implementierungen von Markteintrittsbarrieren
Die anfängliche Monopolstellung ermöglicht es dem Pionier, Markteintrittsbarrieren zu implementieren (z.B. Erlangung eines institutionellen Schutzes durch Patente). Allerdings bieten sie vielfach keinen verlässlichen Schutz vor nachfolgenden Konkurrenten (siehe auch Kapitel 2.3.2.3 B). Vielfach wird darauf hingewiesen, dass „um Patente herum" erfunden werden kann oder Patente durch den rasanten technischen Fortschritt innerhalb kürzester Zeit wertlos werden. Vorteilhafter hingegen ist die Möglichkeit der Prägung von technologischen Standards in einer Branche.

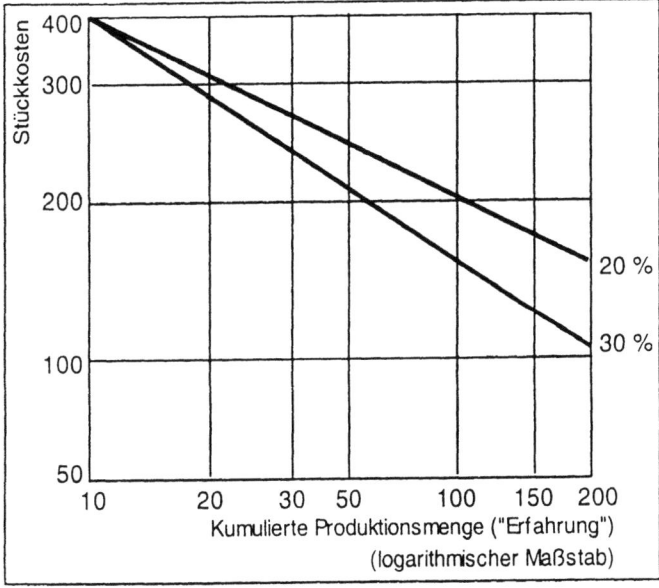

Abbildung 37: Erfahrungskurve [Bea/Haas, S. 128]

Im Zusammenhang mit Markteintrittsbarrieren wird auch das Erfahrungskurvenkonzept diskutiert [vgl. Bea/Haas, S. 127-131; Kloock, S. 427-432]. Das Konzept der Erfahrungskurve (experience curve) ist in den Sechzigerjahren auf der Grundlage empirischer Untersuchungen von der Boston Consulting Group, speziell von Henderson, entwickelt und als Planungs- und Kontrollkonzept vermarktet worden.

Die Grundthese lautet, dass eine Verdoppelung der kumulierten Ausbringungsmenge eines Produktes über alle Perioden die inflationsbereinigten Stückkosten um einen Satz von 20 % bis 30 % (bezogen auf die eigene Wertschöpfung) senkt. Als Maß für die Erfahrung wird also die über die Zeit kumulierte Ausbringungsmenge gewählt (Abbildung 37).

Der Verlauf der Erfahrungskurve lässt sich wie folgt erklären, wobei die einzelnen Aspekte nicht zwingend zusammen auftreten müssen:

- Durch die Wiederholung von Tätigkeiten entstehen Lerneffekte bei den einzelnen Personen (individuelles Lernen) wie auch in der Zusammenarbeit innerhalb einer Gruppe (kollektives Lernen). Dies führt zu einer Reduktion der Fertigungszeit und der Ausschussquote, was beides zusammen zu einer Senkung der Produktionskosten beiträgt. Dabei sind die Lerneffekte jedoch nicht nur im Fertigungsprozess, sondern auch im Verwaltungsbereich feststellbar.
- Verbesserung der Produktionsanlagen, Prozessoptimierungen sowie eine Beseitigung von Störungen im Produktionsablauf erhöhen die Produktivität und verringern damit die Stückkosten.
- Die Erfahrung des Herstellers und Verwenders eines Produktes führt zu einem verbesserten Verständnis der Produkteigenschaften, das häufig eine Modifikation des Produktes zulässt. So können beispielsweise, um die Materialkosten zu senken, teure Materialien durch billigere (z.B. Kunststoffe) ersetzt werden.
- Eine Produktstandardisierung ermöglicht eine Vereinfachung des Produktionsprozesses. Facharbeiter können durch geringer Qualifizierte ersetzt werden.
- Mit der Erhöhung der Produktionsmenge, die sich bei klassischem Verlauf des Produktlebenszyklus ergibt, können Vorteile der Massenproduktion (economies of scale) und somit eine Fixkostendegression sowie die Möglichkeit des Übergangs zu kostengünstigeren Fertigungsverfahren genutzt werden. Allerdings ist zu berücksichtigen, dass sich der Fixkostendegressionseffekt lediglich auf eine bestimmte Periode bezieht.

Die Erfahrungskurve eröffnet dem Pionier die Möglichkeit, mit Hilfe strategischer Preisgestaltung Wettbewerber aus dem Feld zu schlagen. Diese müssen nämlich zur Kenntnis nehmen, dass ihre Anfangskosten derart weit über dem Preis liegen, dass sie vor dem Risiko eines Fehlschlages kapitulieren oder nur durch ein enormes finanzielles Potenzial die Zeit bis zur Amortisation überstehen können. Zu kritisieren ist, dass das Erfahrungskurvenkonzept häufig mit dem Anspruch auf Allgemeingültigkeit eingesetzt wird. Dabei wird jedoch nicht immer beachtet, dass die Erfahrungskurve keine gesetzmäßige Kostenreduktion beschreibt, sondern nur auf ein Potenzial zur Kostensenkung hinweist. Das Senken der Stückkosten kann nur unter Ausschöpfung aller denkbaren Rationalisierungsmaßnahmen erreicht werden. Außerdem ist zu bedenken, dass der Folger eine neue Erfahrungskurve generieren kann.

C) Aufbau enger Beziehungen zu Marktpartnern

Ein weiterer denkbarer Vorteil für den Pionier besteht in der Herausbildung enger Beziehungen zu den Marktpartnern (Kunden, Lieferanten) vor Etablierung der Konkurrenten am Markt sowie günstige Bedingungen bezüglich der Auswahl von Vertriebskanälen.

D) Imagevorteile

Die Pionierrolle ist häufig mit Imagevorteilen verbunden. Pionieren wird eine hohe Technologie- und/oder Problemlösungskompetenz zugeschrieben, sie gelten als innovationsfreudig und fortschrittlich. Folger sind dagegen möglicherweise mit einem „Nachmacher-Image" behaftet, das den Wert ihrer Produkte mindert.

E) Fallbeispiel: Erfolgreicher Innovationsführer

Ein Beispiel aus dem Investitionsgüterbereich für erfolgreiche Innovationsführerschaft stellt die Anwendung der Lasertechnologie zur Blechbearbeitung durch die Firma TRUMPF dar [vgl. Bullinger, 1994, S. 137]. Im Folgenden werden die wichtigsten Stationen des bis heute andauernden Innovationsprozesses nachgezeichnet, der vor 20 Jahren beginnt. Das Unternehmen stellt Maschinen zum Stanzen und Nibbeln von Blechteilen her, die über Jahre hinweg eine sichere Marktposition garantieren. Nachteil dieser Technologie ist die typisch raue Oberfläche der genibbelten Kante, die einen relativ großen Aufwand an Nacharbeiten erfordert. 1979 beginnt sich eine Alternative abzuzeichnen, als es in den USA gelungen ist, das thermische Trennen von Materialien mittels CO_2-Laser zur Industriereife zu entwickeln. Der Einstieg von TRUMPF in die neue Technologie erfolgt zunächst mit einem amerikanischen Zulieferer. 1983 beschließt TRUMPF, sich selbst mit der Lasertechnologie zu befassen, um die Weichen für eine eigene Laserproduktion zu stellen. 1985 kann TRUMPF auf der Hannover-Messe der Öffentlichkeit drei TRUMPF-Laser präsentieren. Heute sind 50 % des Umsatzes darauf zurückzuführen, dass vor 20 Jahren die richtige strategische Entscheidung getroffen worden ist.

2.3.3.2   Potenziale der Innovationsfolger

A) Profitieren von Pioniererfahrungen

Innovationsfolger haben den Vorteil, dass zum Zeitpunkt ihres Markteintritts bereits ein erster Überblick über die Marktentwicklung und -zukunftsträchtigkeit vorliegt. Gleichzeitig ist - zumindest für frühe Folger - eine wirkungsvolle Marktbeeinflussung noch möglich, zumal der Pionier häufig nicht den gesamten Markt abdecken kann bzw. der Markt noch nicht intensiv genug bearbeitet worden ist.

B) Profitieren von Änderungen an den Kundenbedürfnissen

Der Erwerb der führenden Marktposition durch den Pionier kann möglicherweise nur ein temporärer Vorteil sein, wenn der Markt für ein innovatives Produkt noch nicht voll entwickelt ist. Die anfänglichen Nachfrager für ein Produkt unterscheiden sich häufig in den Bedürfnissen von den Verbrauchern zu einem späteren Zeitpunkt. Beispielsweise sind die ersten Kunden für Personalcomputer und die entsprechende Software versierte Hobbytechniker, die kaum Anforderungen an den Kundendienst stellen. Als der PC-Markt später vor allem gewerbliche Kunden anzieht, die über keine technischen Fähigkeiten verfügen, verlagert sich der Vertrieb in serviceintensive Fachgeschäfte, wo das Produkt demonstriert werden kann. Als der PC sich noch weiter verbreitet, nehmen die Versandhausumsätze einen rapiden Aufschwung.

C) Geringere Forschungs- und Entwicklungskosten bzw. -zeiten
Durch Folgerstrategien können viele der Pionierkosten vermieden bzw. reduziert werden. Dazu zählen Kosten der Grundlagenforschung und Entwicklung. Aber auch Kosten für die Produktionserlaubnis, Auflagen, Kundenakquisition, Infrastrukturaufbau, Ressourcenerschließung und Entwicklung von Komplementärprodukten sind geringer.

Gleichwohl hat der Innovationsfolger immer kürzer werdende Amortisationszeiten für seine Entwicklungsaufwendungen zur Verfügung (siehe auch Kapitel 1.3.3.3 und Kapitel 2.3.3).

D) Niedrigerer Preis und Zusatzleistungen
Eine weitere Möglichkeit der Folgerstrategie besteht im Markteintritt zu einem niedrigeren Preis oder auch durch das Angebot spezieller Zusatzleistungen wie Schulungen und Garantie- und Serviceleistungen. Gelingt dem Folger darüber hinaus die Durchsetzung eines eigenen Technologiestandards, beispielsweise durch eine höhere Funktionsfähigkeit des Produktes, kann sogar die Verdrängung des Pionierproduktes eine mögliche Konsequenz sein. Beispielsweise trifft Philips 1972 mit dem Videorecorder N 1500 als Pionier an. Der frühe Folger JVC schafft es allerdings, sein VHS-System über benutzerfreundlichere Anwendung, besseres Marketing und niedrigere Preise als Industriestandard zu etablieren, worauf Philips die Produktion einstellen muss. In einem zweiten Anlauf versucht Philips in Kooperation mit Grundig das technisch überlegene System Video 2000 einzuführen, hat aber gegen das verbreitete VHS-System keine Chance mehr. Aktuell zeichnet sich für DVD-Player und Aufnahmegeräte eine ähnliche Konstellation ab.

E) Fallbeispiel: Erfolgreicher Innovationsfolger
Noch bis Mitte der Siebzigerjahre sind die Führungskräfte bei IBM davon überzeugt, dass bei der Computerentwicklung zentralen Großrechnern die Zukunft gehört. So konzentriert sich IBM darauf, seine führende Position auf diesem Marktsegment aufrechtzuerhalten. Dennoch setzt sich der Personalcomputer, der 1977 zuerst von Apple auf den Markt gebracht wird, durch. IBM bildet darauf hin noch 1977 zwei unabhängige und miteinander konkurrierende Projektteams, die einen IBM-Personalcomputer entwickeln sollen, der im PC-Bereich die Norm setzen soll. Diese Vorgehensweise stellt einen drastischen Bruch mit jeglicher IBM-Tradition und Organisations- sowie Forschungspolitik dar. Resultat ist ein IBM-Personalcomputer, der 1981, zu einem Zeitpunkt als der Markt rapide wächst, auf den Markt kommt. Nach nur zwei Jahren überholt die Firma IBM, welche seinerzeit den schnellsten Umsatzanstieg verzeichnen kann, den Marktführer im PC-Bereich [vgl. Bullinger, 1994, S. 138].

Gleichwohl ist auch eine Kombination aus Pionier- und Folger-Strategie realisierbar, wenn der Folger sich so genannte Generationensprünge bei der Herstellung von Produkten zu Nutze macht, die es ihm ermöglichen, in bereits bestehende Märkte einzusteigen [vgl. Kreis, S. 28].

Beispiel: Auf dem Markt der Videogames macht Nintendo mit 8-Bit-Maschinen den Anfang, Sega folgt mit 16-Bit-Konsolen, Matsushita und Sony entwickelt 32-Bit-Konsolen, wobei dann Nintendo mit einer 64-Bit-Maschine überholt.

2.3.3.3 Bewertung der Vorteilhaftigkeit einer Timingstrategie

Der Vorteil der einen oder anderen Strategie ist nicht generell zu ermitteln und in der wissenschaftlichen Forschung umstritten. So halten beispielsweise Gemünden [vgl. S. 86], Pfeiffer/Metze/Schneider/Amler [vgl. S. 17 und S. 44-49] und Weiß [vgl. S. 28-41] die Strategie des Pioniers als die erstrebenswerteste. Die Autoren sehen vor allem die Gefahr, dass Unternehmen mit einer Folgerstrategie in Anbetracht kürzer werdender Lebenszyklen in eine Zeitfalle geraten kann und sich dadurch möglicherweise die Forschungs- und Entwicklungsinvestitionen nicht amortisieren lassen. Dagegen bewertet beispielsweise Brockhoff [vgl. 1999, S. 236-238] das Marktrisiko für den Pionier als überdurchschnittlich hoch und sieht den Markteintritt für den frühen Folger als besonders erfolgversprechend. Shankar u.a. [vgl. S. 54-70] sehen sogar die Position des späten Folgers als überdurchschnittlich erfolgreich.

Allerdings wird das so genannte „Zeitfallen-Theorem" empirisch nicht immer bestätigt. Beispielsweise zeigt die Automobilindustrie, dass die Expansion der Entwicklungsdauer durchaus nicht zwangsläufig ist [vgl. Schröder, S. 1004]. Auch die Erhöhung der Entwicklungskosten lässt sich durch neuere technisch-organisatorische Konzepte, beispielsweise durch das Rapid Prototyping (siehe auch Kapitel 3.2.3.3 B) und das Simultaneous Engineering, reduzieren. Auch die bisher genannten Vorteile einer Folgerstrategie sind kaum so zu interpretieren, dass sie den Vorzügen der Pionierstrategie automatisch unterlegen wären.

Außerdem bestätigt sich die These von der absoluten Überlegenheit der Pionier-Strategie empirisch nicht immer, wie die oben genannten Beispiele verdeutlichen. Andererseits können einzelne Pioniere einen dauerhaften, teilweise über Jahrzehnte währenden strategischen Wettbewerbsvorteil gegenüber später in den Markt eintretende Konkurrenten verteidigen, anderen hingegen gelingt es nicht auf Dauer im Wettbewerb zu bestehen.

Auf der Basis der PIMS-Studie beruhende empirische Studien bestätigen zwar, dass Pioniere im Durchschnitt erfolgreicher sind als spätere Marktfolger, jedoch sind die Streuung der Marktanteile und der Return-on-Investment sowohl bei den Pionieren als auch bei den Nachzüglern sehr groß [vgl. Vidal, S. 44].

Auch in den von Clement/Litfin/Vanini [vgl. S. 219-221] gegenübergestellten 15 empirischen Untersuchungen aus den Jahren 1985-1996 existieren keine eindeutigen Ergebnisse für eine Favorisierung des Pioniers oder Folgers. Gleichwohl wird die Pionierstrategie häufiger als Idealstrategie angesehen.

Clement/Litfin/Vanini [vgl. S. 213-215], Gerpott [vgl. 1994, S. 62], Perillieux [vgl. 1987, S. 269], Schewe [vgl. S. 297] und Specht/Perillieux [vgl. S. 223] gehen in Anlehnung an den situativen Ansatz davon aus, dass auch die Timingstrategie situativ, also von Fall zu Fall, auszuwählen ist, wobei als Kerngruppen von Situationsfaktoren Marktentwicklungs-, Wettbewerbssituations- und Produktmerkmale genannt werden (Abbildung 38).

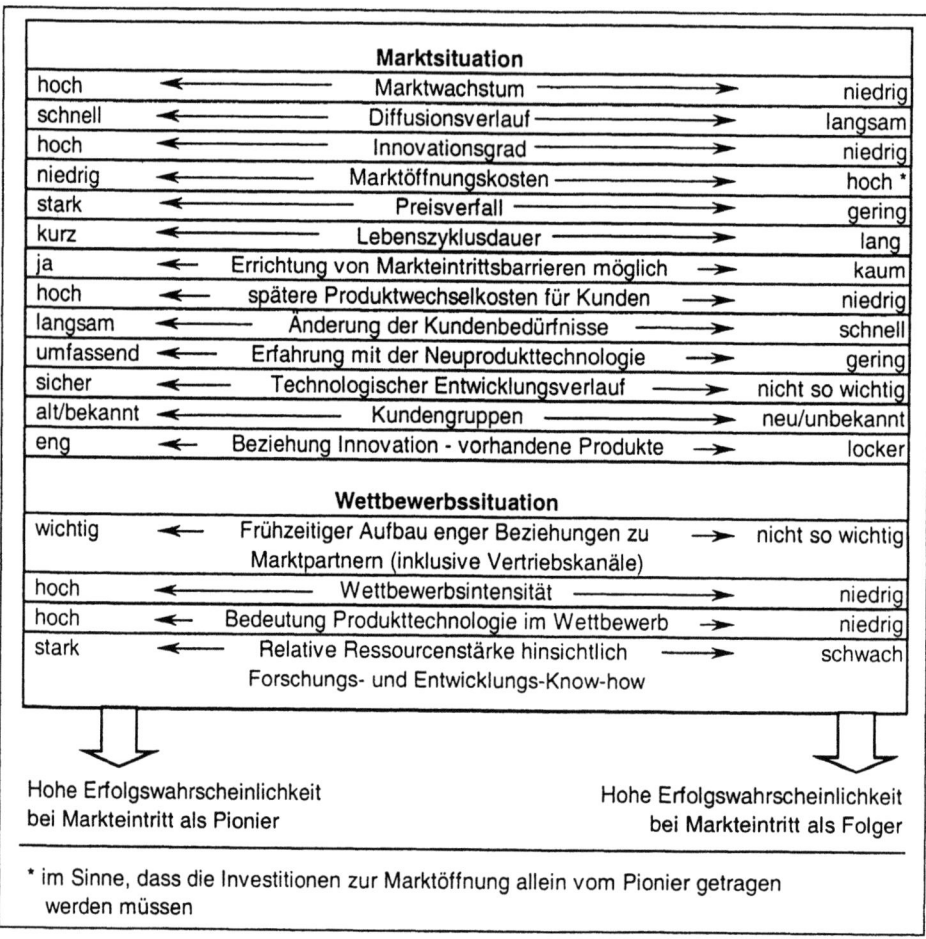

Abbildung 38: Optimaler Markteintritt unter situativen Gesichtspunkten

Bislang wird in der betriebswirtschaftlichen Forschung mit wenigen Ausnahmen der optimale Markteintritt von Produktinnovationen untersucht, während Prozessinnovationen vernachlässigt worden sind. Dabei können die Wettbewerbsvorteile einer Pionierstrategie vor allem in einer kostengünstigeren, schnelleren, qualitativ hochwertigeren, umweltschonenderen, zuverlässigeren und/oder flexibleren Produktion liegen. Auf Grund der häufig langen Bindungsdauer des Kapitals, das in den Betriebsmitteln gebunden ist, kann allerdings eine Pionierstrategie dann zum Wettbewerbsnachteil werden, wenn während der Nutzungsdauer Wettbewerber verbesserte Verfahren einsetzen.

2.4 Organisatorische Gestaltungskonzepte der Innovation

Aus der Analyse des Marktattraktivität-Wettbewerbsvorteils-Portfolios bzw. des Technologieportfolios ergeben sich als **Optionen der Strategieumsetzung** Handlungsempfehlungen in Form einzelner organisatorischer Gestaltungskonzepte. Im folgenden Kapitel werden die einzelnen Optionen dargelegt.

Am Ausgangspunkt strategischer Überlegungen steht die Frage: Soll überhaupt eine Innovation angestrebt werden ? Dabei leuchtet die unternehmerische Grundhaltung zur Nicht-Innovation ein, wenn - aus Sicht der Kunden - sich das Produkt oder Verfahren gerade auf Grund des konservativen Konzepts bewährt hat: Das Reinheitsgebot der deutschen Bierbrauer, die Produktionsverfahren schottischer Whiskeybrenner, die Fertigungsverfahren der Porzellanindustrie oder die Aufmachung und das journalistische Verständnis bestimmter Zeitungen sind so beachtliche Stärken, dass sie aus guten ökonomischen Gründen einer totalen oder auch partiellen Innovation entzogen werden [vgl. Hauschildt, 1997, S. 44].

2.4.1 Überblick über grundlegende Innovationskonzepte

Die organisatorische Umsetzung von Innovationen kann in unterschiedlicher Weise wahrgenommen werden. Folgende Optionen sind möglich:

- Übernahme der Innovationsergebnisse von anderen Unternehmen durch Kauf bzw. Imitation innovativer Produkte, Lizenznahme oder Erwerb innovativer Unternehmen.
- Ausgliederung der Innovationsfunktion durch Auftragsforschung oder Innovationskooperation.
- Befristete (projektbezogene) oder unbefristete Innovationstätigkeit innerhalb des Unternehmens durch die Forschungs- und Entwicklungsabteilung, darüber hinaus die Nutzung innovativer Ideen der Mitarbeiter durch ein betriebliches Vorschlagswesen.

Für die Erklärung der Vorteilhaftigkeit einer Option, vor allem vor dem Hintergrund der Entscheidung, eine Innovation intern zu entwickeln oder extern zu beschaffen, liefert die Transaktionskostentheorie einen groben Rahmen [vgl. Rüdiger, S. 35]. Nach Picot [vgl. S. 267-282] bzw. Picot/Dietl/Franck [vgl. S. 66-81] versucht die Transaktionskostheorie das Zustandekommen unterschiedlicher Organisationsformen, das heißt die Über-tragung von Verfügungsrechten (Property Rights), zu erklären, wobei als Extrempole die **Hierarchie** und der **Markt** gelten, aber auch hybride Formen betrachtet werden, sodass auch Kooperationen begründet werden können [vgl. Picot, S. 274-275]. Mit „Hierarchie" ist ein unternehmensinterner Tausch auf der Grundlage langfristig angelegter Arbeitsver-träge angesprochen, „Markt" stellt einen unternehmensübergreifenden Tausch auf Basis von Kaufverträgen ohne langfristige persönliche und/oder rechtliche Bindung dar.

Gefragt ist letztlich, welche Art von Transaktionen in welchem institutionellen Arran-gement am kostengünstigsten abgewickelt werden kann. Die Frage lautet dabei nicht: Markt oder Hierarchie, sondern wie viel Markt und wie viel Hierarchie für jede Transak-tionsart. Dabei hängen die Kosten von zwei Kriterien ab [vgl. Picot, S. 271-273], näm-lich den Eigenschaften der Transaktion und der Infrastruktur der Transaktion. Im folgen-den werden hieraus folgende Schlussfolgerungen gezogen:

- **Eigenschaften der Transaktion.** Hierunter sind die Mehrdeutigkeit bzw. Spezifität der Transaktion, die Unsicherheit der Umwelt und die Häufigkeit der Transaktion einzuordnen. Die **Spezifität** berücksichtigt die Einzigartigkeit der auszutauschenden Leistungen und das hieraus resultierende Ausmaß an notwendigem Spezialwissen oder materiellen Spezialressourcen wie Testanlagen, die für die Anbahnung, Ver-handlung, Umsetzung, Anpassung und Kontrolle erforderlich sind. Mit **Unsicherheit** der Transaktion beispielsweise die Vorhersagbarkeit der Aufwendungen für ein tech-nologisches Ergebnis oder die Erreichbarkeit eines technischen Ergebnisses ange-sprochen. Letztlich können sich mit zunehmender **Häufigkeit** gleicher oder ähnlicher Transaktionen zwischen den Beteiligten sinkende Transaktionskosten ergeben (z.B. economies of scale, Lerneffekte).
- **Infrastruktur für Transaktionen.** Hierunter sind rechtliche und technologische Rahmenbedingungen einzufügen. Aus Sicht von Innovationen können **rechtliche Rahmenbedingungen** darin gesehen werden, ob und in welchem Ausmaß eine Leis-tungsverwertung durch einen Pionier mittels rechtlicher Vorschriften schützbar ist. **Technologische Rahmenbedingungen** sind in der Verfügbarkeit von weltweiten In-formationen über Innovationsaktivitäten und in deren möglichen Verarbeitung im Unternehmen zu sehen.

Gerpott [vgl. 1999, S. 230] fasst die Argumentationsmuster der Transaktionskostentheo-rie in Bezug auf Innovationen so zusammen, dass eine marktlich koordinierte, externe (hierarchisch koordinierte, interne) Innovationsbeschaffung zu befürworten ist, wenn der Spezifitäts- und Unsicherheitsgrad niedrig (hoch) sowie das Ausmaß einer rechtlichen Absicherbarkeit der Nutzung der Innovation durch das Unternehmen hoch (niedrig) an-zusetzen ist. Kommt es zu keinem konsistenten Ergebnis, so wird beispielsweise eine Kooperation von Unternehmen in Betracht gezogen.

Im Rahmen einer empirischen Untersuchung von Hermes [S. 80-148], die sich auf 142 erfolgreich durchgeführte Innovationsprojekte aus 82 Großunternehmen in Deutschland bezieht, wird eine multivariate Situationsanalyse auf zwei Dimensionen reduziert, nämlich die Technologieposition des eigenen Unternehmens im Vergleich zu externen Beschaffungsquellen (Ressourcenstärke) und die Wettbewerbsrelevanz (entspricht beim Technologieportfolio der Technologieattraktivität). Danach sind bei hoher Wettbewerbsrelevanz die eigene Forschung und Entwicklung mit gleichzeitig hoher Technologieposition anzustreben, bei geringer dagegen der Kauf eines Unternehmens am Markt (Abbildung 39).

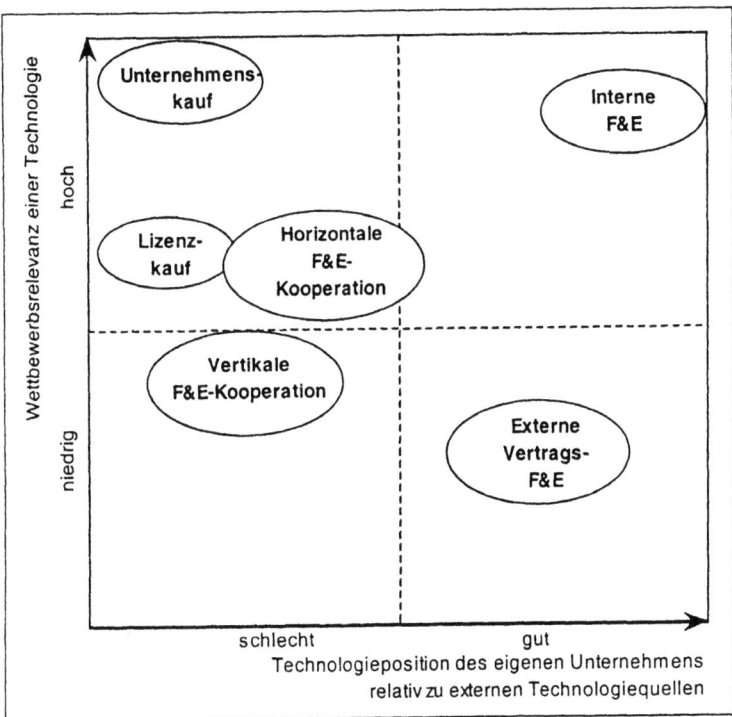

Abbildung 39: Optimale Bezugsquelle für Innovationen [Hermes, S. 144 und S. 148]

2.4.2   Übernahme bestehender Innovationen

2.4.2.1   Innovationseinkauf

Innovationen existieren permanent am Markt in Gestalt neuer Produkte oder Verfahren (z.B. Produktionsanlagen, Maschinen und Geräte, Bürokommunikation, Software). Der Kauf ist ein üblicher Weg zur Beschaffung neuartiger Technologien bzw. Produkte. Die Innovation ist somit ein marktfähiges Gut und wird in der Literatur zumeist unter dem diffussionstheoretischen Begriff der „Adoption" behandelt. Für das Innovationsmanagement gilt es, die Anwendungsmöglichkeiten im Unternehmen zu prüfen und die innovativsten, qualitativ am besten und preisgünstigsten Angebote am Markt auszuwählen. Des Weiteren sind die internen Probleme der Durchsetzung zu meistern, z.B. Schulung der Mitarbeiter, Anpassung an die betrieblichen Bedingungen (so genanntes customizing) [vgl. Hauschildt, 1997, S. 48-50; Pleschak/Sabisch, S. 272-273].

Ein Sonderfall des Innovationseinkaufs stellt der Patentkauf dar [vgl. Schröder, S. 1020]. Anbieter von Patenten sind vor allem:

- Unternehmen, die sich auf Forschung und Entwicklung spezialisiert haben,
- selbstständige Erfinder,
- kleine Unternehmen, die von einem Verkauf mehr als von einer Lizenzvergabe profitieren,
- Unternehmen, die das Patent nicht nutzen können, beispielsweise auf Grund der Kosten, die bis zur Markteinführung anfallen oder weil sie das Geschäftsfeld aufgeben.

2.4.2.2   Imitationsmanagement

Innovationen ziehen Imitationen nach sich. Dabei leisten Imitationen in der Regel wenigstens das Gleiche und verwenden die gleichen Technologien wie die Innovationen. In der Unternehmenspraxis wird die Imitationsstrategie offenbar ganz leidenschaftslos neben der Innovationsstrategie betrieben. Albach [vgl. S. 61] fasst seine Befunde wie folgt zusammen: „Erfolgreiche Unternehmen, solche die wachsen und zusätzliche Arbeitsplätze schaffen, kombinieren Innovation und Imitation."

Zulässig ist eine Imitation immer dann, wenn die Innovation nicht oder nicht hinreichend geschützt ist. Da viele Unternehmen bewusst die Patentierung ihrer Innovation unterlassen, zumal die Existenz von Schutzrechten viele Imitatoren von ihrem Tun nicht abhält, bietet sich Imitationen ein großer Spielraum.

Die Ergebnisse einer empirischen Befragung von Schewe [vgl. S. 72] verdeutlichen, dass Imitationen vorwiegend aus absatzpolitischen Gründen erfolgen (Abrundung des eigenen Produktprogramms, Erwartung der Kunden). Dagegen sind technologische Aspekte (Lernen aus Fehlern der Innovatoren, Anschluss an den technologischen Stand) offensichtlich weniger relevant. Außerdem wird der mögliche Schaden für das Image als gering geachtet. Damit wird deutlich, dass die Imitation eine weithin akzeptierte Option zur Teilnahme am technischen Fortschritt ist und die Realisierung von Imitationen Bestandteil eines umfassend verstandenen Innovationsmanagements ist [vgl. Hauschildt, 1997, S. 63 und S. 66-67]. Prinzipiell sind alle Vorteile einer Folgerstrategie gegeben.

Dem Innovationsmanagement fallen dabei vier Aufgabenbereiche zu:

- Systematische Beobachtung von neu auftretenden Technologien im Rahmen der Patentrecherche, Marktforschung und Konkurrenzbeobachtung.
- Bewertung des eigenen technologischen Potenzials danach, ob eine Imitation schnell erbracht und gleichzeitig technisch verbessert werden kann.

- Beurteilung des Marketing-Potenzials, z.B. nach Marktkenntnissen und Zugang zu einem Distributionskanal.
- Rekrutierung von Mitarbeitern, die an der Entwicklung der Innovation maßgeblich beteiligt gewesen sind.

Empirisch zeigt die Untersuchung von Schewe [vgl. S. 57], dass mehr als die Hälfte der Innovationen, die von 88 durch das Erstinnovationsprogramm der Bundesregierung geförderten Unternehmen stammen, imitiert worden ist.

2.4.2.3 Lizenznahme

A) Rechtsnatur des Lizenzvertrages
Bei der Lizenznahme handelt es sich um das Recht auf Nutzung eines Verfahrens oder eines Produktes, „dessen Patent oder Gebrauchsmuster einem Dritten gehört." [vgl. Hauschildt, 1997, S. 50-51]. Auf Grund der Komplexität der Leistungsbeziehungen ist der Lizenzvertrag rechtlich nicht eindeutig einzuordnen. Je nach Einzelfall sind Regeln des Kaufrechts, des Gesellschaftsrechts sowie vor allem des Miet- und Pachtrechts heranzuziehen. Nach Missling [2000b, S. 231] „handelt es sich bei einem Lizenzvertrag um einen Vertrag eigener Art (Vertrag sui generis), auf den die Bestimmungen über den gegenseitigen Vertrag" gemäß §§ 320 ff. BGB Anwendung finden.

B) Arten der Lizenz
Von erheblicher Bedeutung ist die konkrete Ausgestaltung der Lizenz:

Eine **ausschließliche Lizenz** beinhaltet die vertragliche Hauptpflicht des Lizenzgebers, dem Lizenznehmer die alleinige Nutzung des Schutzrechtes einzuräumen. Damit wird vertraglich festgelegt, dass dem Lizenzgeber mit Vertragsbeginn keine weitere Verfügungsmacht über das Lizenzrecht zusteht. Dieses Recht kann im Klageweg gegen jedermann, auch gegen den Lizenzgeber durchgesetzt werden. Ein Sonderfall stellt die **alleinige Lizenz** dar. Dabei behält sich der Lizenzgeber ein eigenes Nutzungsrecht am Lizenzgegenstand vor. Dieser Eigennutzungsvorbehalt ist vor allem dann von Bedeutung, wenn der Lizenzgeber seine Erfindung bereits nutzt. Der Lizenznehmer ist bei der ausschließlichen bzw. alleinigen Lizenz grundsätzlich berechtigt, ohne vorherige Zustimmung des Lizenzgebers, weitere Unterlizenzen zu vergeben. Möchte der Lizenzgeber selbst am Markt präsent bleiben, empfiehlt es sich, dem Lizenznehmer das Recht, Unterlizenzen zu vergeben, zu verweigern. Ansonsten läuft der Lizenzgeber Gefahr, mit einer größeren Anzahl von Wettbewerbern konfrontiert zu werden. Darüber hinaus kann eine räumliche Eingrenzung der Lizenz für den Lizenznehmers sinnvoll sein.

Von der ausschließlichen bzw. alleinigen Lizenz ist die **einfache Lizenz** zu unterscheiden, die auch nur für eine bestimmte Region gelten kann. Dabei behält sich der Lizenzgeber die Option vor, weitere Lizenzen zu vergeben. Ohne ausdrückliche Ermächtigung durch den Lizenzgeber ist eine Erteilung von Unterlizenzen durch den Lizenznehmer nicht möglich.

C) Berechnung der Lizenzgebühr

Eine Berechnung der Lizenzgebühr kann vor allem als Umsatzlizenz, Stücklizenz oder Pauschallizenz erfolgen. Bei einer Umsatzlizenz wird ein bestimmter Prozentsatz vom Umsatz herangezogen, bei einer Stücklizenz dagegen ein fest vereinbarter Geldbetrag je Stück einer Herstellungs- oder Verkaufseinheit. Dies hat vor allem den Vorteil, dass keine Überprüfung der Buchhaltung des Lizenznehmers erforderlich ist. Letztlich beinhaltet eine Pauschallizenz eine pauschale Festsetzung einer bestimmten Lizenzgebühr.

D) Ziele der Lizenznahme

Mit der Lizenznahme sollen spezifische Defizite überwunden werden, die wie folgt zusammengefasst werden können [vgl. Hauschildt, 1997, S. 51]:

- Technologisches Defizit: Zugang zu einer Technologie, die ansonsten rechtlich oder aus Gründen fehlenden Know-hows verschlossen ist.
- Zeitdefizit: Einsparung von Forschungs- und Entwicklungszeit, um damit aktuell bestehende Absatzchancen frühzeitig nutzen zu können.
- Kapazitätsdefizit: Fehlende Mitarbeiter (quantitativ und/oder qualitativ), um eine vergleichbare Technologie zu entwickeln.
- Kapitaldefizit: Das lizenznehmende Unternehmen ist nicht in der Lage, die erforderliche Forschung und Entwicklung zu finanzieren.

Die Untersuchung von Mordhorst [vgl. S. 96] ergibt, dass in zunehmendem Maße Marktaspekte an Bedeutung gewinnen:

- Schließen von Lücken im Angebot.
- Ermöglichung der Diversifikation und des Wachstums durch neue Produkte.
- Auslastung des vorhandenen Außendienstes.
- Vorverlegung des Markteintritts.

2.4.2.4 Unternehmensakquisition

Die umfassendste Form des Einkaufs einer Innovation besteht darin, entweder innovative Unternehmen komplett zu kaufen oder eine wesentliche Beteiligung an ihnen zu erwerben. Dadurch erwirbt das akquirierende Unternehmen nicht nur die einzelnen Produkte, sondern auch das bestehende Know-how (Mitarbeiter) und die Rechte (Patente).

Aus dem Unternehmenskauf ergeben sich folgende Vorteile:

- Übernahme der Betriebsanlagen und der Mitarbeiter mit ihrem Know-how.
- Erzielung eines bedeutenden Innovationsvorsprungs.
- Der laufende Betrieb des einkaufenden Unternehmens wird nicht beeinträchtigt.
- Imagetransfer vom innovativen auf das einkaufende Unternehmen.
- Wiederverkauf des Unternehmens ist bei einem Misserfolg ohne größere Schwierigkeiten möglich.

Analysen bezüglich der Motive für den Kauf von Unternehmen ergeben, dass die technologische Zielsetzung sich nicht als die bedeutsamste erweist, sondern vielmehr Gewinn- und Absatzziele dominieren (z.B. in der Softwarebranche). In der Untersuchung

von Süverkrüp [vgl. S. 41] verfolgen 28,2 % der Akquisitionen das Ziel einer zukunftsorientierten, global aktiven Technologieerschließung. Akquisitionen dieses Typs dienen
dem Ziel, Zugang zu einer neuen Technologie bzw. zu einem Know-how zu erhalten.
Hierzu soll insbesondere die Zusammenarbeit mit den Forschungs- und Entwicklungseinrichtungen der erworbenen Gesellschaft dienen.

Die Aufgaben des Innovationsmanagements im Rahmen der Unternehmensakquisition
können in eine Entscheidungs- und eine Integrationsphase eingeteilt werden.

Für die Entscheidungsphase stehen folgende Aufgaben im Mittelpunkt [vgl. Gerpott,
1993, S. 335-341]:

- Suche nach innovativen, selbstständigen Unternehmen und Untersuchung der technologischen Position des Übernahmekandidaten. Dabei ist eine detaillierte Bewertung
  des zu akquirierenden Unternehmens hinsichtlich der Stärken und Schwächen sowie
  ihrer Auswirkungen auf zukünftige Ein- und Auszahlungen erforderlich.
- Feststellung des „strategischen Fits" zwischen beiden Unternehmen. Dabei schließt
  das zu akquirierende Unternehmen idealerweise eine bislang existierende technologische Lücke.

In der Integrationsphase gilt es, eine organisatorische Verknüpfung mit dem übernommenen Unternehmen zu finden. Einerseits soll die Kreativität des Unternehmens erhalten
bleiben, andererseits sollen die ökonomischen Erfolge der Akquisition gesichert werden.
Dabei sind folgende Überlegungen maßgebend:

- Bildung einer Arbeitsgruppe, in der Entscheidungsträger sowohl der übernehmenden
  als auch der übernommenen Unternehmen vertreten sind (Abbildung 40).
- Festlegung der Autonomie der übernommenen Unternehmen. Ein wesentlicher
  Grund für Misserfolge einer Unternehmensübernahme beruht auf einer zu starken
  Reglementierung der innovativen Unternehmung. Die von außen aufgezwungene
  Formalisierung bindet nicht nur kreative Kapazität, sondern macht auch den Verlust
  der Eigenständigkeit stets aufs Neue bewusst.

2.4.3 Ausgliederung des Innovationsmanagements

Die folgenden organisatorischen Möglichkeiten sind dadurch gekennzeichnet, dass die
Unternehmung selbst die Initiative zur Innovationstätigkeit ergreift, die Innovation jedoch nicht selbstständig durchführt. Mit der Auftragsforschung, der Kooperation und
dem Venture-Management werden drei Möglichkeiten aufgezeigt.

Vor allem folgende Überlegungen sind mit der Ausgliederung von Innovationsaufgaben
verbunden [vgl. Hauschildt, 1997, S. 45]:

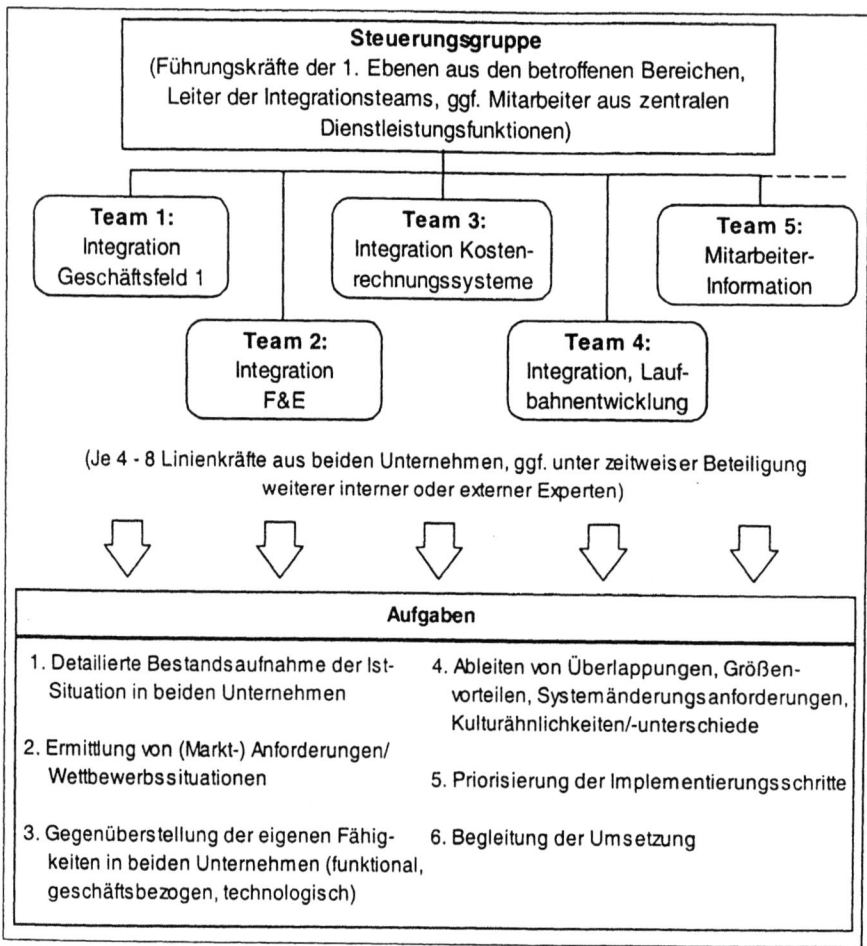

Abbildung 40: Träger der Integrationsgestaltung [Modifiziert nach Gerpott, 1993, S. 136]

- Die Ausgliederung kann verhindern, dass der Innovator von der Perfektion des laufenden Betriebes zu sehr fasziniert wird und dabei das Innovationsstreben aufgibt.

- Die Ausgliederung macht ihn möglicherweise frei von Betriebsblindheit, die Isolierung kann aber auch zur Folge haben, dass er blind für Sachzwänge in Produktion und Absatz wird.

- Auch ein mangelndes Potenzial kann für die Ausgliederung sprechen. Wenn personelle, sachliche und finanzielle Mittel begrenzt sind, kann immerhin versucht werden, an Innovationen systematisch teilzuhaben, die außerhalb des Unternehmens entstehen.

- Außerdem können Risiko-Überlegungen eine Ausgliederung befürworten: Die rechtliche Ausgliederung begrenzt möglicherweise Schadenswirkungen, die von einer misslungenen Innovation ausgehen können.

2.4.3.1 Auftragsforschung

Auftragsforschung, auch als Vertrags- oder Kontraktforschung bezeichnet, liegt dann vor, wenn ein Unternehmen andere Institutionen (Unternehmen, öffentliche Organisationen oder Spezialisten) damit beauftragt, in seinem Namen und auf seine Rechnung ein Verfahren oder ein Produkt zu entwickeln. So betreibt beispielsweise die Fraunhofer-Gesellschaft Forschung und Entwicklung auf natur- und ingenieurwissenschaftlichen Gebieten, insbesondere im Auftrag der Wirtschaft und staatlichen Stellen [vgl. Menache/Weitnauer, S. 47]. Knapp zwei Drittel der Erträge erwirtschaftet die Fraunhofer-Gesellschaft durch Auftragsforschung [vgl. Bundesministerium für Bildung und Forschung, S. 42].

Die Durchführung innovativer Projekte kann auch in Form von Hochschulkooperationen erfolgen. Vor allem sind Unternehmen an technologischen Informationen der Hochschulforschung interessiert, die sich bei marktfähigen Produkten oder einsatzfähigen Fertigungsverfahren realisieren lassen. Peters/Becker [vgl. S. 1298-1299] werten zwischen 1993 und 1994 320 und zwischen 1994 und 1995 130 empirische Beobachtungen in der deutschen Automobilzulieferindustrie aus. Danach haben insbesondere größere Unternehmen zumindest eine Kooperation mit einer Hochschule abgeschlossen (56,6 % aller Unternehmen mit 500 und mehr Beschäftigten). Kleinere Unternehmen haben eine geringe Kooperationsneigung (30,8 % der Unternehmen mit 250-499 Beschäftigten, 19,4 % mit 50-249 Beschäftigten und 0 % ! von 1-49 Beschäftigten). Begründet wird dies von den technischen Leitern mit dem Fehlen eines nach außen hin orientierten Technologiemanagements. Dagegen sind größere Unternehmen auf Grund des relativ hohen Bestands an Forschungs- und Entwicklungspersonal besser darauf eingestellt, externes Wissen effizient für ihre betrieblichen Innovationsaktivitäten zu nutzen.

Aufgabe des Innovationsmanagements ist es, die Ziele in einem Pflichtenheft (siehe auch Kapitel 3.3.2) zu formulieren, einen geeigneten Partner auszuwählen sowie die Vertragsgestaltung zur Bestimmung von Rechten und Pflichten, insbesondere jedoch die Festlegung von Zeitdauer und Budget, vorzunehmen.

Gründe für eine Auftragsvergabe sind fehlende Kapazitäten, technischer Vorsprung oder niedrigere Forschungs- und Entwicklungskosten des Partners [vgl. Hauschildt, 1997, S. 68-69].

So hat beispielsweise Daimler-Benz den Airbag bei MBB und das ABS-System bei Bosch entwickeln lassen. Das Cockpit des Airbus A 320 ist vom Porsche-Entwicklungszentrum entworfen und gestaltet worden.

2.4.3.2 Kooperation

Bei der kooperativen Innovationstätigkeit wirken häufig mehrere Unternehmen (oder andere Organisationen) arbeitsteilig auf der Grundlage einer gemeinsamen Zielstellung zusammen. Kooperation kann definiert werden als eine „auf stillschweigender oder vertraglicher Vereinbarung beruhende Zusammenarbeit zwischen rechtlich und wirtschaftlich selbstständigen Unternehmen durch Funktionsabstimmung oder Funktionsausgliederung und -übertragung auf einen Kooperationspartner" [Rotering, S. 41]. Nach der Untersuchung von Rotering sind in den untersuchten Unternehmen die Forschungs- und Entwicklungskooperationen in den fünf Jahren zuvor gestiegen, mehr als die Hälfte vertritt die Ansicht, dass in den fünf folgenden Jahren eine weitere Zunahme erwartet wird.

Die Durchführung von Forschungs- und Entwicklungskooperationen erfolgt in zunehmendem Maße im internationalen Rahmen. Auch der beobachtbare Trend zum Aufbau von integrierten Forschungs- und Entwicklungs-Netzwerken weist auf die steigende Bedeutung länderübergreifender Zusammenarbeit bei Forschungs- und Entwicklungsprojekten hin [vgl. Gassmann, S. 232; ähnlich: Braun, S. 217; ausführlich: Gerybadze/Meyer-Krahmer/Reger].

A) Kooperationsformen nach der Richtung der Wertschöpfungskette
In Richtung der Wertschöpfungskette lassen sich horizontale, vertikale und diagonale Kooperationsbeziehungen unterscheiden [vgl. Gerpott, 1999, S. 36-38; Kreis, S. 41-42]:

a) Horizontale Forschungs- und Entwicklungskooperationen
Horizontale Beziehungen existieren zwischen Unternehmen derselben Branche. Bei horizontalen Kooperationen wird auch von so genannten strategischen Allianzen gesprochen [vgl. Bruck, S. 109-135].

Beispiele

- Entwicklung einer neuen Generation von Datenkommunikationsgeräten mit Computer- und Telefoneigenschaften durch die Unternehmen Psion, Ericsson, Nokia und Motorola 1998.
- Zusammenarbeit von IBM (Nordamerika), Toshiba (Japan) und Siemens (Deutschland) zur Entwicklung des 256-Mega-Bit-Chip.
- Allianz zwischen General Motors (GM) und Toyota. Der „Geo-Prizm" von GM ist dabei mit dem „Toyota Corolla" fast identisch.
- Gemeinsame Entwicklung der Vans Ford Galaxy/VW Sharan.
- Kooperation von DaimlerChrysler, Hyundai und Mitsubishi wollen künftig Vierzylinder-Reihen-Benzinmotoren entwickeln und produzieren. Für dieses Joint Venture wurde die Global Engine Alliance L.L.C. gegründet, an der die drei Unternehmen gleiche Anteile halten.

Teilweise bleibt bei horizontalen Kooperationen die unmittelbare Anwendungsentwicklung den einzelnen Kooperationspartnern überlassen.

b) Vertikale Forschungs- und Entwicklungskooperationen
Vertikale Beziehungen bestehen zwischen Unternehmen, die auf unterschiedlichen Stufen einer Wertschöpfungskette stehen. Typisch sind dabei Kooperationsbeziehungen zwischen Erzeugnisherstellern und Lieferanten. Darüber hinaus existieren vertikale Kooperationsbeziehungen auch zu den Abnehmern von Produkten, wobei es vordergründig um Anstöße für Verbesserungen von Produkten geht, was beispielsweise durch Pilotanwendungen neuer Produkte möglich ist. Außerdem finden Kooperationen mit dem Handel statt.

Beispiele

- Die Deutsche Telekom und Texas Instruments arbeiten bei der Entwicklung von Halbleiter-Bauelementen zusammen, die vor allem für die Bereitstellung von Multimedia-Telekommunikationsdiensten geeignet sein sollen.

- SAP ist auch deshalb schnell zum weltweiten Marktführer für betriebliche Standardsoftware aufgestiegen, weil Lücken bei eigenen betrieblichen Kapazitäten durch Kooperationen kompensiert werden. So wird eine Partnerschaft mit Oracle vereinbart, um Zugang zu einer entscheidenden Datenbanksoftware zu haben. Daneben sucht SAP Partner für die Installation und Implementierung der Produkte, zumal Unternehmensberatungen wie Arthur Andersen und Cap Gemini. Diese können zudem ihre guten Beziehungen zu den Zielkunden von SAP spielen lassen. Schließlich übernimmt SAP das Unternehmen Ixos Software, um schnellen Zugriff auf Unix-Expertise zu erlangen [vgl. Chan/Mauborgne, S. 93].

- Bei der Entwicklung eines leisen und vollkommen emissionsfreien Niederflurbusses auf der Basis der Brennstoffzellen-Technologie arbeiten die Unternehmen MAN (Nutzfahrzeuge), Linde (Technische Gase) und Siemens (Verkehrstechnik) zusammen.

- Dagegen zeigt das Projekt zur Verbreitung von biologisch abbaubaren Verpackungen aus neuartigen Kunststoffen (hergestellt aus Zuckerrüben oder Stärke) die Bedeutung des Handels. Am Projekt sind mehrere Verpackungshersteller und Handelsketten beteiligt [vgl. o.V., 2001, S. 93].

c) Diagonale Forschungs- und Entwicklungskooperationen

Eine diagonale Kooperation liegt vor, wenn Unternehmen unterschiedlicher Branchen über verschiedene Stufen der Wertschöpfungskette zusammenarbeiten. Diese Form der Kooperation ist vor allem im Umgang mit neuen Technologien mit einem breiten Anwendungsspektrum anzutreffen.

B) Vorteile und Chancen einer Kooperation

a) Geringere Forschungs- und Entwicklungskosten

Der Forschungs- und Entwicklungsbereich zeichnet sich - bezogen auf andere Unternehmensbereiche - durch eine besondere Eignung für horizontale Kooperationen zwischen verschiedenen Unternehmen aus. Während beispielsweise bei der Zusammenlegung der Produktion zweier Unternehmen zwar Degressionsvorteile (economies of scale) entstehen, die Gesamtkosten bei einer Produktionsausweitung aber steigen werden, sind die benötigten Forschungs- und Entwicklungsleistungen gleich groß, die Kosten bleiben dadurch nahezu fix. Werden die Forschungsresultate von mehreren Unternehmen genutzt, entsteht hieraus ein signifikanter Kostenvorteil, weil unnötige und kostspielige Parallelentwicklungen vermieden werden [vgl. Meyer, S. 16-19]. Bei zwei Unternehmen kommt es so theoretisch zu einer Halbierung des Aufwandes je Partner. Mit zusätzlichen Allianzpartnern sinkt der Aufwand für jedes beteiligte Unternehmen.

Gegenüberzustellen sind hierbei die Kosten der Übertragung von Know-how auf das andere Unternehmen. Nur wenn die Transaktionskosten unter den Entwicklungskosten liegen, bleibt der Vorteil aus der Mehrfachnutzung des Know-hows bestehen [vgl. Bruck, S. 110].

b) Synergieeffekte

Synergieeffekte liegen dann vor, wenn „eine Gesamtheit ... mehr wert ist oder einen höheren Erfolgsbeitrag leistet als die Summe seiner Teile, falls diese voneinander isoliert wären" [Dichtl/Issing, S. 2049]. Dabei geht es vor allem um die Zusammenführung von komplementärem Know-how, wobei aus dem gemeinsamen Wissenspool Ergebnisse erlangt werden, die bei getrennter Forschung und Entwicklung der Unternehmung nicht erreicht werden können. Neben der Verschmelzung der Einzel-Know-hows der Unternehmen kann es durch den gedanklichen Austausch zu einer kreativen Entwicklung von Ideen kommen. Je größer die wechselseitigen Ergänzungen sind, umso vorteilhafter gestaltet sich das Potenzial. Kropeit [vgl. S. 276] stellt in seiner empirischen Untersuchung von 133 Forschungs- und Entwicklungskooperationen fest, dass dem Know-how-Zugewinn sowie den Synergieeffekten die höchste Bedeutung beigemessen wird und die ursprünglichen Ziele - im Vergleich zu den übrigen - sogar übererfüllt worden sind.

c) Effektiver Geldmitteleinsatz

Die Zusammenarbeit von Forschungs- und Entwicklungskooperationen kann genau auf diejenige Bereiche eingegrenzt werden, die zur Erlangung der für das Bestehen im Wettbewerb notwendigen Ressourcen als sinnvoll anzusehen sind. Die im Vergleich zur Akquisition gezieltere Zusammenarbeit ermöglicht es, die vorhandenen Mittel effektiver einzusetzen und somit die vorgegebenen Wettbewerbsziele mit geringeren Kosten zu erreichen. Angesichts der erzielbaren Kostensenkungen führt eine Kooperation des Weiteren zu einer Reduktion des mit dem Projekt verbundenen Risikos.

d) Risikominderung

Außerdem kann das Risiko des Markteintritts durch das Knüpfen von Allianzen verringert werden. Zwei oder mehr Allianzpartner können durch die Vereinigung ihrer Ressourcen eher Zugang zu einem neuen Markt finden, als dies nur ein Unternehmen leisten kann. Gelingt es den beteiligten Unternehmen zudem Standards zu setzen, die allgemein akzeptiert werden, so wird das Wettbewerbsgefüge zu ihren Gunsten verändert. Darüber hinaus lassen sich die Kosten für Forschung und Entwicklung durch Einnahmen aus der Lizenzvergabe schneller decken. So existiert beispielsweise eine Kooperation zwischen General Motors und Toyota zur Entwicklung von Brennstoffzellenautos, wobei die Allianz auch auf die Schaffung eines internationalen Standards für Brennstoffzellen-Autos abzielt. Ähnlich ist dies bei der Kooperation zwischen DaimlerChrysler, Ford, Ballard und Xcellsis zu bewerten.

e) Zeitvorteile

Ein weiterer Vorteil der Kooperation besteht im geringeren Zeitaufwand, zumal der Arbeitsaufwand zwischen den Unternehmen geteilt werden kann.

C) Nachteilige Wirkungen zwischenbetrieblicher Forschungs- und Entwicklungskooperationen

Diese lassen sich wie folgt zusammenfassen [vgl. Badaracco, S. 84; Bruck, S. 39-42; Hauschildt, 1997, S. 77-79 und S. 195-196; Rotering, S. 86]:

a) Geheimhaltungsprobleme

Durch die Zusammenarbeit und den damit unvermeidlichen Einblick in fremdes Knowhow kann ein Konkurrent gestärkt werden, wenn er die Notwendigkeit einer fairen Zusammenarbeit aufgibt und die gewonnenen Informationen zu seinen Gunsten missbraucht. Daraus ergibt sich ein hohes Maß an Unsicherheit, sodass man auch von einem Dilemma zwischen dem für eine Kooperation erforderlichen Maß an Vertrauen und dem natürlichen Misstrauen sprechen kann.

b) Abhängigkeit vom Kooperationspartner

Für die Erreichung der Unternehmensziele sind Ressourcen unentbehrlich, auf die das Unternehmen keine gesicherte Zugriffsmöglichkeit hat. Das Unternehmen ist somit von den vereinbarten Zusagen abhängig.

c) Kein eigener Wissensvorsprung

Ein Nachteil, welcher untrennbar mit einer Kooperation verbunden ist, liegt darin, dass die aus ihr gewonnenen Erkenntnisse bzw. aus ihr resultierenden Wettbewerbsvorteile allen Beteiligten zur Verfügung stehen. Dieser Ergebnisteilung ist das Erfordernis vorgelagert, eventuell existierende Informationsvorsprünge vor dem Partner aufzugeben. Gleichwohl muss bedacht werden, dass die Bewahrung bestimmter Informationsvorsprünge möglicherweise nicht ausreichen, um Wettbewerbsvorteile zu erlangen. Die Unvollkommenheit der erzielbaren Wettbewerbsvorteile zu beklagen, entpuppt sich damit als möglicher Fehler.

d) Schwierigkeiten bei der Zielbestimmung der Kooperation

Da die einzelnen Ziele der an einer Kooperation beteiligten Unternehmen nicht völlig identisch sind, muss in einem Prozess der Zielkonvergenz ein gemeinsames Ziel festgelegt werden. Die Ergebnisse werden jedoch nicht immer vollständig auf die eigenen Belange abstimmbar sein. Als Folge derartiger Kompromisse ergibt sich die Unumgänglichkeit der Ergebnisanpassung, womit entsprechende Kosten verbunden sind. Derartige Kompromisskosten sind dafür verantwortlich, dass Unternehmen trotz sinkender anteiliger Forschungs- und Entwicklungskosten häufig nur wenige, in der Regel nur einen Partner, bevorzugen.

e) Zurechnung der Auf- und Zuteilung von Beiträgen und Ergebnissen

Eine Analyse, welches Unternehmen genau welchen Forschungsbeitrag erbracht hat, welche Kosten dafür entstanden sind und wie Ergebnisse zwischen den Partnern geteilt werden, kann erhebliche Probleme verursachen.

Für das Innovationsmanagement ergeben sich, abschließend betrachtet, folgende Aufgaben zur Bestimmung von Innovationskooperationen:

- Aufgabenbestimmung: Festlegung auf das Objekt (Produkt, Verfahren), das entwickelt werden soll.

- Wahl der Kooperationspartner: nach der Produktionsdimension (vertikal oder horizontal), nach der Anzahl der Partner (bilateral oder multilateral), nach der Nationalität der Partner (national oder international), nach den spezifischen Beiträgen der Partner (nur technisch oder auch finanziell, administrativ oder absatzbezogen), nach der Komplementarität der Partner (grundlagennah oder vermarktungsbezogen), nach der zeitlichen Dimension (befristet oder permanent).

- Organisation und Personalmanagement der Kooperation: Bestimmung der Rechtsform, des Standorts, der Personalrekrutierung, der Struktur der gemeinsamen Forschungs- und Entwicklungsteams.

- Schnittstellenmanagement der Kooperation: Vereinbarung bezüglich der Art der Zusammenarbeit der engeren Kooperationspartner mit anderen funktionalen Bereichen (z.B. Produktion, Marketing), aber auch hinsichtlich der Kooperation der weiterhin existierenden Forschungs- und Entwicklungsabteilungen.

- Finanzmanagement der Kooperation: Festlegung der finanziellen Grundausstattung und Bestimmung des laufenden finanziellen Bedarfs.

- Regelung des Außenverhältnisses: Festlegung auf Geheimhaltung der Kooperation, Öffnung für weitere Partner, Haftung der Partner gegenüber Dritten, Repräsentation.

D) Beendigung einer Kooperation

Nach Bierich [vgl. S. 82-83] kommen für eine Beendigung einer Kooperation, die beispielsweise durch eine veränderte Forschungs- und Entwicklungsstrategie mindestens eines der Partner hervorgerufen werden kann, verschiedene Möglichkeiten in Betracht. Maßgeblich ist dabei, in welchem Maß, die in der Kooperation zum aktuellen Zeitpunkt verfügbaren Ergebnisse und Ressourcen geeignet sind, dauerhafte Wettbewerbsvorteile für das eigene Unternehmen und die Kooperationspartner zu begründen. Je eher (je weniger) diese sich durch die Kooperationsergebnisse erlangen lassen, desto vorteilhafter (desto verzichtbarer) ist es für ein Unternehmen, die exklusiven Verwertungsrechte hieraus zu erwerben bzw. zu verhindern, dass der (die) andere(n) Partner diese Ergebnisse und Ressourcen übernehmen (Abbildung 41).

2.4.3.3 Venture-Management

A) Grundkonzept

Als eine spezifische Form innovationsorientierter Organisation kann das Venture-Management [vgl. Bleicher, F., S. 129-131; Macharzina, S. 568-575; Mailänder, S. 180-181; Schuster, S. 1288-1292] angesehen werden. Dabei handelt es sich um unternehmerische Aktivitäten von etablierten Unternehmen zur Beteiligung „an der Gründung neuer unternehmensinterner oder -externer Einheiten, die selbstständige Unternehmen oder Unternehmensteile sein können" und die „vor allem innovative, risikobeladene Aufgaben" [vgl. Macharzina, S. 569] übernehmen.

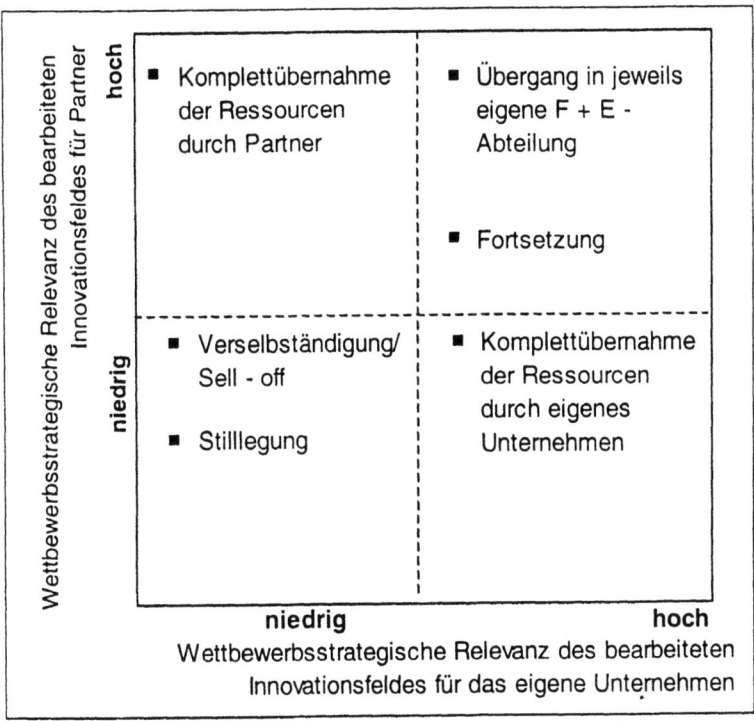

Abbildung 41: Möglichkeiten zur Beendigung von Kooperationen [Modifiziert nach Bierich, S. 83]

Hintergrund ist, dass junge Technologieunternehmen für Forschung und Entwicklung einen erheblichen Kapitalbedarf haben, bis es mit der Markteinführung zu Einzahlungen kommt. Um Innovationsvorsprünge zu nutzen, kann darüber hinaus ein weiterer Kapitalbedarf zur Diffusion der Innovation notwendig sein [vgl. Wupperfeld, S. 26-32]. Eine Innenfinanzierung ist jungen Unternehmen angesichts der hohen Anfangsauszahlungen während der Entwicklungs-, Gründungs- und Wachstumsphase anstehenden Investitionen kaum möglich, zumal sie im Regelfall nicht auf einbehaltene Gewinne zurückgreifen können. Auch eine Kreditfinanzierung kommt für solche Unternehmen auf Grund ihrer hohen Risikobehaftung und gegebenenfalls weitgehend nicht besicherbaren Vermögenswerten kaum in Frage [vgl. Roling, S. 74-75]. Als nachteilig sind auch die laufenden Zins- und Tilgungszahlungen zu sehen, wenn beispielsweise auf Grund zeitlicher Verzögerungen von Produkteinführungen die Liquidität des Betriebes ohnehin schon stark reduziert ist.

Als Ausweg bieten sich Möglichkeiten der Eigenfinanzierung als Außenfinanzierung in Form einer Einlagen- bzw. Beteiligungsfinanzierung an. In Anbetracht der Vielzahl von nicht börsennotierten Unternehmen kommt das Venture Management in Betracht.

Als Ursprungsland des Venture-Managements gelten die USA, wo Großunternehmen wie DuPont, Johnson & Johnson, Xerox, Monsanto oder 3M in den Sechzigerjahren Wagniseinheiten gebildet haben. Dieser ursprüngliche Ansatz des Venture-Managements

beruht somit auf einer Zusammenarbeit von Unternehmen bzw. von Unternehmensein-
heiten unterschiedlicher Entwicklungsstufen. Dabei sollen die spezifischen Stärken
(Abbildung 42) der Kooperationspartner genutzt werden, ohne die jeweiligen Schwächen
auf den Partner abzuwälzen.

Positive Entwicklungspotenziale des gereiften Unternehmens

- **Organisationsvorteil**
  funktionsfähige, arbeitsteilige Unternehmensorganisation

- **Erfahrungsvorteil**
  Markt-/Technologieerfahren und Geschäftskontakte

- **Ressourcenvorteil**
  materielle Ressourcenverfügbarkeit

- **Risikomischungsvorteil**
  Risikostreuung durch verschiedenartige Geschäftsaktivitäten
  sowie Projekte in unterschiedlichen Entwicklungsstadien

- **Kostenvorteil**
  Stückkostendegression bei der Großserienproduktion

Positive Entwicklungspotenziale des jungen Unternehmens

- **Gründervorteil**
  hohe Innovationsmotivation und Fachpromotion des Gründers

- **Strukturvorteil**
  gering ausgeprägte hierarchische Strukturierung der
  Unternehmensorganisation und freie Kommunikationsbeziehungen
  in den Funktionsbereichen

- **Entscheidungsvorteil**
  flexibles Reaktionsvermögen im operativen Bereich

- **Innovationsvorteil**
  Verfügbarkeit von Innovationsideen und Konzepten hinsichtlich
  ihrer Implementierung

- **Zeitvorteil**
  geringer Zeitvorteil für die Entwicklung von Prototypen

Abbildung 42: Vorteile des Venture-Managements [Macharzina, S. 570]

B) Gestaltungsoptionen

Prinzipiell kann zwischen internen und externen Formen des Venture-Managements unterschieden werden. Das interne Venture-Management besteht, wenn im Unternehmen
selbst quasiautonome Unternehmensteile geschaffen werden (Product-Champion). Für
externes Venture-Management kommen das Venture-Capital, Management-Buy-Out o-
der Spin-Off in Frage.

a) Product-Champion

Die erste Gestaltungsoption eines internen Venture-Managements existiert im Product-Champion-Konzept. Dabei soll eine Person oder ein kleiner Personenkreis aus dem Unternehmen eine neue Unternehmenseinheit aufbauen, wobei der Product-Champion unter ähnlichen Bedingungen wie ein selbstständiger Gründungsunternehmer arbeitet. Je nach Umsatz und Erfolg kann sich aus der kleinen Einheit eine eigene Abteilung oder sogar eine neue Sparte bilden.

b) Venture-Capital

Die erste - und wohl auch die bedeutendste - Variante eines externen Venture-Managements wird als Venture-Capital bezeichnet. Wörtlich ins Deutsche übersetzt, ist dies mit Wagnis- oder Risikokapital gleichzusetzen [vgl. Weitnauer, S. 5]. Im Unterschied zur üblichen Bankenfinanzierung erklärt sich der Kapitalgeber ohne Stellung von Sicherheiten durch den Kapitalnehmer bereit, langfristig, aber zeitlich begrenzt, Eigenkapitals bereitzustellen.

Insofern stellt das Konzept eine Form der Beteiligungsfinanzierung dar, die für junge, wachstumsorientierte Unternehmen (vor allem im Bereich der Informations- und Kommunikationstechnologie, aber auch der Gentechnologie) in erster Linie für den Zeitraum der Gründungs- und Wachstumsphase Kapital zur Verfügung stellt.

Von dem Corporate-Venture-Capital wird in der Regel immer dann gesprochen, wenn sich ein Unternehmen aus dem Nichtbankenbereich an einer Wagniseinheit beteiligt (Daneben werden Wagniseinheiten auch durch Versicherungen, Stiftungen oder Privatpersonen finanziert.).

Typisch für das Corporate-Venture-Capital-Konzept ist eine Minderheitsbeteiligung (im Gegensatz zum Venture-Nurting) der Muttergesellschaft an der Wagniseinheit um die Autonomie des innovativen Unternehmens zu erhalten. Neben der reinen Renditeerwartung werden aus Sicht des Kapitalgebers auch strategische Ziele, beispielsweise einen Technologietransfer oder Diversifikation verfolgt. Unabhängig von der Höhe der Beteiligung finden sich in der Unternehmenspraxis hinsichtlich des Integrationsgrades sehr verschiedenartige Konzepte. Das Spektrum reicht von der Corporate-Venture-Capital-Einheit als eigenständiger Tochter bis hin zu Einheiten, die nicht nur finanziell, sondern auch über ihr Führungssystem auf das engste mit der Muttergesellschaft verbunden sind. Für die Integration einer Corporate-Venture-Capital-Einheit in die Muttergesellschaft stehen neben dem regelmäßigen Personalaustausch und Aufbau eines einheitlichen Planungs-, Budgetierungs- und Kontrollsystems verschiedene Instrumente zur Verfügung, die jedoch der ursprünglichen Idee des Venture-Managements zuwiderlaufen können.

So stellt beispielsweise die Bayer Innovation Beteiligungsgesellschaft mbH, eine hundertprozentige Tochtergesellschaft der Bayer AG, rechtlich selbstständigen kleinen und mittleren Unternehmen, die sich mit chemischen und pharmazeutischen Technologien beschäftigen, finanzielle Mittel zur Verfügung. Dabei handelt es sich in der Regel um eine zeitlich befristete Minderheitsbeteiligung von unter 30 %, was einer Beteiligungssumme zwischen 500.000 € und 2 ½ Millionen € entspricht [vgl. Vahs/Burmester, S. 39-40].

Insgesamt hat sich der Markt für Risiko- bzw. Beteiligungskapital in Deutschland mehr und mehr neben der klassischen Bankenfinanzierung und der Börse zu einer dritten Platt-form der Unternehmensfinanzierung entwickelt, während vor 1997 der Markt für Wag-niskapital eher ein Schattendasein geführt hat und innovativen Gründern in der Regel nur der Gang zu den Kreditinstituten geblieben ist, die Kreditanträge mangels Sicherheiten meist abgelehnt haben. Zum Stichtag 31.12.2000 beträgt das Gesamtfondvolumen des Gesamtmarktes in der Bundesrepublik Deutschland (Abbildung 43) 11,5 Mrd. € (in den USA 50 Milliarden Dollar !). Bislang ist der deutsche Risikomarkt vielfältig und unregu-liert. Schefczyk [vgl. S. 114-118] weist darauf hin, dass - im Vergleich zu Großbritan-nien, das mit rund 48 % den ersten Platz am europäischen Venture-Capital-Markt ein-nimmt - die Marktentwicklung in Deutschland mit 13,2 % auf Platz zwei noch hinterherhängt und im Verhältnis zum Bruttoinlandsprodukt als relativ klein bezeichnet werden muss. Gegenüber den USA sehen Menache/Weitnauer [vgl. S. 51] den deutschen Venture-Capital-Markt ein bis zwei Jahrzehnte im Rückstand.

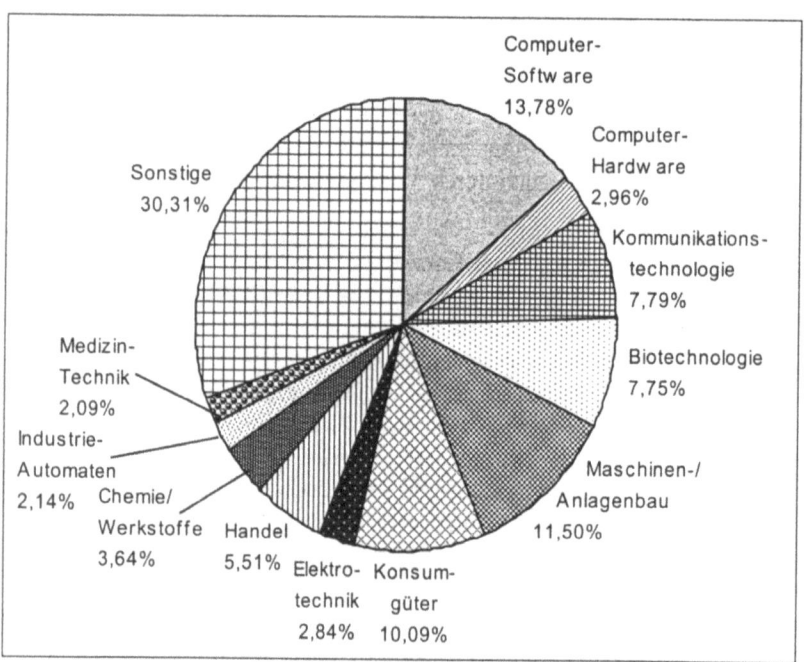

Abbildung 43: Gesamtportfolio nach Branchen [Eigene Abbildung, Daten: Bundesverband Deut-scher Kapitalbeteiligungsgesellschaften (BVK) e.V.]

Neben einzelnen Unternehmen existieren auf dem Venture-Capital-Markt einerseits klassische Venture-Capital-Gesellschaften, die überwiegend institutionellen Investoren gehören und bei denen die Profitmaximierung im Mittelpunkt steht, welche durch einen

Börsengang des finanzierten Unternehmens erreicht werden soll, andererseits öffentliche Beteiligungsgesellschaften (z.B. die mittelständischen Beteiligungsgesellschaften in den einzelnen Bundesländern), die im politischen Auftrag handeln und die die regionale Wirtschaftsstruktur stärken sollen.

Die Venture-Capital-Gesellschaften erhalten ihr Kapital wiederum in erster Linie von Banken, dem öffentlichen Sektor, Pensionsfonds und Versicherungen. Die Kapitalherkunft der neuen Fondmittel für 2000 von 6.113,86 Mio. € (1999: 4.630,06 Mio. €) setzt sich wie folgt zusammen (Abbildung 44).

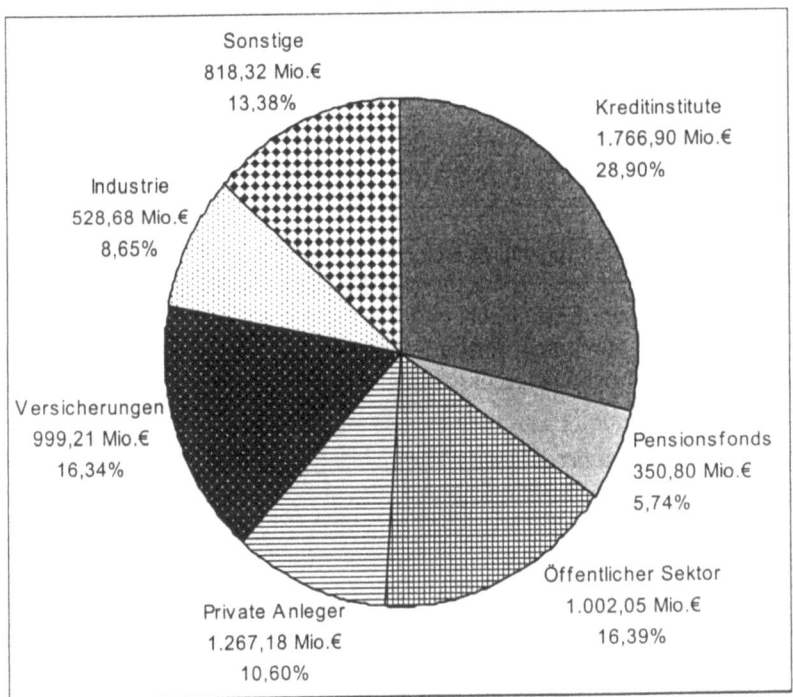

Abbildung 44: Überblick über die Geber von Venture-Capital des Bundesverbandes Deutscher Kapitalbeteiligungsgesellschaften (BVK) e.V.[Eigene Abbildung, Daten: Bundesverband Deutscher Kapitalbeteiligungsgesellschaften (BVK) e.V.]

Neben diesem formellen Venture-Markt existiert darüber hinaus ein informelles Segment der Business-Angels, Privatpersonen, die selbst mit Venture Capital finanziert worden sind und nun direkt in junge Unternehmen investieren und das Management unterstützen.

Der Einbruch an den Technologiebörsen, wie bei NASDAQ und beim Neuen Markt, und die ersten Insolvenzen, wie bei Boo.com, Gigabell und Teamwork Information Management, haben sicherlich dem Venture-Capital geschadet. In der Zukunft müssen sich die Geber von Venture-Capital wieder stärker auf Qualität konzentrieren und Wachstums- und Gewinnaussichten wieder genauer bewerten. Aus dieser Forderung der Bewertung innovativer Unternehmen leitet sich die Aktivität von Ratingfirmen ab, wie dies bei großen Unternehmen schon seit längerer Zeit betrieben wird (z.B. durch Unternehmen wie Moody´s oder Standard & Poors). Da zunehmend kleine und mittlere Unternehmen auf innovativen Feldern arbeiten, die aber nicht im Zentrum klassischer Rating-Aktivitäten stehen, weist Grützner [vgl. S. 19] auf die neu gegründete EuroRatings AG mit Sitz in Frankfurt am Main hin, an der die Deutsche Ausgleichsbank mit 51 Prozent die Mehrheit hält. Zielgruppe der Agentur sind innovative und international orientierte Unternehmen mit einem Jahresumsatz ab 10 Millionen €. Dabei stellen selbstverständlich die Forschungs- und Entwicklungsaktivitäten, aber auch denkbare Risiken eines Unternehmens entscheidende Bewertungsfaktoren dar.

c) Management-Buy-Out und Spin-Off

Eine weitere Form des externen Venture-Managements besteht in so genannten Management-Buy-Outs und Spin-Offs, wobei beide Konzepte nicht immer eindeutig zu trennen sind.

Bei einem Management-Buy-Out handelt es sich um einen Vorgang, bei dem das interne Management, in der Regel leitende Angestellte oder Geschäftsführer, das Unternehmen oder auszugliedernde Unternehmensteile übernehmen. Somit entstehen neue, technologieorientierte Unternehmen aus einem leistungsstarken etablierten Unternehmen oder aus einer Forschungs- und Entwicklungseinrichtung, woraus die Innovationsidee hervorgegangen ist.

Dagegen wird ein Spin-Off von der Konzernebene gesteuert. Spin-Off-Gründungen stellen eine Weiterentwicklung des Outsourcings dar, wobei eine Abspaltung vielfach auf Grund von Risikoüberlegungen vorgenommen wird, gleichzeitig aber das etablierte Unternehmen nach wie vor an den Leistungen des Spin-Offs interessiert ist und es deshalb mit materiellen und immateriellen Ressourcen unterstützt. Gleichzeitig wird dadurch ein Maß an Kontrolle über die Aktivitäten des Spin-Offs ausgeübt, womit auch verhindert wird, dass die Gründungseinheit als Konkurrent auf den angestammten Märkten tätig wird. Als erfolgreiches Spin-Off kann in Deutschland das Unternehmen ICT (Integrated Circuit Testing Gesellschaft für Halbleiterprüftechnik) genannt werden, das aus der Siemens AG hervorgegangen ist. Ausgangspunkt hierfür war die Durchführung eines Projektes von einem Entwicklungsteam, das im Konzern mit der Diagnose von integrierten Schaltkreisen beschäftigt gewesen ist. Siemens hat die Gründung der ICT gefördert, gleichzeitig aber auch das Recht erlangt, auf die Forschungsergebnisse, Patente und Lizenzen der ICT zurückgreifen zu können.

C) Gründe des Scheiterns von Venture-Management

Unabhängig von den einzelnen Venture-Management-Konzepten sind zahlreiche Ursachen für das Scheitern der Zusammenarbeit zwischen etablierten Unternehmen und einer Venture-Einheit festzustellen. Folgende Ursachen können dies sein:

- Existenz kurzfristiger Erfolgserwartungen der Muttergesellschaft.
- Fehlen einer eindeutig formulierten Venture-Strategie. So kann mit einer Venture-Einheit eine Marktdurchdringungs-, Produkterweiterungs-, Markterweiterungs- oder Diversifikationsstrategie verfolgt werden. In diesem Zusammenhang wird häufig versäumt, den Verantwortlichen der Venture-Einheit die Ziele transparent zu machen.
- Impulse der Venture-Einheit können in der Muttergesellschaft wegen der schwerfälligen Organisationsstruktur nicht oder nur mit größeren Änderungen umgesetzt werden.
- Nicht eindeutige und/oder komplizierte Kommunikationsbeziehungen zwischen Venture-Einheit und Muttergesellschaft.
- Fehlen von Management-Know-how bei der Venture-Einheit.
- Unternehmenskulturen von Muttergesellschaft und Venture-Einheit sind nicht miteinander vereinbar. Teilweise besteht auch die Gefahr, dass die Muttergesellschaft die Venture-Einheit zu sehr mit Planungs- und Kontrollsystemen belastet.

2.4.4 Eigenständige Forschung und Entwicklung

Besteht ein hinreichend großes und stetiges Volumen von Forschungs- und Entwicklungsarbeiten und wird diese Aufgabe als interne Funktion begriffen, wird die Innovationsfunktion am häufigsten durch Forschungs- und Entwicklungsbereiche wahrgenommen, die organisatorisch im Unternehmen fest verankert sind.

Die Effizienz der Innovationstätigkeit in Forschungs- und Entwicklungsabteilungen wird erheblich von deren Organisation beeinflusst. Dies gilt maßgeblich für die Kosten von Forschung und Entwicklung, die Motivation und Produktivität der in der Abteilung tätigen Mitarbeiter, das Niveau der Kommunikation im Unternehmen sowie die Flexibilität des Unternehmens bezüglich der Anpassung an Veränderungen des Marktes und an neue Tendenzen der technologischen Entwicklung. Nach Schätzungen von Arthur D. Little werden in Unternehmen für Forschung und Entwicklung bis zu 30 Prozent der Aufwendungen wegen festgefahrener und unklarer Organisationsstrukturen verschwendet [vgl. Arthur D. Little, 1991, S. 121].

Organisationsentscheidungen betreffen dabei:

- Einordnung der Forschung und Entwicklung in die Organisationsstruktur (unter Beachtung der Zentralisation bzw. Dezentralisation).
- Beherrschung der Schnittstellen von Forschung und Entwicklung mit anderen Unternehmensbereichen.

2.4.4.1 Zentralisation und/oder Dezentralisation der Forschungs- und Entwicklungsabteilung

Die konkreten Organisationsformen sind von zahlreichen Einflussfaktoren abhängig, so z.B. von der Komplexität und dem Neuheitsgrad der Innovation, von der Größe und dem

Umfang des Forschungs- und Entwicklungspotenzials im Unternehmen, von der Zusammenarbeit mit anderen Funktionsbereichen während des Innovationsprozesses usw. [vgl. Kern/Schröder, 1992, S. 632].

Die Zentralisation der Forschungs- und Entwicklungsarbeit hat besonders Vorteile bezüglich der Spezialisierung auf bestimmte Tätigkeiten, hinsichtlich der Durchführung langfristiger, von den jetzigen Strukturen losgelöster Forschungsaktivitäten sowie im Hinblick auf eine hohe Auslastung von Mitarbeitern und Sachmitteln. Wesentliche Nachteile sind die Gefahr unzureichender Orientierung der Forschungsarbeiten an ökonomischen Notwendigkeiten und Zielen, die unbefriedigende Flexibilität bezüglich der Anpassung an Veränderungen des Unternehmensumfeldes sowie Tendenzen zur organisatorischen Verselbstständigung.

Dezentralisierte Forschungs- und Entwicklungseinheiten zeichnen sich hingegen durch eine stärkere Marktbindung und höhere Flexibilität gegenüber zentralisierten Organisationseinheiten aus. Nachteile sind in der geringeren Auslastung der Kapazitäten, in der Vernachlässigung langfristiger Aufgaben und auch in möglichen Doppelarbeiten im Unternehmen begründet. Zudem können Koordinationsprobleme zwischen den einzelnen Teileinheiten untereinander auftreten.

Die grundsätzlichen Möglichkeiten der Eingliederung von Forschung und Entwicklung in die Aufbauorganisation des Unternehmens zeigen die Abbildungen 45 und 46. Dabei wird nach funktionalen (verrichtungsorientierten) und divisionalen (objektorientierten) Gesichtspunkten unterschieden.

Da sowohl die Vorteile der zentralen als auch die der dezentralen Lösung stark ins Gewicht fallen, kommt es in der Praxis häufig zu einer Kombination zentralisierter und dezentralisierter Forschungs- und Entwicklungseinheiten. Insbesondere innovationsorientierte Großunternehmen verfügen in der Regel sowohl über leistungsstarke Forschungs- und Entwicklungszentren, die für die Grundlagenforschung verantwortlich sind, als auch über produktorientierte dezentrale Forschungs- und Entwicklungseinheiten, denen die konkrete Produkt- und Prozessentwicklung in enger Anbindung an den Markt obliegt. Die empirische Untersuchung von Eggers [vgl. S. 113-114] bei 25 Großunternehmen ergibt, dass 14 (56 %) nur einen Standort für die Grundlagenforschung aufweisen und lediglich Unternehmen mit verhältnismäßig großen Grundlagenforschungsetats an mehreren Standorten forschen.

2.4.4.2 Integrationsmanagement

Zur Bearbeitung eines komplexen innovativen Projektes ist eine Vielzahl unterschiedlicher organisatorischer Einheiten an der Erstellung von Systemen, Komponenten und Bauteilen in verschiedenen Varianten mit unterschiedlichen Technologien beteiligt. Auf Grund des arbeitsteiligen Prozesses ergeben sich erhebliche Schnittstellen. Diese sind insofern signifikant, als

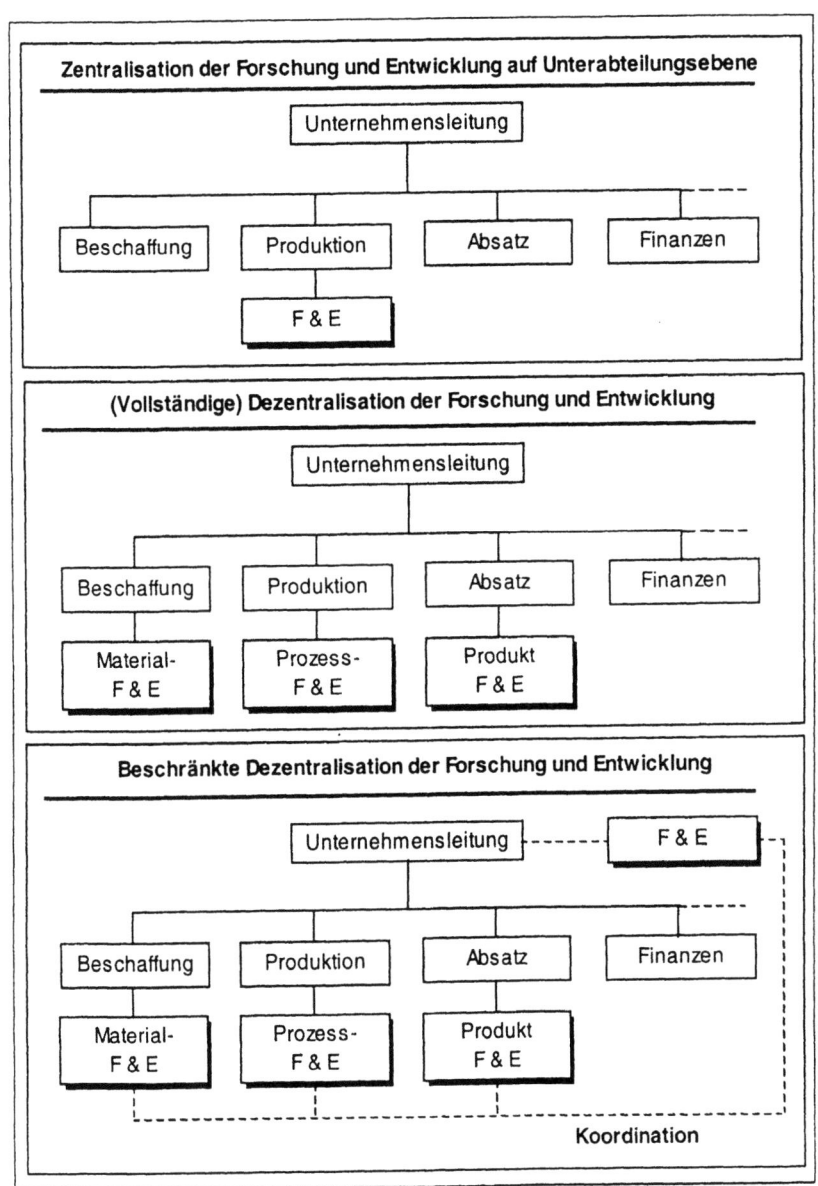

Abbildung 45: Ausgewählte Möglichkeiten der Eingliederung von Forschung und Entwicklung in die Aufbauorganisation von Unternehmen in funktionaler Hinsicht
[Kern/Schröder, 1980, S. 714-715]

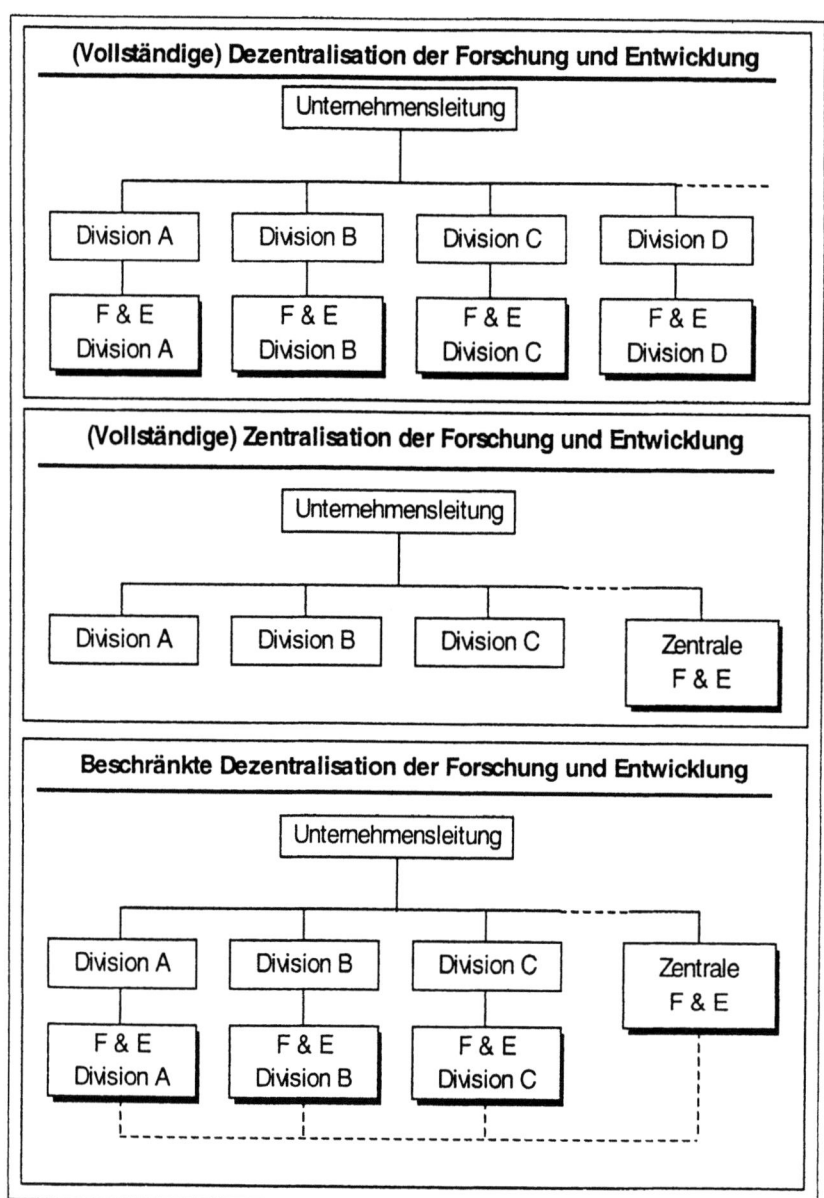

Abbildung 46: Ausgewählte Möglichkeiten der Eingliederung von Forschung und Entwicklung in die Aufbauorganisation von Unternehmen in divisionaler Hinsicht
[Kern/Schröder, 1980, S. 714-715]

■ zur Bewältigung einer Aufgabe die Zusammenarbeit mehrerer Bereiche erforderlich
ist,

■ die beteiligten Bereiche gleichrangig sind,

■ keine Koordination durch Vorgesetzte erfolgt.

Daraus resultieren ein erhöhter Koordinations- und Zeitaufwand sowie ein Verlust von
Informationen. Somit ist ein beträchtlicher Integrationsbedarf unerlässlich (Abbildung
47), der zu entsprechenden organisatorischen Lösungen führen muss [von Wangenheim,
S. 69-74].

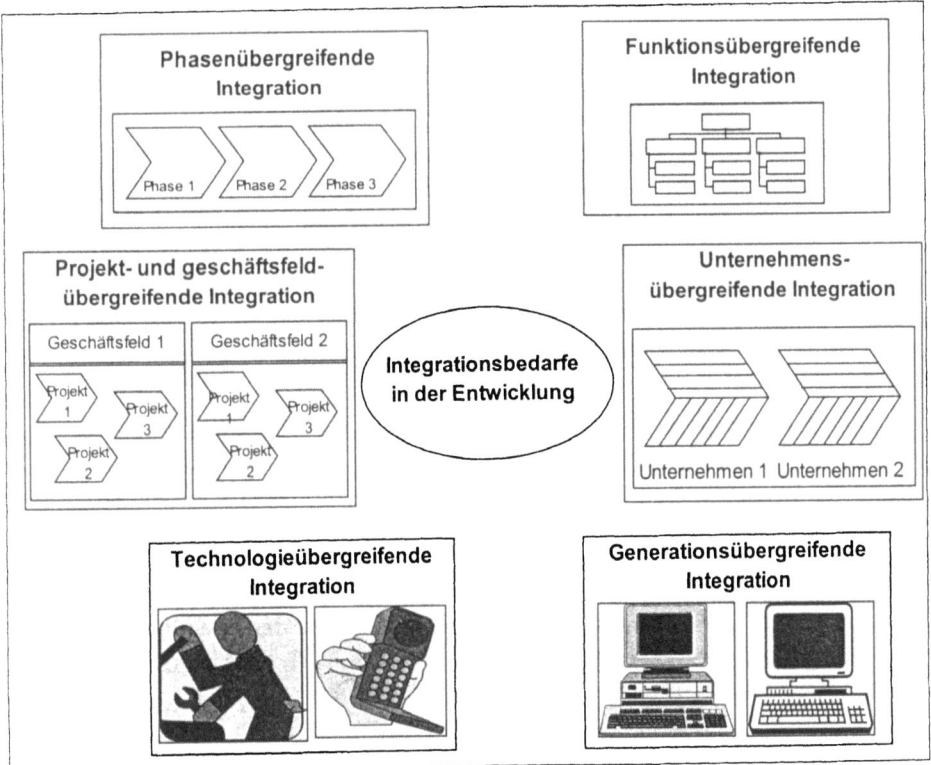

Abbildung 47: Integrationsbedarf bei innovativen Projekten [Modifiziert nach von Wangenheim, S. 68]

A) Phasenübergreifender Integrationsbedarf

Ziel ist die Verkürzung der Produktentstehungsdauer durch eine Überlappung der einzelnen Phasen eines Entwicklungsprozesses. Im Gegensatz zu der traditionellen sequen-
ziellen Anordnung der einzelnen Phasen wird der Start einer Phase nicht mehr vom Abschluss der vorhergehenden Phase abhängig gemacht. Das heißt die darauf folgende
Phase beginnt bereits, bevor alle Ergebnisse der aktuellen Phase vorliegen. So werden
beispielsweise die Produktionsmittel so weit wie möglich parallel zum Produkt entwi-

ckelt. Die Qualitätssicherung beginnt bereits entwicklungsbegleitend. Murmann [vgl. S. 104] berichtet von Zeitersparnissen bei Maschinenbauprojekten von bis zu 50 %.

Der Vorteil der beschleunigten Bearbeitung vernetzter Prozesse führt allerdings zu einer erhöhten Entscheidungskomplexität, da der Anteil unsicherer und unvollständiger Informationen zunimmt. Eine kritische Größe ist der Informationsfluss. Der aktuelle Stand der parallel laufenden Aktivitäten muss folglich immer präsent sein, damit Änderungen der Vorgaben schnell bei allen Beteiligten bekannt werden. Diese Parallelisierung hat allerdings auch Grenzen. Corsten [vgl. S. 130] sieht diese dort, wo eine weiter gehende Parallelisierung zu einem höheren Kommunikationsaufwand an Stelle einer Verkürzung der Entwicklungszeit tritt. In jedem Falle bietet sich der Einsatz von Groupware-Systemen an. Sie zielen vor allem darauf ab, eine hohe Verfügbarkeit über das in einer Unternehmung zu einem Projekt vorhandenen Wissen zu erreichen.

B) Funktionsübergreifender Integrationsbedarf

Auf Grund der geplanten Verkürzung der Entwicklungszeit muss es Aufgabe aller Unternehmensbereiche sein, ein Entwicklungsprojekt gemeinsam zu gestalten. Traditionelle Rollenverständnisse wie „Kosten sind die Sache des Kaufmanns, der Ingenieur kümmert sich um die technische Realisierung" können nicht aufrecht erhalten werden. Alle Funktionsbereiche müssen somit ihr Wissen und ihre Erfahrung von Anfang an einbringen. Dies macht eine entsprechende Zusammensetzung des Projektteams zur Bedingung (siehe auch Kapitel 3.4.1.3).

Typisch sind derartige Probleme beispielsweise an den Schnittstellen zwischen Forschung/Entwicklung und der Fertigung bzw. dem Marketing, da der Prozess von der Erzeugung bis zur Verwertung neuen Wissens in seinem Zusammenhang unterbrochen wird. Reinhardt [vgl. S. 101] stellt in seiner empirischen Untersuchung bei 20 Unternehmen fest, dass nur ein Unternehmen (5 %) keine Schnittstellenprobleme zwischen Entwicklung und Marketing kennt. Dagegen treten diese in 80 % der Unternehmen manchmal und in 15 % immer auf. Etwas besser schneidet die Zusammenarbeit zwischen Entwicklung und Fertigung ab. Danach gibt es in 35 % der Unternehmen nie, in 50 % manchmal und in 15 % immer Schnittstellenprobleme.

Aber auch im Unternehmensumfeld treten Schnittstellen auf, z.B. zu Kooperationspartnern, Zulieferern, Kunden und staatlichen Genehmigungsstellen.

Die hohe Komplexität der Schnittstellen-Probleme hat zu zahlreichen Vorschlägen geführt. Eine Orientierung der Instrumente an Struktur einerseits und Prozess andererseits nach persönlichen sowie unpersönlichen Gesichtspunkten zeigt Abbildung 48.

Orientierungen	Persönlich	Unpersönlich
Struktur	- Teambildung - Kommissionen - Projektteams - Matrixorganisation - Berücksichtigung koope- rationsnotwendiger Eigen- schaften bei der Auswahl von Personal	- Distanzreduktion durch Dezentralisierung und räumliche Arrangements - Anreizsysteme zur För- derung der Kooperation
Prozess	- Gemeinsame Zielfindung - Job-Rotation - Weiterbildung - Interne Informations- veranstaltungen - Kooperationsfreundliche Unternehmenskultur	- Planaktualisierung auf Basis wechselseitigen Informations- austauschs - Simultaneous Engineering - Job-Rotation-Programme

Abbildung 48: Ausgewählte Instrumente zur Behandlung von Schnittstellen-Problemen
[Modifiziert nach Brockhoff, 1995, S. 448]

Die Zahl der Schnittstellen verringert sich, wenn von der tiefen, tayloristischen Arbeitsteilung zu einer prozessorientierten Organisation übergegangen wird, wobei in den letzten Jahren das Simultaneous Engineering erhebliche Aufmerksamkeit erfahren hat und in japanischen Unternehmen schon länger erfolgreich eingesetzt wird.

Ziel des Simultaneous Engineerings [vgl. Grunow/Günther, S. 1763-1764; Lincke, S. 33-39] ist die Steigerung der Effizienz in der Produktentstehung durch

- Verkürzung der Produktentstehungszeiten,
- Minimierung der Produkt- und Entwicklungskosten,
- Ausrichtung der Qualität an den Kundenbedürfnissen.

Diese Ziele sollen durch eine Parallelisierung und Integration der erforderlichen Aufgaben beim Produktentstehungsprozess erreicht werden.

Ein erster Ansatzpunkt ist die Einbindung von Schlüsselpersonen (auch als Gatekeeper bezeichnet), deren Aufgabe darin besteht, Informationen zwischen den einzelnen beteiligten Gruppen bzw. Abteilungen auszutauschen und Kontakt mit der externen Unternehmensumwelt zu halten.

Darüber hinaus kann die Zahl der Schnittstellen durch die Bildung abteilungsübergreifender Teams reduziert werden. Damit wird sichergestellt, dass ein intensiver Informationsaustausch stattfindet, der dem negativen Effekt der Parallelisierung entgegenwirkt. Dabei wird - im Rahmen eines Projektmanagements - die Innovationsaufgabe mit anderen Unternehmensaufgaben (insbesondere im Rahmen einer Matrixorganisation) abgestimmt. Somit wird der Linienorganisation eine gleichberechtigte Projektorganisation an die Seite gestellt, die die bisherige, arbeitsteilige Zergliederung der Zuständigkeiten bei der Produktentstehung überwindet.

Zusammenfassend führt eine Optimierung der Zahl der Schnittstellen zu folgenden Zielsetzungen:

- Minimierung der Reibungsverluste.
- Schaffung eines durchgängigen Informationsflusses.
- Sicherstellung einer marktnahen Entwicklung.
- Reduzierung der Liegezeiten auf dem kritischen Weg.
- Verringerung der Iterationsschleifen.
- Senkung des Koordinations- und Abstimmungsaufwandes mit Kooperationspartnern.
- Verringerung von Planabweichungen.

C) Projekt- und Geschäftsfeldübergreifender Integrationsbedarf

Werden in Unternehmen, beispielsweise in verschiedenen Geschäftsfeldern, mehrere Projekte durchgeführt, ist aus Kapazitätsgründen (personell, materiell, finanziell) darauf zu achten, dass diese zeitlich versetzt geplant werden. Dies ist auch aus Liquiditäts- und Ertragsgründen sinnvoll, da häufig bei Ankündigung eines neuen Produktes der Umsatz des aktuellen Produktes zurückgeht und gleichzeitig die kumulierten Auszahlungen für die Entwicklung von Neuprodukten ihr Maximum erreichen.

D) Unternehmensübergreifender Integrationsbedarf

Ein unternehmensübergreifender Integrationsbedarf ergibt sich aus der Fremdvergabe von Entwicklungsaufträgen im Rahmen der Auftragsforschung (siehe auch Kapitel 2.4.3.1), aus der Zusammenarbeit mit Zulieferern und aus der gemeinsamen Durchführung von (Teil)-Projekten im Rahmen von Kooperationen (siehe auch Kapitel 2.4.3.2). Wegen der zunehmenden technologischen Entwicklung und der daraus resultierenden Entwicklungskosten können viele Unternehmen das erforderliche Know-how für die komplette Bearbeitung eines Entwicklungsprojektes nicht vorhalten. Beispielsweise überlassen immer mehr Unternehmen ihren Zulieferern die gesamte Verantwortung für komplette Baugruppen. Dabei werden nur noch die Anforderungen und die Ergebnisplanung, aber nicht mehr der Weg abgestimmt, wie diese Anforderungen erreicht werden. Gleichzeitig ergibt sich hieraus ein verstärkter Integrationsbedarf im Serienanlauf: Einerseits haben die einzelnen Zulieferer selbst einen Serienanlauf, um die damit verbundenen Integrationsprobleme zu bewältigen, andererseits müssen die Zulieferer flexibel auf Änderungen reagieren können, die noch aus dem Serienanlauf ihres Kunden resultieren.

Die empirische Untersuchung von Tani/von Wangenheim im Automobilsektor [vgl. S. 30-49] zeigt, dass die permanente Mitarbeit von Beschäftigten des Zulieferers im Projektteam des Herstellers, vor allem bei Systemlieferanten, häufig den Regelfall darstellt. Allerdings kommt es häufig noch zu nachträglichen Änderungen an bereits freigegebenen Teilen. Darüber hinaus führt eine - im Vergleich zu japanischen Herstellern - signifikant spätere Auftragserteilung zu Verzögerungen im Innovationsprozess: Werden japa-

nische Systemlieferanten durchschnittlich 21,1 Monate vor dem geplanten Produktions-
start einbezogen, so sind dies bei deutschen Systemlieferanten im Schnitt 3,6 Monate
weniger (17,5 Monate). Dies hat insofern Auswirkungen, als erst bei Vorliegen des konkreten Auftrags notwendige neue Werkzeuge und Fertigungsvorrichtungen bestellt werden. Japanische Zulieferer erhalten dadurch mehr Zeit, um neue Anlagen und Werkzeuge einzurichten und zu erproben.

Auch die frühzeitige Einbindung von Kunden kann zu einer Reduzierung der For-
schungs- und Entwicklungszeit und -kosten beitragen, zumal sich spätere Änderungen
am fertigen Produkt als sehr kostspielig erweisen. Dies gilt besonders für Kunden, die
auf Grund ihrer beruflichen Arbeit ein vitales Interesse an der Lösung der Entwicklungs-
probleme haben, weswegen sie sich häufig bereits Vorstellungen von dem neuen Produkt
gebildet haben.

E) Technologieübergreifender Integrationsbedarf

Da für die Entwicklung eines innovativen Projektes, zumal schon bei einem Bauteil, verschiedene Technologien betroffen sind, ergibt sich ein technologieübergreifender Integrationsbedarf. Dies zeigt sich speziell im Serienanlauf. So sind beispielsweise neue
Werkstoffe, die im Prototypenbau adäquat verarbeitet worden sind, in der Serienproduk-
tionsumgebung mit alten Produktionstechnologien zu behandeln, mit den gegenwärtigen
Logistiktechnologien zu transportieren und mit den bestehenden Lagerhaltungstechniken
aufzubewahren. Aber auch beispielsweise die Beurteilung der Umweltverträglichkeit eines bestimmten Kunststoffs und die recyclinggerechte Verarbeitung weisen auf die Bedeutung des Integrationsbedarfs hin.

F) Generationsübergreifende Integration

Um die Entwicklungszeiten einer Produkt- oder Prozessentwicklung zu beschleunigen,
aber auch um die Entwicklungskosten zu reduzieren, besteht die Bemühung, nicht sämtliche Produkt- und Prozessbestandteile völlig neu zu entwickeln. Diese Anstrengungen
finden in einem verstärkten Einsatz von Gleichteilekonzepten ihren Niederschlag. Darunter ist die Verwendung identischer Komponenten in verschiedenen Produkten einer
Produktgeneration oder eine erneute Verwendung von Komponenten eines Produktes im
Nachfolgeprodukt (so genannte carry-over-Teile) zu verstehen.

Neben Kosten- und Zeitvorteilen ergeben sich darüber hinaus folgende Vorteile:

- Es existieren bereits umfangreiche Erfahrungen in der Produktion mit entsprechend
  geringeren Qualitätsproblemen im Serienanlauf.
- Die Nutzungsdauer der Werkzeuge und Produktionsanlagen für diese Teile verlängert sich, sofern deren technische Lebensdauer noch nicht beendet ist.
- Eine Verringerung der Teilevielfalt vereinfacht eine Vielzahl von Prozessen, beispielsweise das logistische Teilehandling.

Zudem werden zur Verbesserung eines neuen Produktes oder Prozesses die Erfahrungen
mit dem jetzigen Modell/Verfahren erfasst und in der Entwicklung berücksichtigt.

Scherer [vgl. S. 95] führt als Beispiel General Motors an: Dabei gibt es neben dem technischen Entwicklungszentrum in Rüsselsheim eine Vielzahl dezentralisierter Entwicklungseinrichtungen. Durch Informations- und Kommunikationstechnologien sollen Parallelentwicklungen vermieden und Erfahrungen aus der weltweiten Entwicklung und Produktion genutzt werden. Angestrebt wird eine Verringerung der Anzahl der Plattformen von derzeit 16 auf künftig sieben. Alle Teile eines Fahrzeuges, die vom Kunden weder gesehen noch gespürt werden, sollen über Plattformgrenzen hinweg standardisiert werden.

2.4.5   Kontinuierliche Verbesserungsprozesse

Während in japanischen Unternehmen die Bedeutung der Kreativität der Mitarbeiter seit Jahrzehnten voll anerkannt und gefördert wird, mangelt es daran in vielen deutschen Unternehmen. Einen wichtigen Beitrag hierzu können - neben Qualitätszirkeln - ein aktives und erfolgreiches „Betriebliches Vorschlagswesen" (BVW) bzw. Konzepte für kontinuierliche Verbesserungsprozesse (KVP) leisten. Häufig kommt es aber lediglich zu einer Verwaltung von Ideen. Bitzer [S. 165] spricht dabei auch von einem „Vorschlagsverhinderungswesen". Eine lange Bearbeitungszeit von Verbesserungsvorschlägen führt zumal dazu, dass sich Mitarbeiter vom Vorschlagswesen abwenden.

Nach der Definition der IDEE SUISSE ist das BVW eine Einrichtung, „die der Innovation und allen Mitarbeitern in der Industrie, im Gewerbe, in den Dienstleistungen und in der öffentlichen Verwaltung die Möglichkeit gibt, über den vertraglichen Aufgaben- und Dienstleistungsbereich hinaus freiwillige Leistungen in der Form von Verbesserungsvorschlägen zu erbringen, die darauf gerichtet sind, die betriebliche ... Arbeit zu vereinfachen, zu erleichtern und zu beschleunigen ..." [vgl. Bumann, S. 13-14].

Um den Begriff des Verbesserungsvorschlages näher zu erörtern, arbeitet Bumann [vgl. S. 16-17] folgende Merkmale heraus:

■   Ein Verbesserungsvorschlag zielt auf eine Lösung zur Verbesserung eines derzeit unbefriedigenden Zustandes ab.

■   Ein Verbesserungsvorschlag beinhaltet eine zeitgerechte, nutzbringende Neuerung (z.B. in wirtschaftlicher, technischer, organisatorischer, ergonomischer oder sozialer Hinsicht).

■   Ein Verbesserungsvorschlag verheißt materielle Anerkennung (Prämie). Dies gilt insbesondere dann, wenn der Verbesserungsvorschlag des Einreichers kein direktes Arbeitsergebnis bildet, das auf den zugewiesenen Stellenaufgaben basiert (Abbildung 49).

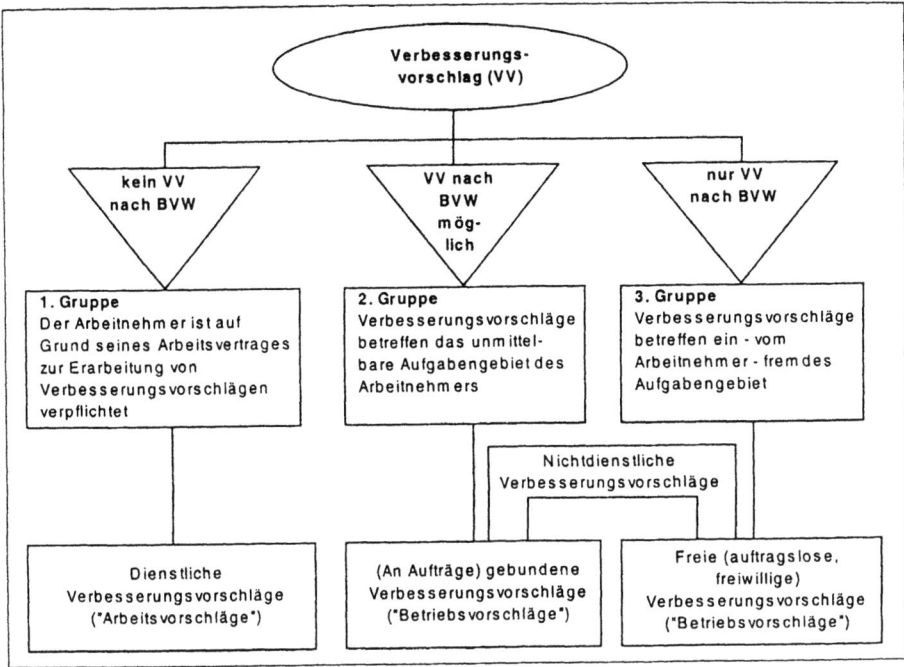

Abbildung 49: Begriff Verbesserungsvorschlag

Über die Ziele, die Unternehmen mit dem BVW verknüpfen, gibt die empirische Untersuchung von Thom Auskunft (Abbildung 50).

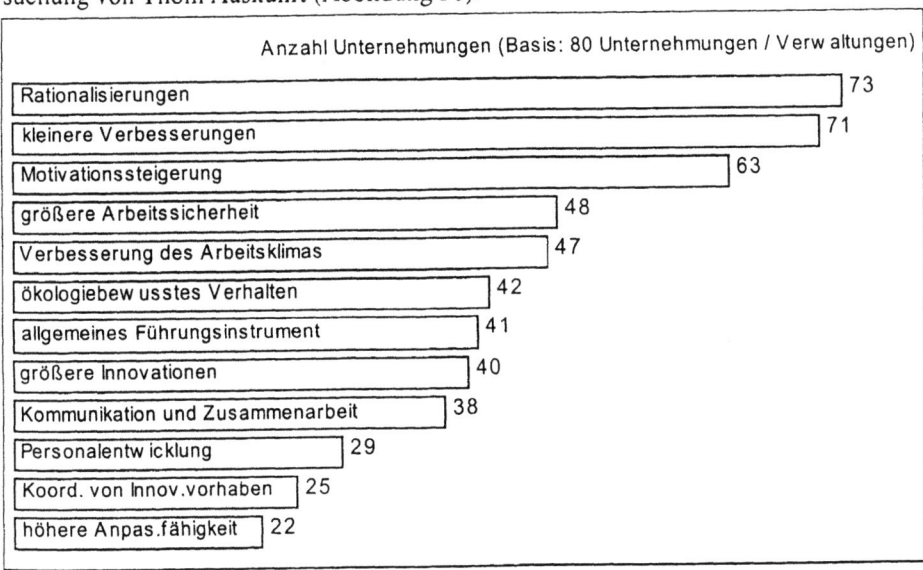

Abbildung 50: Ziele des Betrieblichen Vorschlagswesens [Thom, 1996, S. 31]

Damit wird auch deutlich, dass Vorschläge des BVW weniger zu sprunghaften Innovationen führen, da eine Verbesserung in kleinen Schritten betont wird. Allerdings ist eine Vernachlässigung kontinuierlicher Verbesserungen nicht sinnvoll. Vielmehr sollten sie als Instrument parallel zu klassischen organisatorischen Maßnahmen (z.B. Forschungs- und Entwicklungsabteilung, Kooperation usw.) genutzt werden.

Eine Bestandsaufnahme des BVW in Deutschland auf Basis einer Umfrage des Deutschen Instituts für Betriebswirtschaft, an der sich 441 Unternehmen beteiligten, zeigt, dass im Jahr 2000 1.231.654 Verbesserungsvorschläge eingereicht wurden. Das sind 84.475 Vorschläge mehr als 1999, was einer Steigerung von ca. 7 Prozent entspricht. Die ausgewiesenen Einsparungen betragen für 2000 1,09 Mrd. €. Auch für die Arbeitnehmer war das Vorschlagswesen lohnend. Sie erhielten rund 173 €. Die höchste Prämie mit 188.850 € wurde in der Chemischen Industrie bei der Röhm GmbH & Co.KG vergeben.

Merz/Biehler [vgl. S. 11] kommen im Rahmen ihrer Untersuchung zu folgendem Ergebnis: Ein BVW existiert nur bei 7 % der Betriebe von bis zu 100 Mitarbeitern, außerdem bei einem Drittel der Betriebe von 200 bis 500 Beschäftigten, bei knapp der Hälfte der Betriebe von 500 bis 1.000 Beschäftigten, ferner bei 80 % der Unternehmen mit einer Belegschaft von über 1.000 Mitarbeitern.

Damit wird deutlich, dass insbesondere kleine und mittlere, aber auch größere Unternehmen auf ein institutionalisiertes Vorschlagswesen verzichten und somit das Kreativitätspotenzial ihrer Mitarbeiter nicht ausschöpfen. Im Vergleich dazu verfügen gerade erfolgreiche Unternehmen [siehe auch die Unternehmensbeispiele in Howaldt/Kopp/Winther], vor allem in der Automobil- und deren Zulieferindustrie, über ein überdurchschnittlich erfolgreiches BVW [vgl. Krause, S. 30]. Abbildung 51 veranschaulicht aktuelle Daten des BVW von ausgewählten Unternehmen. Sie stammen aus einer Befragung des Verfassers aus den Jahren 2001/2002.

	Einspa-rungen in Mio. €	Prä-mien-volumen in Mio. €	Durch-schnitt. Erfolgs-prämie in €	Gesamt-zahl der Vor-schläge	Realisa-tions-/ Erfolgs-quote	Höchst-prämie in €
BASF	18,4	2,556		20.585	47%	Keine Obergrenze
Bayer	9,9	2,55	800	7 698	41%	Keine Obergrenze
Degussa	1,190	0,392		1.493	67%	Keine Obergrenze
Opel	72,8	11,518	256	88.951	50%	50.000
Siemens	240,705	22,051	259			Keine Obergrenze
VW	142,955	26,384		95.645	45%	50.000

Abbildung 51: Betriebliches Vorschlagswesen ausgewählter Unternehmen

In vielen Unternehmen wird zunehmend ein BVW, das in Teams wahrgenommen wird, favorisiert. Dabei kommt es verstärkt zu einer Verknüpfung des betrieblichen Vorschlagswesens mit Gruppen, beispielsweise Qualitätszirkeln [vgl. Diensberg, S. 113]. Vorteile eines Gruppen-BVW werden beispielsweise bei der Problemsuche und Problemanalyse gesehen, zumal durch den intensiven Austausch verschiedener funktionaler Sichtweisen Fehler und Lösungsalternativen schneller entdeckt werden. Auch in der Informationssammlungsphase wird die Überlegenheit des Teams schnell offenkundig. Oft bleibt es nicht bei der Addition des Wissens der einzelnen Mitglieder, sondern es kommt zu neuen Informationsverknüpfungen, besonders bei Teammitgliedern mit unterschiedlichem Ausbildungs- und Erfahrungshintergrund. Außerdem entsteht innerhalb des Teams selbst häufig ein Wettbewerbsgeist, der zur Intensivierung der Suchaktivitäten führt. Die Ursache hierfür ist teilweise auch darin zu sehen, dass das Team ein Forum darstellt, in dem die Bedürfnisse der Mitglieder nach Anerkennung, Prestige, Status usw. befriedigt werden können [vgl. Thom, 1996, S. 108]. Hinzu kommt, dass die Ablehnung eines Vorschlages eines Teams den notwendigen psychologischen Halt vor deplatzierter Kritik aus dem übrigen Kollegenkreis (Schadenfreude, Vorwurf von Strebertum) bietet [vgl. Neubeiser, S. 151]. Des Weiteren ist der über rein ökonomische Effizienzkriterien hinausgehende Aspekt der Verbesserung, so z.B. die verbesserte Kommunikation und die offene, sachbezogene Konfliktaustragungsfähigkeit, zu beachten [vgl. Thom, 1996, S. 109].

In Japan wird - ausgehend von einer empirischen Untersuchung [vgl. Simon, S. 137] - in einem Jahr eine mehr als 200-fache Anzahl von Vorschlägen japanischer Arbeitnehmer registriert. Dabei geht allerdings eine hohe Anzahl von Kleinstvorschlägen mit einer äußerst geringen Prämienhöhe sowie einer relativ niedrigen Nettoersparnis je Vorschlag einher. Umgekehrt gilt, dass in japanischen Unternehmen sowohl die Umsetzungsquote von Verbesserungsvorschlägen als auch die Nettoersparnis je Mitarbeiter um ein Mehrfaches höher als in deutschen Unternehmen sind.

2.5 Personelle und sozio-kulturelle Rahmenbedingungen der Innovation

Neben den in Kapitel 2.4 vorgestellten organisatorischen Optionen sind für die Strategieumsetzung ebenfalls personelle und sozio-kulturelle Rahmenbedingungen der Innovation für deren Erfolg von erheblicher Bedeutung.

2.5.1 Erfolgsfaktor Personal

In erheblichem Maße wird die Innovationsfähigkeit eines Unternehmens durch das Wissen, Mitdenken, Mitwirken und die Identifikation mit dem Unternehmen seiner Mitarbeiter bestimmt, zumal die zentralen Arbeitsaufgaben Kreativität und Ideen voraussetzen und im Wesentlichen von Menschen geleistet werden. Insofern ist einsichtig, dass befähigte Mitarbeiter ein wichtiges strategisches Erfolgspotenzial darstellen. Ihre Beschaffung und Auswahl, Förderung und Führung dürfen deshalb nicht unsystematisch und unkoordiniert verlaufen.

2.5.1.1 Personalbedarfsplanung, -beschaffung und -auswahl

Die Voraussetzung jeder systematischen Personalbeschaffung ist die möglichst präzise Kenntnis über den Personalbedarf. Ziel der Personalbedarfsermittlung ist die Feststellung des qualitativen und quantitativen Personalbedarfs in zeitlicher und örtlicher Hinsicht. Dabei wird aus der Differenz des Bruttopersonalbedarfs und des Istpersonalbestandes der Nettopersonalbedarf ermittelt, woraus sich die Maßnahmen für die Personalbeschaffung und -auswahl ableiten [vgl. Horsch, 2000, S. 23-127].

Interessant sind die Entwicklung und der aktuelle Stand des Personals im Bereich Forschung und Entwicklung der drei Sektoren Wirtschaft, Hochschulen und Staat. Dabei beträgt der Anteil des Wirtschaftssektors etwa 62 % am gesamten Forschungs- und Entwicklungspersonal. Im Jahr 1999 beschäftigen die deutschen Unternehmen knapp 307.000 Vollzeitmitarbeiter (bzw. Vollzeitäquivalente). Dies waren knapp 7 % mehr mehr Beschäftigte als noch zwei Jahre zuvor. Allerdings stehen nur die wenigsten der Mitarbeiter auf der Gehaltsliste von mittelständischen Unternehmen: Nur knapp 18 % forschten in Betrieben mit weniger als 500 Beschäftigten (Abbildung 52) [Institut der deutschen Wirtschaft, 2002a].

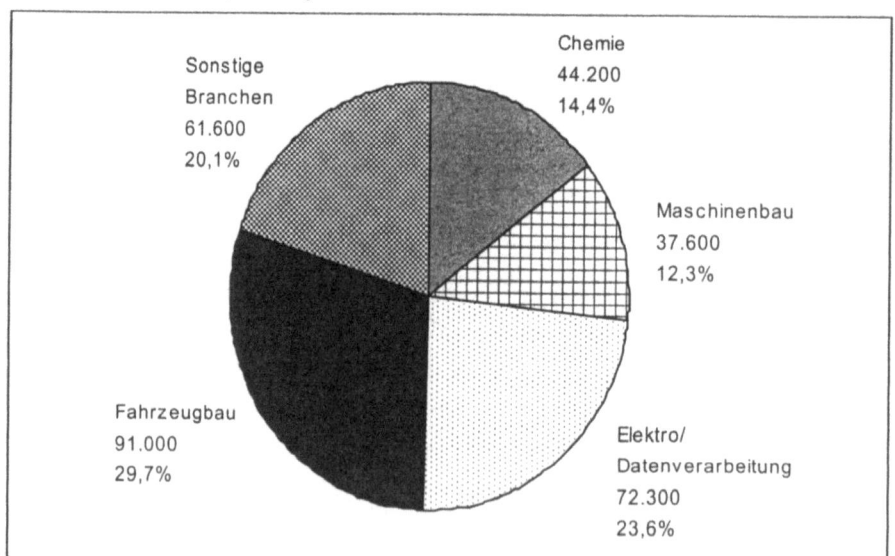

Abbildung 52: Verteilung des Personals im Bereich Forschung und Entwicklung des Wirtschaftssektors [Eigene Abbildung, Daten: Institut der deutschen Wirtschaft, 2002a]

Von Interesse ist, dass der Anteil des Forschungs- und Entwicklungspersonals in 1997 in den alten Bundesländern mit 6,0 Beschäftigten auf 1000 Einwohnern deutlich höher liegt als der in den neuen Bundesländern mit 3,8. Diese Unterschiede resultieren nicht aus den Sektoren Hochschule und Staat, sondern aus dem Wirtschaftssektor. Im Wirtschaftssektor werden im selben Jahr in Westdeutschland 3,9 Forschungs- und Entwicklungsmitarbeiter pro 1000 Einwohner von Unternehmen beschäftigt, wogegen es in Ostdeutschland nur 1,6 sind [vgl. Bundesministerium für Bildung und Forschung, S. 77]

Die Personalbedarfsermittlung im Bereich der Forschung und Entwicklung beschäftigt sich - in Abgrenzung zur Kapazitätsplanung (siehe auch Kapitel 3.5.4) - nicht mit dem Einsatz, sondern mit dem Auf- und Abbau des Personals. Sie erweist sich jedoch auf Grund der geringen Strukturierung der Aufgaben, der hohen Spezifität des Bedarfs, der sich wandelnden Arbeitsbedingungen und der unzureichenden Vorhersehbarkeit der tatsächlich durchzuführenden Aufgaben als schwierig. Insofern überrascht auch nicht, dass klassische Methoden zur Ermittlung des Bedarfs kaum eingesetzt werden können. Deshalb erfolgt die Personalbedarfsermittlung entweder auf der Basis von Schätzungen, oder der Personalbedarf ergibt sich aus dem verfügbaren Forschungs- und Entwicklungsbudget. Für die einzelnen Innovationsprojekte wiederum wird der Personalbedarf jeweils anhand von Erfahrungs- und Schätzwerten der Projektleiter festgestellt.

In den nächsten Jahren ergeben sich für technologieorientierte Unternehmen zunehmende Schwierigkeiten hinsichtlich der Rekrutierung von technisch ausgebildeten Nachwuchskräften. Während sich in 1990 noch 20.000 Studenten für ein ingenieurwissenschaftliches Studium in der Elektrotechnik, im Maschinenbau oder in der Verfahrenstechnik eingeschrieben haben, sind es heute noch knapp die Hälfte. In den naturwissenschaftlichen Bereichen verläuft die Entwicklung noch problematischer. Während in 1992 noch über 8.000 Studenten in Chemie und Physik ihr Vordiplom abgelegt haben, sind es in 1999 nicht einmal mehr 2.500. Damit wird die Zahl der Absolventen in diesen Fächern bis zum Jahr 2002 um ca. 73 % einbrechen [vgl. Staudt/Kottmann, S. 23-27]. Allein in der Informationstechnologie wird der Mangel an kompetenten Fach- und Führungskräften auf bis zu 100.000 beziffert.

Von dieser Entwicklung werden vermutlich kleinere und mittlere Unternehmen besonders betroffen sein. Dies ist um so problematischer, als gerade hier - wie beispielsweise in der Biotechnologie - eine Reihe von hochinnovativen Unternehmen angesiedelt ist. Die wenigen verfügbaren Nachwuchskräfte werden somit überwiegend von Großunternehmen eingestellt. Wenn bereits heute schon jeder dritte Hochschulabsolvent in der Elektrotechnik von Siemens eingestellt wird, kann sich diese Quote sogar noch erhöhen. Andere Großunternehmen wie ABB, BMW, Bosch, DaimlerChrysler, Telekom und Volkswagen teilen sich dann die übrigen Absolventen.

Auf Grund der gegenwärtigen langen Ausbildungszeiten, zumal an den Universitäten, wird sich daran in den nächsten Jahren nicht viel ändern. Hinzu kommt die demographische Entwicklung in Deutschland, aber auch in anderen Ländern Mitteleuropas.

Gleichwohl ist die aufgezeigte Entwicklung höchst ambivalent, zumal gleichzeitig etliche Ressourcen brach liegen und Kompetenzen lediglich über den Austausch am Arbeitsmarkt ersetzt werden. Dies ist vor allem dann offensichtlich, wenn Ingenieure mit einem Lebensalter von über 45 Jahren erhebliche Schwierigkeiten haben, nach der Arbeitslosigkeit wieder eine Beschäftigung zu finden. Seit 1990 hat sich die Arbeitslosigkeit, bezogen auf diesen Personenkreis, um 450 % erhöht. In der Elektrotechnik beträgt der Anstieg sogar 800 % ! Dies ist deutlich mehr als die viel zitierte Gruppe der Hilfsarbeiter.

Je detaillierter eine Personalbedarfsprognose abgefasst wird, desto schneller ist diese im Rahmen der Forschung und Entwicklung veraltet. Die mechanistische Denkweise eines möglichst genauen Abgleichs eines vorgegebenen Anforderungsprofils mit dem Eignungsprofil der Bewerber ist somit nur begrenzt geeignet. Stattdessen sollten verstärkt persönlichkeitsbezogene Auswahlkriterien (Abbildung 53) herangezogen und nach Mitarbeitern Ausschau gehalten werden, die auf ihrem Forschungsfachgebiet zu den Besten zählen und von denen am ehesten erwartet werden kann, dass sie den technischen Fortschritt voranbringen. Die fachliche Ausrichtung der Mitarbeiter hingegen resultiert aus der strategischen Planung des Innovationsmanagements [vgl. Brockhoff, 1999, S. 321-325].

> → vielseitiges Wissen
> → breitgestreute Interessen
> → erhöhte Sensibilität für neuartige Probleme
> → überdurchschnittliche Intelligenz
> → Präferenz für komplexe Probleme
> → hohe Ambiguitätstoleranz
> → hohe Frustrationstoleranz bei langwierigen Problemlösungsprozessen
> → Risikobereitschaft
> → Begeisterungsfähigkeit

Abbildung 53: Ausgewählte Persönlichkeitsmerkmale des Innovators [Eigene Abbildung in Anlehnung an Thom, 1980, S. 189-190]

Im Zusammenhang mit der (externen) Personalbeschaffung ist eine ausschließliche Beschränkung auf Stellenanzeigen nicht ausreichend. Insbesondere Spitzenkräfte, die den technischen Fortschritt vorantreiben, sind meist nicht auf dem Arbeitsmarkt verfügbar. Hinzu kommt, dass die gesuchten Kandidaten zunächst von dem Stellenangebot erfahren und dann dazu bewegt werden müssen, sich darauf zu bewerben. Der entscheidende Nachteil der Stellenanzeige besteht somit in der passiv abwartenden Grundhaltung potentieller Bewerber.

Vor diesem Hintergrund gewinnt der Einsatz von Headhuntern zunehmend an Bedeutung. Ihre Aufgabe ist es, die benötigten Spitzenkräfte aufzuspüren und für den Auftraggeber zu gewinnen. Auch eine intensive Pflege der Hochschulkontakte erleichtert die Beschaffung talentierter Nachwuchskräfte. Ausgehend von den Forschungsschwerpunkten der Unternehmung, lässt sich leicht feststellen, welche Fachrichtungen an Hochschulen von besonderem Interesse sind.

Die Einstellung neuer Mitarbeiter ermöglicht zwar einen qualitativen Ausbau der vorhandenen personellen Ressourcenausstattung, sie birgt aber zugleich das Risiko einer nur unter Schwierigkeiten revidierbaren personellen Fehlbesetzung. Gleichwohl ist eine systematische Personalauswahl in der Forschungs- und Entwicklungspraxis häufig noch nicht der Regelfall. Vielmehr wird die Personalauswahl im Rahmen von Interviews und intuitiv durchgeführt [vgl. Domsch/Gerpott, 1985, S. 16-22]. Da die Validität unstrukturierter Interviews nur gering ist, ist der Einsatz von strukturierten Interviews und Assessment-Centern anzuraten [vgl. Horsch, 2000, S. 66 und S. 86-104].

Die Integration neuer Mitarbeiter gehört zu den personalwirtschaftlichen Aufgaben, die im betrieblichen Alltag oft vernachlässigt werden [vgl. Horsch, 2000, S. 121-122]. Dabei bleiben viele neue Mitarbeiter sich selber überlassen, wenn es darum geht, sich in ihrer neuen Arbeitsumgebung zurechtzufinden. Gerade die erste Zeit in der neuen Umwelt wirkt sich besonders prägend auf das spätere Arbeitsverhalten aus.

Die typischen Probleme für einen neuen Mitarbeiter sind Orientierungslosigkeit bezüglich der an ihn gestellten Ansprüche, Realitätsschock auf Grund enttäuschter Erwartungen sowie qualitative Unterforderung. Diese Probleme können schon früh zur „inneren Kündigung" oder echten Kündigung führen.

Es genügt deshalb nicht, qualifizierte Mitarbeiter einzustellen, sondern es muss alles getan werden, um sie schrittweise in den betrieblichen Leistungsverbund zu integrieren. Die Unterstützung durch Zuweisung eines festen Ansprechpartners (Pate, Mentor), regelmäßige Mitarbeitergespräche sowie ein gemeinsames Orientierungsprogramm für neu eingestellte Mitarbeiter sind empfehlenswert.

Letztlich ist auch die Freisetzung von Mitarbeitern der Forschung und Entwicklung mitunter problematisch, insbesondere dann, wenn diese über Know-how mit hohem Wert für die künftige Entwicklung von Produkten und Prozessen verfügen. Durch die Freisetzung besteht die Gefahr einer Weitergabe von Geheimnissen, die für das Unternehmen äußerst schädlich sein kann.

2.5.1.2 Schaffung einer innovationsfördernden Unternehmenskultur

Die verhaltensprägenden Einflüsse starker Unternehmenskulturen wirken sich auch auf das innerbetriebliche Innovationsgeschehen aus. Untersuchungen zwischen erfolgreich innovierenden Unternehmen und ihren weniger erfolgreichen Konkurrenten zeigen, dass neben strukturellen Ursachen vor allem das Wertesystem und die damit erreichte Motivation und Koordination der an Innovationen Beteiligten den Unterschied zwischen Erfolg und Misserfolg ausmachen [vgl. Kieser, S. 44].

Dabei müssen Innovationen einen hohen Stellenwert im gelebten Wertesystem der Unternehmung haben. Nach Ansicht von Kieser darf das Wertesystem der Unternehmung „sich nicht nur auf Rhetorik beschränken. Innovatives Verhalten muss auch tatsächlich belohnt werden." [Kieser, S. 47]. Die Unternehmensleitung muss deshalb deutliche Signale in Richtung Innovation setzen; die Mitarbeiter eines Unternehmens müssen erkennen, dass Innovationen kulturell erwünscht sind (im Gegensatz zur Erhaltung des Status-Quo) und zum betrieblichen Arbeitsalltag gehören. Dabei ist es egal, ob innovative Ideen bzw. Innovationen/Technologien aus dem Unternehmen oder von außerhalb stammen (im Gegensatz zum Not-Invented-Here-Syndrom, wonach Innovationen/Technologien, die nicht innerhalb der eigenen Organisation maßgeblich gestaltet worden sind, abgelehnt werden). Dabei muss die Aufgeschlossenheit der Vorgesetzten neuen unkonventionellen Ideen gegenüber dem Mitarbeiter bewusst machen, wie ernst es der Unternehmensleitung mit der Realisierung von Innovationszielen ist [vgl. Bleicher, F., S. 133].

Ein derartiges offenes Arbeitsklima lässt sich nur erreichen, wenn auftretenden Konformitätszwängen systematisch entgegengewirkt wird, sodass vor allem die Mitarbeiter im Bereich von Forschung und Entwicklung möglichst frei und unbefangen an ihre innovativen Aufgaben herangehen können.

Die Offenheit einer Kultur spiegelt sich vor allem im Kommunikationsverhalten wider [vgl. Bürgel/Haller/Binder, 1995, S. 8 und S. 10]. Information ist in innovativen Unternehmen kein knappes Gut, Informationsfilterung und -blockierung werden geächtet [vgl. Kieser, S. 48]. Statt einer politisch gefärbten ist eine sachbezogene Kommunikationsneigung für eine konstruktive Zusammenarbeit und konkurrenzfähige Innovationsproduktivität geeignet. Hierzu gehören auch direkte Kundenkontakte sowie eine hohe Präsenz auf Messen und Seminaren.

Innovative Projekte sind immer mit dem Risiko von Fehlschlägen behaftet. Wer sich auf technologisches Neuland begibt und in einem weitgehend unbekannten Umfeld operiert, setzt sich dem Wagnis eines Misslingens aus. Somit ist ein hohes Maß an Toleranz gegenüber Fehlschlägen und Misserfolgen ein unabdingbarer Bestandteil innovationsfördernder Unternehmenskulturen [vgl. Kieser, S. 47]. Allzumal werden Mitarbeiter gerügt, die etwas Neues wagen und dabei Fehler machen, anstatt ihnen eine zweite Chance zu geben. Die Brandmarkung von Mitarbeitern, die mit missglückten Innovationsvorhaben identifiziert werden, ist ein Klimafaktor, der sehr nachhaltig das Verhalten aller Mitarbeiter beeinflusst und sich verhältnismäßig nur langsam korrigieren lässt.

Zusammenfassend kann auf die 10 Regeln von Kieser verwiesen werden, die in humorvoller Weise aufzeigen, wo mit Innovationsblockaden zu rechnen ist (Abbildung 54).

2.5.1.3 Personalentwicklung

Personalverantwortliche von Technologieunternehmen weisen seit mehreren Jahren darauf hin, dass die Kompetenzprofile von Hochschulabsolventen im Bereich Naturwissenschaften und Ingenieurwesen immer weniger mit den Anforderungen der betrieblichen Praxis übereinstimmen. Staudt/Kottmann/Merker [S. 16-17 sowie 24-25] konstatieren: „Die meisten Absolventen haben zum Zeitpunkt des Berufseinstiegs ... weder ihre erworbenen Kompetenzen in einem Unternehmen zur Anwendung gebracht ... noch im Rahmen von Projekten oder Fallstudien einen Überblick über unternehmerische Handlungsfelder erhalten. Dementsprechend liegen kaum Erfahrungen hinsichtlich betrieblicher Abläufe und Strukturen oder der Funktionsweise industrieller Prozesse vor."

1. Betrachte jede neue, von unten kommende Idee mit Misstrauen - weil sie neu ist und weil sie von unten kommt.
2. Bestehe darauf, dass Personen, die Deine Zustimmung für eine Aktion benötigen, auch die Zustimmung mehrerer höherer Ebenen einholen müssen.
3. Fordere Abteilungen oder Individuen auf, ihre Vorschläge gegenseitig zu kritisieren. Das erspart Dir die Mühe des Entscheidens; Du musst nur den Überlebenden belohnen.
4. Drücke Kritik ungehemmt aus und unterdrücke Lob. Das hält die Leute unter Druck.
5. Behandle die Aufdeckung von Problemen als Fehlleistung, damit die Leute nicht auf die Idee kommen, Dich wissen zu lassen, wenn etwas nicht klappt.
6. Kontrolliere alles sorgfältig. Sorge dafür, dass alles, was gezählt werden kann, oft gezählt und genau kontrolliert wird.
7. Fälle Entscheidungen zur Reorganisation heimlich und überfalle die Mitarbeiter damit unerwartet.
8. Stelle sicher, dass Informationsnachfrage stets gut begründet wird, und achte darauf, dass Information nicht umsonst zur Verfügung gestellt wird.
9. Übertrage im Rahmen der Delegation auf nachgeordnete Manager vor allem die Verantwortung, Einsparprogramme oder andere bedrohliche Entscheidungen zu realisieren. Und bringe sie dazu, es schnell zu tun.
10. Und vor allem: vergiss nie, dass Du als Angehöriger der höheren Ebene schon alles Wichtige über dieses Geschäft weißt.

Abbildung 54: 10 Regeln zur Innovationsblockade [Kieser, S. 46]

Darüber hinaus fehlt es aber auch an Grundkenntnissen in angrenzenden Wissenschaftsgebieten. Genau daran scheitern aber Absolventen in der Praxis: Liegt beispielsweise ausschließliches chemisches Fach- und Methodenwissen ohne Kenntnisse über grundlegende biologische Reaktionen, betriebswirtschaftliche Zusammenhänge, rechtliche

Rahmenbedingungen usw. vor, kann von einem baldigen Praxiseinsatz eines Absolventen in einem interdisziplinären Projekt, wie beispielsweise in der Biotechnologie, keine Rede sein.

Außerdem liegen soziale Kompetenzen, beispielsweise Arbeitstechniken in Teams, Erfahrung in interdisziplinärer Kommunikation, Verhandlungsgeschick und Methodenkompetenzen, Erfahrungen mit Präsentationen und Moderationsmethoden, IT- und Internetanwendungen, weitgehend brach.

Auf Grund der doch alles in allem ernüchternden Ausgangssituation steht für Unternehmen die Entwicklung unentbehrlicher Kompetenzen im Mittelpunkt. Gleichwohl ist angesichts der rasanten Entwicklungen in vielen Technologien auch kaum zu erwarten, dass verschulte Aus- und Weiterbildungsmaßnahmen anwendungsbezogene Erfahrungen und Fertigkeiten vermitteln können. Insofern ist eine professionelle Personalentwicklung in den Unternehmen selbst erforderlich. Diese wird immer mehr zum Kernelement bei der Erhaltung und dem Ausbau der Wettbewerbsfähigkeit.

2.5.1.4 Personalführung

Führungskräfte spielen im Innovationsgeschehen eine erfolgskritische Rolle, zumal sie wirksamer steuernd eingreifen können, als dies durch anonyme Vorschriften möglich ist. Meistens sind es gerade Vorgesetzte, die unnötige Innovationshemmnisse schaffen [vgl. Horsch, 1996, S. 43-44]. Insbesondere in wichtigen Phasen von Innovationsprozessen können dominante Führungskräfte und autoritäre Führungsstile extrem ungünstig die Ideenfindung beeinflussen. Dabei besteht die Gefahr, dass Führungskräfte zu viele Detailentscheidungen an sich ziehen. Konsequenz dieser mangelnden Delegationsfähigkeit ist nicht nur eine Überlastung des Vorgesetzten, sondern auch eine Frustration der Mitarbeiter, deren Potenziale weitgehend ignoriert werden. Außerdem blockieren Vorgesetzte oftmals Verbesserungsvorschläge der Mitarbeiter, weil sie der Ansicht sind, es sei ihre Aufgabe, Veränderungen einzuleiten [vgl. Horsch, 1996, S. 47-48].

Andererseits können auch inaktive Führungskräfte Innovationsaktivitäten insofern behindern, als Mitarbeiterideen und Lösungsvorschläge ignoriert werden und sich die Motivation der Mitarbeiter in eine innere Kündigung umkehrt.

Eine effiziente Personalführung lässt sich durch einen kooperativen Führungsstil, vor allem durch eine regelmäßige Vermittlung klarer, realistischer, aber fordernder Zielvorgaben (z.B. bezüglich der Bearbeitungszeiten), erreichen. Vom Management by Objectives können im Rahmen regelmäßiger Mitarbeitergespräche die individuellen Leistungsziele abgesteckt und diskutiert werden. Dabei können intensive Erörterungen helfen, das Verständnis und die Identifikation mit den anstehenden Aufgaben und Zielen zu fördern. Damit bekommen arbeitsteilige Innovationsbemühungen eine gemeinsame Ausrichtung, sodass die Produktivitätsvorteile innerhalb der Gruppe besser ausgeschöpft werden können.

2.5.1.5 Job-Rotation

Aktivitäten zur Innovationsförderung dürfen sich nicht allein auf die Gestaltung bestehender Routineprozesse fixieren, sondern müssen auch eine Außenorientierung sicherstellen, die durch Job-Rotation erreicht werden kann. Wenn Mitarbeiter, die länger in derselben vertrauten Arbeitsumgebung bleiben, weniger Innovationen generieren und akzeptieren, achten innovationsorientierte Unternehmen darauf, dass sie häufiger ihren angestammten Arbeitsplatz verlassen. Beispielsweise werden im Canon Forschungszentrum die meisten von den 200 Ingenieuren und Forschern alle sechs Monate versetzt, damit sie ihr Wissen mit neuen Kollegen austauschen. Dabei trainiert der wiederholte Arbeitsplatzwechsel das Anpassungsvermögen der Mitarbeiter und wirkt den natürlichen Erstarrungstendenzen etablierter sozialer Systeme entgegen. Der regelmäßige, zeitlich befristete Einsatz in der Produktion oder im Vertrieb vermittelt den Mitarbeitern aus Forschung und Entwicklung die spezifischen Eigenarten und Anforderungen dieser Funktionsbereiche und führt zu einer Ausweitung des persönlichen Erfahrungshorizontes. Damit kann erreicht werden, dass Fertigungs- und Marktinteressen bereits im Entwicklungsstadium berücksichtigt werden. Außerdem werden zeit- und kostspielige Anpassungsmaßnahmen reduziert [vgl. Bleicher, F., S. 139-140, S. 163-164; Harryson, S. 259; Kieser, S. 48].

2.5.1.6 Betriebliches Anreizsystem

Ein wesentlicher Gesichtspunkt zur Motivierung von Mitarbeitern, die hauptberuflich mit Innovationsaufgaben befasst sind, resultiert aus der gezielten Bereitstellung von Anreizen (materiellen und immateriellen Zuwendungen) durch das Unternehmen [vgl. Domsch/Ladwig, S. 294].

Der konkrete Nutzen wird dabei letztlich durch den persönlich wahrgenommenen subjektiven Wert, den Mitarbeiter beispielsweise aus dem Bereich Forschung und Entwicklung einem Anreiz auf Grund ihrer Bedürfnissituation beimessen, bestimmt.

Anreize für Mitarbeiter aus dem Bereich von Forschung und Entwicklung sind folgende [vgl. Gauglitz-Lüter, S. 197 und S. 202]:

- Materielle Anreize (z.B. Entgelt, Gewinnbeteiligung, Dienstwagen).
- Karriereentwicklungsmöglichkeiten.
- Leistungsherausforderung und Selbstständigkeit (z.B. komplexe Arbeitsaufgaben, zeitliche Freiräume für Publikationen, eigene Forschungs- und Entwicklungsprojekte).
- Personalentwicklungsmöglichkeiten (z.B. Förderung der Teilnahme an Führungsseminaren, Seminare zum Selbstmanagement, Besuch von Kongressen).

Um Anhaltspunkte im Hinblick auf die Nutzung und die wahrgenommene Bedeutung von Anreizen für Mitarbeiter aus Forschung und Entwicklung zu erhalten, sind 222 Mitarbeiter aus 205 Großunternehmen (mit mehr als 1.000 Mitarbeitern) befragt worden [vgl. Domsch/Ladwig, S. 296]. Die Ergebnisse werden in Abbildung 55 aufgelistet.

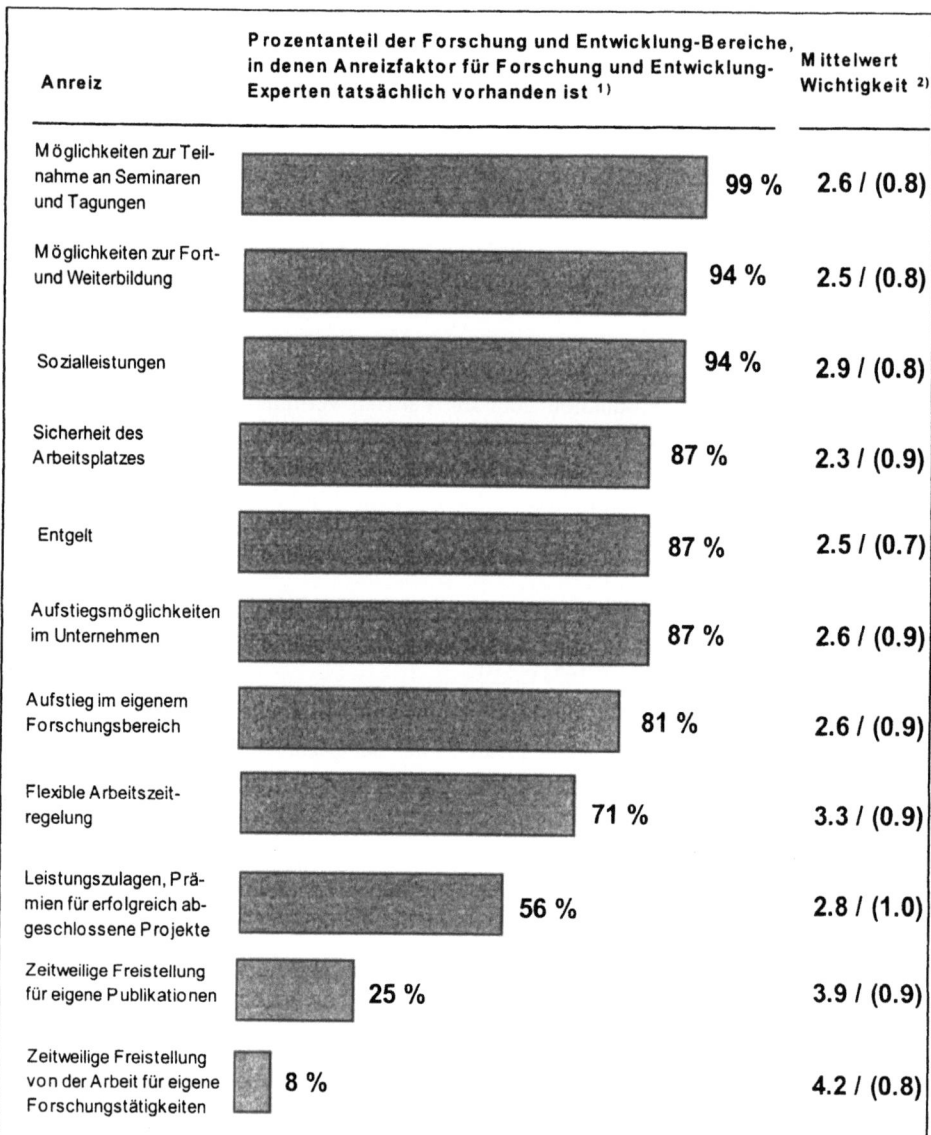

Anreiz	Prozentanteil der Forschung und Entwicklung-Bereiche, in denen Anreizfaktor für Forschung und Entwicklung-Experten tatsächlich vorhanden ist [1]	Mittelwert Wichtigkeit [2]
Möglichkeiten zur Teilnahme an Seminaren und Tagungen	99 %	2.6 / (0.8)
Möglichkeiten zur Fort- und Weiterbildung	94 %	2.5 / (0.8)
Sozialleistungen	94 %	2.9 / (0.8)
Sicherheit des Arbeitsplatzes	87 %	2.3 / (0.9)
Entgelt	87 %	2.5 / (0.7)
Aufstiegsmöglichkeiten im Unternehmen	87 %	2.6 / (0.9)
Aufstieg im eigenem Forschungsbereich	81 %	2.6 / (0.9)
Flexible Arbeitszeitregelung	71 %	3.3 / (0.9)
Leistungszulagen, Prämien für erfolgreich abgeschlossene Projekte	56 %	2.8 / (1.0)
Zeitweilige Freistellung für eigene Publikationen	25 %	3.9 / (0.9)
Zeitweilige Freistellung von der Arbeit für eigene Forschungstätigkeiten	8 %	4.2 / (0.8)

1) Auf Grund fehlender Werte schwankt die Gesamtzahl der Antworten (= Prozentuierungsbasis) pro Anreizfaktor zwischen 190 und 206.

2) Einstufung der wahrgenommenen Wichtigkeit eines Anreizes (unabhängig davon, ob dieser im befragten Forschung und Entwicklung-Bereich angeboten wird oder nicht) auf einer 5-stufigen Skala mit 1 = außerordentlich wichtig, 2 = sehr wichtig, 3 = wichtig, 4 = weniger wichtig und 5 = unwichtig. Zahlenangaben in Klammern = Standardabweichung.

Abbildung 55: Nutzung und wahrgenommene Bedeutung von Anreizen [Domsch/Ladwig, S. 297]

Den Ergebnissen ist zu entnehmen, dass für die Mitarbeiter in den Forschungs- und Entwicklungsbereichen großer Industrieunternehmen neben Maßnahmen der Personalentwicklung insbesondere Sozialleistungen, das Entgeltsystem und die Arbeitsplatzsicherheit einen wertvollen Anreiz darstellen. In mehr als 80 % aller Unternehmen werden außerdem Karriereentwicklungsmöglichkeiten inner- und außerhalb des Forschungs- und Entwicklungsbereiches als bedeutend angesehen.

Bezüglich der wahrgenommenen Anreizwichtigkeit ist festzustellen, dass sich acht der elf vorgegebenen Anreize in einer engen Bandbreite von 2,3 bis 2,9 bewegen, also als „sehr wichtig" und „wichtig" eingeschätzt werden. Lediglich die Anreize „flexible Arbeitszeitregelung" und „zeitlichen Freiräume für eigene Publikationen bzw. Forschungsvorhaben" werden im Mittel als weniger wichtig erachtet [vgl. Domsch/Ladwig, S. 296].

2.5.2 Überwindung von Widerständen gegen Innovationen

2.5.2.1 Analyse des Widerstandes

A) Grundlagen

Als ein wesentliches Grundproblem von Innovationen gilt, dass sie im Zweifel nicht willkommen sind. Wirft man einen Blick in die Vergangenheit, wird deutlich, dass die Historie bezüglich der Innovationen eine Geschichte des Widerstandes gegen sie sind. Vor fast 500 Jahren formulierte Machiavelli: „Wer Neuerungen einführen will, hat die zu Feinden, die aus dem Bestehenden Nutzen, und laue Mitarbeiter in denen, welche von den Neuerungen Vorteile hätten." [Machiavelli, S. 38, Original 1513 erschienen].

An dieser Grundaussage hat sich faktisch nichts geändert. Selbst dann, wenn alle Betroffenen in einem Unternehmen ihre Bereitschaft zur Innovation signalisieren, handelt es sich doch oftmals nur um Lippenbekenntnisse. Denn Innovationen bedeuten grundsätzlich eine erhebliche Veränderung der bisherigen Arbeitsweise, was von vielen als Störung empfunden wird [vgl. Horsch, 1996, S. 34].

B) Widerstand personeller und institutioneller Gruppierungen

Zunächst ist von Bedeutung, woher Widerstand gegen Innovationen zu erwarten ist (Abbildung 56).

Nach Hauschildt [vgl. 1997, S. 130] lassen sich vier Arten unterscheiden:

■ Der innerbetriebliche Widerstand von Vorgesetzten oder Mitarbeitern richtet sich gegen den Innovator bzw. die Innovation. Die Gründe hierfür ergeben sich aus Ressourcen- (Konkurrenz zu anderen Projekten), Rollen- oder Machtkonflikten. Tushman/O´ Reilly [vgl. S. 249] gehen davon aus, dass die größten Innovationsbarrieren in der eigenen Organisation zu finden sind. Auch Heintel/Krainz [vgl. S. 3] bescheinigen Organisationen ein hohes Maß an Veränderungsresistenz, der sie einen beträchtlichen Teil ihres Energieeinsatzes (Schätzungen gehen von bis zu 60 % aus) widmen. Insofern sind Organisationen weit davon entfernt, nur eine sachlogische und auf Aufgaben bezogene Einrichtung zu sein, sondern sie sind bis zu einem gewissen Grad sich selbst Zweck.

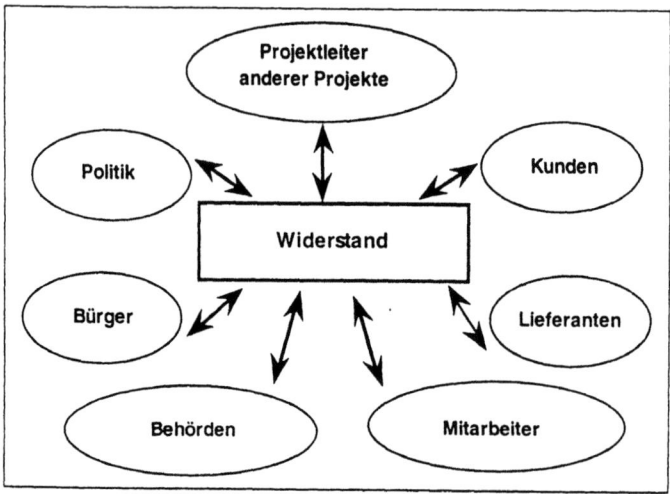

Abbildung 56: Widerstand potenzieller personeller und institutioneller Gruppierungen

- Der zwischenbetriebliche Widerstand wird von den Marktpartnern, insbesondere den Kunden (z.B. bei Angebot eines neuen Produktes) aber auch von den Lieferanten (z.B. bei radikaler Änderung der Anforderungen an die Vorleistungen) geleistet.
- Der Widerstand von Behörden und Prüfungsinstitutionen ist immer dann zu befürchten, wenn geltende Gesetze oder Rechte Dritter verletzt werden.
- Dagegen ist der Widerstand, der von einer nicht institutionalisierten Umwelt (z.B. Bürgerinitiative) ausgeht, nur schwer kalkulierbar. Dabei kann das Innovationsmanagement häufig weder die Tatsache noch weniger die Argumentation, noch die Intensität, noch die Dauer eines solchen Widerstandes abschätzen.

C) Zielrichtungen des Widerstandes
Als mögliche Zielrichtungen des Widerstandes sind zu nennen [vgl. Hauschildt, 1997, S. 146]:

Verhindern
Der radikale Widerstand ist bestrebt, die Innovation zu verhindern. Dies geschieht durch

Erarbeitung von technologischen, ökonomischen und ökologischen Argumenten gegen die Innovation.

Suche nach gleich gesinnten Personen innerhalb bzw. außerhalb des Unternehmens.

Verzögern
Ist ein radikaler Widerstand nicht durchsetzbar, so muss es das Ziel sein, die Innovation möglichst lange zu verzögern. Dies kann durch die Forderung von weiteren Voruntersu-

chungen, Tests, Gutachten usw. geschehen, wobei jede Verzögerung die Chance bietet, das Ganze in Frage zu stellen.

Verändern

Ist eine Strategie der Verhinderung oder der Verzögerung nicht (weiter) anwendbar, bleibt die Strategie der Veränderung. Dabei wird von der Opposition, die gegen eine Innovation eingestellt ist, eine Alternative eingebracht, die besonders den Innovationsgehalt reduziert oder in kleineren Schritten fordert.

D) Argumente für den Widerstand

Der Widerstand gegen Innovationen ist kein eindimensionales Phänomen. Der Konflikt [vgl. hierzu auch Rosenstiel, S. 286] des Neuen mit dem Bestehenden vollzieht sich nicht nur auf der Oberfläche rational ausgetragener Argumente, sondern es sind dabei auch tiefere Ursachen zu beachten (Abbildung 57).

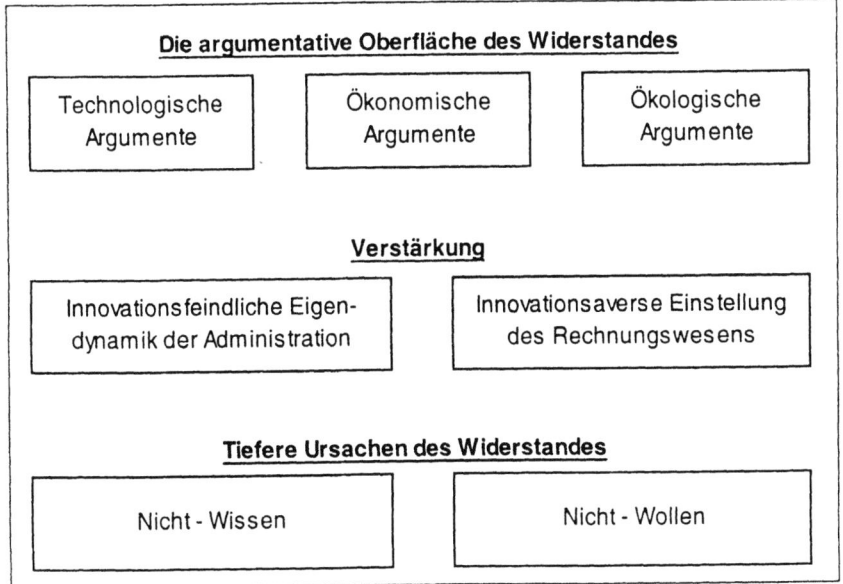

Abbildung 57: Widerstände gegen Innovationen [Modifiziert nach Hauschildt, 1998, S. 251]

a) Rationale Argumente für den Widerstand

Technologische Argumente

Hierunter sind insbesondere folgende zu verstehen [vgl. Hauschildt, 1997, S. 131-133]:

- Zweifel an der Funktionsfähigkeit: Es bestehen Zweifel, dass das innovative Produkt bzw. Verfahren in der Lage ist, den behaupteten Wandel zu ermöglichen. Dabei werden technische Effekte (z.B. Geschwindigkeit, Druckstabilität, Festigkeit, Flexibilität usw.) generell oder in bestimmten Situationen in Frage gestellt, oder es bestehen Bedenken hinsichtlich der Nebeneffekte, der Folgeerscheinungen und Risiken.

■ Einwände gegen den zu frühen Innovationszeitpunkt: Dabei wird die technologische Unreife des Innovationsprojektes betont. Deshalb werden weitere Versuche gefordert oder die Erfahrungen anderer Nutzer abgewartet. Zudem wird bezweifelt, dass die Innovation auf eine Umgebung stößt, die ihren Ansprüchen genügt. Es wird vielmehr angenommen, dass spezialisiertes Personal, Materialien oder verlässliche Lieferanten usw. fehlen.

Ökonomische Argumente

Folgende ökonomische Argumente werden vor allem aufgegriffen:

■ Innovation bedeutet Zerstörung wertvoller Substanz: Mit der Einführung einer Innovation ist oft das Aufgeben der bisherigen Verfahren, Materialien und Produkte oder die Trennung von vertrauten persönlichen Bindungen zu Mitarbeitern, Kunden oder Lieferanten verbunden. Die Investitionen in die vorhandenen Prozesse sind in der Regel bereits getätigt und aus finanzwirtschaftlicher Sicht so genannte „sunk costs". Die als verlässlich eingeschätzten Werte sind abzuschreiben, die Innovation startet daher mit dem Verlust des Alten. Dies gilt beispielsweise auch für einen Konflikt zwischen einem innovativen und einem bereits existierenden Produkt: So werden beispielsweise durch die Einführung des Ford Ka die Verkaufszahlen des Ford Fiesta deutlich reduziert (Kanibalismus).

■ Innovationen sind zu risikoreich: Innovationen sind meistens mit Investitionen verknüpft. Dies gilt bei materiellen Investitionen beispielsweise für Maschinen oder Distributionsnetze, bei immateriellen Investitionen z.B. für die Beschaffung und Qualifizierung des Personals oder für den Aufbau neuer Vertragsbeziehungen. Angesichts der Knappheit der Ressourcen in einem Unternehmen konkurriert die Innovation mit anderen Investitionen und gerät somit in die Nähe des Routinehandelns. Sie muss sich somit den gleichen Methoden der Erfolgsbestimmung und -bewertung stellen, wobei ihre versprochene Effektivität oder Effizienz ungewiss ist.

■ Die Innovation gilt als konfliktär im Zusammenhang mit der Unternehmensphilosophie. So kann ein Konflikt beispielsweise dann entstehen, wenn ein Hersteller von qualitativ hochwertigen PKW (z.B. DaimlerChrysler) einen Kleinwagen (z.B. in Kooperation mit einem japanischen Hersteller) in seine Produktpalette aufnimmt, ohne durch hinreichende Maßnahmen (z.B. Schaffen einer eigenen Marke) die Produkte klar voneinander zu trennen.

Ökologische und ethische Argumente

Letztlich sind auch von Sachkunde getragene ökologische und ethische Argumente Bestandteil eines rationalen Widerstandes. Witte [vgl. 1986, S. 244] führt dazu aus: „Der sicherste Weg, den Erfolg von Innovationen in Frage zu stellen, liegt darin, Innovationen als schädlich zu bezeichnen und ihnen den notwendigen Rang im Wertesystem der Gesellschaft zu verweigern."

Ausgangspunkt dieser Argumente ist die Technikfolgenabschätzung. Diese umfasst Prozesse, „die darauf ausgerichtet sind, die Bedingungen und potenziellen Auswirkungen der Einführung und verbreiteten Anwendung von Technologien möglichst systematisch zu analysieren und zu bewerten." Dies schließt die indirekten, nicht intendierten und langfristigen Sekundär- und Tertiäreffekte auf Umwelt und Gesellschaft mit ein [Bonnet, S. 35].

Dagegen versucht eine unternehmensinterne Technikfolgenabschätzung [vgl. Timmis, S. 145], Einwände gegen eine Technologie möglichst früh zu erkennen und in der Entscheidung zu bedenken. Von Bedeutung sind das Ausmaß der Umweltbelastung, ihre Nachhaltigkeit, ihre Irreversibilität und die Einschätzung eines Restrisikos [vgl. Hauschildt, 1997, S. 134]. Insofern ist Umweltschutz kein Privileg einer Bürgerinitiative oder von Umweltschutzorganisationen, vielmehr müssen sich Innovationen auch gegen den Widerstand eines umweltbewussten Managements rechtfertigen lassen [vgl. Horsch, 1998, S. 6-7].

Empirische Bewertung
Hauschildt [vgl. 1999, S. 8-9 und S. 14] stellt im Rahmen einer empirischen Untersuchung fest, der 154 Projekte zu Grunde gelegen haben, dass marktspezifische Argumente (mangelnde Nachfrage, keine geeigneten Kooperationspartner) mit 84 Nennungen (also in 54,5 % aller Projekte) knapp vor den technischen mit 78 Nennungen (50,6 % aller Projekte) und finanz- bzw. erfolgswirtschaftlichen Argumenten mit 65 Nennungen (42,2 %) rangieren. Rechtliche und vertragliche Argumente (patentrechtliche oder behördliche Einwendungen, Imitationsgefahr) liegen mit 34 Nennungen (22,1 %) deutlich weiter hinten. Eher diffuse Argumente (Innovation kommt zu früh bzw. zu spät, ist zu riskant, unbekannte ökologische Wirkungen) konstatiert Hauschild mit 29 Nennungen (18,8 %).

Bezüglich der Breite des Widerstandes wird gleichzeitig deutlich, dass immerhin bei 49 Projekten (31,8 %) drei (und mehr) Widerstandsargumente (z.B. technische + marktspezifische + finanz-/erfolgswirksame) herangezogen werden. Bei 47 Projekten (30,6 %) sind es zwei Argumente, bei 23 Projekten (14,9 %) ein Argument und immerhin bei 25 Projekten (22,7 %) gibt es überhaupt kein Argument, also keinen Widerstand.

Im Rahmen einer Faktorenanalyse wurde überdies deutlich, dass die destruktive Opposition einerseits dadurch gekennzeichnet ist, dass sie ihre Absichten nicht offen äußert, andererseits eine höhere Widerstandsbreite, das heißt eine größere Zahl von Argumenten für den Widerstand, verwendet, die die Innovation verhindern oder zumindest verzögern soll. Dagegen legen konstruktive Opponenten ihre Bedenken offen, ihnen wird attestiert, dass sie „nützlich" sind und auf die Modifikation der Innovation hinarbeiten.

Neben diesen Befunden ist aber auch von Interesse, dass

- der Widerstand von der Dauer, der Größe und der Konkurrenz der Innovationsprojekte unabhängig ist und somit eher die Tatsache und der Inhalt der Innovation, dagegen weniger die projektspezifischen Eigenschaften, von Bedeutung sind.
- die verwendeten Argumente gegen eine Innovation keine Beziehung zur Intensität und Bewertung des Widerstandes haben. Somit kann beispielsweise nicht gesagt werden, dass der konstruktive Widerstand sich vor allem auf technische, der destruktive hingegen eher auf ökonomische Argumente bezieht.
- die Intensität des Widerstandes nicht geringer wird, wenn die Initiative für ein innovatives Projekt von Mitgliedern des Top-Managements oder von Kunden ausgeht.

Im Rahmen einer empirischen Untersuchung bei 716 Unternehmen in Europa, den USA, Kanada und Japan (davon aus Deutschland alleine 296 Unternehmen) schätzen die befragten Unternehmen die fördernden und hemmenden Faktoren wie folgt ein (Abbildung 58).

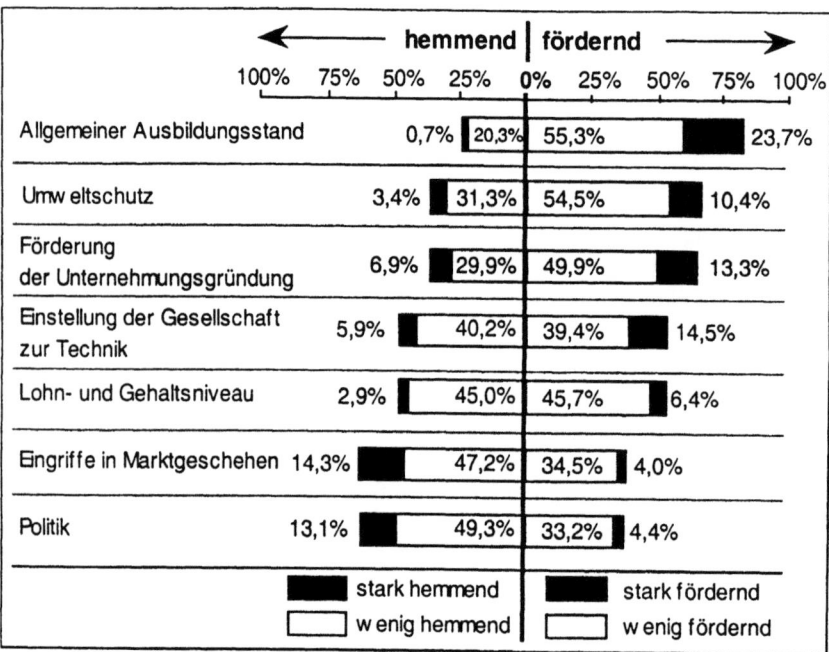

Abbildung 58: Innovationsfördernde und -hemmende Faktoren [Agamus-Consult, S. 15]

Danach wirken sich die Politik und Eingriffe in das Marktgeschehen besonders negativ aus. Deutsche Unternehmen bemängeln darüber hinaus die negative Einstellung der Gesellschaft zur Technik.

b) Nicht-rationale Argumente für den Widerstand

Die Ursachen des nicht rationalen Widerstandes lassen sich am besten durch die Typologie von Witte [vgl. 1973, S. 5] erklären.

Barrieren des Nicht-Wissens (Fähigkeitsbarrieren)

Da Innovationen Neuland darstellen, erklärt sich Widerstand daraus, dass das betroffene Individuum nicht in der Lage ist, die intellektuellen Anforderungen zu bewältigen. Die Innovation ist nicht nur als technisches Objekt unbekannt, sondern sie stellt oftmals auch bislang unbekannte Ansprüche im Rahmen der Arbeitsprozesse an ihre Nutzung. Dabei ist die Fähigkeitsbarriere dann als hoch einzuschätzen, wenn das Innovationsproblem nicht nur neu, sondern auch komplex strukturiert ist und es somit eine Mehrzahl von Problemfeldern berührt, die miteinander integrativ verknüpft sind.

Barrieren des Nicht-Wollens (Willensbarrieren)

Innovationen schaffen Verunsicherung. Deshalb wird das Sicherheitsstreben zur dominierenden Verhaltensweise [vgl. Bleicher, K., S. 626]. Ziel der Willensbarrieren ist somit die Erhaltung des Status quo. Während der gegenwärtige Zustand bekannt und vertraut ist, verändern Innovationen diesen Zustand. Es ist in der Regel ungewiss, wie der neue Zustand beschaffen sein wird und welche Vor- und Nachteile mit ihm verbunden sein werden [vgl. Witte, 1998, S. 13].

Willensbarrieren erwachsen einerseits aus dem Unterbewusstsein der Betroffenen. Dabei spielen auch naturgegebene oder gelernte Regelungsmechanismen eine wichtige Rolle, die zu gewohnten Reaktionen führen. Dies gilt des Weiteren für konservative Vorprägungen (z.B. in der Kindheit oder durch Orientierung an Bezugspersonen), die dazu Anlass geben, diese Denkrichtungen fortzuführen und neuartige abzulehnen [vgl. Böhnisch, S. 29].

Andererseits kann der Widerstand des Nicht-Wollens durchaus bewusst und in hohem Maße reflektiert sein. Er stützt sich insbesondere auf [vgl. Hauschildt, 1997, S. 139-140]:

- weltanschauliche Gründe (Ablehnung, weil persönliche Grundwerte verletzt oder in Frage gestellt werden).
- sachliche Gründe (Ablehnung, weil andere Probleme für dringlicher gehalten werden).
- machtpolitische Gründe (Demonstration von Macht bzw. Verfolgung des Ziels, den Prozess des Wandels erheblich zu erschweren oder gar zu verhindern).
- persönliche Gründe (persönliche Vorbehalte gegenüber dem Innovator oder Erwartung von persönlichen Nachteilen, z.B. Verlust an Einfluss).

E) Innovationswiderstände als legitimes Vorgehen

Die umfassende Darstellung von Innovationswiderständen soll nicht den Eindruck erwecken, dass jede Opposition, die sich gegen Veränderungen richtet, negativ zu beurteilen ist. Vielmehr hat sie in der betrieblichen Praxis eine legitime Funktion, um Utopien und Hirngespinste als solche zu entlarven bzw. ausfernde Innovationsprojekte auf eine machbare und tragfähige Größenordnung zu reduzieren. Dabei kommt es auf eine offene Opposition an, die zu einer Verbesserung der Innovation beiträgt.

Zum Teil ist festzustellen, dass die von einer Innovation Betroffenen häufig erst durch die Voreingenommenheit der Innovatoren zum Widerstand provoziert werden. Lawrence [vgl. S. 125] führt dazu aus: „Der Spezialist verrennt sich derart in die rein technologische Seite einer Neuerung, die er durchzusetzen wünscht, dass ihm dabei jeglicher Blick und jegliches Gefühl für andere Aspekte, die dem arbeitenden Menschen Sorge bereiten könnten, verloren geht." Zu einer ähnlichen Feststellung kommt Endruweit [vgl. S. 1057], der die Verhaltensweisen vieler Innovatoren beklagt, die von der Innovation so fasziniert und von ihrer eigenen Sachkenntnis so überzeugt sind, dass Einwände, ja selbst Verbesserungsvorschläge der Betroffenen, ignoriert werden. Außerdem werden in der Suche nach Konfliktlösungen kreative Fantasien mobilisiert. Ohne Widerstand gegen

Innovationen würde darüber hinaus die Gefahr bestehen, dass zu viele Projekte begonnen, aber nicht beendet würden.

2.5.2.2 Ethik und Innovation

Mit 366 gegen 174 Stimmen beschloss das britische Parlament gegen Ende des Jahres 2000, das Klonen von Zellen aus menschlichen Embryos zu therapeutischen Zwecken zu erlauben. Ziel ist es, Krankheiten direkt an ihrem Ursprungsort, den defekten Genen, zu heilen. Allerdings ist der Begriff „therapeutisch" problematisch, da das Wissen, ob überhaupt auf diesem Wege Krankheiten geheilt werden können, bislang unzureichend ist. Darüber hinaus ist ethisch zu prüfen, ob die Mittel, dieses Ziel zu erreichen, ethisch vertretbar sind oder nicht.

Methodisch ist es erforderlich, im Labor menschliche Embryos mit dem Erbmaterial eines Patienten zu züchten. Dazu wird der Zellkern in eine Eizelle verpflanzt. Die Eizelle wächst zu einem Embryo heran. Da Zellen in einem sehr jungen Embryo noch nicht differenziert sind, das heißt es noch nicht klar ist, welche etwa zu einer Leber-, einer Nieren- oder einer Herzzelle heranwachsen, soll es in den ersten 14 Tagen des Lebens des Embryos erlaubt sein, Zellen zu entnehmen, zu Gewebe heranwachsen zu lassen und dieses dem Patienten zu transplantieren. Eine Abstoßreaktion ist nicht zu erwarten, weil es sich um „ihr" Gewebe handelt. Anschließend wird der Embryo getötet.

Unzweifelhaft ist es, diese Möglichkeit wirtschaftlich zu nutzen, insofern kann von einer Innovation gesprochen werden. Es bleibt jedoch die Frage zu beantworten, wo ethische Grenzen von Inventionen bzw. Innovationen liegen und ob diese zu verwerfen sind, obwohl eine wirtschaftliche Nutzung möglich und sinnvoll ist. Nach Kornwachs [vgl. S. 138] ist so zu verfahren, dass der technische Mensch das, was er verstanden hat, anwenden und sich dabei keine Gesetze setzen soll. Mit anderen Worten: Was man verstehen kann, soll man auch anwenden.

Davon weicht die Sichtweise der EKD [vgl. Evangelische Kirche in Deutschland, S. 1-3] und die der Deutschen Bischoffskonferenz [vgl. Deutsche Bischoffskonferenz, S. 1-6] deutlich ab. Zwar gehen beide christlichen Kirchen davon aus, dass die Natur nicht unantastbar ist und vom Menschen gestaltet werden kann/soll (1. Mose 2, 15), weil ansonsten der Mensch der Natur völlig handlungsunfähig gegenüberstehen würde. Nach jüdisch-christlichem Verständnis stellt das Leben des Menschen jedoch mehr als eine beliebige biologische Tatsache dar. So konstatiert die Deutsche Bischoffskonferenz, dass beim therapeutischen Klonen das „menschliche Leben, das immer zugleich personales und von Gott bejahtes Leben ist, zum Ersatzteillager degradiert" wird. Danach kann auch medizinischer Nutzen „kein Verfahren mit menschlichen Lebewesen rechtfertigen, das die unantastbare Würde dieses Lebens in Frage stellt." Vielmehr ist den Hinweisen zu folgen, die medizinischen Ziele beispielsweise über die Gewinnung von Stammzellen aus dem Körper des erwachsenen Menschen (adulte Stammzellen) zu erreichen. Somit hat jede „Gestaltbarkeit der Welt ... ethisch ihre Grenze an der leiblichen und seelischen Identität eines Menschen". „Alle Versuche, den Menschen physiologisch oder genetisch auf bestimmte Zwecke hin zu ‚optimieren', verstoßen gegen die menschliche Würde."

Die EKD, die grundsätzlich die gleiche Position einnimmt, ergänzt, dass mit dem Verfahren des therapeutischen Klonens „Embryonen ausschließlich zum Ziel der Bereitstellung medizinischen Rohstoffs erzeugt werden. Dieses Verfahren missachte das Tötungsverbot und stelle die Würde des Lebens in Frage."

Im Gegensatz zum therapeutischen Klonen wird das reproduktive Klonen von breiten Schichten abgelehnt. Dabei geht es um die komplette Herstellung der genetischen Kopie eines schon bestehenden Menschen, beispielsweise eines besonders „vorzugswürdig erachteten Menschen" oder als Ersatzteillager für Organspenden.

Die oberste Norm der Ethik bringt Kant [S. 421] in seiner Grundformel des kategorischen Imperativs zum Ausdruck: „Handle nur nach derjenigen Maxime, durch die du zugleich wollen kannst, dass sie ein allgemeines Gesetz werde." Damit wird zum Ausdruck gebracht, dass ethisches Handeln nicht nur hypothetisch (wenn es mit meinen Interessen übereinstimmt) gelten soll, sondern unbedingt [vgl. Küng, S. 363]. In den letzten Jahren wurde dieser Grundsatz vermehrt auch in der Betriebswirtschaftslehre [vgl. beispielsweise Steinmann/Löhr; Ulrich 1997] mit dem Ziel aufgegriffen, Maßstäbe für eine Unternehmensethik festzulegen. Dabei sehen Steinmann/Löhr [Vorwort S. V] in der Unternehmensethik „eine Chance, die Legitimation und Akzeptanz unserer Wirtschaftsordnung langfristig zu sichern."

Ulrich [1996, S. 166] fordert, dass Ethik für die Unternehmensführung nicht nur korrektiv „äußere Grenze", sondern auch „integrativ" sozusagen Geschäftsgrundlage und Legitimationsbasis zu sein habe: „Während das Verhältnis zwischen Ethik und Erfolgsstreben in der korrektiven Unternehmensethik horizontal auf einer Ebene gedacht wird und dementsprechend nur kompromisshaft zu lösen ist, wird es im integrativen Ansatz gleichsam um 90 Grad in die Vertikale gedreht, indem nun die Ethik als die innere normative Grundlage jeder legitimen, verantwortbaren und lebenspraktisch sinnvollen unternehmerischen Erfolgsstrategie konzipiert wird - gewissermaßen als der tragende ‚Werteboden' einer in sich schon ethisch ‚wertvollen' Unternehmenspolitik und Geschäftsstrategie. Oder weniger bildlich gesprochen: Der integrative Ansatz begreift die normativen Voraussetzungen als konstitutiv für ökonomisch erfolgbringendes und zugleich lebenspraktisch vernünftiges unternehmerisches Handeln."

Wöbse [vgl. S. 5] stellt dagegen fest, dass, wenn Ethik dem Menschen als Maßstab für sein richtiges Denken und Handeln dienen soll, es keine Teilethiken, sondern nur eine Ethik geben kann. Eine spezielle Ethik für Soldaten, Kaufleute, Handwerker oder für Wissenschaftler kann danach nicht existieren [vgl. Märtens, S. 27]. Unabhängig davon gilt als Konsens, dass Wirtschaft der festen sittlichen Grundlage bedarf und keinen moralfreien Raum darstellt [vgl. Küng, S. 318], wobei ökologische Aspekte im Sinne einer nachhaltigen Unternehmensgestaltung, die auf dem Grundwert der gleichen Rechte und der gleichen Würde gegenwärtiger und zukünftiger Generationen beruht [vgl. Stückelberger, S. 105], einen besonders hohen Stellenwert haben. Dabei gilt es als unstrittig, dass es von der ethischen Motivation der jetzigen Generationen abhängt, ob wir uns dafür entscheiden, ob es künftigen Generationen gleich gut wie uns oder schlechter geht.

Gleichzeitig entspricht es aber psychologisch-psychotherapeutischer „correctness", dass es auf die eigene Selbstverwirklichung ankommt.

Hinzu kommt das Dilemma, dass bei der Frage nach der Verantwortung das Handlungs-subjekt (Institution, Team oder Unternehmen, die eine Technologie entwickeln, betrei-ben, benutzen usw.) nicht identisch ist mit dem Verantwortungssubjekt, das heißt der einzelnen Person, dem Individuum, das nach klassischer ethischer Auffassung morali-sches und rechtliches Subjekt ist. Dies setzt voraus, dass Kollektive auch moralische Subjekte sein und Verantwortung übernehmen können. Es reicht jedoch nicht aus, gleichzeitig eine Verantwortung gegenüber einer Instanz wahrzunehmen. Dies ist beim Individuum beispielsweise das Gewissen oder die Verantwortung vor Gott. Hinzu kommt, dass die Instanz sanktionsfähig sein muss und somit bestimmt, wofür das Ver-antwortungssubjekt einzustehen hat und womit. Gleichzeitig ist diese Sanktionsmöglich-keit aber sehr begrenzt. Es werden immer nur Individuen zur Rechenschaft gezogen, nie aber Institutionen [vgl. Kornwachs, S. 145-146].

Hansen [S. 247] resümiert deshalb allgemeiner: „Soziale Verantwortung besteht im Um-gang des Menschen mit dem Menschen, sei es gegenüber sich selbst, gegenüber anderen sowie gegenüber allem, was zum Menschsein gehört, d.h. auch der Welt als Inbegriff der kosmischen Natur." Diese Form der Verantwortung umfasst also eine individuelle (Be-ziehung zu sich selbst), personelle (Beziehung zum Du) und ökologische Verantwortung (Beziehung zur Umwelt), die bis hin zur kosmischen Natur als Ganzem reicht.

An (blauäugigen) Überlegungen, wie Mitarbeiter sich ethisch verhalten sollten, fehlt es nicht. So schlägt Mertens [S. 159] zur Feststellung des „moralischen Klimas" ein spe-zielles Audit vor, „das im Sinne eines Frühwarnindikators anzeigt, wann aller Voraus-sicht nach ein Klima herrscht, das unmoralische Handlungen wahrscheinlicher werden lässt." Prinzipiell geht die Autorin davon aus [S. 151], dass Mitarbeiter die konkreten Pflichten und Entscheidungen gemäß dem kategorischen Imperativ Kants transformie-ren. Um die damit verbundenen Fähigkeiten weiterzuentwickeln und zu festigen, sollten diese „in moralisch-dialogischen Verständigungsprozessen und im Rahmen der Perso-nalentwicklung trainiert und vertieft werden."

Um die oben genannte Debatte wieder aufzunehmen: Ein Mangel für das Leiden von Menschen, denen mit der neuen Technologie geholfen werden kann, gibt es nicht. Inso-fern könnte nach Kant behauptet werden, dass es dadurch auch ethisch korrekt wäre. Ge-setzliche Grenzen eines Landes allein reichen nicht aus, um die schöne neue Welt nach Aldous Huxley (1894-1936) als Utopie stehen zu lassen. Das eine oder andere an der Vi-sion, Menschen im Jahr „632 nach Ford" in Großanlagen auszubrüten und aufzuziehen - je nach Bedarf der Wirtschaft in den Kategorien Alpha (Elite), Beta, Gamma, Delta und Epsilon (geistige Unterschicht) ist durchaus im Bereich des Machbaren.

Denn wenn ethische Vorstellungen aus Wert und Normvorstellungen gespeist werden, die kulturell zweifellos verschieden sind, kann von einem weltweiten ethischen Grund-konsens kaum gesprochen werden. Insofern ist es auch nicht überraschend, dass bei-spielsweise in Japan die ethische Debatte zur Gentechnologie eher mit Unverständnis verfolgt wird. Es gilt dort vielmehr das „Ichi ban" (Sicherstellung des ersten Platzes). In einer Zeit globaler Wirtschaftsbeziehungen wird eine Verweigerungshaltung aus wirtschaftlicher Sicht somit nicht lange aufrechterhalten. Gerybadze [vgl. S. 292-294] weist zudem darauf hin, dass bereits bei verschiedenen Fachdisziplinen und Branchen zunehmend unterschiedliche Wertvorstellungen zu konstatieren sind. Danach bilden sich fachgebiets- und kontextspezifische Regelungen heraus, beispielsweise für „good clinical practice" in der Pharmaindustrie oder berufsspezifische Ethik-Codes für Physiker. Darüber hinaus ist jeder Mitarbeiter in der Forschung und Entwicklung den verschiedenen Norm- und Zielvorstellungen verschiedener Anspruchgruppen (Scientific Community, Politiker, Öffentlichkeit, Anteilseigner von Unternehmen usw.) unterworfen, deren Ziel- und Wertvorstellungen häufig miteinander konkurrieren. Gerybadze weist deshalb darauf hin, dass in vielen neu entstehenden Gebieten der Forschung und Entwicklung „offene Felder" der Ethik entstehen und erst mit Zeitverzögerung geeignete Normen denkbar sind.

Somit ist festzustellen, dass eine Begrenzung der Möglichkeit zum therapeutischen Klonen von Embryozellen auf Großbritannien höchst unwahrscheinlich ist. Insofern stellt Bundeskanzler Schröder fest: „Eine Selbstbeschneidung Deutschlands würde dazu führen, dass wir das importieren, was bei uns verboten, aber im Ausland erlaubt ist". 340 Abgeordnete des Deutschen Bundestages (bei 265 Gegenstimmen) stimmten in diesem Sinne am 30.01.2002 für die Möglichkeit, embryonale Stammzellen unter bestimmten Voraussetzungen zu Forschungszwecken nach Deutschland importieren (aber nicht selbst in Deutschland herstellen) zu können. Dabei soll die Einfuhr von einer Behörde überwacht werden.

Allerdings ist nicht nur das therapeutische Klonen umstritten. Quer durch die politischen Parteien gilt dies auch für die Präimplantationsdiagnostik (PID). Dabei wird nach einer künstlichen Befruchtung der Embryo auf krankhaft veränderte Gene untersucht. Dabei werden nur Embryonen in die Gebärmutter eingesetzt, die höchstwahrscheinlich keine der Krankheiten, auf die geprüft wurde, bekommen. Die PID kann daher als Instrument der Selektion eingesetzt werden.

Als Fazit bleibt festzuhalten: Es existieren von politischer Seite, aber auch von Seiten der Forschung überwiegend keine unverrückbaren Grenzen ethischen Verhaltens, sondern es bleibt offensichtlich tatsächlich die Schlussfolgerung, dass das ethisch verantwortbar ist, was sich wirtschaftlich lohnt. Leider bleibt Kants kathegorischer Imperativ dabei nur eine Feigenblattfunktion. Realistischer ist da schon, dass der Philosoph Karl Jaspers schon Ende der 50er-Jahre vor der allzu menschlichen Tendenz gewarnt hat, technologische Gefahren zu verdrängen und scheinoptimistisch den Kopf in den Sand zu stecken. Andererseits wissen wir spätestens seit Dürrenmatts „Die Physiker" [Dürrenmatt, S. 85]: „Was einmal gedacht wurde, kann nicht mehr zurückgenommen werden."

Zusammenfassend ist festzustellen, dass neue Technologien häufig zu einer Machbarkeits-Euphorie führen, die seit dem Turmbau zu Babel oder den Erfahrungen des Zauberlehrlings nach Goethe zu konstatieren sind. Dabei gilt es, ethisch richtige Ziele und Methoden (auch der Gentechnik) zu unterstützen, falsche Zielvorstellungen zu durch-

schauen und weder alles zu glauben, was sie versprechen, noch alles zu tun, was sie ermöglichen. Gefordert sind somit Sensibilität und die Fortentwicklung moralischer Kom-
petenz, insbesondere hinsichtlich der Würde des Menschen. Was den aktuellen Stand
angeht, konstatiert Küng bei den Führungskräften der Wirtschaft realistisch ein latentes
und diffuses Verständnis von Ethik [vgl. S. 360]. Auch empirische Befunde zeigen, vor
allem bei jüngeren Führungskräften, eine deutlich „opportunistische Grundeinstellung",
während positive ethische Orientierungen nur recht wenig angetroffen werden. Vielmehr
gilt eine deutliche „Ich-Zentrierung", gepaart mit „Erfolg um jeden Preis", die Leitsprü-
chen folgt wie: „Es schenkt einem keiner etwas, jeder ist sich selbst der Nächste." oder
„Um ein höheres Ziel zu erreichen, lässt sich manchmal Unrecht nicht umgehen." Mit
diesem egozentrischen Lebenswandel korrespondiert die Ansicht, dass Moral reine Ge-
fühlssache sei. Vielmehr wird das Ich zur alleinigen Instanz für Gut und Böse. Folglich
gibt es für den Opportunisten keine allgemein gültigen Maßstäbe [vgl. Steinmann/Löhr,
S. 49-50].

2.5.2.3 Promotorenmodell

Innovationsmanagement - unabhängig ob von Produkt- oder Prozessinnovationen ausgegangen wird - ist mit der Überwindung von Widerständen befasst. Dabei muss das Innovationsmanagement Ängste, Zwangsvorstellungen, Ignoranz, Desinteresse ebenso überwinden wie technologisch, ökonomisch und ökologisch begründete Abwehrhaltungen.

Auf Grund dieser Vielfalt möglicher Widerstände ist einsichtig, dass es einen „Königs-
weg" zur Durchsetzung von Innovationen nicht geben kann. Gleichwohl hat die empirische Forschung erste Einsichten geliefert, die im Rahmen des Promotorenmodells zusammengefasst werden können.

Fallstudie

Es ist im Februar 1977, als Ferdinand Piech (damaliger verantwortlicher Vorstand für
Entwicklung bei Audi) von seinen Fahrwerkskonstrukteuren zum ersten Mal auf die
Anwendung des Vierradantriebs für eine Audi-Serienlimousine angesprochen wird. Der
Entwicklungschef benötigt für seine Entscheidung nicht lange, bereits einen Tag später
ist ihm klar, wenn überhaupt Allradantrieb, dann lieber in Verbindung mit einem Hoch-
leistungs- oder Sportwagen. Damit hat der Quattro grünes Licht - jedoch ohne offiziellen
Vorstandsbeschluss. Erst im September 1977 erhält das Projekt eine Entwicklungsnum-
mer, ist offiziell genehmigt, bereits im März 1980 wird das Quattro Coupe anlässlich der
Ausstellung des „Genfer Salons" präsentiert [vgl. Hauschildt, 1997, S. 153-155].

Die Fallstudie zeigt, dass Innovationen ihren Erfolg auch dem unbedingten Einsatz einzelner Personen verdanken. Diese bringen ihre Persönlichkeit, ihre Position, ihre Sankti-
onsinstrumente und ihr Wissen in die Entscheidung und Durchsetzung einer Innovation
ein. In der wissenschaftlichen Forschung werden diese Personen als Promotoren bezeichnet. Dabei gehen Hauschildt und Krüger davon aus, dass Innovationen am wirk-
samsten durch eine Drei-Personen-Arbeitsteilung (Abbildung 59) durchgesetzt werden
können [vgl. Hauschildt, 1997, S. 167-172; Hauschildt/Chakrabarti, S. 75-82; Hau-
schildt/Kirchmann, S. 97-107; Krüger, S. 1788-1791].

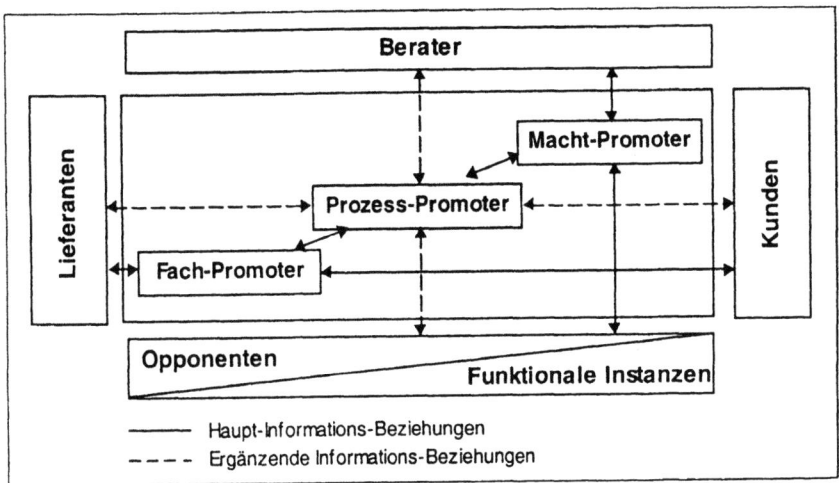

Abbildung 59: Konzept der Arbeitsteilung im Innovationsmanagement [Haschildt/ Chakrabarti, S. 79]

Der **Fachpromotor** ist der Träger des objektspezifischen Fachwissens. Er ist Erfinder, Ideenträger und auf jeden Fall der Kenner der technologisch neuen Materie. Er kennt die inneren Gesetzmäßigkeiten, die Leistungspotenziale und die Details. Seine Informationspartner sind in erster Linie technisch Interessierte oder Gleichgesinnte bei Kunden oder Lieferanten. Seine Position ist dadurch gekennzeichnet, dass er auf Grund seines Fachwissens die Fähigkeitsbarrieren der Innovation überwindet, seine hierarchische Position ist dagegen unerheblich.

Der **Machtpromotor**, auch Sponsor oder Pate genannt, verfügt über die Ressourcen, um den Entscheidungs- und Durchsetzungsprozess der Innovation, beispielsweise auch gegen konkurrierende Projekte, zu ermöglichen. Er entscheidet über Budgets, Kapazitätszuweisungen zu Gunsten der Innovation. In der Regel verfügt er als Mitglied oder Vorsitzender der Geschäftsleitung über hohes hierarchisches Potenzial und hat somit Macht, um interne Opposition (insbesondere Willensbarrieren) zu blockieren.

Der **Prozesspromotor** verfügt über Organisationskenntnis und gilt als Integrationsfigur. Dazu benötigt er sowohl hinreichend technisches Sachverständnis als auch die Übersicht über ökonomische und soziale Implikationen für die Unternehmung. Hauschildt [vgl. 1997, S. 170-172] sieht in ihm den Steuermann des Innovationsprozesses: Er weiß, wer von der Innovation betroffen sein wird, er verfügt über diplomatisches Geschick und weiß, wie man unterschiedliche Menschen individuell anspricht und gewinnt. Neben Informationsbeziehungen zu den Marktpartnern, den Beratern und Opponenten ist er in der Lage, Bezüge zu anderen fachlichen Aspekten (z.B. Marketing, Finanzen, Logistik, Produktion) zu vermitteln. Zudem bestimmt er die Ablauforganisation des Entscheidungsprozesses, zerlegt somit das Gesamtproblem in einzelne Teilentscheidungen und in die Reihenfolge der Projektarbeit. Darüber hinaus löst er Konflikte zwischen widerstrebenden Teilzielen oder Abteilungen und hat dafür Sorge zu tragen, dass die getroffenen Entscheidungen umgesetzt werden. Dabei hat er sich ständig mit dem Machtpromotor abzustimmen.

Eine Untersuchung von Kirchmann [vgl. S. 230-243], die das Promotorenkonzept empirisch erforscht, kommt zu folgenden Ergebnissen: Danach agieren in 39 % der Projekte nur ein Fachpromotor, in 14 % ein Gespann von Fach- und Machtpromotor und in 16 % eine Troika aus Fach-, Macht- und Prozesspromotor. Mit der Zahl der Promotoren steigt zugleich

- ■ - der Innovationsgrad,
- ■ - die Relevanz der beschafften Information,
- ■ - der technische Erfolg der Innovation,
- ■ - der wirtschaftliche Erfolg des Projektes.

Der Erfolg mit dieser Art der Rollenteilung ist nur im Team möglich, eine Isolation der Promotoren kann das Innovationsprojekt gefährden. Mit zunehmender Unternehmensgröße und Komplexität des Innovationsprojektes kann auch die Zahl der Promotoren steigen. So werden in den verschiedenen Hierarchien des Unternehmens Promotoren benötigt, die den Innovationsprozess vorantreiben. Vor allem der Prozessmotor muss deutlich mehr Informationen verarbeiten. Domsch/Gerpott/Gerpott [vgl. S. 7-10] sehen deshalb in der zusätzlichen Unterstützung durch einen technologisch ausgerichteten Gatekeeper eine deutliche Verbesserung des innovationsbezogenen Kommunikationsprozesses. Dieser hat die Aufgabe, Informationen zu sammeln, zu speichern und diese bei auftretenden Problemen seinen Kollegen gezielt zur Verfügung zu stellen.

Da es erfahrungsgemäß wenige Innovationen ohne Widerstand gibt, wird durch die Aktivitäten der Promotoren ein Wechselspiel mit der Oppositon (auch als Opponenten bezeichnet) sichtbar.

Die von der Opposition verfolgten Argumente bzw. Konzepte, aber auch die Gegenstrategien der Promotoren, werden in Abbildung 60 zusammengefasst:

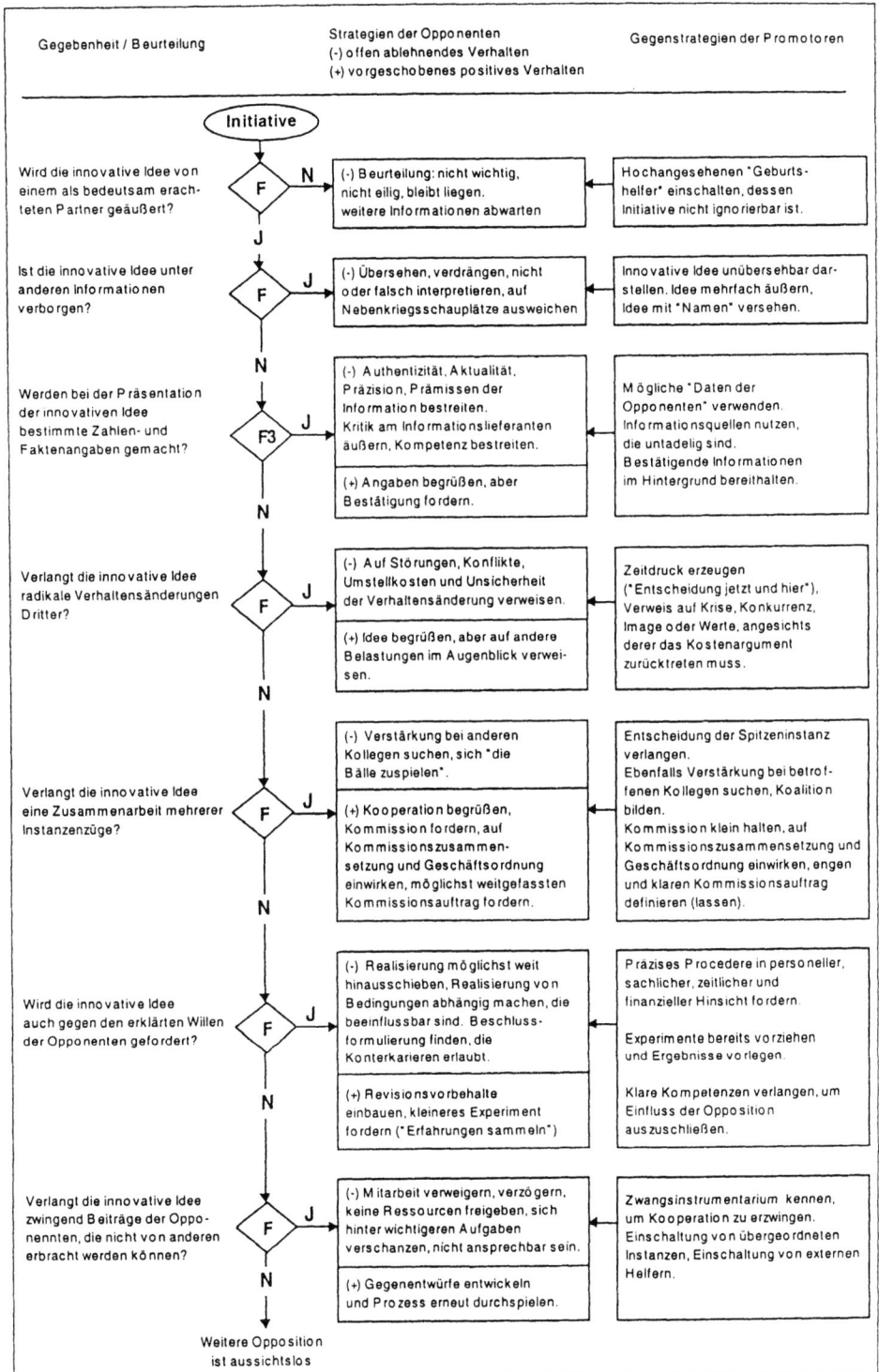

Abbildung 60: Strategien der Opposition und Gegenstrategien der Promotoren [Hauschildt, 1997, S. 174-175]

3. Operative Ebene: Projektmanagement

3.1 Voraussetzungen für ein effektives und effizientes Projektmanagement

In vielen Unternehmen hat sich das Projektmanagement in den letzten zwanzig Jahren als Führungskonzept zur Realisierung von innovativen Vorhaben etabliert. In diesem Zusammenhang ist es theoretisch und empirisch von Interesse, welche Faktoren für die Effizienz und Effektivität des Projektmanagements verantwortlich sind. Dabei ist ein Projekt dann erfolgreich abgeschlossen, wenn die Projektbeteiligten sowohl die Qualität, die Akzeptanz und den Kundennutzen der Projektergebnisse (Effektivität) als auch die Termin- und Kostenziele (Effizienz) positiv bewerten.

Lechler/Gemünden, S. 435-448 identifizieren auf Basis einer empirischen Untersuchung, die sich auf die Ausweitung von 448 deutschen Projekten stützt, sieben relevante Erfolgsfaktoren:

- Top-Management
- Projektleiterbefugnis
- Projektteam
- Partizipation
- Information/Kommunikation
- Planung
- Steuerung

Aus Sicht des Verfassers sind diese Erfolgsfaktoren bei drei Eckpunkten des Projektes von besonderer Bedeutung:

1. Projektstart
Dem Erfolgsfaktor „Information/Kommunikation" wird in den meisten Untersuchungen eine besonders hohe Bedeutung beigemessen. Dies gilt bereits für die Phase des Projektstarts. Voraussetzung ist ein klarer Auftrag (Mission) auf der Basis operationalisierbarer Zielsetzungen, und zwar übereinstimmender Vorstellungen über den Projektgegenstand und -umfang zwischen dem (internen) Auftraggeber, dem Projektleiter und dem Projektteam.

2. Projektorganisation
Wie die Ausführungen zum Thema Widerstände gezeigt haben (siehe auch Kapitel 2.5.2), ist ein Engagement des Top-Managements für das Projekt unumgänglich. Außerdem sind klare Zuständigkeiten zwischen Linien- und Projektorganisation sowie Unterstützung durch die Linienorganisation erforderlich. Gleichwohl wird man in etlichen Unternehmen das Gefühl nicht los, dass das Projektmanagement als natürlicher Feind der Linienorganisation angesehen wird. Des Weiteren sind die Entscheidungskompetenzen

des Projektleiters eindeutig festzulegen. Letztlich ist ein projektadäquates fachliches und administratives Know-how des Projektteams unentbehrlich.

3. Projektplanung und Projektüberwachung/-steuerung

Berichte über aus dem Ruder gelaufene Projektkosten [vgl. Maddaus, S. 253-259] oder Terminverzögerungen zeigen die Schwierigkeiten bei der Erarbeitung einer realistischen Projektplanung. Andere Beispiele veranschaulichen wiederum, dass die Planung eines Projektes von vornherein vom Wunschdenken diktiert worden ist. Insofern sind intensive Planung, regelmäßige Beurteilung des Leistungsfortschritts und somit eine Projektüberwachung wichtig. Auf Basis der vorliegenden Erkenntnisse sind, wenn nötig, rechtzeitig Korrekturmaßnahmen einzuleiten (Projektsteuerung). Hierfür sind sowohl ein formal eingerichtetes Informationssystem und Berichtswesen als auch eine hohe Qualität des Kommunikationsprozesses erforderlich.

3.2   Projektprogrammplanung

3.2.1   Gegenstand der Projektprogrammplanung

Die Formulierung eines Projektprogrammes resultiert aus den Analyseergebnissen des strategischen Innovationsmanagements und bildet den Rahmen für die praktische Umsetzung, das heißt die Planung, Überwachung und Steuerung konkreter Projekte. Insofern resultieren die durchzuführenden Projekte aus der Bewertung der Markt- und Technologieattraktivität unter jeweiliger Berücksichtigung der Wettbewerbsstärke. Während Brockhoff [vgl. 1999] hierfür eine Trennung in ein taktisches und operatives Management vornimmt, wird die Projektprogrammplanung als Teil eines operativen Innovationsmanagements verstanden und somit auf eine dritte Ebene verzichtet.

Die Bewertung, Auswahl und Priorisierung von Innovationsprojekten sind ein wichtiger Faktor zur Steigerung der Effektivität (die richtigen Dinge tun: richtige Projektauswahl) von Forschung und Entwicklung. Falsche Auswahlentscheidungen können auch nicht durch hohe Effizienz (Dinge richtig tun: Erreichung eines Zieles mit geringstmöglichen Mitteln) bei der Projektrealisierung ausgeglichen werden.

Projekte, die aus einem strategischen Gesamtkonzept hervorgehen, bilden somit die Grundvoraussetzung dafür, dass künftige Leistungspotenziale des Unternehmens geschaffen bzw. ausgebaut werden können. Dazu müssen Projekte definiert und in ein qualitativ, quantitativ und zeitlich strukturiertes Projektprogramm eingebracht werden, wobei die einzelnen Projekte Aufgabenkomplexe darstellen, die von einer Projektgruppe zeitlich befristet bearbeitet werden.

Dies setzt voraus, dass Unternehmen ungeeignete oder unbrauchbare Projektvorschläge möglichst frühzeitig erkennen, um kostspielige Analysen, Prüfungen und Realisierungsmaßnahmen zu vermeiden. Wichtige Teilschritte einer Projektprogrammplanung sind somit die Auswahl und Priorisierung von Projektkonzepten sowie die Budgetierung im Rahmen eines Forschungs- und Entwicklungsplans.

3.2.2 Problemerkennung und Ideengenerierung

Zur Auslösung des Produktinnovationsprozesses bedarf es zunächst der Wahrnehmung von Impulsen seitens der Unternehmen, wobei Impulse vor allem aus der Unternehmensumwelt aufgenommen werden. Innerhalb der Unternehmensumwelt können Entwicklungen und Ereignisse in wirtschaftlichen, wissenschaftlich-technologischen, politisch-rechtlichen oder sozio-kulturellen Bereichen eine Reaktion des Unternehmens in Form einer Produkt- oder Prozessinnovation erforderlich machen.

Ausgangspunkt von Projekten ist somit in der Regel die Erkennung eines Problems, das heißt die Abweichung zwischen einem gewünschten Soll und dem Istzustand (allerdings stellt nicht jedes Problem ein Projekt dar). Dies reicht jedoch noch nicht aus. Im Gegensatz zu reinen Kundenprojekten, bei denen eine Beschreibung des zu erstellenden Produktes oder Prozesses vorliegt, muss bei selbst zu entwickelnden Innovationen erst festgelegt werden, welches Produkt/welcher Prozess mit welchen Eigenschaften Gegenstand eines Projektes werden soll. Hierzu müssen zunächst Lösungsideen gesammelt werden, die im Rahmen eines Prozesses anschließend bewertet werden.

Insofern geht es in dieser Phase des Projekt- und Innovationsmanagements um den Einsatz von Methoden zur Problemerkennung und Ideengenerierung. Gleichwohl können die vorgestellten Methoden, beispielsweise Kreativitätstechniken, auch für Problemanalysen herangezogen werden. Umgekehrt lassen sich Konzepte, wie beispielsweise Benchmarking oder die Produktklinik, auch zur Ideengenerierung benutzen.

3.2.2.1 Ausgewählte Methoden für die Problemerkennung

A) Benchmarking
Benchmarking gehört nach der empirischen Untersuchung von Gaul/Volkmann [vgl. S. 77] zu den bekanntesten und am häufigsten eingesetzten Verfahren im Innovationsmanagement. Beim Benchmarking geht es um den Vergleich des eigenen Unternehmens mit einem oder mehreren Spitzenunternehmen. Geht es nicht um Produkt-, sondern um Prozessveränderungen, muss sich der Vergleich nicht unbedingt auf Unternehmen derselben Branche beziehen. Ziel ist zunächst die Herausarbeitung dessen, was diese Unternehmen vom Durchschnitt unterscheidet und worin sich der Erfolg begründet, wobei sich diese Unterschiede durch Kennzahlen veranschaulichen lassen. Anschließend ist festzustellen, inwieweit ein Transfer dieser Vorgehensweise, zumindest in angepasster Form, zum eigenen Unternehmen möglich ist.

B) Schwachstellenanalyse

Bei der Schwachstellenanalyse geht es im Wesentlichen um die Herleitung relevanter Probleme aus dem Auftreten von Mängeln. Diese können sich beispielsweise auf die Qualität einzelner Produkte oder Prozesse anhand von Reklamationen beziehen. Wegen der ermittelten Mängel müssen Problemursachen festgestellt werden. Nach erfolgter Problemanalyse sind Lösungsalternativen zu erarbeiten, die - bei entsprechender Komplexität - die Durchführung eines Projektes zur Folge haben können.

C) Produktklinik

Ziel der Produktklinik ist die Förderung und Nutzbarmachung vorhandener interner (Mitarbeiter des Unternehmens) und externer (Experten, Kunden) Informationen über Konkurrenzprodukte oder -prozesse [vgl. Wildemann, S. 1185-1197]. Dabei sollen neue Lösungsalternativen entwickelt sowie Kosten- und Leistungspotenziale festgestellt werden (Abbildung 61).

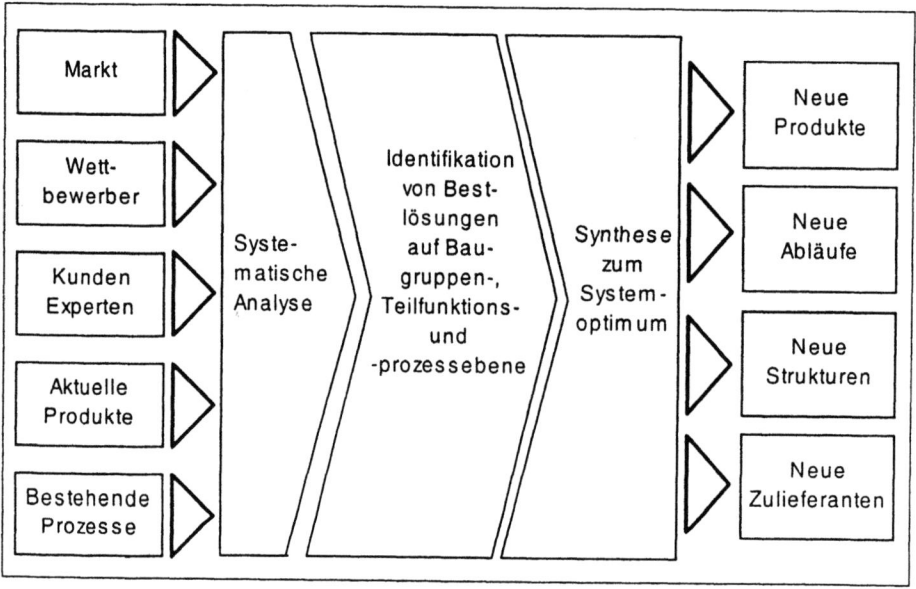

Abbildung 61: Konzept der Produktklinik [Modifiziert nach Wildemann, S. 1183]

Ein zentrales Element der Produktklinik bildet das gemeinsame Lernen am konkreten physischen Objekt. Dabei findet zwischen den Teammitgliedern ein interdisziplinärer Meinungsaustausch und Wissenstransfer statt, der die gesamte Prozesskette von der Produktdefinition bis zum Recycling abdeckt.

Dies geschieht im Kern durch

- Quantifizierung von relevanten Leistungsunterschieden. Dies sind beispielsweise bei einem PKW der Benzinverbrauch, die Geschwindigkeits- und Beschleunigungswerte, die Außenabmessungen, die Wartungsintervalle und die Zulademöglichkeiten. Bei einem Fertigungsprozess hingegen sind es beispielsweise die Arbeitsgeschwindigkeit, Arbeitsqualität, Flexibilität, Wartungsintensität und der erforderliche Personalbedarf.

- Bestimmung von Ursachen für Leistungsnachteile (gegenüber der Konkurrenz).
- Ermittlung von Konstruktionsunterschieden, durch Zerlegung in die einzelnen Baugruppen, Teilfunktionen oder Prozesse. Dabei sollen die unterschiedlichen technisch-funktionalen Konzeptionen analysiert und wertanalytisch betrachtet werden. Methodisch wird bei der Wertanalyse so vorgegangen, dass der Wert einer Funktion den zur Realisierung aufgewandten Kosten gegenübergestellt wird. Dadurch wird versucht, Kosten bislang technisch überdimensionierter Teile bzw. nicht nutzbringender Funktionen durch Vereinfachung und Streichung zu reduzieren. Zur Kalkulation der Konkurrenzprodukte werden in der Regel die unternehmensinternen Kostensätze verwendet. Damit wird die Frage beantwortet, wie viel die Produktion des Fremdproduktes im eigenen Unternehmen kosten würde.
- Untersuchung von Prozessen, die das Produkt ergänzen, insbesondere Finanzierung, Service und Recycling.
- Neudesign von Produkt oder Prozess auf Basis des Erlernten, das auch als Cherry Picking oder Best Practice bezeichnet wird. Dabei sollen die einzelnen Lösungen jedoch nicht ausschließlich zu einer reinen Imitation zusammengesetzt werden, sondern eigene Ideen einfließen, die zu einer Know-how-Generierung auf höherem Niveau führen.
- Übertragung von Erkenntnissen auf die eigene Innovation und Wertschöpfung.

Abbildung 62 veranschaulicht die Vorgehensweise des Neudesigns (Angaben in €).

| | Eigenes Produkt | Wettbewerbsprodukt | | | | Beste Kombi- nation |
		A	B	C	D	
Bauteil 1	520,8	564,17	516,17	568,74	598,98	520,8
Bauteil 2	194,59	203,99	196,51	191,13	190,78	190,78
Bauteil 3	190,52	203,99	196,51	191,13	191,08	190,52
Bauteil 4	54,21	51,54	51,2	51,86	51,86	51,2
Bauteil 5	42,7	40,88	40,61	42,16	37,45	40,61
Bauteil 6	43,02	40,88	40,22	42,12	37,45	40,22
Bauteil 7	69,12	69,72	73,35	73,01	67,61	69,12
Montage I	52,95	47,82	52,95	39,82	40,00	39,82
Montage II	230,75	203,04	238,65	215,00	202,7	202,7
Summe	1.398,66	1426,03	1451,17	1415,01	1417,91	1345,77
Bauteil	100,00%	101,96%	103,75%	101,17%	101,38%	0,9622

Abbildung 62: Neudesign durch Cherry Picking [Wildemann, S. 1189]

D) Anregungen durch den Außendienst
Durch Außendienstmitarbeiter des Unternehmens können Bedürfnisse und Erwartungen der Kunden erfasst werden.

E) Betriebliches Vorschlagswesen
Wie in Kapitel 2.4.5 noch genauer erörtert ist, besteht durch die Mitarbeiter des Unternehmens erhebliches Problemerkennungspotenzial, das es zu nutzen gilt.

F) Analyse von Gesetzen
Aus gesetzlichen Neuregelungen, beispielsweise aus Umweltschutzbestimmmungen, kann sich ein Veränderungsbedarf ergeben.

G) Controlling
Nicht zuletzt kann das Controlling, beispielsweise auf Basis der Kostenrechnung, Aufschluss über Rationalisierungsbedarf geben, insbesondere im Vergleich mit anderen Unternehmen (Benchmarking).

3.2.2.2 Ausgewählte Methoden für die Ideengenerierung

Nach einer empirischen Untersuchung von Kohlbecher [vgl. S. 158] stammen etwa zwei Drittel der Innovationsideen aus dem Unternehmen, ein Drittel der Innovationsideen wird von außerhalb angestoßen (Abbildung 63), wobei Anregungen durch Kunden dominieren. Dies gilt vor allem für Investitionsgüter und Systemgeschäfte. Beispielsweise sind 60 bis 80 Prozent der neuen Produkte im wissenschaftlichen Gerätebau und in der Halbleiterindustrie von den Nutzern selbst erfunden und angewendet worden, bevor sie dann kommerziell angeboten werden.

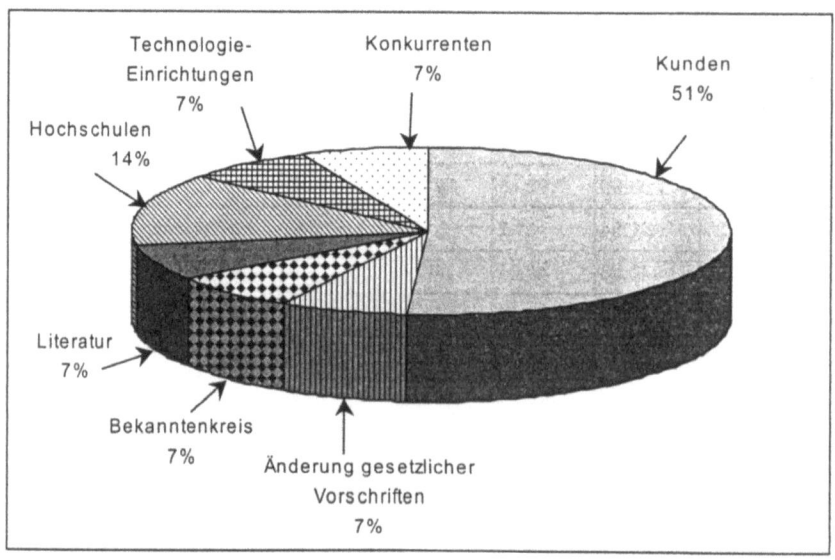

Abbildung 63: Externe Anregungen eines Innovationsprojektes [Kohlbecher, S. 158]

Sofern die konkrete Innovationsidee bislang nicht vom Unternehmen selbst oder von der Unternehmensumwelt hervorgebracht worden ist, müssen Ideen für Neuprodukte durch eine systematische Ideensuche generiert werden. Hierzu existieren zwei theoretische Vorstellungen:

Nach der **Assoziationspsychologie** wird die Ideengenerierung als assoziative Verbindung vorhandener Elemente mit neuartigen Kombinationen verstanden. Geschka/Yilditz [vgl. S. 36] sehen dies als kreativ-schöpferischer Akt der aktiven Suche oder des passiven Findens von neuen Ideen, wobei Kreativität als Fähigkeit zu verstehen ist, „Wissens- und Erfahrungselemente aus verschiedenen Bereichen unter Überwindung verfestigter Strukturen und Denkmuster zu neuen Ideen (Problemlösungsansätzen) zu verschmelzen". Der Assoziationspsychologie entstammen tendenziell intuitiv-kreative Methoden, bei denen die spontane schöpferische Ideenhervorbringung durch Menschen mit überdurchschnittlicher Intelligenz und/oder Fachkenntnis im Vordergrund steht (z.B. Brainstorming).

Die **Gestaltungspsychologie** bewertet Kreativität als Prozess der Überführung einer diffusen und komplexen in eine geordnete und überschaubare Gestalt. Innovative Ideen resultieren somit nicht aus einem Geistesblitz, der verschiedene bekannte Elemente zu einer neuen Einheit vereinigt, sondern der gründlichen und andauernden Auseinandersetzung mit einem ganzheitlichen Problem. Ausgehend von der Gestaltungspsychologie existieren analytisch-systematische Methoden von Kreativitätstechniken, denen ein logisch-strukturiertes Vorgehen bei der Lösungssuche und ihrer schrittweisen Verbesserung zu Grunde liegt (z.B. morphologischer Kasten).

Strittig ist überdies, ob grundsätzlich alle Menschen die Fähigkeit zur Kreativität in mehr oder weniger starkem Maße besitzen oder nur wenige „Auserwählte" über diese Eigenschaft verfügen. Ebenso strittig ist die Frage, ob und inwieweit diese Fähigkeit beeinflusst werden kann. Ausgehend von dem Wissen, dass das menschliche Gehirn aus zwei Gehirnhälften besteht, werden die beiden Hälften als „linke" und „rechte" Hemisphäre bezeichnet. In den letzten Jahrzehnten wurde festgestellt, dass jede Gehirnhälfte für bestimmte geistige Prozesse zuständig ist. Die linke Gehirnhälfte beispielsweise für Logik, Vernunft, Sprache, Rechnen, Analyse, Abstraktion, die rechte Gehirnhälfte für Rhythmus, Musik, Vorstellungskraft, Bilder, Farbe, Formerkennung usw. Majaro [vgl. S. 65-67], der sich auf die Arbeiten von Roger W. Sperry und dessen Mitarbeitern am California Institute of Technology stützt, geht davon aus, dass Kreativität nicht das alleinige Vorrecht von Menschen mit „rechtslastigem" Verstand ist, gleichwohl diesen schöpferische Tätigkeiten leichter fallen.

Innovationen mit einem hohen Neuigkeitsgrad basieren vorwiegend auf neuartigen Ideen zur jeweiligen Problemlösung. Für deren Ideengenerierung steht eine Vielzahl von Methoden zur Verfügung [vgl. beispielsweise Biermann/Dehr, S. 79-103]. Die Vielfalt dieser Kreativitätstechniken ist kaum noch überschaubar. Geschka/Yilditz nennen 22 Methoden, andere Autoren schätzen die Anzahl auf 50 bis 100 Methoden [vgl. Hauschildt, 1997, S. 311].

Tatsächlich werden nur wenige dieser Kreativitätstechniken in der betrieblichen Praxis bewusst eingesetzt und als erfolgreich beurteilt. Dies gilt nach Ansicht von Hauschildt [vgl. 1997, S. 311] vor allem für Brainstorming, die 6-3-5 Methode (Brainwriting), die Morphologische Analyse und die Synektik-Methode, weshalb sich auch die Auswahl auf diese Methoden beschränkt. Empirische Untersuchungen bei Schweizer Unternehmen zeigen, dass diese lediglich Brainstorming und die Morphologische Analyse regelmäßig und mit gutem Erfolg für Produktinnovationsprozesse anwenden [vgl. Krause, S. 147].

Unbestritten ist, dass Kreativität eine wichtige Voraussetzung für den unternehmerischen Erfolg ist und damit einen wichtigen Wettbewerbsfaktor vermittelt. Gleichwohl sieht Bullinger [vgl. 2000, S. 21-26] insofern eine paradoxe Situation in der Unternehmenspraxis, als zwar die Bedeutung der Mitarbeiterkreativität betont wird, ein Kreativitätsmanagement aber nicht existiert. Kreativität wird, wenn überhaupt, nur nebenbei betrieben. Außerdem fehlen überzeugende Konzepte, um die Kreativität von verteilt arbeitenden Mitarbeitern zu unterstützen und auf ein gemeinsames Ziel auszurichten.

A) Brainstorming

Diese Methode ist von Osborn bereits Ende der 30er-Jahre entwickelt worden. Brainstorming erfolgt in einer Gruppe von 5 bis 12 Personen in möglichst interdisziplinärer Zusammensetzung. Im Vordergrund stehen insbesondere die Quantität der geäußerten Ideen sowie das angestrebte Überwinden eingefahrener Denkgewohnheiten bzw. traditioneller Lösungsmuster. Das Äußern von Kritik, beispielsweise so genannte Killerphrasen wie „das wird nirgends so gemacht", „das ist doch reine Theorie", „was das kostet" oder „davon verstehen sie fachlich zu wenig", sind bei der Ideensammlung unerwünscht.

Die Ideensammlung verlangt eine sorgsame Aufzeichnung, die durch Video- oder Tonbandaufnahme vereinfacht werden kann. An das Brainstorming schließt sich stets eine systematische Ideenauswertung an, bei der weitere Ideen entwickelt werden dürfen, die Hauptaufgabe liegt jedoch in der Ordnung und Vervollständigung sowie in einer ersten Bewertung der Aussagen.

B) 6-3-5-Methode (Brainwriting)

Brainwriting ist eine Weiterentwicklung des Brainstormings. Bei dieser Methode wird versucht, den Assoziationsauftrag des Brainstormings mit der konzentrierten Individualleistung zu verknüpfen. Wie auch beim Brainstorming sollen sich die Teilnehmer durch ihre Ideen wechselseitig anregen und daraus Anknüpfungen und Analogien bilden. Dies geschieht bei der 6-3-5-Methode auf schriftlichem Wege. Seinen Namen hat die Methode aus folgendem Grund erhalten:

- 6 Personen notieren jeweils auf einem Formular

- 3 Ideen

- innerhalb von 5 Minuten

Nach erfolgter Problemdefinition werden Lösungsvorschläge gesammelt. Jeder Teilnehmer trägt in die oberste Zeile seines Formulars innerhalb von fünf Minuten drei Ideen ein. Danach werden die Formulare im Uhrzeigersinn an den Nachbarn weitergegeben. Nun hat jeder Teilnehmer die von seinen Vorgängern aufgezeichneten Ideen vor sich und fügt nun innerhalb von fünf Minuten weitere drei Ideen hinzu. Diese können eine Ergänzung oder Variation zu den Ideen des Vorgängers darstellen oder völlig neu sein. Das Verfahren wird solange wiederholt, bis jeder Teilnehmer jedes Formular einmal beschrieben hat. Die Methode verfolgt durch ihre Eingrenzungen (sechs Teilnehmer, drei Ideen, fünf Minuten) den Zweck, der Informationsüberlastung vorzubeugen. Außerdem werden alle Teilnehmer gleichmäßig aktiviert, Passivität wird nicht zugelassen.

C) Synektik

Der Begriff Synektik kommt aus dem Griechischen und bedeutet das Zusammenfügen verschiedener Elemente, gibt jedoch der Gesamtheit einen höheren Stellenwert als der Summe aller Teile (analog zur Synergie) [vgl. Tsifidaris, S. 70].

Der Ablauf einer Synergiesitzung kann wie folgt aussehen:

1. Erklärung des Problems (Aufgabenstellung)
2. Analyse des Problems/der Diskussion von Verständnisfragen
3. Spontanreaktionen/Sammlung von Lösungsideen (analog zum Brainstorming)
4. Verfremdung (Inkubation) durch örtliche, zeitliche und/oder sachliche Entfernung von dem Problem, beispielsweise Analogie zur Natur (Bionik).
5. Analyse des Analogiebegriffes mit dem Ziel, aus deren Strukturelementen und Prinzipien Lösungsideen für das Problem abzuleiten.

Hering [vgl. S. 547] sieht in der Synektik die anspruchsvollste Kreativitätstechnik, vor allem im Hinblick auf die erzielte Originalität der Ideen.
Abbildung 65 zeigt ein Beispiel eines Pharmaunternehmens, das sich mit dem Problem kindgerechter Tablettenverpackungen auseinander setzt.

Die Bionik kann darüber hinaus auch eigenständig als Kreativitätstechnik herangezogen werden. So verdankt der Conti-Winterreifen TS 780 seine optimierte Seitenführung und den kürzeren Bremsweg einem sechseckig geschnittenen Profil, das die Ingenieure der Haut an den Zehen eines bei Biologen als tropischen Klettermaxe berühmten Baumfrosches aus Südamerika nachempfunden haben.

Opel wiederum hat das Wachstum von Bäumen und Knochen und deren raffinierte Versteifungen studiert. Ein Ergebnis dieser Methode ist der Motorträger des Opel Astra, der rund 60 Prozent weniger innere Spannungen aufweist und etwa 25 Prozent weniger wiegt als ein konventionell entwickeltes Bauteil.

D) Morphologischer Kasten

Der Morphologische Kasten geht auf Arbeiten Zwickys aus den 50er-Jahren zurück. Morphologie ist die Lehre vom Gestalten oder Formen eines Sachbereichs. Der Grundsatz der Analyse besteht darin, den entsprechenden Sachbereich lückenlos und überschneidungsfrei in dessen charakteristischen Elemente (Funktionen, Parameter, Bauelemente) zu gliedern und die Vielgestaltigkeit durch unterschiedliche Ausprägungen (oder prinzipiell mögliche Lösungsvarianten) zu beschreiben.

Schritte	Ablauf
Problemanalyse	Kinder unterliegen der Gefahr, aus Neugier oder in der Verwechslung mit Süßigkeiten greifbare Medikamente in schädigenden Mengen einzunehmen. Das soll durch "kindersichere" Verpackung verhütet werden, die möglichst für alle Arzneimittel-Arten (Pillen, Pulver, Flüssigkeiten usw.) geeignet und nicht oder nur unwesentlich teurer als herkömmliche Verpackungen sind.
Spontanreaktion	"Intelligenzen" als Sicherheitsfaktoren einbauen, z.B. Tablettenröhrchen mit Zahlenschloss-Mechanik, Verpackungen, die nur mit speziellen Werkzeugen (z.B. einer Münze) zu öffnen sind. Packungsreize für Kinder mindern (Inhalt darf nicht klappern, unauffällige Form- und Farbgebung usw.)
Neuformulierung des Problems	Die Gruppe möchte sich auf mechanische Lösungen beschränken, d.h. Lösungen, bei denen Chemikalien oder elektrischer Strom eingesetzt werden, kommen nicht in Frage; ansonsten bleibt die Problemformulierung unverändert.
Analyse und Force-Fit	Analyse zur Mechanik ist der Analogiebegriff "alte Dampflok". Dabei werden Merkmale und Funktionsprinzipien auf das Problem übertragen. Merkmale und Funktionsprinzipien sind: 1) Fährt langsam. 2) Auf schwere Lasten abgestimmt. 3) Hat viele Bedienungshebel. 4) Pleuelstangen bewegen sich hin und her. 5) Verwirrendes System von Leitungen. 6) Bremst durch Blockierung. 7) Kohlefeuerung. 8) Stinkt nach Ruß. 9) Fährt nach Fahrplan.
Entwicklung von Lösungsansätzen	1) Aus "fährt langsam" ergibt sich: Drehverschluss, der sich erst bei bestimmter Drehgeschwindigkeit öffnen lässt (etwa nach dem Zentrifugalprinzip). 2) Aus "auf schwere Lasten abgestimmt" ergibt sich: Verschluss, der gegen einen Widerstand niedergedrückt werden muss, bevor das Gewinde greift. 3) Aus "hat viele Bedienungshebel" ergibt sich: Packung mit mehreren Tastknöpfen; von welchen eine bestimmte Anzahl gedrückt werden muss, damit sie geöffnet werden kann. 4) Aus "Pleuelstangen bewegen sich hin und her" ergibt sich: an einem Röhrchen muss eine Längslasche in eine bestimmte Position verschoben werden. Erst dann lässt sich der Deckel abschrauben. 5) Aus "verwirrendes System von Leitungen" ergibt sich: Pillendose mit Innenlabyrinth. Nur ein definierter Bewegungsablauf führt eine Pille aus dem Labyrinth. 6) Aus "bremst durch Blockierung" ergibt sich: Verschluss wird durch lösbaren Stift blockiert. 7) Aus "Kohlefeuerung" ergibt sich: Verschluss durch Thermoelement. 8) Aus "stinkt nach Ruß" ergibt sich: Pillen mit bitterer oder übelriechender Kaschierung versehen, die mit einer separaten Substanz vor dem Einnehmen neutralisiert wird. 9) Aus "fährt nach Fahrplan" ergibt sich: Pillenspender, der an einer Schaltuhr gekoppelt ist.

Abbildung 64: Synektik-Methode [Modifiziert nach Biermann/Dehr, S. 97-98]

intensionale Merkmale (Parameter des Problems)		extensionale Merkmale (Merkmalsausprägungen)									
		mechanisch					elektrisch			sonstige	
Nebenfunktion	Energie erzeugen	Feder-kraft	Erschüt-terung	Druck-schwan-kung	Tempe-ratur-schw.	Hydraulik	Strom-netz	Bat-terie	galv. Ele-ment	Solar-zelle	Strah-lungs-energie
	Energie speichern	Feder-speicher	Gewichts-speicher	Bimetall-speicher		Druckbe-hälter	elektr. Akku-mulator			kein Speicher	
	Werk an-treiben	Feder-motor	Elektro-motor	Pneuma-tischer Motor		Hydrauli-scher Motor	Quarz-oszillator				
	Energie über-tragen (Räderwerk)	Zahnrad-getriebe	Ketten-getriebe	Magnet-getriebe		Schnecken-getriebe	Wandler Räderwerk		Decoder-Treiber-Schaltung		
	(regeln) glei-chen - Frequenz erz.	Unruhe	Torsions-pendel mit Anker	Fliehkraft-regler		Hippscher Pendel	Stimmgabel		Frequenz-teiler		Quarz
	Zeit anzeigen	analog			digital					akus-tisch	hap-tisch
		Zeiger + Ziffernbl.	Schreiber + Marke	Schreiber + Marke	Rollen + Fenster	Wende-blätter	Leucht-dioden (LED)	Flüssig-kristalle (LCD)		akus-tisch	hap-tisch
Hauptfunktion	fixieren (des Werks)	Metall-Platine		Kunststoff-Platine		Holzgehäuse					
			Drehen Fräsen								
Schutzfunktion für: Uhren-werk	Metall-gitter	Metall-platine	Kunststoff-platte	Holz-deckel	Glas-deckel					
Schutzfunktion für: Zeit-anzeige	Mineral-glas	Kunst-glas	(Metall-)gitter	Sprung-deckel	ohne					
	Zeiteinstel-lung	Metall-krone	Kunst-stoff-krone	Druck-tasten	direkte Zeiger-bewegung	Eingriff direkt im Werk	elektrisch mit Tastendruck über Relais				
	Montagebe-festigung	Öse an Rückwand	Bügel an Plati-nenträger	ohne							

Abbildung 65: Morphologische Analyse [Pfeiffer/Metze/Schneider/Amler, S. 106]

Durch beliebige Variationen entstehen zahlreiche neue potenzielle Lösungswege, sodass die Wahrscheinlichkeit steigt, möglichst nahe an das denkbare Lösungsoptimum heranzukommen. Besonders für Personen, die es gewohnt sind, technisch-analytisch zu denken, ist diese Methode empfehlenswert, zumal sie an die gewohnte Herangehensweise von Problemen erinnert. Da die Morphologische Analyse Gruppenarbeit (in der Art einer Brainstorming-Sitzung) erlaubt, aber nicht voraussetzt, ist sie auch allein durchführbar (Abbildung 64).

E) Zukunftswettbewerbe

Neben dem Einsatz von klassischen Kreativitätstechniken ist auch der Einsatz von Zukunftswettbewerben ein interessanter Ansatzpunkt, der jedoch bislang von vergleichsweise wenigen Unternehmen durchgeführt wird [vgl. Müller-Merbach, S. 258-265]. Honeywell, ein internationales Technologieunternehmen, hat wohl als Erster mit Zukunftswettbewerben begonnen. 1982 wurde in den USA die erste „Futurist Competition" durchgeführt, seit 1984 führt Honeywell diesen Wettbewerb alle zwei Jahre in allen Ländern durch, in denen das Unternehmen vertreten ist. Dabei wendet sich Honeywell vorzugsweise an Studierende von Technischen Universitäten. Die Teilnehmer sind eingeladen, in einem Essay einen Ausschnitt der Welt darzustellen, wie er sich in 25 Jahren unter Einfluss neuerer technischer Entwicklungen verändert haben könnte. Der Nutzen eines solchen Wettbewerbs wird insbesondere als Ideenquelle für eigene künftige Produkte gesehen. Ein ähnlicher Wettbewerb wird vom Unternehmen Apple durchgeführt.

Auch der Einsatz von Ideenwettbewerben bei den eigenen Kunden ist ein möglicher Ansatzpunkt für Ideen-/Zukunftswettbewerbe. Das Thema könnte beispielsweise wie folgt lauten: „Wie werden die XY-Produkte aussehen, die Sie von uns in zehn Jahren erwarten?" Auch diese Methode wird in vergleichsweise wenigen Unternehmen systematisch durchgeführt, obwohl der Nutzen als hoch einzuschätzen ist.

3.2.3   Bewertungsverfahren für Projektalternativen

3.2.3.1   Überblick

Unabhängig von der Branche eines Unternehmens ist es unerlässlich, eine Methode zu entwickeln, die eine Einschätzung darüber erlaubt, ob die Umsetzung einer Idee bezüglich eines neuen Produktes oder Prozesses sinnvoll ist. Insofern sind die vorliegenden Lösungsideen in der zweiten Phase des Innovationsprozesses zu bewerten, um wenig erfolgversprechende Ideen von der weiteren Bearbeitung auszuschließen und sich auf die günstigste Lösungsvariante zu konzentrieren, die Grundlage eines Innovationsprojektes sein kann.

Völker [vgl. S. 121] weist darauf hin, dass selbst in Branchen mit vergleichsweise wenigen Produkten, beispielsweise in der Automobilindustrie im Vergleich zur Pharmaindustrie/Chemie, die Anzahl der möglichen Produktausprägungen in Form verschiedener Ausstattungsmerkmale sehr hoch sein kann.

Die eingesetzten Verfahren der Projektbewertung werden von der vorherrschenden Datenunsicherheit beeinflusst. Dabei dürfte diese umso größer sein, je weiter das Projekt von einer Markteinführung bzw. allgemeinen Nutzung entfernt ist. Dies trifft zweifellos für Projekte in der Grundlagenforschung und angewandten Forschung zu, dagegen ist die Datenlage in der Entwicklungsphase allgemein besser, insbesondere dann, wenn es um die Entwicklung eines Nachfolgeproduktes für einen bereits schon existierenden Markt geht.

Nach dieser Logik werden qualitative und semi-quantitative Bewertungsverfahren sowie klassische Verfahren der Grobauswahl, bei Projekten der Grundlagen- und angewandten

Forschung eingesetzt, während in der Entwicklungsphase quantitative Verfahren zum Einsatz kommen.

Quantitative Methoden wie Investitionsverfahren setzen allerdings vertiefende Kenntnisse über den Projektgegenstand voraus. Diese können realistisch erst bei einer umfassenden Projektplanung vorhanden sein, was zeigt, dass Bewertungsverfahren von Projektalternativen nicht nur an einer Stelle, bei der Projektprogrammplanung, sondern auch zu späteren Zeitpunkten, nach Vorliegen detaillierterer Informationen, eingesetzt werden.

Die Abbildung 66 gibt einen Überblick über den Bewertungsprozess für innovative Projekte und nennt Beispiele, warum Projektideen bzw. Projekte verworfen werden (siehe auch Kapitel 3.6.9.2). Die Pfeile zwischen den einzelnen Schritten zeigen, dass nicht von einem deterministischen Verlauf der einzelnen Phasen ausgegangen werden darf, sondern „Rücksprünge" auf frühere Phasen erforderlich sind.

3.2.3.2 Verfahren für die Grobauswahl: Mehrdimensionale Verfahren

Mehrdimensionale Verfahren ermöglichen die simultane Beachtung mehrerer Ziele bzw. Bewertungskriterien. Dabei werden überwiegend qualitative aber auch rechenbare Informationen einbezogen. Methoden, die ausschließlich auf qualitative Daten abheben, sind beispielsweise Checklisten, Projektprofile und Portfolioanalysen. Unter so genannten semi-quantitativen Verfahren ist insbesondere die Nutzwertanalyse von Bedeutung. Empirische Untersuchungen zur Bedeutung dieser Verfahren sind relativ dünn gesät und häufig etliche Jahre alt. Nach Kern/Schröder [vgl. 1977, S. 200] werden häufig Nutzwertanalysen und Projektprofile eingesetzt. Thoma [vgl. S. 222] stellt für die Automobilindustrie fest, dass Projektprofile - insbesondere in den frühen Phasen der Produktentwicklung - von Bedeutung sind.

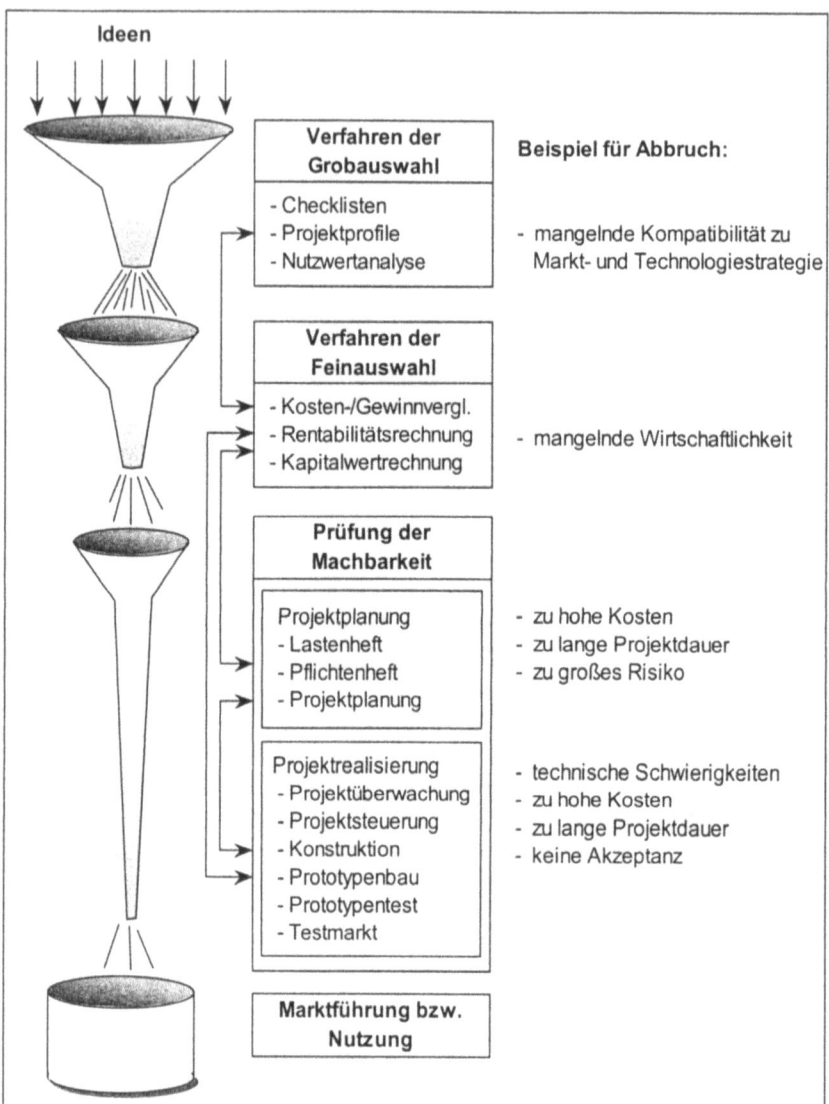

Abbildung 66: Bewertungsverfahren innovativer Projekte

A) Checklisten

Ausgehend von definierten Kriterien einer Checkliste (Abbildung 67), die auch bei Nutzwertanalysen zur Anwendung kommen, werden jede Projektidee bzw. Lösungsalternative entweder intuitiv oder dialektisch bewertet.

Strategische Eignung	**Entwicklungseignung**
- Entsprechung mit strategischer Unternehmens- bzw. Forschungs- und Entwicklungsplanung - Nutzung von Synergieeffekten	- Entwicklungserfahrung - Entwicklungskapazität - Entwicklungszeiten und -kosten - Patentsituation
Produktionseignung	**Beschaffungseignung**
- Produktionserfahrung - Produktionskapazität	- Beschaffungsmöglichkeiten - Preissituation
Vertriebseignung	**Markteignung**
- Vertriebserfahrung - Kundendienstumfang - Abnehmerakzeptanz	- Marktvolumen und –wachstum - Preisgestaltung - Exportmöglichkeiten - Neuheitsgrad am Markt - Substitutionskonkurrenz
Wirtschaftliche Eignung	- Gesetze - Marktdauer
- Kapitalbedarf - Amortisationszeit - ökologische Verträglichkeit - Subventionen	

Abbildung 67: Relevante Kriterien für Bewertungsverfahren

Eine intuitive Bewertung kann beispielsweise durch

- Klasseneinstufungen (förderungswürdig, bedingt förderungswürdig, wenig förderungswürdig, nicht förderungswürdig),
- Punktvergabeverfahren (jeder Bewerter erhält 100 Punkte zur Vergabe auf einzelne Vorschläge),
- Rangplatzvergabe (Rangplätze werden intuitiv auf die Menge der Projetktvorschläge verteilt) oder
- Paarvergleich (anhand einer Matrix werden die Projektvorschläge systematisch miteinander verglichen und Präferenzen angegeben)
- erfolgen.

Eine dialektische Bewertung wird beispielsweise durch

- die Pro-Contra-Methode (Auflistung der einzelnen Argumente),
- das Projektanwaltsverfahren (Experte oder Projektpromotor vertreten die Projektinteressen gegenüber einem Projektplanungsgremium) oder

■ eine Bewertungsdiskussion (Gruppendiskussion zwischen den einzelnen funktionalen Bereichen)

ermöglicht.

B) Projektprofile

Projektprofile erfassen die Kriteriumsausprägungen, wobei die einzelnen Indikatoren grafisch mit Hilfe von Polaritäts- oder Polarprofilen dargestellt werden. Eine Zusammenfassung der jeweiligen Einzelausprägungen zu einem aggregierten Spitzenwert fehlt - im Vergleich zur Nutzwertanalyse - jedoch.

C) Nutzwertanalysen

Bei der Nutzwertanalyse wird wie folgt vorgegangen:

Zunächst werden relevante Teilaspekte/Zielkriterien definiert, die für das Projekt von Relevanz sind.

Da die einzelnen Teilaspekte/Zielkriterien nicht alle gleich wichtig sind, werden sie gewichtet (beispielsweise zwischen 0,0 und 1,0).

Anschließend werden die einzelnen Projektalternativen daran gemessen, was sie zur Erreichung der Teilaspekte/Zielkriterien leisten. Bei dieser Bewertung kommt es in der Regel zu einer Einschätzung entlang einer Skala, beispielsweise von 1 bis 10, wobei der Punktwert 10 eine optimale Erfüllung und der Punktwert 1 eine absolut mangelhafte Erfüllung eines Teilaspektes/Zielkriteriums durch die Projektalternative symbolisieren.

Durch Multiplikation des Skalenwertes (siehe 3.) mit dem Gewichtungsfaktor (siehe 2.) kommt es zu einem Teilgewicht.

Werden alle Teilgewichte aufaddiert, wird der Gesamtnutzwert ermittelt. Somit kommt es zu einer Transformation einer qualitativen in eine rechenbare Größe (deshalb semiquantitativ).

Die Nutzwertmethode setzt einerseits eine (weitgehend) überschneidungsfreie Festlegung der Analysekriterien, andererseits die tatsächliche Messung eines Sachverhaltes durch das gewählte Analysekriterium voraus (Validität). Außerdem ist für jedes Kriterium ein Mindestniveau zu vereinbaren, ab wann eine Produktidee automatisch verworfen wird. Ansonsten droht die Gefahr der Kompensation durch an anderer Stelle gute Werte, was letztlich zu einem späteren Projektabbruch oder zum Flop am Markt führen kann. Ferner ist zu beachten, dass der Gesamtnutzwert eine scheinbare Objektivität vorspiegelt, obwohl eine Reihe von berücksichtigten Nutzwertkriterien nur schwer operationalisierbar ist. Insofern ist die Nutzwertanalyse als unterstützendes Verfahren der Projektauswahl zwar gut geeignet, eine kritiklose Übernahme des Nutzwertes zur Entscheidung pro oder contra einer Projekt- oder Lösungsalternative ist aber nicht empfehlenswert.

Beispiel

Ein ökologiebewusster Nahrungsmittelhersteller will im BSE-Zeitalter verstärkt Fisch, insbesondere Hering, am Markt anbieten. Als denkbare Alternativen der Produktverpackung werden Glas, Kunststoff und Dose ausgewählt.

Es werden sieben Teilaspekte/Zielkriterien (geringe Herstellkosten, Funktionalität/Entsorgung durch Verbraucher usw.) als wesentlich für die Entscheidung erachtet.

Da die einzelnen Teilaspekte/Zielkriterien nicht alle als gleichwichtig angesehen werden, wird ihr spezifisches Kriteriengewicht durch die Entscheidungsträger festgelegt. Als besonders wichtig werden die Kriterien „Funktionalität/Entsorgung durch Verbraucher" und „Haltbarkeit des Produktinhaltes" bewertet (Gewicht jeweils 0,20), hingegen werden die Kriterien „Akzeptanz Handel", „Ästhetik der Verpackung" und „Nutzung als Werbemittel" als weniger wichtig erachtet (Gewicht jeweils 0,10).

Bei der Bewertung der alternativen Verpackungen existieren quantifizierbare Kriterien „geringe Herstellkosten", die objektiv nachvollziehbar sind sowie überwiegend qualitative Kriterien, die sich einer direkten quantitativen Bewertung entziehen, wobei die Gefahr besteht, dass subjektive Sichtweisen unreflektiert in die gesamte Nutzwertberechnung Eingang finden (Abbildung 68).

Alternative / Kriterium	Kriteriengewicht	Glas		Kunststoff		Dose	
		Punktwert	Teilgewicht	Punktwert	Teilgewicht	Punktwert	Teilgewicht
geringe Herstellkosten	0,15	4	0,60	6	0,90	8	1,20
Funktionalität/Entsorgung	0,20	9	1,80	7	1,40	5	1,00
Akzeptanz Handel	0,10	6	0,60	7	0,70	10	1,00
Konformität mit Unternehmensimage	0,15	10	1,50	4	0,60	4	0,60
Haltbarkeit des Produktinhaltes	0,20	7	1,40	8	1,60	10	2,00
Ästhetik der Verpackung	0,10	9	0,90	5	0,50	6	0,60
Nutzung als Werbemittel	0,10	5	0,50	5	0,50	8	0,80
Summe (Gesamtnutzwert)	1,00		7,30		6,20		7,20

Abbildung 68: Beispiel einer Nutzwertanalyse

3.2.3.3 Verfahren für die Feinauswahl: Eindimensionale Verfahren

A) Investitionstheoretische Verfahren und Entscheidungsbaum

Ausgehend von oben genannter Abbildung, stehen für die Auswahl von Projektideen bzw. Lösungsalternativen ein- oder mehrdimensionale Bewertungsverfahren zur Verfügung.

Eindimensionale Verfahren bedienen sich häufig investitionstheoretischer Methoden.

Die Konzentration auf monetäre Größen setzt eine eindeutige Zuordenbarkeit der Einnahmen und Ausgaben eines Projektes voraus, wobei bei dynamischen Verfahren, beispielsweise bei der Kapitalwertmethode, auch die Zahlungsreihen angegeben werden müssen. Dies ist - wie bereits dargelegt - nur für Entwicklungsprojekte halbwegs leistbar. Gleichzeitig besteht jedoch die Gefahr, dass eine Pseudoobjektivität suggeriert wird, obwohl die Unsicherheit des Datenmaterials noch recht groß ist.

Bevor es zu einer Entscheidung über die Annahme eines Projektvorschlages kommt, ist es nach Boutellier/Völker/Voit [vgl. S. 55] auf der Basis von Untersuchungen des Projektcontrollings, unter anderem bei DaimlerChrysler, Siemens, Henkel, BASF, üblich, eine Projektrentabilitätsrechnung als Teil des Projektantrages vorzulegen. Da die Prognosen ein gewisses Maß an Unsicherheit in sich bergen, wird die Rentabilitätsrechnung durch qualitative Informationen ergänzt.

Nachfolgende Abbildung 69 veranschaulicht anhand eines Beispiels die prognostizierten Daten einer Produktentwicklung. Dabei wird von folgenden Prämissen ausgegangen:

- Zweijährige Entwicklungsdauer des Produktes. Erlöse (z.B. Lizenzen, Subventionen) existieren noch nicht. Kosten für Forschung und Entwicklung betreffen hauptsächlich die für Mitarbeiter, Sachmittel und Materialien.
- Dauer des Lebenszyklus vier Jahre.
- Absatzmenge steigt im zweiten Jahr auf das Maximum an und sinkt danach ab.
- Absatzpreis reduziert sich während der vier Jahre permanent.
- Herstellkosten/Stück sinken permanent. Dafür sind economies of scale und economies of scope verantwortlich. Zu berücksichtigen sind außerdem erforderliche Investitionen, beispielsweise für den Produktionsbereich.
- Der Nachsorgeerfolg kann optional herangezogen werden, dies insbesondere dann, wenn ein Verlust aus dem Nachsorgezyklus resultiert. Weil dies im Beispielfall nicht zutrifft, wird darauf verzichtet.

	Entwicklungszeit		Marktzyklus				
	2002	2003	2004	2005	2006	2007	Summe
Absatzmenge (Stück)	0	0	8.000	20.000	18.000	7.000	53.000
Preis (€)	0	0	2.800	2.400	2.000	1.800	9.000
Umsatz (1000 €)	0	0	22.400	48.000	36.000	12.600	119.000
Entwicklungskosten	18.000	23.000	1.000	500	300	0	42.800
Herstellkosten	0	0	6.000	12.000	10.620	4.130	32.750
Verwaltungs-/Vertriebs-GK[1]	2.000	2.000	3.000	6.000	5.310	2.065	20.375
Gesamte Kosten	20.000	25.000	10.000	18.500	16.230	6.195	95.925
Operatives Ergebnis	-20.000	-25.000	12.400	29.500	19.770	6.405	23.075
(Barwerte bei 8 % Kalk. Z.[2])	-20.000	-23.148	10.631	23.418	14.532	4.359	9.792
Ergebnis kumuliert	-20.000	-45.000	-32.600	-3.100	16.670	23.075	23.075
Ergebnis kumuliert (Barwerte bei 8 % Kalk. Z.[2])	-20.000	-43.148	-32.517	-9.099	5.432	9.792	9.792
1) GK = Gemeinkosten Hinweis: Angaben der Kosten und Ergebnisse in 1.000 €							
2) Kalk.Z. = Kalkulatorische Zinsen							

Abbildung 69: Wirtschaftlichkeitsanalyse

Danach ergeben sich aus Sicht der Investitionsrechnung folgende Werte:

Gesamtkosten
95.925.000 € (bei einer Kostenvergleichsrechnung heranzuziehen)

Gesamtgewinn
23.075.000 € (bei einer Gewinnvergleichsrechnung heranzuziehen)

Amortisationsdauer (statisch)
bis Februar 2006

Amortisationsdauer (dynamisch)
bis August 2006

Kapitalwert (bei Kalkulationszinssatz von 8 %)
9.791.580 €

Umsatzrendite
19,4 %

Umsatzrendite (auf Basis der Barwerte)
8,2 %

Im Vergleich zu einem fiktiven Konkurrenzprojekt kann es je nach gewähltem Kriterium zu unterschiedlichen Entscheidungen kommen. Beispielsweise schneidet Projekt A beim Kapitalwert besser ab, Projekt B bei der Amortisationsrechnung oder bei der Umsatzrendite.

Ausgehend von dieser Grundversion, existieren in der Literatur verschiedene Variationen:

So weisen Brockhoff [vgl. 1999, S. 349-357], aber auch Gerpott [vgl. 1999, S. 173] auf die Variante hin, die Ein- und Auszahlungsströme mit einem Wahrscheinlichkeitskoeffizienten zu versehen. Darüber hinaus wird bei begrenzten Ressourcen für jedes Projekt der Quotient aus dem Projektkapitalwert und dem Verbrauch der nur in begrenztem Umfang verfügbaren Ressource, beispielsweise Manntage oder Finanzmittel, gebildet. Diesen Wert nennt Brockhoff Kapitalwertrate. Dabei werden die einzelnen Projekte nach ihrer Kapitalwertrate in eine Rangfolge gebracht und solange befürwortet, bis die Engpassressource noch eine Projektdurchführung ermöglicht. Dies ist für den Fall, dass die einzelnen Projekte nicht voneinander abhängig sind, noch relativ einfach. Bestehen jedoch zwischen einzelnen Projekten wechselseitige Abhängigkeiten, setzt dies den Einsatz mathematischer Programmierungsmodelle voraus. Dabei werden diejenigen Projekte ausgewählt, die einen Zielfunktionswert, beispielsweise Programm-Kapitalwert, unter Beachtung von Nebenbedingungen maximieren.

Denkbar ist nach Stein u.a. [vgl. S. 50] auch der Einsatz des Entscheidungsbaumverfahrens. Nach Hahn [vgl. S. 323-327] ist das Verfahren zur Darstellung und rechnerischen Lösung von zeitlich und sachlich komplex strukturierten Investitionsalternativen unter Beachtung verschiedener Umweltsituationen geeignet. Ziel ist eine flexible Planung, wobei gleichzeitig verschiedene Eventualpläne erstellt und berücksichtigt werden. Der Entscheidungsbaum wird in der Regel durch rechteckige und kreisförmige Knoten gebildet.

Rechteckige Knoten kennzeichnen eine Entscheidungssituation. Im Beispiel (Abbildung 70) soll dies die Entscheidung sein, sich für eine von drei Projektalternativen zu entscheiden. Nur eine Alternative soll, sofern wirtschaftlich vertretbar, ausgewählt werden und ein definiertes Marktsegment abdecken. Natürlich kann auch mehr als eine Entscheidungssituation auftreten, im Beispiel wird nur diese berücksichtigt. Die einzelnen Projektalternativen führen zu unterschiedlichen Forschungs- und Entwicklungsinvestitionen. Für Alternative A sind dies 4 Mio. €.

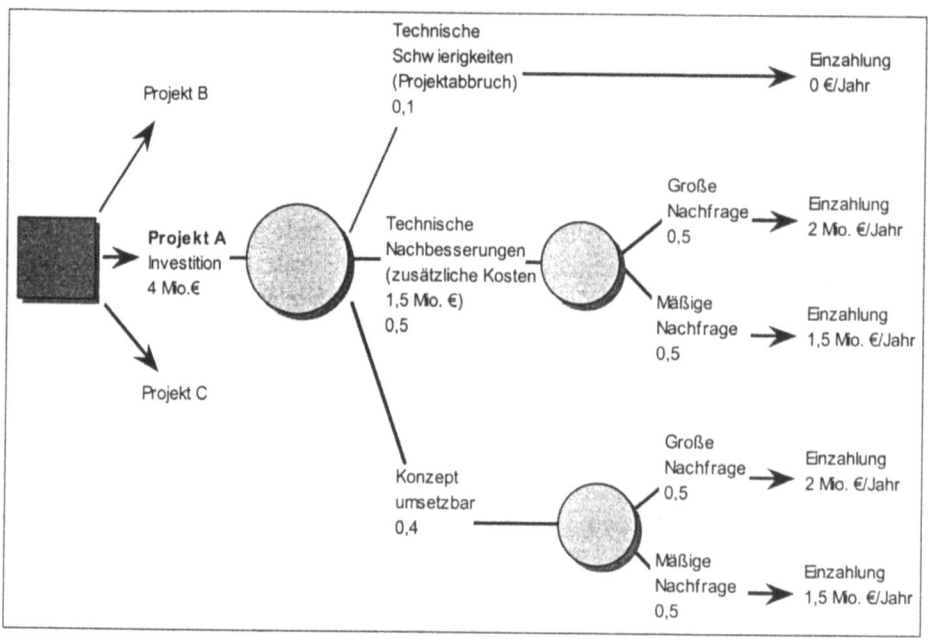

Abbildung 70: Entscheidungsbaumdarstellung für eine Produktinnovation

Kreisförmige Knoten kennzeichnen ein bestimmtes Ereignis, wobei verschiedene Umweltsituationen eintreten können, die sich aber gegenseitig ausschließen. Hierfür sind Eintrittswahrscheinlichkeiten zu schätzen.

Im Beispiel sind dies zwei Umweltsituationen, die nachfolgend für Projektalternative A bewertet werden:

Die erste Situation befasst sich damit, ob ein Projekt technisch ohne oder mit Nachbesserungen realisierbar ist oder ein Projektabbruch erforderlich ist.
- Projektabbruch: Wahrscheinlichkeit 10 % (0,1).

- Notwendigkeit technischer Nachbesserungen, die zu weiteren Kosten in Höhe von 1,5 Mio. € führen: Wahrscheinlichkeit 50 % (0,5)
- Technisches Konzept des Projektes ist ohne Nachbesserungen umsetzbar: Wahrscheinlichkeit 40 % (0,4)

Die zweite Umweltsituation beinhaltet die Erwartungen der voraussichtlichen Umsätze, woraus sich unterschiedliche Einzahlungsüberschüsse ergeben.

- Gute Nachfrage: Wahrscheinlichkeit 50 % (0,5) führt zu jährlichen Einzahlungsüberschüssen von 2 Mio. €.
- Mäßige Nachfrage: Wahrscheinlichkeit 50 % (0,5) führt lediglich zu jährlichen Einzahlungsüberschüssen von 1,3 Mio. €.

Nachdem alle Umweltsituationen berücksichtigt worden sind, ist der Kapitalwert für jede Alternative unter Berücksichtigung der Wahrscheinlichkeiten zu ermitteln (Abbildung 71). Im Beispiel beträgt der Kapitalwert der Projektalternative A bei einem Kalkulationszinssatz von 10 % 0,24 Mio. €. Werden die auf gleichem Wege ermittelten Kapitalwerte der Projektalternativen B und C (unter Berücksichtigung der spezifischen Wahrscheinlichkeiten für die hier relevanten Umweltsituationen) mit dem Kapitalwert von Projektalternative A verglichen, ergibt sich die Entscheidung für ein bestimmtes Projekt.

Umweltsituation 1 Techn. Konzept	Wahrscheinlichkeit	Umweltsituation 2 Nachfrage	Wahrscheinlichkeit	Barwert der Einzahlungsüberschüsse	Barwert der Einzahlungsüberschüsse unter Berücksichtigung der Wahrscheinlichkeit
Projektabbruch	0,1	entfällt	entfällt	0,00	0,00
Nachbesserung (1,5 Mio. €)	0,5	gut mäßig	0,5 0,5	4,84 3,25	1,21 0,81
unmittelbar umsetzbar	0,4	gut mäßig	0,5 0,5	6,34 4,75	1,27 0,95
				Gesamt	4,24
				Investition	4,00
				Kapitalwert	0,24

Abbildung 71: Kapitalwert der Projektalternative A

Zusammenfassend veranschaulicht die Methode die Wirkungen von Entscheidungen in unterschiedlichen wahrscheinlich künftigen Umweltsituationen an einer baumartig verzweigten Abbildung. Gleichwohl ist zu konstatieren, dass sich in der Praxis Schwierig-keiten bei der realistischen Schätzung der Erfolgswahrscheinlichkeiten ergeben.

Auch wenn in diesem Beispiel von einer Produktinnovation ausgegangen wird, kann die Methode auf Prozessinnovationen angewandt werden. Statt Umsätze sind dann Kosten-einsparungen anzusetzen.

Mit Hilfe von Sensitivitätsanalysen können die Folgen einzelner Parameterveränderun-gen, beispielsweise Konsequenzen aus der Erhöhung des Marktpreises für die zu erwar-tenden Absatzzahlen, auf spezifische Entscheidungskriterien wie den Kapitalwert taxiert und beurteilt werden. Hierdurch wird eine Abschätzung anhand alternativer Datenkons-tellationen auf das Entscheidungskriterium ermöglicht (Abbildung 72). Nach Völker [vgl. S. 123] ist vor allem die Sensitivität bezüglich der Markteinführung von Bedeu-tung. Diese ist beispielsweise bei der Ciba Agrochemie verbindlich vorgeschrieben.

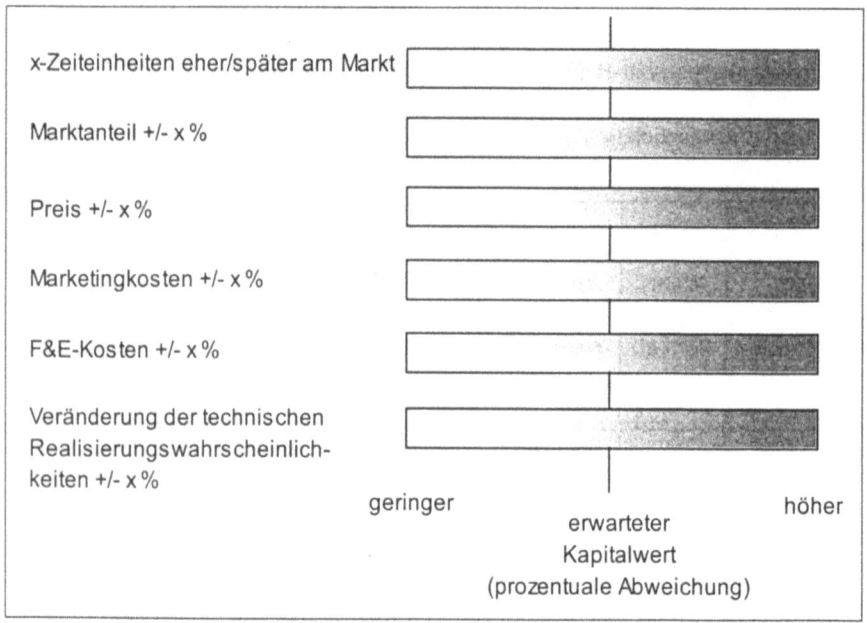

Abbildung 72: Beispiel für Kriterien einer Sensitivitätsanalyse

Nach erfolgter Bewertung sind die verbleibenden Projekte in eine Rangfolge zu bringen. Bei der Festlegung des Projektprogramms sind auch die aktuell noch laufenden, das heißt noch nicht abgeschlossenen, Projekte in die Betrachtung einzubeziehen, um den Teil der bereits schon gebundenen personellen, materiellen und finanziellen Ressourcen des Unternehmens zu berücksichtigen (Abbildung 73). Unter Beachtung dieser Restrik-tionen, die sich für jedes Unternehmen aus dem zur Verfügung stehenden gesamten For-schungs- und Entwicklungsbudget und den Personalkapazitäten ergeben, ist dann das Projektprogramm zusammenzustellen.

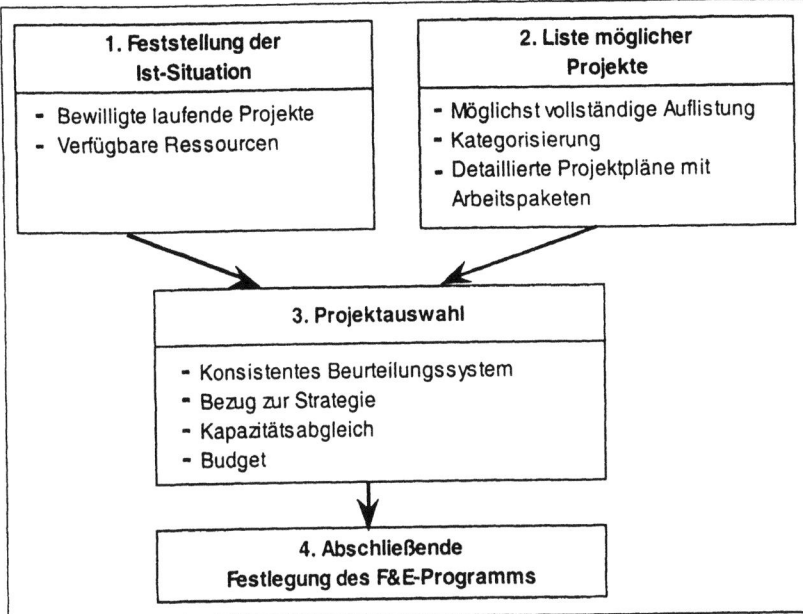

Abbildung 73: Vorgehensweise bei der Projektprogrammplanung [Eigene Abbildung in Anlehnung an Boutellier/Völker/Voit, S. 13]

B) Feasibility-Studie

Feasibility-Studien dienen dem Machbarkeitsnachweis und der Verifikation von Prinzipien und Verfahren des Projektgegenstandes. Dabei werden eine Markt- und eine Technologiestudie sowie Analysen der rechtlichen und politischen Rahmenbedingungen in die Betrachtung einbezogen. Die Marktstudie beurteilt die Absatzchancen eines Produktes, wobei die Interdependenzen zwischen dem neuen Produkt und dem bestehenden Angebot von besonderer Bedeutung sind, zumal hier potenzielle Kanibalisierungsbeziehungen zu berücksichtigen sind. Die Technologiestudie untersucht hingegen die technische Realisierbarkeit des Projektes. Noch bestehende Defizite werden verdeutlicht.

Von zunehmender Bedeutung ist in diesem Zusammenhang das Rapid Prototyping. Seit jeher ist der Prototyp eines zu entwickelnden Produktes in der Regel die erste Visualisierung des Konstruktionsentwurfs und erlaubt erste Aussagen über Funktionalität, Qualität und Kosten. Mit einem solchen Prototyp lassen sich beispielsweise erste Funktions- und Markttests (etwa auf Fertigungs- und Kundengerechtigkeit) durchführen. Gleichwohl wird für dessen herkömmliche Erstellung bis zu 50 % der Entwicklungszeit benötigt. Ziel des Rapid Prototyping auf Basis der Stereolithographie (Symbiose aus Lasertechnik, Computertechnik und Technik der neuen fotopolymeren Kunststoffe) ist die Reduzierung der Entwicklungszeit und der Kosten des Prototypenbaus. Das Grundprinzip besteht darin, Baumuster direkt aus CAD-Daten zu erzeugen, wobei die flüssigen UV-sensiblen Kunststoffharze (Fotopolymere) durch Laserlicht aushärten. Am Ende hat der

Laserstrahl die übermittelte Querschnittsfläche des Modells im flüssigen Kunststoff nachgezeichnet. Als Resultat dieses Prozesses erhält man ohne Gebrauch von herkömmlichen Werkzeugen einen physischen, dreidimensionalen Prototyp [vgl. Horváth/Lamla/Höfig, S. 42-45].

3.2.4   Risikobewertung von Projektalternativen

A) Risiko und Unsicherheit
Charakteristisches Merkmal von Innovationen ist die ex ante Unsicherheit der Ergebnisse. Gleichwohl sind die Begriffe Risiko und Unsicherheit voneinander zu unterscheiden. Gleiche Unsicherheiten zweier innovativer Projekte müssen nicht zwangsläufig gleich hohe Risiken bedeuten. Während Unsicherheit wegen des häufig einmaligen Charakters von Innovationsprojekten sich aus einer unvollkommenen Informationslage ergibt (z.B. bezüglich der Veränderung der in- und externen Unternehmensumwelt), ist Risiko ein mögliches Resultat aus der Unsicherheit [vgl. Müller, S. 3813-3814]. Insofern geht es bei der betriebswirtschaftlichen Risikoanalyse um die Bewertung der „Wahrscheinlichkeit des Eintritts eines nicht gewünschten Ereignisses" unter Berücksichtigung des im Eintrittsfall zu erwartenden Schadens [Patzak/Rattay, S. 36].

Zur Beurteilung der Erfolgschancen eines Forschungs- und Entwicklungsprojektes ist grundsätzlich die Beachtung von Risikoaspekten unumgänglich. Dies gilt insbesondere im Hinblick auf die Erreichung von Sicherheitszielen des Unternehmens und das daraus abgeleitete Streben nach Risikobegrenzung. Um Risiken einzuschränken, besteht jedoch die Gefahr, Neuerungsschritte nur inkremental vorzunehmen. Die Chancen, damit hohe Ertragspotenziale zu schaffen, sind meist nur gering. Risiko und Chance sind somit komplementäre Größen [vgl. Bierfelder, S. 201].

B) Flop-Rate bei Innovationen
Prinzipiell ist das Risiko der Markteinführungsphase mittels Flop-Rate messbar. Es ist jedoch zu bedenken, dass der wesentlich größere Teil der Ideen und Konzepte in früheren Phasen verworfen worden ist. Allerdings sind die Flop-Raten sehr stark branchenabhängig. Beim aufgezeigten Beispiel handelt es sich um die Flop-Rate im Pharmabereich (Abbildung 74), in der Automobilbranche sind diese Quoten wesentlich günstiger.

C) Arten von Risiken
Das Gesamtrisiko des Projektprogramms ergibt sich aus den Risiken der einzelnen Projekte. Die Einzelrisiken können wie folgt differenziert werden:

a) Technisches Risiko
Es besteht Unsicherheit bezüglich der Ergebnisse einer Innovation. Technische Risiken ergeben sich einerseits aus Engineering-Fehlern, die ihre Ursache beispielsweise in der mangelhaften Einhaltung von Gesetzen, Vorschriften und Normen haben. Andererseits können fehlerhafte Materiallieferungen oder Fehler in der Montage und Inbetriebnahme auftreten.

Aktivität des Innovationsprozesses	Erfolgs- quote für die Aktivität	Kumulative Erfolgs- quote	Kosten- anteil in %
Synthese und Screening	1 : 40	1 : 40	1
Angewandte Forschung	1 : 10	1 : 400	9
Produkt- und Verfahrens- entwicklung	1 : 5	1 : 2000	21
Produktions- überführung	1 : 2,5	1 : 5000	51
Markterschließung	1 : 2	1 : 10000	18

Abbildung 74: Ausfallraten im Innovationsprozess [Specht/Beckmann, S. 26]

b) Zeitrisiko
Das Zeitrisiko besteht im Verpassen des optimalen Markteintrittszeitpunktes.

c) Kostenrisiko
Dieses Risiko kommt durch die Unsicherheit hinsichtlich der anfallenden Kosten und deren Amortisation zu Stande. Dies ist besonders zu Beginn eines Projektes häufig der Fall. Ein spezielles Kostenrisiko kann bei internationalen Projekten in schwankenden Währungsrelationen (z.B. zum US-$) auftauchen.

d) Verwertungsrisiko
Das Verwertungsrisiko resultiert aus Unsicherheiten der Akzeptanz eines neuen Produktes am Markt, der Erzielung des fixierten Preises, einer Änderung der rechtlichen Rahmenbedingungen oder gesellschaftlichen Grundeinstellungen.

D) Risikoindikatoren
Als Indikatoren zur Schätzung dieser Risiken, die letztlich die Erfolgswahrscheinlichkeit beeinflussen, sind vor allem folgende heranzuziehen:

- Neuheitsgrad für das Unternehmen.
- Neuheitsgrad für den Markt.
- Zeitbedarf bis zur Marktreife.
- Stabilität der erfolgsbeeinflussenden Umweltfaktoren.
- Imitationsgefahr.
- $\dfrac{\text{Amortisationsdauer}}{\text{Marktzyklusdauer}}$.

Dabei wird von folgenden Überlegungen ausgegangen:

Die Erfolgswahrscheinlichkeit eines Innovationsprojektes ist umso geringer

- je höher der Neuheitsgrad des Projektes für das Unternehmen ist.
- je höher der Neuheitsgrad für den Markt ist.
- je weiter das Projekt noch von der Markteinführung entfernt ist.
- je geringer die Stabilität der erfolgsbeeinflussenden Umweltfaktoren (z.B. Gesetzgebung, Nachfrageentwicklung) ist.
- je höher die Imitationsgefahr durch Konkurrenten ist.
- je größer der Quotient aus geschätzter Amortisationsdauer und geschätzter Marktzyklusdauer ist.

E) Konsequenzen für die Planung des Projektprogramms

Zwar ist eine allgemeine Erstellung eines „risikooptimalen" Projektprogrammes kaum möglich, da hierfür vor allem die spezifische Risikoneigung der Entscheidungsträger, der Stellenwert des Sicherheitsziels im unternehmerischen Zielsystem und auch eine verlässliche Einschätzung des Innovationsrisikos maßgebend sind. Gleichwohl weist Brockhoff [vgl. 1999, S. 388-400] darauf hin, dass innerhalb des Projektprogramms eine Mischung aus risikoreichen und risikoarmen Projekten anzustreben ist.

Das Projektportfolio von Arthur D. Little [vgl. 1991, S. 95-117] strebt eine Optimierung des Projektmix bezüglich Chancen und Risiken sowie Wachstum und Stabilität an. Dabei ist das Projektportfolio (Abbildung 75) mit dem strategischen Gesamtkonzept des Unternehmens abzustimmen.

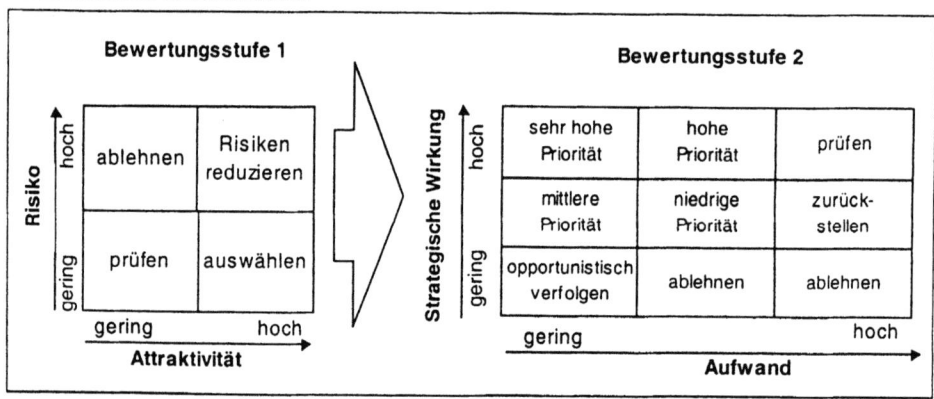

Abbildung 75: Projektrisikoportfolio [Arthur D. Little, 1991, S. 95-117]

In einer ersten Stufe werden die Projekte nach den zwei Dimensionen „Risiko" und „Attraktivität" bewertet und verglichen. Dabei wird versucht, das Risiko in einem aggregierten Risikowert auszudrücken, der aus der Multiplikation der Wahrscheinlichkeit des Eintretens eines Risikos mit dem Schadenspotenzial resultiert. Unterschieden werden technische und ökonomische Risiken. Nachdem die Wahrscheinlichkeit eines Risikos eingeschätzt worden ist, ist im nächsten Schritt das Schadenspotenzial zu beurteilen, das im Falle eines Misserfolges als Verlust zu beklagen wäre. Dabei können unterschiedliche Aspekte berücksichtigt werden, so z.B. eine zeitliche Verzögerung des Markteintritts, zusätzliche Projektkosten, Projektabbruch oder Image- und Vertrauensverluste. Wird der Schadenswert auf einer Rating-Skala abgetragen (z.B. von 1 = „kein nennenswerter Schaden" bis 5 = katastrophaler Schaden"), ergibt sich daraus der Risikowert für ein Projekt. Wird der Risikowert für alle Innovationsprojekte beurteilt, liegen Informationen über Ausmaß und Struktur des mit dem Innovationsprogramm verbundenen Risikos vor.

Das Kriterium Attraktivität hingegen bezieht sich analog zu den Portfolioanalysen (siehe auch Kapitel 2.3.1.2 und Kapitel 2.3.2.4) auf die Markt- und Technologieattraktivität sowie auf die Ressourcenstärke des Unternehmens.

Innovationsprojekte, die in der ersten Bewertungsphase ein geringes Risiko und eine hohe Attraktivität aufweisen, werden ausgewählt und in einer zweiten Bewertungsphase nach Projektprioritäten bestimmt. Merkmale sind hierfür die Analyse der strategischen Wirkung und der Aufwand des entsprechenden Projektes. Innovationsprojekten mit hoher strategischer Wirkung und (relativ) geringem Aufwand wird eine hohe Priorität zugewiesen. Die Erstellung des Portfolios setzt dabei eine Mitwirkung aller betroffenen Funktionen (Forschung und Entwicklung, Produktion, Marketing/Vertrieb) voraus.

Von großer Bedeutung für die Beurteilung des Gesamtrisikos eines Projektprogramms sind aber überdies auch die Risikoverbundbeziehungen zwischen den Projekten. Je ähnlicher sich die Projekte bezüglich ihrer Erfolgsbedingungen sind, desto geringer ist die Möglichkeit der Kompensation. Handelt es sich jedoch um ein stark diversifiziertes Programm, aus dem sich in Abhängigkeit von der allgemein wirtschaftlichen Entwicklung gegenläufige Erfolgsentwicklungen am Markt ergeben, so kann damit eine Minderung des Gesamtrisikos erreicht werden.

Die Aufgabe eines risikobewussten Projektmanagements besteht in der Etablierung dieses Bewusstseins in den einzelnen Projektteams. Krüger/Schmolke/Vaupel [vgl. S. 36] sehen zur Handhabung von Projektrisiken insbesondere folgende Möglichkeiten:

- Gewährung spezieller Incentives, um die Aufmerksamkeit und das Engagement der Mitarbeiter gezielt zu stärken.
- Bewusste Berücksichtigung von Pufferzeiten an besonders kritischen Projektkomponenten.
- Kalkulation eines Risikozuschlags in der Wirtschaftlichkeitsanalyse.
- Einsatz besonders hoch qualifizierter Mitarbeiter bei kritischen Aktivitäten.
- Durchführung spezieller Risiko-Audits während der Projektdurchführung.

Zudem sind präventive und/oder korrektive Maßnahmen zu ergreifen, die sich methodisch beispielsweise aus einer Fehlermöglichkeits- und Einflussanalyse ergeben (siehe auch Kapitel 3.3.6).

3.2.5   Finanzielle Rahmenbedingungen

3.2.5.1   Aufwendungen für Forschung und Entwicklung

Die Aufwendungen der Unternehmen für Forschung und Entwicklung haben sich von 1995 bis 2001 um 47,1 % erhöht. Dabei wenden Unternehmen des Wirtschaftssektors für Forschung und Entwicklung im Jahre 2001 schätzungsweise 44,1 Mrd. € auf. Diese Entwicklung wird vor allem vom Fahrzeugbau (1995: 9,5 Mrd. €; 2001: 18,3 Mrd. € = + 92,6 %) und der chemischen Industrie (1995: 5,3 Mrd. €; 2001 7,3 Mrd. € = + 37,7 %) getragen.

Während die Gesamtaufwendungen für Forschung und Entwicklung des Wirtschaftssektors bis in die frühen Achtzigerjahren noch jährlich zweistellige Zuwachsraten betragen haben, hat sich dies im vereinigten Deutschland auf ein vergleichsweise niedriges Niveau eingestellt, teilweise sind sogar negative Veränderungsraten zu konstatieren. Die in den Folgejahren beobachteten geringen Veränderungsraten wiegen deshalb besonders schwer, weil real eher ein Rückgang festzustellen ist. Ab 1997/1998 liegen jedoch wieder reale Zuwächse vor (Abbildung 76 und 77).

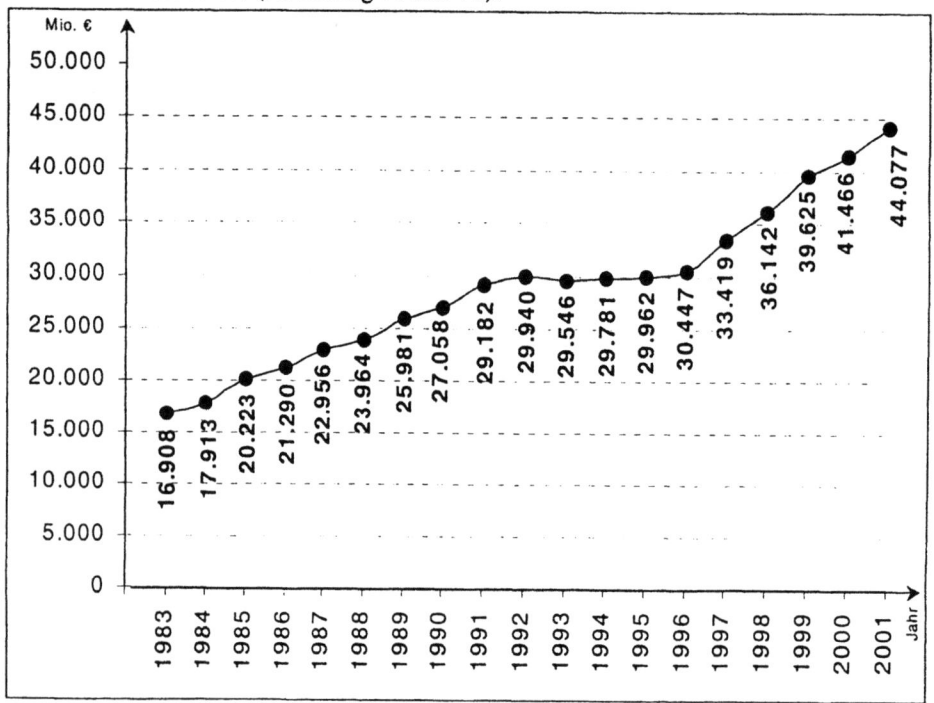

Abbildung 76: Aufwendungen für Forschung und Entwicklung des Wirtschaftssektors 1983-2001 in Mio. € pro Jahr [Eigene Abbildung, Daten: Stifterverband Wissenschaftsstatistik]

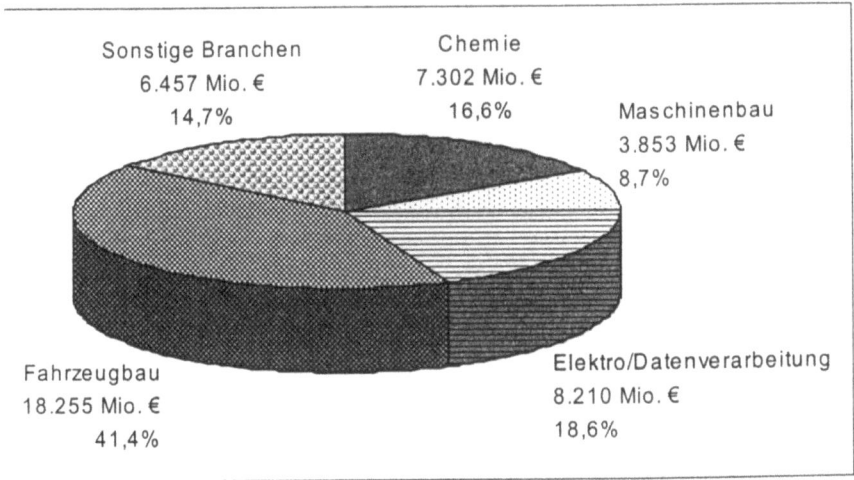

Abbildung 77: Verteilung der Aufwendungen für Forschung und Entwicklung des Wirtschaftssektors nach Branchen am Gesamtumsatz der jeweiligen Branche [Eigene
Abbildung, Daten: Stifterverband Wissenschaftsstatistik]

Bemerkenswert sind außerdem noch folgende Informationen:

- Die Aufwendungen für Forschung und Entwicklung der Unternehmen an den Gesamtaufwendungen haben zugenommen: 1998 liegt der Anteil der von Unternehmen
  finanzierten Forschungs- und Entwicklungsaufwendungen bei 62 %, 2000 bereits bei
  65 %. Die mit Hilfe staatlicher Mittel finanzierte Forschung ist rückläufig.
- Forschungs- und Entwicklungsaufwendungen des Wirtschaftssektors (Jahr 2001)
  sind im wesentlichen und dies mit zunehmender Tendenz auf Unternehmen mit 500
  und mehr Beschäftigten zurückzuführen (87,9 %). Unternehmen mit weniger als 500
  Beschäftigten haben einen Anteil von 11,1 %, die Institutionen für Gemeinschafts-
  forschung einen Anteil von 1 %.
- Der Anteil der internen Forschungs- und Entwicklungsaufwendungen am Umsatz
  einer Branche weisen deutliche Unterschiede auf: Spitzenreiter ist die Luft- und
  Raumfahrtindustrie mit 23 %. Auf Platz zwei folgt mit deutlichem Abstand mit 9,3
  %. Im Gegensatz dazu beträgt der Anteil im Maschinenbau vergleichsweise nur bei
  3,1 % [Bundesministerium für Bildung und Forschung, S. 488-489].
- Gemessen am Bruttoinlandsprodukt nimmt die Bundesrepublik Deutschland im in-
  ternationalen Vergleich mit 2,4 % einen Platz im Vorderfeld ein. Dies ist mehr als
  die OECD-Mitstreiter Frankreich, Großbritannien und Kanada. Führend ist interes-
  santerweise Schweden (3,8 %) vor Finnland (3,2 %). Vor Deutschland liegen noch
  Japan (2,9 %), die USA (2,7 %) und Südkorea (2,5 %) [vgl. Institut der deutschen
  Wirtschaft, 2002b, S. 6].

3.2.5.2 Ansätze der Budgetierung

Unter Budgetierung ist der Prozess zu verstehen, in dem die Höhe der insgesamt zur Verfügung stehenden Finanzmittel innerhalb eines definierten Zeitraumes sowie die Verteilung dieser Mittel auf Projekte geplant werden. Dabei setzen zu hohe Budgets knappe finanzielle Ressourcen suboptimal ein, zu niedrige Budgets hingegen bedrohen die längerfristige Wettbewerbsfähigkeit. Gleichwohl wird die Entscheidungsfindung über die Höhe des Budgets einerseits auf Grund der technologisch und marktlich bedingten Ungewissheit der Ergebnisse von Forschungs- und Entwicklungsprojekten andererseits durch die häufig große Zeitspanne zwischen Investition und möglichen Mittelrückflüssen erschwert [vgl. Heidenberger/Muthsam/ Stummer, S. 1006].

Des Weiteren ist zu berücksichtigen, dass nicht alle Projekte über alle Phasen hinweg bis zur Markteinführung (Produkte) bzw. Nutzung (Prozesse) gelangen, sondern mit einer branchen- und/oder unternehmensspezifischen Wahrscheinlichkeit zuvor abgebrochen werden (Flop-Rate). Damit wird auch verdeutlicht, wie viele Projekte in der Pipeline sein müssen, damit diese nicht austrocknet (siehe auch Entwicklungstrichter in Kapitel 1.3.2).

Bezüglich der Kriterien zur Festlegung des Budgets für Forschung und Entwicklung existiert keine einheitliche Vorgehensweise. Eine Befragung von Brockhoff [vgl. 1999, S. 249-250] bei 40 deutschen Unternehmen zeigt, dass überwiegend eine Orientierung an Vergangenheitswerten, zumal am Umsatz der Vergangenheit, vorherrscht (vgl. Abbildung 78). Gleichzeitig wird deutlich, dass im Durchschnitt fast zwei Kriterien zur Budgetierung eingesetzt werden.

	Anzahl der Nennungen	Anteil an der Gesamtanzahl %
Vergangenheitsorientierung	39	59,2
davon: am Umsatz	10	15,2
am Forschungs- und Entwicklungs-Budget	20	30,3
am Wettbewerb	5	7,6
am Ergebnis	4	6,1
Zukunftsorientierung	27	40,8
davon: an Projektvorschlägen oder Projektideen	18	27,3
aus Programmanalysen abgeleitet	3	4,5
aus Unternehmenszielen	2	3
aus verschiedenen Überlegungen der strategischen Planung abgeleitet	3	4,5
Sonstiges	1	1,5
Nennungen	66	100

Abbildung 78: Kriterien der Budgetierung von Forschung und Entwicklung [Brockhoff, 1999, S. 250]

Zwar sprechen Theorie und Plausibilität für eine ziel- und damit zukunftsorientierte Budgetierung, aber die Vergangenheitsorientierung scheint zu überwiegen. Brockhoff [vgl. 1999, S. 261] interpretiert diesen Befund wie folgt: „Entweder bedeutet es, dass bisher Forschungs- und Entwicklungsbudgets nicht als aktive Instrumente mit der strategischen Unternehmensplanung verkoppelt werden, sei dies, weil der überwiegende Teil der Budgets ohnehin 'produktbegleitend' eingesetzt wird oder weil es an einer solchen Verkoppelung fehlt, oder es bedeutet, dass die strategische Planung selbst ebenso stark von Vergangenheitsentwicklungen geprägt ist, wie es hier den Anschein hat."

Als Ansätze zur Budgetierung sind in der Literatur fünf Sichtweisen vertreten [vgl. beispielsweise Bürgel/Haller/Binder, 1996, S. 320; Engelke, S. 150-160; Heidenberger/Muthsam/Stummer, S. 1007-1012].

A) Zielorientierter Ansatz
Ausgangspunkt ist der beispielsweise durch die Gap-Analyse (siehe auch Kapitel 2.1) festgestellte Bedarf an Forschung und Entwicklung im Sinne von neuen Produkten. Dieser Bedarf ist zunächst in wertmäßige Pläne zu überführen. Hierfür ist es unumgänglich, die Aufwendungen aller zur Zielrealisierung erforderlichen Projekte zu beurteilen, diese auf die geplanten Projektlaufzeiten zu verteilen und je Budgetperiode zu addieren. Außerdem müssen die laufenden Projekte mit eingerechnet werden. Übersteigt der Finanzbedarf die Menge der zur Verfügung stehenden Mittel, werden entweder eine zeitliche Verschiebung des Projektes, eine Umformulierung der Maßnahmen oder eine Revidierung der Forschungs- und Entwicklungsziele vorgenommen. Dies erfolgt unter Berücksichtigung der Zusammensetzung des Projektportfolios und der hieraus festzustellenden Risiko-Verteilung. In der Regel kommt es weniger dazu, die Budgets aller Projekte zu kürzen.

Ausgehend von diesen Überlegungen, wird in Abbildung 79 ein nach Norm-Strategien und Forschungs- und Entwicklungszielen gegliedertes Budget dargestellt. Ziel muss es sein, die derzeitige Verteilung kritisch zu prüfen (reicht ein Budgetanteil von 30% für Projekte aus Geschäftsfeldern mit einer Investitions- und Wachstumsstrategie aus ?) und mit der strategischen Orientierung abzustimmen.

Normstrategie	Forschungs- und Entwicklungsziele			Gesamt	
	Neue Produkte und Verfahren	Bestehende Produkte und Verfahren	Grundlagen- und angew. Forschung		
Investition u. Wachstum	15%	20%	5%	40%	Ist dieses Verhältnis zwischen den Strategien sinnvoll ?
selektives Wachstum	15%	25%	5%	45%	
selektives Vorgehen	0%	10%	0%	10%	
Desinvestition	0%	5%	0%	5%	
Summe	30%	60%	10%	100%	

Entspricht diese Verteilung den Gewinn- und Wachstumszielen der Unternehmung?

Abbildung 79: Istverteilung des Forschungs- und Entwicklungsbudgets

B) Projektorientierter Ansatz

Charakteristisch ist die mit der Auswahl der Projekte verknüpfte Festlegung des Budgets. Erforderlich sind einerseits die Existenz operationaler betrieblicher Ziele, andererseits die Messbarkeit von Erfolgsbeiträgen und Erfolgswahrscheinlichkeiten einzelner Projekte. Auf der Basis EDV-gestützter Budgetierungsmodelle wird durch Variation der Finanzrestriktionen der Erfolg des Projektprogrammes ermittelt. Das optimale Budget gilt als dasjenige, bei dem der Grenzerfolg des Projektprogramms gerade noch über den Grenzfinanzierungskosten liegt. Allerdings ergeben sich erhebliche Prognoseschwierigkeiten hinsichtlich der Bemessung des Beitrages einzelner Forschungs- und Entwicklungsaktivitäten

C) Kapazitätsorientierter Ansatz

Beim kapazitätsorientierten Ansatz wird das Budget nicht aus dem zukünftigen Bedarf, sondern aus vergangenen Forschungs- und Entwicklungsaktivitäten ermittelt. Im einfachsten Fall geschieht dies durch Zu- oder Abschlag am laufenden Budget. Diese Methode lässt sich dadurch verfeinern, dass die Festsetzung von Zu- und Abschlägen für einzelne Aktivitäten in Abhängigkeit von der jeweils verfolgten Innovationsstrategie erfolgt. Neben dieser primär monetären Sichtweise ist auch eine primär güterwirtschaftliche Vorgehensweise möglich, wobei personelle und maschinelle Kapazitäten herangezogen werden. Letzteres wird mit der „strukturellen Inflexibilität" des Forschungs- und Entwicklungsbereiches begründet, was besonders für qualifiziertes Personal zutrifft.

Um zu verhindern, dass Unwirtschaftlichkeiten und Ressourcenbeanspruchungen aus Vorperioden immer weiter fortgeschrieben werden, kann das Zero-Base-Budgeting eingesetzt werden. Kerngedanke ist, dass alle Komponenten eines Forschungs- und Entwicklungs-Budgets periodisch von Grund auf überprüft und neu begründet werden müssen und laufende Projekte nicht einfach nach ihrem Budgetbedarf fortgeschrieben werden].

Kapazitätsorientierte Ansätze sind - zieht man die oben genannten Befunde von Brockhoff heran - in der Unternehmenspraxis weit verbreitet, auch wenn die Zielorientierung von Forschungs- und Entwicklungsaktivitäten vernachlässigt wird.

D) Finanzierungsorientierter Ansatz

Ausgangspunkt des finanzierungsorientierten Ansatzes ist die Ermittlung des insgesamt verfügbaren Finanzvolumens, das vorab um den Betrag für die laufenden Betriebsprozesse gekürzt wird, sodass der Rest für Investitionen zur Verfügung steht. Aus dem Volumen für Investitionen sind die Anteile, die für Forschung und Entwicklung vorgesehen sind, zu bestimmen. Da eine längerfristige Bestimmung der in einer Periode verfügbaren Finanzmittel Schwierigkeiten bereitet, erfolgt in der Unternehmenspraxis häufig eine Orientierung an den Hilfsgrößen Umsatz oder Gewinn. Dabei scheint insbesondere die Umsatzgröße von Bedeutung zu sein, zumal zu beobachten ist, dass das Budget mit der Unternehmensgröße mitwächst. Gleichwohl ist auch hier die Vernachlässigung der Zielorientierung von Forschungs- und Entwicklungsaktivitäten zu konstatieren, zumal sich die Ziel-Mittel-Beziehung umkehrt: Der Umsatz beruht schließlich auf früheren Aktivitäten in der Forschung und Entwicklung und weist keinen Bezug zu heutigen Maßnahmen auf.

E) Konkurrenzorientierter Ansatz

Beim konkurrenzorientierten Ansatz erfolgt eine Orientierung des Budgets am Verhalten der leistungsfähigsten Konkurrenten. Da die Ermittlung der Forschungs- und Entwicklungsaufwendungen der Wettbewerber sich als sehr schwierig erweist, werden Schätzungen über Kennzahlen, beispielsweise Personalbestand, herangezogen. Auch über die Anzahl der Rekrutierung von Mitarbeitern aus Wettbewerbsunternehmen können Informationen erlangt werden. Gleichwohl gilt auch bei diesem Ansatz, dass von einer Zielorientierung der Forschungs- und Entwicklungsaktivitäten nicht gesprochen werden kann.

3.2.5.3 Staatliche Förderprogramme

Neben der Finanzierung der Forschung und Entwicklung durch eigene Finanzmittel, was in größeren Unternehmen den Regelfall darstellt, besteht vor allem für kleine und mittlere Unternehmen auch die Möglichkeit, staatliche Fördermittel in Form von Zins- und tilgungsvergünstigter Darlehen zu beantragen. Dazu legen sowohl die Europäische Union, die Bundesrepublik Deutschland und einzelne Bundesländer Programme auf.

Beispiele über wichtige Programme, Konditionen und Voraussetzungen zeigt Abbildung 80 auf der Basis der Informationen durch die Deutsche Ausgleichsbank [vgl. Deutsche Ausgleichsbank].

3.3 Projektstart: Festlegung der Projektziele

In dieser Projektphase geht es darum, die im Rahmen der ersten Projektbewertung verbleibenden Projektideen näher zu konkretisieren. Vor allem ist die Frage ausführlich zu beantworten, wie die Produktidee in ein marktfähiges Produkt überführt werden kann; für Prozessänderungen gilt dies analog. Eversheim/Breit [vgl. S. 22] sehen in der Bewältigung dieser Phase einen entscheidenden Erfolgsfaktor: So sind 80 % aller Prozessoptimierungsprojekte auf Grund einer unzureichenden Analysephase nicht erfolgreich. Für Produktinnovationen dürfte dies ähnlich aussehen.

Methodisch wird dies durch die Erstellung sowohl eines Lasten- als auch eines Pflichtenheftes gelöst. Gleichwohl ist darauf hinzuweisen, dass die Begriffe Lasten- und Pflichtenheft in der Literatur unterschiedlich verstanden werden. Während beispielsweise Diethelm [vgl. S. 134], Krüger/Schmolke/Vaupel [vgl. S. 50] oder Steinbuch [vgl. S. 193] beide Begriffe als Synonyme verwenden, werden sie bei Boutellier/Völker [vgl. S. 92] und Vahs/Burmester [vgl. 239-240] unterschieden.

Programm	Verwendungszweck	Voraussetzungen	Umfang der Förderung
Gründungs- und Wachstumsfinanzierung Gemeinschaftsaktion von Bund, Land NRW und Dt. Ausgleichsbank	u.a. Investitionen für neue oder neu- artige Produkte, Dienstleistungen und Verfahren (Innovationen)	natürliche Personen und KMU im Bereich der ge- werblichen Wirt- schaft und Ange- hörige der Freien Berufe	bis zu 75 % der Investi- tionen, Höchstbetrag in der Regel 2 Mio. EUR, Laufzeit je nach Modell bis zu 10, 15 oder 20 Jahren
Beteiligungskapital für kleine Technologie- unternehmen	Innovationen im Zusammenhang mit einer vorwettbewerb- lichen Entwicklung bis zur Aufnahme der kommerziellen Pro- duktion und für In- vestitionen zur Markteinführung	weniger als 50 Be- schäftigte, entweder Jahresumsatz von max. 7 Mio. EUR oder eine Bilanz- summe von max. 5 Mio. EUR, höchstens 10 Jahre alt, technisches und kaufmännisches Know-how	Beteiligungen als stiller Gesellschafter bis zu einer Höhe von 1,5 Mio. EUR, Laufzeit bis zu 10 Jahren
DtA-Technologie- Beteiligungsprogramm	Innovationsvorhaben auf der Basis neuer Produkte oder Ver- fahren oder Dienst- leistungen mit Wett- bewerbsvorteilen und Marktchancen.	Unternehmen der gewerblichen Wirt- schaft mit einem max. Jahresumsatz von 125 Mio. EUR	Beteiligungen als stiller oder offener Gesellschaf- ter, maximal 2,5 Mio. EUR, wenn ein weiterer Beteiligungsgeber sich mindestens in gleicher Höhe beteiligt, Laufzeit bis zu 10 Jahren
Förderung und Unter- stützung von technolo- gieorientierten Unter- nehmensgründungen (FUTOUR)	Innovative Vorhaben	Unternehmen in den neuen Bundes- ländern und Berlin (Ost)	Beteiligungen als stiller Gesellschafter, maximal 750.000 EUR. Für not- wendige Nachentwick- lungen nochmals maximal 250.000 EUR

Abbildung 80: Fördermittelprogramme, Voraussetzungen und Konditionen

3.3.1 Lastenheft

Das Lastenheft hat die Aufgabe, die internen (bei Prozessinnovationen) bzw. externen (bei Produktinnovationen) Kundenanforderungen hinsichtlich der Verwendung des durch das Projekt erstellten Objektes zu beschreiben. Voraussetzung hierfür sind somit Kenntnisse der tatsächlichen Ziele/Wünsche der Kunden. In aller Regel sind dies, ausge- hend von der anvisierten Positionierung, die wesentlichen Leistungsdaten (z.B. Abmes- sungen, Verbrauch, Geschwindigkeit), Zielsetzungen bezüglich der Markteinfüh- rung/Nutzung und der Lebenszyklusdauer/Nutzungsdauer, Schätzungen der maximalen

Produktkosten sowie zu erfüllende Normen bzw. andere externe Rahmenbedingungen; dabei ist auch die Kompatibilität des Projektes zu bereits existierenden Objekten des Kunden zu würdigen.

Hinzu kommen üblicherweise grobe Einschätzungen der Projektkosten, des errechenbaren Marktvolumens sowie der Projektrisiken und Projektalternativen.

Für die Entwicklung der Swatchuhr existierten folgende Kriterien im Lastenheft [vgl. Specht/Beckmann, S. 116]:

- Quarzuhr
- Material: Kunststoff
- gelungenes Design in vielen Varianten
- Anforderungen der gesetzlich festgelegten Bezeichung „Swiss Made"
- Anzeige der Stunden, Minuten und Sekunden mittels Zeiger (Analogieanzeige), Tag und Datum in einem Fenster des Ziffernblattes
- Schnellkorrektur der Datum-Anzeige
- Handhabung mittels konventioneller Aufzugswelle in drei Positionen
- Wasserdichtigkeit bis 3 bar
- sehr leichte Auswechselbarkeit der Batterie
- Lebensdauer der Batterie über 3 Jahre
- hohe Zuverlässigkeit bei gleichzeitiger Robustheit
- günstiger Verkaufspreis für das angebotene Qualitätsniveau

3.3.2   Pflichtenheft

Ein Pflichtenheft umfasst „die Gesamtheit der für eine bestimmte Problemlösung maßgebenden Zielvorstellungen, Randbedingungen und Bewertungskriterien." [Zehnder, S. 45]. Es beschreibt die gemäß Lastenheft zu erfüllenden Anforderungen aus Sicht des Unternehmens, das im Rahmen von Forschung und Entwicklung das Innovationsprojekt durchführt.

Im Pflichtenheft werden die relevanten technischen und marktbedingten Anforderungen so umfassend wie nötig beschrieben, zumal eine mangelhafte oder unvollständige Ausarbeitung zu Änderungen in der Projektrealisierungsphase führen kann, wodurch sich vor allem die Entwicklungszeit verlängert. Dies heißt jedoch nicht, dass überhaupt keine Spezifikationsänderungen mehr vorgenommen werden dürften. Vielmehr ist von einem dynamischen Pflichtenheft auszugehen. Gleichwohl sollten die maßgebenden technologischen und marktbedingten Anforderungen nicht mehr grundlegend geändert werden.

In der Regel enthält das Pflichtenheft einen detaillierten Projektplan, der die einzelnen Prozessschritte zur Projektrealisierung aufzeigt. Dies setzt voraus, dass das Projektkonzept bis auf die Ebene der Baugruppen technisch beschrieben (z.B. Materialien, Gewicht, Abmessungen, Design, Bedienungsführung) wird.

Beispiel Automobilentwicklung

■ Baugruppe Karosserie:
   Die Torsionssteifigkeit soll 18.000 Nm/Grad nicht unterschreiten.
■ Baugruppe Motor:
   Das maximale Drehmoment soll 300 Nm nicht unterschreiten.

Zudem werden die Marketingziele präzisiert. So werden beispielsweise Absatzmengenerwartungen, Marktanteile, konkrete Zielkosten und Wirtschaftlichkeitsaussagen getroffen bzw. festgelegt. Außerdem wird das Fertigungskonzept bezüglich der Anlagentechnik und der Lieferanten festgelegt.

Neben diesen technischen und wirtschaftlichen Inhalten sind ferner konkrete Terminziele für die Meilensteine des Projektes zu definieren. Der Meilenstein des Projektes repräsentiert das Erreichen eines bestimmten markanten Projektergebnisses. Um den Projektendtermin nicht zu gefährden, müssen diese Ergebnisse termingerecht vorliegen.

Dieses Pflichtenheft ist vor der Genehmigung des Projektes dem Lenkungsausschuss (siehe auch Kapitel 3.4.1.1) vorzulegen, der abschließend über die Durchführung des Projektes entscheidet.

Unter dem Gesichtspunkt einer Minimierung der Produktentwicklungszeit ist es erforderlich, dass die Zulieferer bereits an der Erstellung des Pflichtenheftes beteiligt werden und ihr Know-how einbringen können. Nur dann ist Gewähr geleistet, dass die zugelieferten Komponenten und Module die gewünschte Qualität erzielen.

Abbildung 81 fasst die Inhalte eines Pflichtenheftes zusammen.

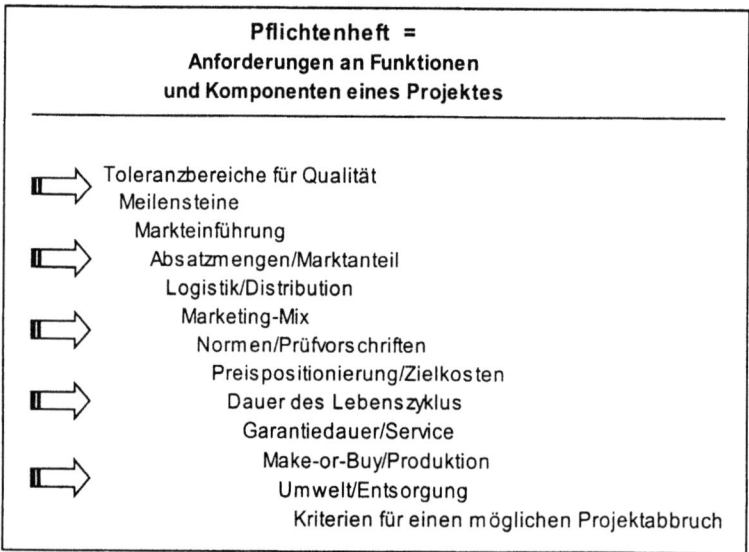

Abbildung 81: Inhalte des Pflichtenheftes

Als unterstützende Methoden zur Erarbeitung von Lasten- und Pflichtenheften werden in zunehmendem Maße nachfolgende Methoden eingesetzt:

- Target Costing
- Quality Function Deployment
- Design for Manufacture and Assembly
- Fehlermöglichkeits- und Einlussanalyse

Hinsichtlich des Einsatzes dieser Verfahren in der Unternehmenspraxis sind Erkenntnisse aus der Agamus-Studie [vgl. Agamus-Consult, S. 90-95] von Interesse. Danach setzen 80,1 % das Target Costing immer oder meistens ein (12,4 % selten, 7,5 % nie).

Das Quality Function Deployment sowie die Fehlermöglichkeits- und Einflussanalyse setzen 39,2 % bzw. 53,7 % der befragten Unternehmen ein. Bei Unternehmen mit über 10.000 Mitarbeitern sind es sogar 57,4 % bzw. 67,8 %.

3.3.3 Target Costing

A) Grundkonzept des Target Costings

Wie durch die Inhalte des Lasten- und Pflichtenheftes verdeutlicht, sind vornehmlich für Produktinnovationen frühzeitig die Kostenziele im Sinne der maximalen - aus den Markterfordernissen abgeleiteten - Herstellkosten einer Produkteinheit (im Gegensatz zu den Projektkosten) zu bestimmen. Jórasz [vgl. S. 270] sieht die Notwendigkeit hierfür einerseits in wettbewerbsintensiven Märkten mit kurzen Lebenszyklen und hohem Preisdruck, beispielsweise in Elektronik-, Automobil- und Feinmechanikindustrien, andererseits in der massenverarbeitenden Industrie, da dort wegen des relativ geringen Modellwechsels Kostenwirkungen von Produkt- und Produktionsentscheidungen sehr langfristig spürbar sind. Prinzipiell geht es darum, die Kundensicht bei der Planung innovativer Projekte als Determinante des Inhalts und des finanziellen Umfangs eines solchen Projektes einzubeziehen [vgl. Voigt/Sturm, S. 9].

Die Fixierung dieser Kosten ist nicht ohne weiteres von der technischen Seite des Produktes zu trennen, sondern ist im Sinne eines „Design to Cost" nach Madauss [vgl. S. 284-286] bei der Entwurfsplanung und Konstruktion gleichberechtigt mit den technischen Parametern einzubeziehen, zumal die Produktionskosten im Wesentlichen durch die Konstruktionsprinzipien des Produktes festgelegt sind (siehe auch Kapitel 1.3.3.2). Dies geschieht den Prinzipien des Target Costings entsprechend, das auch als Zielkostenrechnung bezeichnet wird [vgl. Horváth, 2001, S. 541-552; Horváth/Niemand/ Wohlbold, S. 3-13]. Target Costing ist 1965 von Toyota entwickelt worden [vgl. Monden, S. 7] und wird seit den Siebzigerjahren in japanischen, seit Ende der achtziger/Anfang der Neunzigerjahre auch in deutschen Unternehmen [vgl. Horváth/Arnaout/ Gleich u.a., S. 301] angewendet. Es greift dabei auf ältere Konzepte des Kostenmanagements, beispielsweise auf die Wertanalyse, zurück.

Primärziel des Target Costings ist es, die Kosten nicht mehr als hinzunehmende Größe der Projekttätigkeit zu verstehen, sondern sie selbst zu einem beeinflussbaren Parameter zu machen. Im Gegensatz zur klassischen Kalkulation, die auf die Selbstkosten wie selbstverständlich einen Gewinnzuschlag addiert und so den Verkaufspreis errechnet, ist das Target Costing auf eine retrograde Kalkulation ausgerichtet (Abbildung 82).

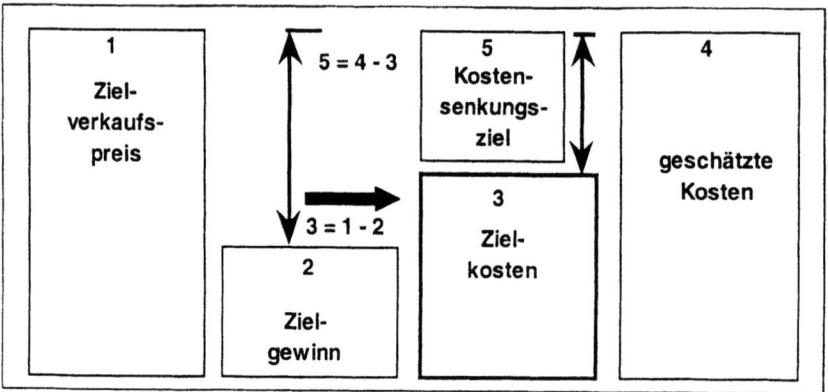

Abbildung 82: Bestimmung der Zielkosten [Monden, S. 119]

Bezogen auf den erwarteten Lebenszyklus, werden unter Berücksichtigung eines Zielgewinns die vom Markt erlaubten Kosten (Allowable Costs) ermittelt. Dazu werden üblicherweise die Herstellkosten herangezogen. Die dabei nicht einbezogenen Kosten der funktionalen Bereiche (so genannte Overheadkosten) werden dann dazu addiert. Diese können auf der Basis von Vergangenheitswerten in Form eines pauschalen Prozentsatzes oder eines funktionsbezogenen differenzierten Zuschlagsatzes ermittelt werden. Denkbar ist aber auch, für alle Funktionsbereiche Zielkosten festzulegen. Zudem sind die Vorleistungskostenziele, insbesondere für Entwicklung und Produktionsvorbereitung, sowie die Nachsorgekostenziele, beispielsweise für die spätere Entsorgung des Produktes oder für Garantieverpflichtungen, zu berücksichtigen. Dies kann in Form von Absolutwerten oder von relativen Größen im Verhältnis zum Zielpreis erfolgen [vgl. Siegwart/Senti, S. 124 und S. 126-127].

Das Target Costing wird nach Horváth/Arnaout/Gleich u.a. [vgl. S. 303] auf Basis einer empirischen Untersuchung bei 58 deutschen Großunternehmen zur Erreichung mehrerer Ziele eingesetzt. Außer zur Senkung der Kosten wird das Verfahren zur Darstellung der Erhöhung der Kostentransparenz, für eine verbesserte Markt- bzw. Kundenorientierung in der Produktentwicklung und zur Verkürzung der Entwicklungszeit eingesetzt.

Nachdem die Zielkosten vereinbart worden sind, hat die Entwicklung die Aufgabe, ein Produktkonzept zu erstellen, das sowohl den Zielkosten als auch den Kundenanforderungen genügt.

Um die Marktnähe sicherzustellen, setzt Target Costing zunächst bei der Marktforschung an. Ziel ist die möglichst aktuelle und differenzierte Ermittlung der Kundenbedürfnisse, was durch Marktumfragen oder direkten Kundenkontakt der Vertriebsmitarbeiter erfolgt. Diese Informationen müssen in konkrete Anforderungen an die Funktionen des Produktes transformiert werden. Außerdem müssen die Funktionen ihrer Bedeutung entsprechend für den Kunden gewichtet werden. Damit wird auch eine technische Überperfektionierung vermieden, wenn der Kunde hierin nur einen geringen Zusatznutzen bei gleichzeitig hohen Kosten sieht.

Zur Feststellung des maximalen Produktpreises, den potenzielle Kunden zu zahlen bereit wären, wird auf die Methode des Conjoint Measurement zurückgegriffen. Ziel ist die Umgehung der direkten Frage „Wie beurteilen Sie den Preis unseres Produktes ?". Der Kunde wird vielmehr gefragt, was ihm bestimmte Produkteigenschaften wert sind. Dabei wird die reale Kaufsituation mit einem Abwägen verschiedener Preis-/Leistungskombinationen simuliert. Aus den ermittelten Teilnutzenwerten lässt sich unmittelbar ablesen, wie hoch der Beitrag jeder Produkteigenschaft zum Gesamtnutzen ist und um wie viel Einheiten sich der subjektiv empfundene Nutzen ändert, wenn eine der Produkteigenschaften variiert wird.

Beispielsweise wird der Teilnutzen eines LKW unter anderem über den Anschaffungspreis, den Wiederverkaufswert, den Wartungsaufwand, die Transportlast und das Serviceangebot bestimmt [vgl. Backhaus, S. 432-436].

Beispiel: Der Firmengründer Nicholas Hayek des Schweizer Uhrenherstellers Swatch legt für die Swatch-Uhr von vornherein ein Preisziel von 40 US-$ fest. Angesichts dieser Vorgabe und unter Berücksichtigung der Lohnkosten in der Schweiz ist dies nur möglich, wenn das Produkt und die Prozessmethoden radikal verändert werden. So kommt beispielsweise Plastik statt Metall zum Einsatz. Zudem wird die Zahl der Einzelteile von 150 auf 51 reduziert. Bei der Produktion wird beispielsweise das Gehäuse der Uhren nicht mehr mit Schrauben verschlossen, sondern mit Ultraschall zusammengeschweißt. Alles in allem betragen die direkten Lohnkosten an den Gesamtkosten nur noch 10 % (statt der üblichen 30 %). Am Ende liegen die Produktionskosten um 30 % unter den Konkurrenzprodukten aus Hongkong. Dies sind Voraussetzungen, damit ein Schweizer Unternehmen in einem Massenmarkt konkurrenzfähig ist [vgl. Chan/Mauborgne, S. 93].

Was die Festlegung der Target Costs anbelangt, muss darüber hinaus der Zeitpunkt, an dem das Kostenziel umgesetzt sein muss, festgelegt werden [vgl. Siegwarat/Senti, S. 115]. So können die Herstellkosten auf Grund von nicht vorliegenden Serienwerkzeugen und Anlaufschwierigkeiten bei Markteinführung noch über den Zielkosten liegen. Mit der Erfahrungskurve (siehe auch Kapitel 2.3.3.1 B) sollten jedoch die Zielkosten erreicht werden. Damit wird deutlich, dass sich die Target Costs während des Marktzyklus verändern und sollten daher jährlich neu vereinbart werden, um die kontinuierliche Kostenreduzierung aufrecht zu erhalten.

Da ein Produkt nicht im Alleingang produziert wird, sind die Systemlieferanten in das Target Costing-Team zu integrieren. Ziel ist hierbei, gemeinsam die projektbezogenen Zielvorgaben zu erreichen.

Aus Sicht des Projekt- und Innovationsmanagements reicht eine Unterscheidung der Zielkosten nach einzelnen Produkten bzw. Komponenten nicht aus. Vielmehr müssen nach Ansicht von Gaiser/Kieninger [vgl. S. 70] folgende Kostenkategorien, die in Relation zum gesamten Lebenszyklus des Produktes zu sehen sind, reflektiert werden:

- Kosten für Forschung und Entwicklung.
- Materialkosten bzw. Kosten für Fremdbezug.
- Abschreibungen für Maschinen.
- Kosten für Fertigung und Montage.
- produktnahe Gemeinkosten der Beschaffungs-, Logistik- und Qualitätssicherungsprozesse.

B) Target Costing am Beispiel Mobilfunkgerät

Zur genaueren Erörterung der Vorgehensweise beim Target Costing wird die Entwicklung eines neuen Mobilfunkgerätes betrachtet. Als relevante Komponenten werden Gehäuse, Display, Tastatur, Elektronik/Menüführung, Chipkarte, Akku und Ladegerät identifiziert. Das Kommunikationsnetz hingegen wird als infrastrukturelle Voraussetzung nicht weiter beachtet.

Im weiteren ist zu untersuchen, welche Funktionen diese Komponenten erfüllen müssen, zumal nur dann entsprechende Erkenntnisse in die Produktentwicklung einfließen können, wenn die Kundenwünsche und deren Gewichtung bekannt sind. Im Beispiel sind dies

- guter Empfang
- Handlichkeit/geringes Gewicht
- Adressbuchfunktion
- leichte Bedienbarkeit
- SMS-/E-Mailfunktion/Internet-Zugang
- Preiswürdigkeit
- Zahlungsmodalitäten (z.B. Wiederaufladbarkeit der Karte oder Abbuchung vom Konto)
- attraktives Design
- geringes Gewicht
- lange Stand-by-Dauer
- schnelle Wiederaufladbarkeit

Allerdings bewertet der potenzielle Kunde diese einzelnen Funktionen nicht als alle gleich wichtig, weshalb eine Gewichtung nötig ist (Abbildung 83). Ausgehend von einer Gesamtpunktzahl von 100 % wird ein guter Empfang mit 20 % der Gesamtpunkte als wichtigste Funktion gesehen, die Adressbuchfunktion hingegen als weniger wichtig mit 3 %.

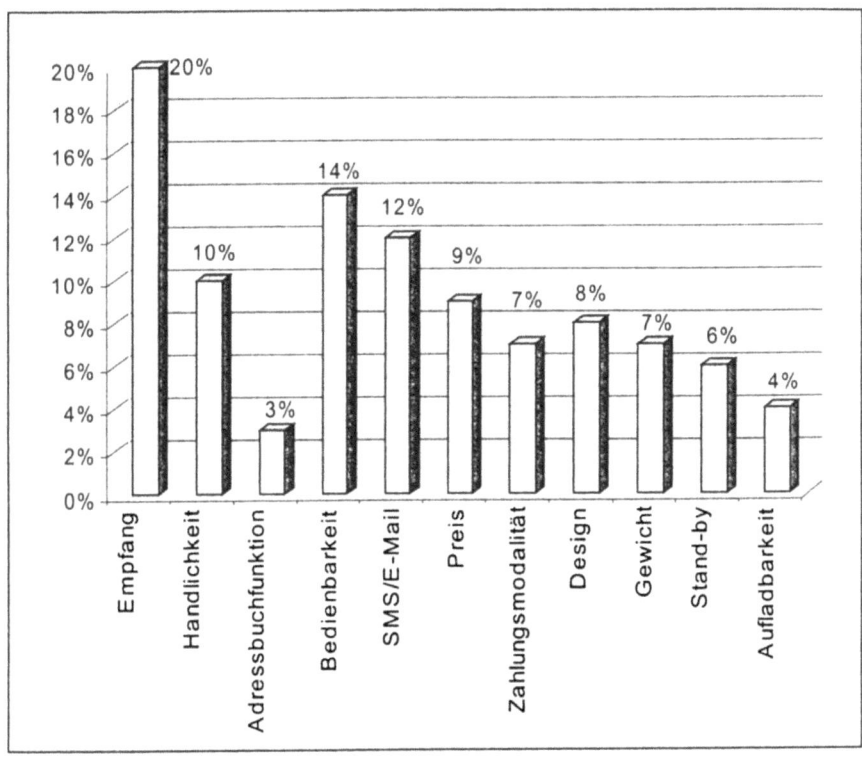

Abbildung 83: Gewünschte Produktfunktionen an ein Mobilfunkgerät und ihre Gewichtung

Damit können auch die Zielkosten für die einzelnen Komponenten errechnet werden. Gleichwohl ist davon auszugehen, dass absolute Basisleistungen des Kunden nicht mehr in den Vordergrund der Betrachtung rücken, sondern dies mehr oder weniger vorausgesetzt wird. Hier ist beispielsweise an grundsätzliche Funktionstüchtigkeit, Erfüllung gesetzlicher Standards sowie Sicherheitsvorschriften zu denken.

Der nächste Schritt besteht darin, den Kunden dahingehend zu befragen, welche prozentuale Bewertung der einzelnen Produktkomponente zur Erfüllung einer bestimmten Funktion beigemessen wird (Abbildung 84). So werden im Beispiel an das Gehäuse 40 % der Gesamtpunkte für die Funktion „Handlichkeit" vergeben.

Im Weiteren wird die Bedeutung jeder Komponente ermittelt (Abbildung 85). Dazu wird der Wert einer jeden Funktion mit dem Betrag multipliziert, den die jeweilige Komponente zur Erfüllung der Funktion leistet. Auf jede der Komponenten werden 100 Punkte verteilt. Das Resultat daraus ergibt die Bedeutung der jeweiligen Produktkomponente in Prozent. Im Beispiel wird die Funktion „Handlichkeit" mit 10 % = 0,10 gewichtet. Die Komponente „Gehäuse" ist mit 40 für diese Funktion bewertet. Somit beträgt das spezifische Gewicht 40 • 0,10 = 4,0 %.

Funktionen / Komponenten	Empfang	Handlichkeit	Adressbuch	Bedienbarkeit	SMS/E-Mail	Preis	Zahlungsmodalität	Design	Gewicht	Stand-by	Aufladbarkeit	Summe
	0,20	0,10	0,03	0,14	0,12	0,09	0,07	0,08	0,07	0,06	0,04	1,00
Gehäuse		50				20		50	65			
Display		10		25	40	20		25	5			
Tastatur		30	40	25	20	20		25	5			
Elektronik	100	10	60	40	40	25			10			
Chipkarte						5	100		5			
Akku									5	100		
Ladegerät				10		10			5		100	
Summe	100	100	100	100	100	100	100	100	100	100	100	

Abbildung 84: Beitrag der Komponenten zur Erfüllung der Produktfunktionen

Funktionen / Komponenten	Empfang	Handlichkeit	Adressbuch	Bedienbarkeit	SMS/E-Mail	Preis	Zahlungsmodalität	Design	Gewicht	Stand-by	Aufladbarkeit	Summe
	0,2	0,1	0,03	0,14	0,12	0,09	0,07	0,08	0,07	0,06	0,04	
Gehäuse		5				1,8		4	4,55			15,35
Display		1		3,5	4,8	1,8		2	0,35			13,45
Tastatur		3	1,2	3,5	2,4	1,8		2	0,35			14,25
Elektronik	20	1	1,8	5,6	4,8	2,25			0,7			36,15
Chipkarte						0,45	7		0,35			7,8
Akku									0,35	6		6,35
Ladegerät				1,4		0,9			0,35		4	6,65
Summe												100

Abbildung 85: Bedeutung der Komponenten

Anschließend wird die prozentuale Bedeutung jeder Komponente dem Kostenanteil gegenübergestellt. Wie aus Abbildung 86 deutlich wird, muss zunächst vom Zielpreis (150 €) der Zielgewinn bzw. eine etwaige Handelsspanne abgezogen werden (25 €). Die sich daraus ergebenden Zielkosten (125 €) werden um einen Kostenblock reduziert (35 €), der durch das Instrument des Target Costing nicht unmittelbar beeinflussbar ist (z.B. Forschung, Marketing, Verwaltung). Die so ermittelten (modifizierten) Zielherstellkosten betragen 90 €. Dem stehen drifting costs in Höhe von 108 € gegenüber, die sich durch die Standardplankosten der einzelnen Komponenten zusammensetzen (z.B. Gehäuse 28,20 € auf Basis der zur Zeit eingesetzten Werkstoffe usw.). Allerdings ist zu berücksichtigen, dass die Bedeutung der Komponente Gehäuse lediglich bei 15,35 % liegt. Die sich daraus ergebenen Zielkosten betragen somit 15,35 % von 90 € = 13,82 €. Ergebnis ist ein Kostensenkungsziel für die Komponente in Höhe von 8,62 € (28,20 € - 13,82 €). Insgesamt beträgt das Kostensenkungsziel 18 € bzw. 20 %. Werden den drifting costs der einzelnen Komponenten die 90 € der modifizierten Zielkosten zu Grunde gelegt, ergeben sich deshalb 120 %.

Zielverkaufspreis (netto)	150 €
Zielgewinn + Handelsspanne	25 €
Zielkosten	125 €
Zielherstellkosten (inkl. Entwicklung)	90 €
Drifting Costs (Herstellkosten + Entwicklungskosten)	108 €

Komponenten	Bedeutung der Komponenten [%]	Kostenanteil Drifting Costs [%]	Drifting Costs absolut [€]	Kostenanteil Zielkosten [%]	Zielkosten absolut [€]	Kostensenkungsziel absolut [€]
Gehäuse	15,35	26,1	28,20	31,4	13,82	14,38
Display	13,45	13,4	14,50	16,1	12,11	2,39
Tastatur	14,25	10,2	11,00	12,2	12,82	-1,82
Elektronik	36,15	30,1	32,50	36,1	32,53	-0,03
Chipkarte	7,80	6,2	6,70	7,4	7,02	-0,32
Akku	6,35	2,4	2,60	2,9	5,71	-3,11
Ladegerät	6,65	11,6	12,50	13,9	5,99	6,51
Summe	100,00	100,0	108,00	120,0	90,00	18,00

Abbildung 86: Ermittlung des Kostensenkungsziels

Zur besseren Verdeutlichung ist die Ermittlung eines Zielkostenindex sinnvoll, wobei zwei Varianten zu unterscheiden sind (Abbildung 87):

- Gegenüberstellung von Komponentenbedeutung und dem Anteil der drifting costs.
- Gegenüberstellung von Kompontenbedeutung und den modifizierten Zielkosten.

Ausgehend von den ersten Variante weisen Ewert/Wagenhofer [vgl. S. 316-317] zu Recht darauf hin, dass bei der Vorgehensweise die Differenz aus Drifting Costs und Target Costs in der Bewertung zunächst gar nicht auftaucht, da die Kostenanteile der Drifting Costs bezüglich der Produktkomponenten mit ihrer prozentualen Funktionserfüllung verglichen werden. Im Extremfall kann es sein, dass die Drifting Costs exakt den Anteilen der Komponenten für die Funktionserfüllung entsprechen, obwohl noch gar nichts eingespart worden ist. So wird beispielsweise bei der Komponente „Display" bei ersterer Vorgehensweise ein Kostenindex von 1,0 ausgewiesen. Dieser Wert suggeriert, dass eine Überarbeitung der Komponente mit dem Ziel einer Kostensenkung nicht notwendig ist. Wird der Zielkostenindex dagegen nach der zweiten Variante ermittelt, zeigt der Wert von 0,8 einen aktuell zu hohen Kostenanteil auf. Zur Erlangung aussagefähiger Ergebnisse sollte daher nach der zweiten Variante vorgegangen werden, erstere Methode gibt lediglich einen ersten Überblick.

Komponenten	Bedeutung der Komponenten in %	Kostenanteil (Basis Drifting Costs) in %	Kostenanteil (Basis Zielkosten) in %	Zielkosten- index Basis Drifting Costs	Zielkosten- index Basis Zielkosten
Gehäuse	15,35	26,1	31,4	0,6	0,5
Display	13,45	13,4	16,1	1,0	0,8
Tastatur	14,25	10,2	12,2	1,4	1,2
Elektronik	36,15	30,1	36,1	1,2	1,0
Chipkarte	7,8	6,2	7,4	1,3	1,1
Akku	6,35	2,4	2,9	2,6	2,2
Ladegerät	6,65	11,6	13,9	0,6	0,5
Summe	100,00	100,0	120,0		

Abbildung 87: Gegenüberstellung von Komponentenbedeutung und prognostiziertem Kostenanteil

Letztlich stellt das Zielkostenkontrolldiagramm (Abbildung 88) die relative Bedeutung (x-Achse) und den Kostenanteil (y-Achse) der Komponenten grafisch dar.

Idealerweise ist der Kostenanteil analog zur Komponentenbedeutung ($y = x$). Dies ist allerdings nur bei einem Zielkostenindex von 1,0 der Fall. Im Regelfall kommt es zu folgenen Alternativen:

- Entweder muss nach Kosteneinsparungsquellen gesucht werden, weil der Kostenanteil höher ist als die Bedeutung der Komponente aus Kundensicht (Zielkostenindex < 1) oder
- es sind Funktionsverbesserungen vorzunehmen, da die einzelnen Produkte eventuell zu „billig" realisiert worden sind und dies den Erwartungen des Kunden nicht entspricht (Zielkostenindex > 1).

Durch Definition einer Zielkostenzone können akzeptable von inakzeptablen Abweichungen unterschieden werden. Bei der Wahl der Zielkostenzone ist die Festlegung des Parameters q von Bedeutung. Im Allgemeinen gilt, dass je wichtiger die Kosten im Wettbewerb sind, desto kleiner sollte q gewählt werden. Deisenhofer [vgl. S. 106-107] sieht für die Automobilindustrie einen q-Wert von 10 für sinnvoll. Durch die Festlegung von q können die Grenzen der Zielkostenzone ermittelt werden:

$$y1 = (x^2 - q^2)^{1/2}$$

$$y2 = (x^2 + q^2)^{1/2}$$

Dabei ist es sinnvoller, bei Komponenten mit hoher Bedeutung und hohen Kostenanteilen nur geringe Abweichungen zuzulassen als bei weniger wichtigen mit geringerem Kostenanteil.

Im folgenden Beispiel wird sowohl ein q von 10 (innere Zielkostenzone) als auch ein q von 15 (äußere Zielkostenzone) herangezogen, um die Bedeutung des Faktors q zu verdeutlichen.

Handlungsbedarf besteht vor allem für Komponenten außerhalb der Zielkostenzone. Aber auch Komponenten innerhalb der Zielkostenzone dürfen nicht vernachlässigt werden, zumal sich durch eine Häufung knapp innerhalb der Zielkostenzone (aber oberhalb der 45-Grad-Linie) befindlicher Komponenten eine deutliche Abweichung von den Target Costs ergeben kann.

Werden die Zielkosten überschritten, ist nochmals nach Kosteneinsparungen zu suchen oder - wenn dies nicht möglich ist - muss überlegt werden, ob die Gewinnspanne gesenkt oder das ganze Vorhaben zurückgestellt wird.

Da die Drifting Costs im Regelfall über den Target Costs liegen, gehen die Hauptanstrengungen dahin, bei Komponenten, die bislang zu teuer sind (Zielkostenindex < 1), Kosteneinsparungen vorzunehmen. Da dies häufig nicht bis auf die Ebene entsprechend ihrer Komponentenbedeutung gelingt (Zielkostenindex = 1), ist nicht davon auszugehen, dass automatisch für alle Komponenten, deren Drifting Costs unter den Target Costs liegen (Zielkostenindex > 1), eine qualitative Aufwertung und damit einhergehende Kostenerhöhung akzeptabel ist. Letztere dient an erster Stelle der Kompensation zur Erreichung der Target Costs für das Gesamtprodukt.

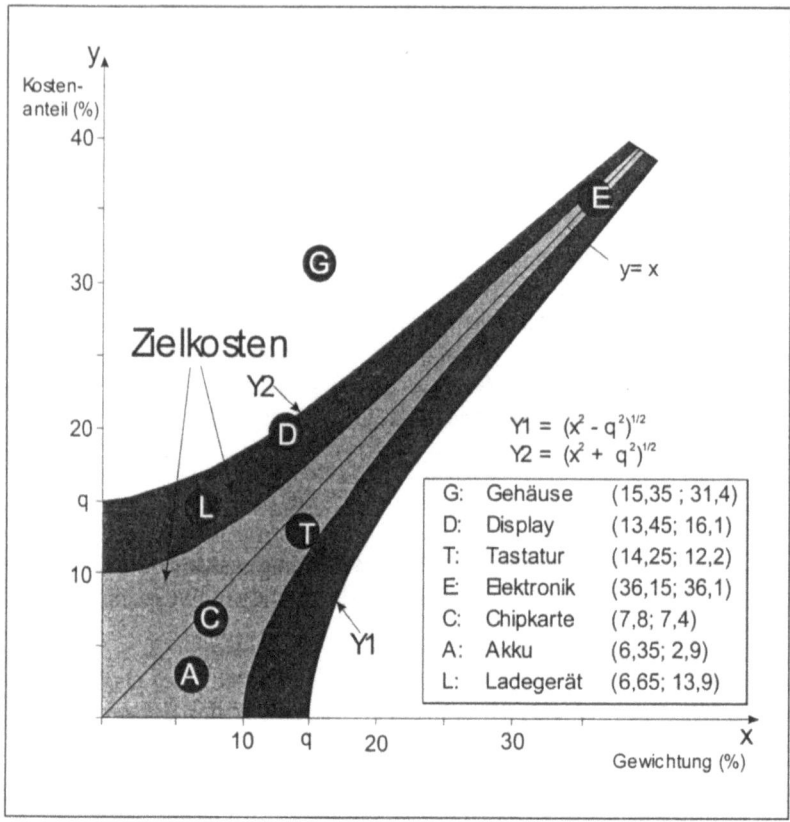

Abbildung 88: Zielkostenkontrolldiagramm

Letztlich ist darauf hinzuweisen, dass das „Target" zu Beginn des Entwicklungsprozesses nicht ausreicht. Vielmehr sind die voraussichtlich später für das Produkt entstehenden Kosten entwicklungsbegleitend zu kalkulieren (siehe auch Kapitel 3.6.4).

3.3.4   Quality Function Deployment

Ähnlich wie beim Target Costing bilden auch beim Quality Function Deployment (QFD) die Kundenwünsche im Hinblick auf die Produktmerkmale den Ausgangspunkt. Unterschied ist, dass es beim QFD nicht um die Kosten einzelner Komponenten, sondern um die konkrete „Übersetzung" der Kundenwünsche in die „Sprache des Entwicklers", also in quantifizierbare technische Anforderungen, geht. Insofern stellt das Instrument eine wichtige Hilfestellung zur systematischen Überleitung vom Lasten- zum Pflichtenheft dar.

Kernstück ist die Erstellung einer Produktmerkmalsplanungsmatrix. Diese beinhaltet auf der linken Seite Kriterien des Lastenheftes, die am Beispiel einer Bohrmaschine der Schutz vor zufälligem Einschalten, der Schutz vor Spannung, der Schutz vor Verletzungen bei Werkzeugen usw. sein können. Auf der rechten Hälfte der Matrix (Pflichtenheft) befinden sich technische Produktmerkmale (z.B. Schalterposition, Einschaltsperre, sicherer Griff, Handgriffeinstellung und -anordnung). Ziel ist die Verdeutlichung, wie stark jedes technische Konstruktionsmerkmal des Pflichtenheftes jedes der Merkmale aus dem Lastenheft beeinflusst bzw. umgekehrt wie bestimmte Kundenwünsche (Lastenheft) technisch umgesetzt werden (Pflichtenheft). Voraussetzung hierfür ist eine Bewertung in einem interdisziplinären Team, woran Mitarbeiter aus den Bereichen Entwicklung, Konstruktion, Produktion und Marketing/Vertrieb zu beteiligen sind.

Die empirische Untersuchung von Reinhardt bei 20 Unternehmen [vgl. S. 94] zeigt, dass das nicht hinreichende Erfassen der vom Kunden gewünschten Leistung einen massiven Kostentreiber darstellt und in fast zwei Drittel aller untersuchten Unternehmen zu konstatieren ist. Dabei wird auch von Überfunktionalität gesprochen, die nicht durch die Erzielung höherer Preise ausgeglichen werden kann, weil der Kunde dies nicht als einen Differenzierungsvorteil auffasst.

3.3.5 Design for Manufacture and Assembly

Bei dieser Methode geht es einerseits darum, die Varianten- und Teilevielfalt zu begrenzen, andererseits das Produkt fertigungs- und wartungsgerecht zu konstruieren.

Dies soll vor allem durch die Minimierung der Produktteile und die produktübergreifende Verwendung gleicher Bauteile erreicht werden. Dabei sind so genannte Gleichteile, wie z.B. Plattformen bei Autos (VW, Audi, Skoda, Seat, beispielsweise VW Polo und Skoda Fabia) von besonderer Bedeutung, zumal sich daraus Zeit- und Kostenvorteile bei der Entwicklung neuer Modelle ergeben.

Darüber hinaus sind die Zugänglichkeit von Baugruppen und der Einsatz einfacher Fügeverbindungen sowie die Vermeidung von Schrauben unter Wartungs- und Fertigungsgesichtspunkten wichtig [vgl. Gerpott, 1999, S. 222].

3.3.6 Fehlermöglichkeits- und Einflussanalyse

Ist das Produkt auf Basis der Kundenanforderungen konzipiert, ist es in Bezug auf seinen späteren Einsatz sowie auf die Risiken bei der Fertigung und Montage zu beurteilen. Somit stellt die Methode einen Ansatz zur präventiven Fehlervermeidung und systematischen Verbesserung des Produktes, aber auch zur Verkürzung der Entwicklungszeit und Entwicklungskosten dar.

Die Methode der Fehlermöglichkeits- und Einflussanalyse (kurz FMEA) lässt sich in allen Phasen der Produktentwicklung einsetzen. Dies kann bei der Erstellung des Pflichtenheftes beginnen (System-FMEA), wobei die Bewertung von Komponenten und deren Schnittstellen im Vordergrund steht. Dies gilt im weiteren für die Konstruktionsphase (Konstruktions-FMEA), bei der konstruktive Fehler identifiziert und die Fertigungs- und Montagegerechtigkeit festgestellt werden. Vor Beginn der Produktion ist letztlich eine Prozess-FMEA durchzuführen, bei der für die einzelnen Fertigungs- und Montageschritte die Fehlerrisiken und die Einhaltung von Qualitätsvorgaben untersucht werden. Dabei sind die System-, Konstruktions- und Prozess-FMEA eng miteinander verknüpft. Grundsätzlich werden jeweils potenzielle Fehler, deren Folgen und Ursachen betrachtet. Wird auf der Systemebene ein Fehler gefunden, ist er auch bei der Konstruktions-FMEA als potenzieller Fehler aufzunehmen Die denkbaren Ursachen sind dann auf die Prozessebene zu projizieren. Die Folge des Fehlers bleibt hingegen auf allen Ebenen gleich (Abbildung 89).

Die Beurtung eines Fehlers wird auf Basis

- der Wahrscheinlichkeit des Auftretens,
- der Bedeutung für den Kunden sowie
- der Einschätzung der Entdeckungswahrscheinlichkeit

ermittelt. Jedes dieser drei Kriterien wird auf einer Skala von 1 bis 10 geschätzt, wobei der Wert 10 die höchste Bewertung ausdrückt. Das Gesamtrisiko in Form einer Risikoprioritätszahl wird durch Multiplikation der drei Werte errechnet.

Kann durch das Auftreten eines Fehlers (z.B. beim Auto) das Produkt von dem Kunden nicht mehr genutzt werden (Auto bleibt liegen), ist der Wert 10 anzusetzen, treten hingegen „nur" leise Klappergeräusche auf, ist ein Wert von 1 realistisch. Da leichte Abweichungen zu großen Änderungen der Risikopriorität führen, ist eine einheitliche Bewertung vorzunehmen.

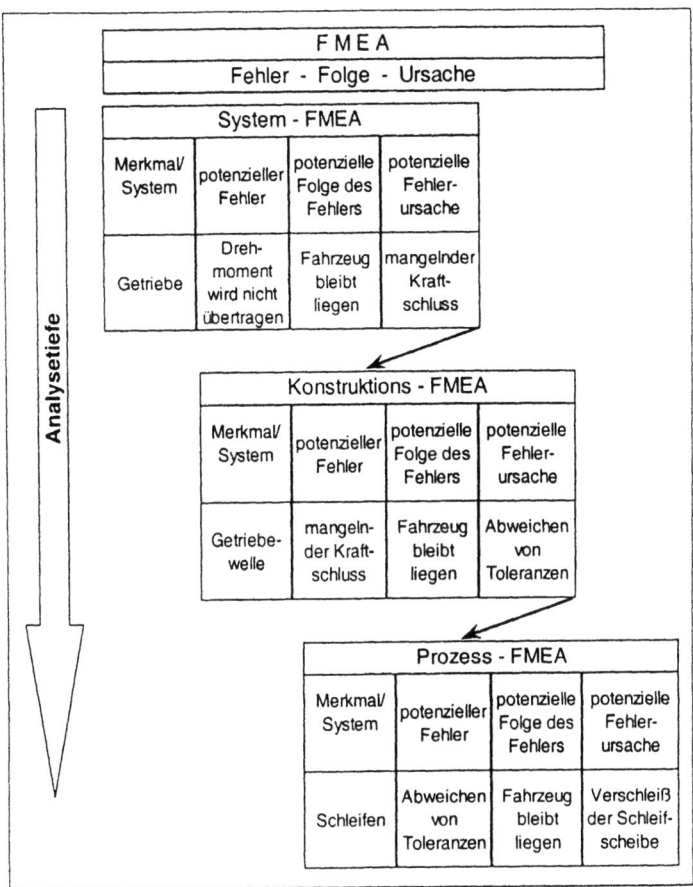

Abbildung 89: Zusammenhang zwischen einer System-, Konstruktions- und Prozess-
FMEA [Eversheim/Bochtler/Laufenberg, S. 71]

3.4   Organisation von Projekten

3.4.1   Beteiligte

Die an einem innovativen Projekt beteiligten Akteure bzw. Gremien sind hauptsächlich

- der Lenkungsausschuss
- der Projektleiter
- das Projektteam

Überwiegend stammen die Beteiligten aus dem eigenen Unternehmen, wobei auch Externe, beispielsweise für das Projektteam, einbezogen werden können (Abbildung 90).

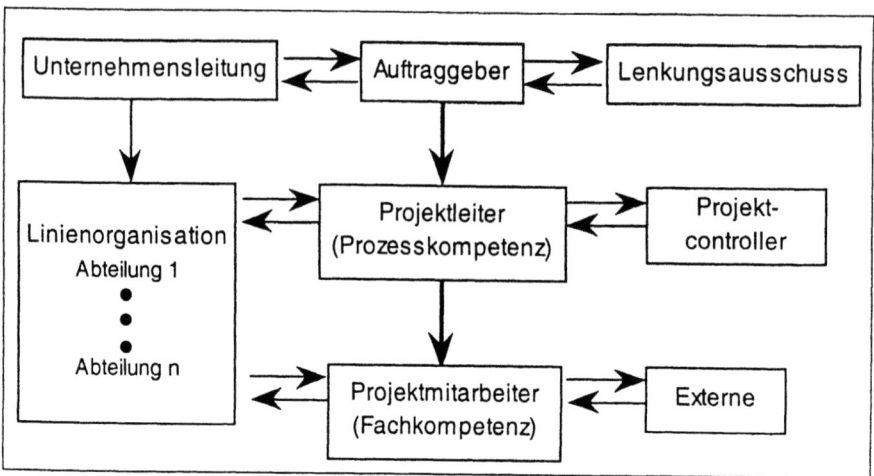

Abbildung 90: Projektbeteiligte

3.4.1.1 Lenkungsausschuss

Werden in einem Unternehmen mehrere Projekte bearbeitet, wird auch vom Multi-Projektmanagement gesprochen. In solchen Unternehmen ist es üblich, einen Lenkungsausschuss (andere Begriffe Koordinationsgremium, Produktkomitee, Projektsteuerungsgremium) einzurichten, der hochrangig besetzt ist.

In der Regel arbeiten einzelne Mitglieder der Geschäftsführung, die die Ziele der Unternehmung und die strategische Ausrichtung festlegen sowie letztlich über die Ressourcen des Unternehmens verfügen, in diesem Gremium mit, wobei sie sowohl die technisch-betriebliche als auch die absatzwirtschaftlich-marktbezogene Sichtweise vertreten sollten.

Des Weiteren sollten wenigstens ein Controller, der die wirtschaftlich-finanzielle Situation der Unternehmung überschaut, sowie ein Mitglied, das das rechtlich-vertragliche Flechtwerk kennt, im Lenkungsausschuss präsent sein.

Die Aufgaben eines Lenkungsausschusses sind vor allem:

- Entscheidung über die Durchführung eines neuen Projektes bzw. den Abbruch eines laufenden Projektes. Für laufende Projekte ist eine regelmäßige Berichterstattung der Projektleiter an den Lenkungsausschuss vorzusehen.
- Beurteilung, inwieweit ein Projekt in das langfristige Produkt-/Markt- und Technologiekonzept passt.
- Priorisierung der einzelnen Projekte, beispielsweise im Hinblick auf die Ressourcenzuordnung.

■ Festlegung, ob das Projekt intern oder extern bzw. in Kooperation mit einem anderen Unternehmen durchgeführt werden soll.

■ Entscheidung, wie das Projektteam zusammengestellt werden soll, wer zum Projektleiter bestellt wird und welche Organisationsform für das Projekt gewählt wird.

■ Festlegung der Ressourcenfreigabe, besonders des finanziellen Budgets.

■ Bestimmung eines Machtpromotors, der die Patenschaft für das Projekt übernimmt.

■ Regelung von Konflikten, die beispielsweise mit anderen Projekten oder Linieninstanzen auftreten können.

■ Sicherstellung der Überführung des Projektergebnisses in die Organisation.

3.4.1.2 Projektleiter

In der gesamten Literatur zum Projektmanagement wird die Wichtigkeit des Projektleiters herausgestellt. Häufig wird in diesem Zusammenhang auf eine umfassende Liste von Aufgaben, Anforderungen und Rollen verwiesen, die ein Projektleiter idealerweise zu erfüllen hat (Abbildung 91).

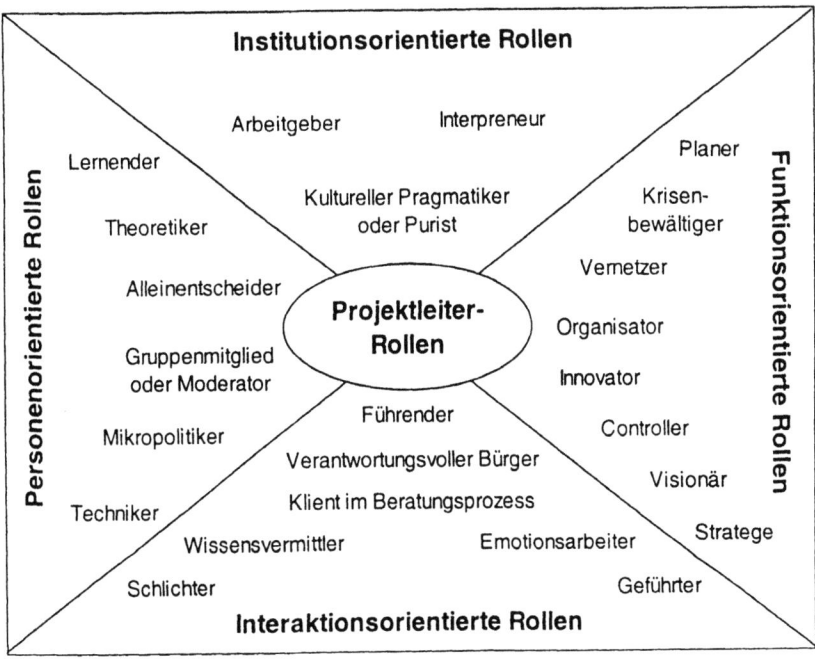

Abbildung 91: Rollen des Projektleiters im Überblick [Keßler/Winkelhofer, S. 134]

Allerdings wird dabei übersehen, dass die Kompetenzen des Projektleiters maßgeblich von der gewählten Aufbauorganisationsform des Projektes abhängig sind (siehe auch Kapitel 3.4.2). Unabhängig von der Organisationsform führt der Projektleiter seine Mitarbeiter aber in hohem Maße ohne echte Machtinstrumente wie Leistungsbewertung, Beförderung, Gehaltserhöhung und Entlassung.

Typische Aufgaben eines Projektleiters sind in jedem Fall:

Projektplanung

Die in Kapitel 3.5 genannten Inhalte der Projektplanung sind insofern Aufgabe des Projektleiters, als es gilt, die im Pflichtenheft genannten Eckpositionen des Projektes bezüglich Leistung, Markteinführung/Nutzung und Kosten im Detail zu realisieren. Empfehlenswert ist es, dass der designierte Projektleiter bereits bei der Erarbeitung des Pflichtenheftes eingebunden wird. Vor Beginn des Projektes ist die regelmäßige Aktualisierung der Planung auf Basis der aktuellen Istzustände erforderlich.

Projektüberwachung und -steuerung

Wie in Kapitel 3.6 noch genauer erläutert wird, hat der Projektleiter die Aufgabe, in regelmäßigen Abständen den aktuellen Istzustand des Projektes zu eruieren und Soll-Ist-Vergleiche bezüglich der im Pflichtenheft genannten Positionen durchzuführen.

Grundsätzlich geht es darum, das Projekt der Planung entsprechend zu verwirklichen und für eine fach- und sachgerechte Projektdurchführung zu sorgen. In welchem Maße der Projektleiter gegenüber Mitgliedern des Projektteams disziplinarisch und fachlich weisungsbefugt bzw. entscheidungsbefugt ist, hängt im Wesentlichen von der Wahl der Aufbauorganisation des Projektes ab. So reicht die Entscheidungsbefugnis von der reinen Entscheidungsvorbereitung (Stabsstellen-Projektorganisation) bis hin zum Recht, Entscheidungen bezüglich des Projektes im vereinbarten Rahmen zu treffen und hierfür gegenüber dem Lenkungsausschuss Rechenschaft abzulegen. Hinsichtlich der Mitarbeiterauswahl für das Projektteam ist festzuhalten, dass zwar dem Projektleiter kein Alleinentscheidungsrecht zugestanden werden kann, aber die Befugnis zur Ablehnung von Mitarbeitern existieren sollte. Letzteres soll auch das „Wegloben" von Mitarbeitern, beispielsweise aus der Linienorganisation hin zu Projektteams, erschweren.

Berichterstattung

Der Projektleiter muss regelmäßig über den Stand des Projektes dem Lenkungsausschuss gegenüber berichten.

Bezüglich des Anforderungsprofils von Projektleitern bestehen kaum empirische Untersuchungen. Zündorf/Grunt [vgl. S. 274-275] stellen in einer explorativen Studie bei vier Unternehmen für Forschungs- und Entwicklungsprojekte fest, dass ein fundiertes Fachwissen für unverzichtbar gehalten wird. Dies heißt aber wiederum nicht, dass er in allen Problemfeldern des Projektes über Expertenwissen verfügen muss. Vielmehr nimmt er, vom Promotorenmodell ausgehend, die Rolle des Prozesspromotors ein, sodass die Fähigkeit zur Kooperation von erheblicher Bedeutung sein dürfte. Dies insbesondere deshalb, weil ein Projektleiter in der Regel nicht die gesamte Verfügungsmacht über personelle und finanzielle Ressourcen erhält und gleichzeitig Abstimmungsbedarf mit Linienabteilungen, beispielsweise mit der Produktion und dem Marketing bei einer Produktinnovation, besteht. Insofern ist das Verhandlungsgeschick als Auswahlkriterium zu berücksichtigen. Dies gilt auch für bisher erworbene Projekterfahrung, beispielsweise als Projektleiter für kleinere Projekte oder als Projektcontroller.

3.4.1.3 Projektteam

Da innovative Projekte in der Regel nicht von einem Mitarbeiter allein bearbeitet werden können, ist es erforderlich, für die Realisierung des Projektes ein Projektteam, anderer Begriff Projektgruppe, zusammenzustellen. Gemünden/Högl [vgl. S. 5-7] werten eine Reihe von empirischen Untersuchungen mit Daten von Unternehmen aus Europa, USA und Asien aus und identifizieren im Projektteam einen wesentlichen Erfolgsfaktor des Projektmanagements.

A) Merkmale von Projektteams
Generell lassen sich Projektteams durch folgende Merkmale charakterisieren [vgl. hierzu auch Wiendieck, S. 2376-2377]:

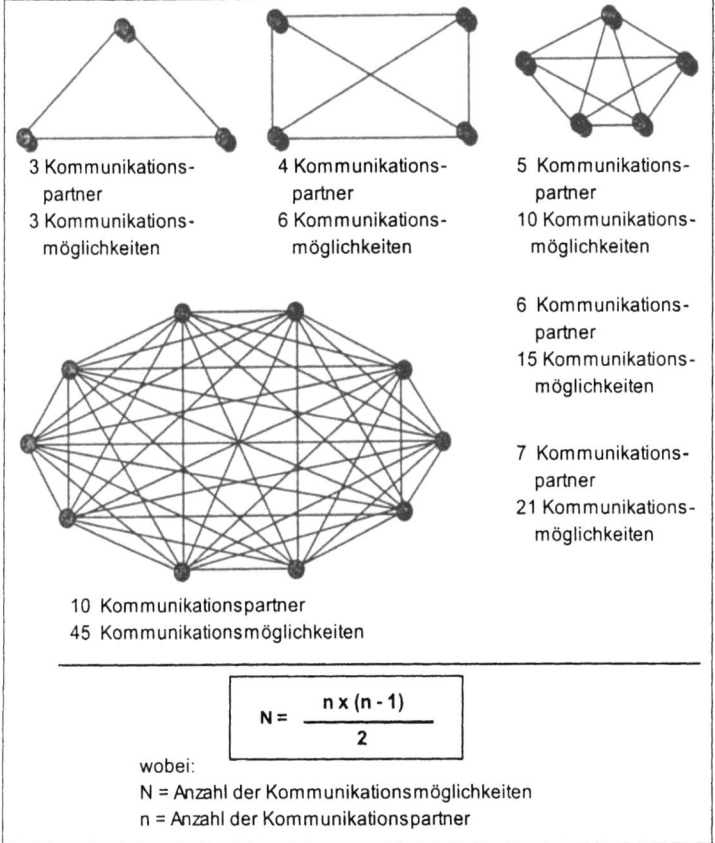

3 Kommunikations-
partner
3 Kommunikations-
möglichkeiten

4 Kommunikations-
partner
6 Kommunikations-
möglichkeiten

5 Kommunikations-
partner
10 Kommunikations-
möglichkeiten

6 Kommunikations-
partner
15 Kommunikations-
möglichkeiten

7 Kommunikations-
partner
21 Kommunikations-
möglichkeiten

10 Kommunikationspartner
45 Kommunikationsmöglichkeiten

$$N = \frac{n \times (n-1)}{2}$$

wobei:
N = Anzahl der Kommunikationsmöglichkeiten
n = Anzahl der Kommunikationspartner

Abbildung 92: Zusammenhang von Größe des Projektteams und Anzahl der Kommunikationsbeziehungen

Zeitliche Dauer
Da Projekte zeitlich begrenzt und beispielsweise mit der Markteinführung des Produktes abgeschlossen sind, werden Projektteams nur für einen festen Zeitraum definiert.

Größe

Projektteams sind Kleingruppen, bei denen der persönliche Kontakt im Vordergrund steht. Abbildung 92 zeigt, dass mit zunehmender Größe des Projektteams die Anzahl der möglichen Kommunikationsbeziehungen überproportional zunimmt, zumal im Gegensatz zur Linienorganisation eine präzise Arbeitsteilung und Abstimmung, die für die Realisierung von Routineprozessen zu erwarten sind, fehlen. In einem Projektteam lassen sich nicht alle Aufgaben beliebig aufteilen, da diese stark miteinander vernetzt sind und somit die Gefahr besteht, aneinander vorbei zu arbeiten. In diesem Zusammenhang ist auf das „Brookssche Gesetz" hinzuweisen. Danach werden bei Überschreitung einer bestimmten Teamgröße, selbst bei guter Koordination des Projektleiters, die Mitarbeiter durch zunehmenden Kommunikations- und Abstimmungsbedarf gebunden. Im Grenzfall ist das Projektteam nur noch mit Abstimmung beschäftigt, der Projektfortschritt nähert sich Null (Abbildung 93).

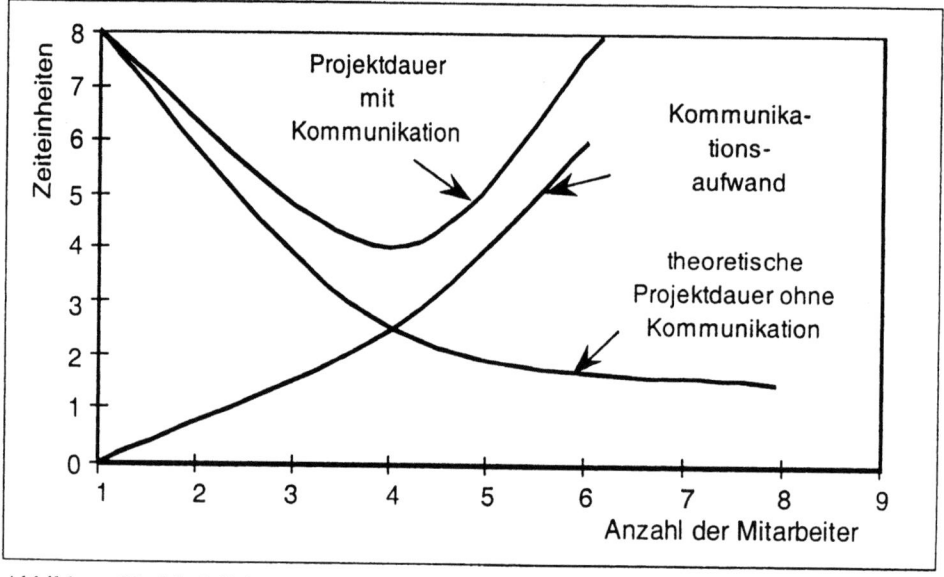

Abbildung 93: Modell der optimalen Größe des Projektteams

Da komplexe Projekte kaum durch ein Team von beispielsweise sechs bis acht Mitgliedern umgesetzt werden können, ist es sinnvoll, zwischen einem Kernprojektteam und einzelnen Subteams zu unterscheiden. Wittlage [vgl. S. 150-151] spricht dabei auch von einem System überlappender Gruppen (Abbildung 94), die durch so genannte „linking pins" (Bindeglieder) miteinander verknüpft sind. Dabei sind die „linking pins" Mitglieder zweier Gruppen. Der Leiter einer Gruppe nimmt die Funktion des Bindegliedes in vertikaler Richtung wahr und ist damit gleichzeitig Mitglied eines hierarchisch übergeordneten Teams (vertikaler linking pin). Die Funktion in horizontaler Richtung, das heißt die Verbindung zwischen gleichrangigen Teams, kann von einem beliebigen Mitglied des Teams wahrgenommen werden (horizontaler linking pin).

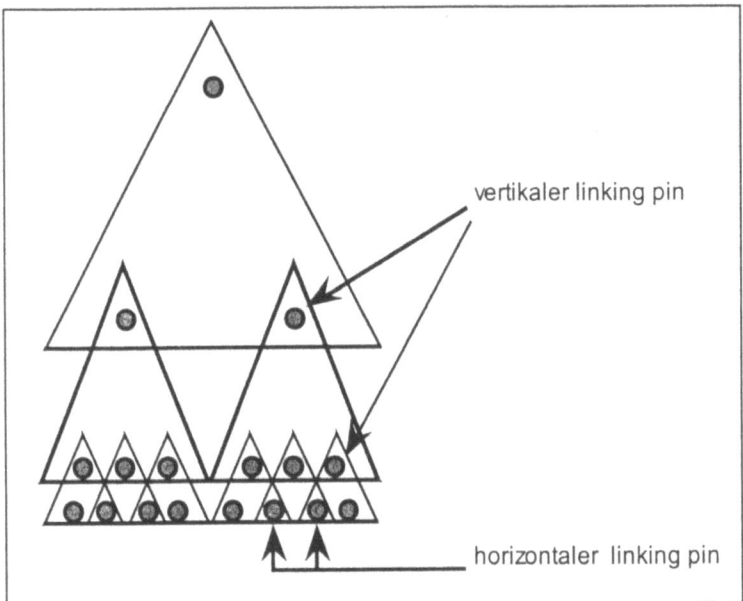

vertikaler linking pin

horizontaler linking pin

Abbildung 94: System überlappender Gruppen [Wittlage, S. 150]

Neben den Teammitgliedern werden in der Regel weitere Personen für bestimmte Aufgaben oder Phasen des Projektes eingebunden.

Umgekehrt gilt, dass Projektteams nicht zu klein sein dürfen, weil eine Überforderung des Projektteams, eine lange Projektdauer und/oder eine unzureichende Fachkompetenz mit dem Projekt verbunden sind.

Bei der BMW AG [vgl. Völker, S. 274] existiert für die Entwicklung einer Baureihe (Reihe 300, 500, 700, 800) auf Grund der Komplexität des Projektes eine Hierarchie von Projektteams, wobei drei Hierarchien zu unterscheiden sind (Abbildung 95).

Für das Entwicklungsprojekt einer Baureihe wird ein **Kernteam** von 10-15 Personen gebildet, das zu 100 % dem Projekt zugeordnet ist. Jedes Mitglied dieses Kernteams übernimmt die Fachverantwortung für einen Teil des gesamten Projektes. Dies können beispielsweise sowohl Funktionen, wie Einkauf, Marketing oder Controlling, als auch Bereiche, wie Fahrwerk, Karosserie, Ausstattung, Elektrik, Antrieb, sein.

Das zu entwickelnde Fahrzeug besteht aus rund 40 Modulen, beispielsweise aus Tür, Schiebedach, Radaufhängung usw. Jedes dieser **Modulteams**, die unterhalb des Kernteams anzusiedeln sind, besteht aus etwa sechs bis acht Mitgliedern, unter anderem dem Modulverantwortlichen, sowie jeweils einem Verantwortlichen für Einkauf, Qualität, Kosten usw. Die Mitglieder in diesen Subteams sind je nach Aufgabenstellung zwischen 1-90 % für ein Projekt tätig.

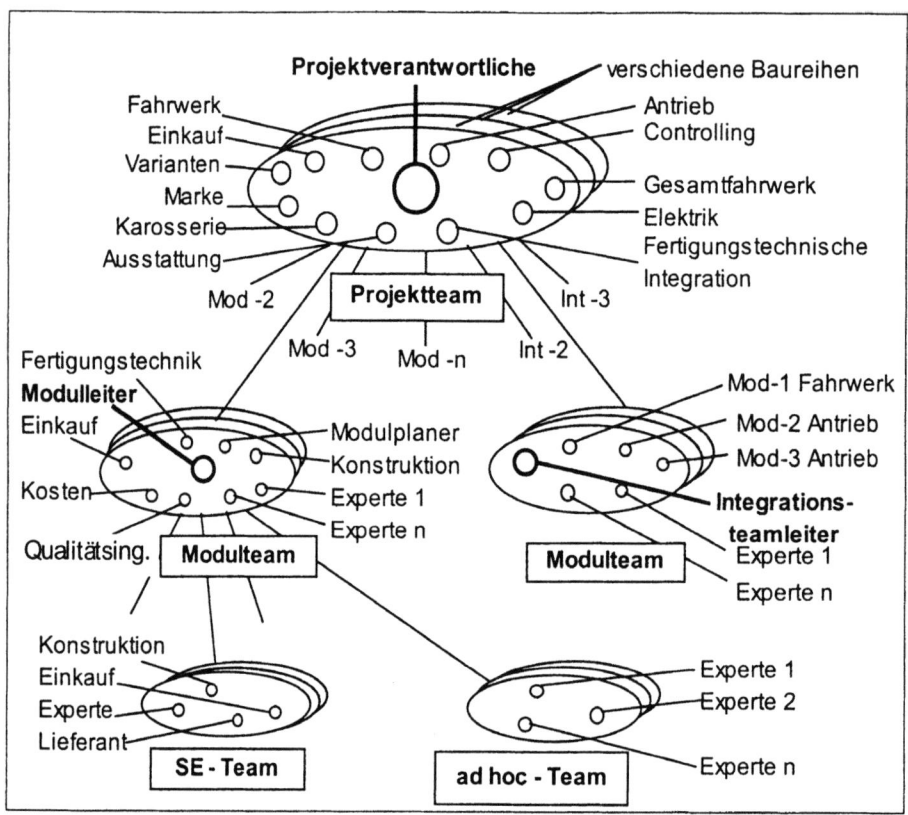

Abbildung 95: Teambildung bei der Baureihenentwicklung

Unterhalb der Module kann es darüber hinaus so genannte **SE-Teams** geben, insbesondere bei Aufträgen an Externe. Für ein Modul „Tür" gibt es beispielsweise SE-Teams für Schlösser und Fensterheber, wobei die Systemlieferanten von BMW eingebunden werden.

Leistungsorientierung
Im Gegensatz beispielsweise zu Spiel- oder Selbsterfahrungsgruppen gehört zu Projektteams eine ausgeprägte Leistungsorientierung.

Arbeitsstil
Zu Projektteams gehört ein Arbeitsstil, der von dem in klassischen Linienabteilungen abweicht. Dies resultiert aus einer interdisziplinären Zusammenstellung der Teammitglieder, die sowohl kooperativ als auch im größeren Maß eigenverantwortlich agieren.

Bezüglich der Zusammenstellung des Projektteams sollten zwei Aspekte im Mittelpunkt stehen:

- Fachkompetenz
- Sozialkompetenz

Fachkompetenz

Das Projektteam muss in seinem Gesamtumfang alle relevanten Problemfelder des Projektes abdecken (Abbildung 96). Umgekehrt übernimmt jedes Teammitglied eine bestimmte fachliche Rolle und vertritt seinen Funktionsbereich, ist also Botschafter seines Bereiches. Bleibt eine fachliche Rolle unbesetzt, besteht die Gefahr, dass die damit verbundene Sichtweise des Projektes ausgeklammert bleibt und daraus resultierende Probleme erst spät im Projektbearbeitungsprozess erkannt werden („geistige Inzucht").

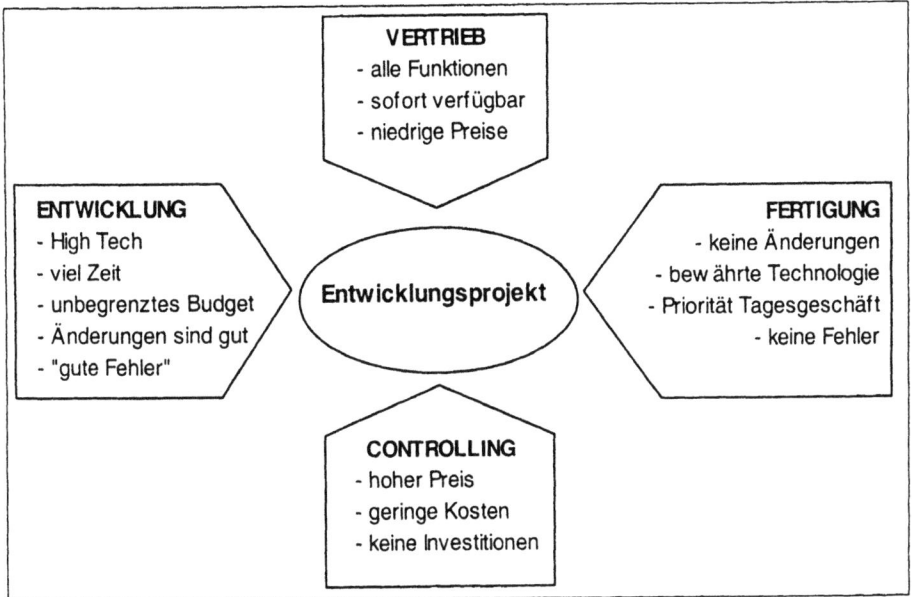

Abbildung 96: Fachliche Eckbereiche bei einem Entwicklungsprojekt

Eine empirische Untersuchung des Instituts der deutschen Wirtschaft [vgl. 1999, S. 7] verdeutlicht den Nutzen abteilungsübergreifender Projektteams: Unternehmen mit abteilungsübergreifenden Entwicklungsteams erzielen mit 69.500 € eine deutlich höhere Wertschöpfung je Mitarbeiter als Unternehmen, die darauf verzichten (57.775 €).

Denkbar ist auch die Einbindung von unternehmensexternen Personen, beispielsweise von Lieferanten oder Unternehmensberatern. Von besonderem Interesse ist die Mitarbeit von Anwendern bzw. Kunden, was vornehmlich bei langlebigen Investitionsgütern von Bedeutung ist.

Eine empirische Untersuchung auf Basis von 410 Innovationsprojekten von Specht/Gerhard [vgl. S. 231] stellt fest, dass neben der Beteiligung der „Hauptakteure" Forschung und Entwicklung, Marketing/Vertrieb, Beschaffung/Einkauf, Produktion, Qualitätssicherung und Controlling sich die Einbindung der Funktionsbereiche Finanzierung und Personalentwicklung positiv signifikant auf den Projekterfolg auswirkt.

Sozialkompetenz

Auf Grund der Interdisziplinarität des Projektteams können unterschiedliche Sichtweisen, beispielsweise zwischen den Ressorts Forschung und Entwicklung, Produktion, Vertrieb und Controlling, zu Konflikten führen (Abbildung 97). Insofern sind so genannte weiche Faktoren wie Kommunikations-, Kooperations- und Konsensfähigkeit enorm wichtig. Da die Arbeit in Projektteams - im Vergleich zur Arbeit in Abteilungen der Linie - erhebliche Freiräume bietet, ist auch die Fähigkeit zur Sebstkontrolle von Bedeutung.

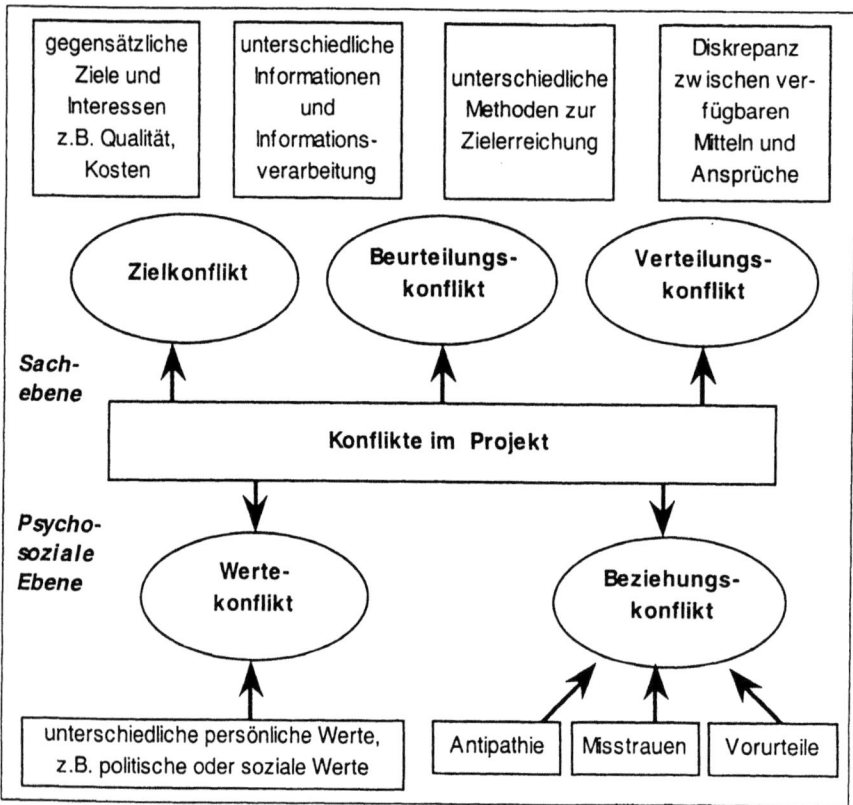

Abbildung 97: Konfliktursachen im Projekt

B) Entwicklungsprozess in Projektteams

Nach Truckman verläuft die Zusammenarbeit in Projektteams im Rahmen eines Entwicklungsprozesses, der in vier Phasen verläuft [vgl. Kellner, S. 141-155; Kurth, S. 52-53; Patzak/Rattay, S. 137; Steinbuch, S. 240].

Forming (Testphase)
Die erste Phase ist durch Unsicherheiten über die Art und Weise der Zusammenarbeit gekennzeichnet. Zudem herrschen bei den Teammitgliedern unterschiedliche Ziele, Interessen und Fähigkeiten vor. Es beginnt ein vorsichtiges gegenseitiges Abtasten, die Begegnung verläuft höflich, aber distanziert.

Der Projektleiter kann diese Phase durch eine persönliche Begrüßung, Vorstellen der Teammitglieder, Anrede mit Namen usw. entkrampfen.

Storming (Nahkampfphase)
In dieser Phase entstehen unterschwellige Konflikte zwischen einzelnen Teammitgliedern. Gegen den Projektleiter werden Konflikte oder gar der Aurstand geplant. Die Meinungen der Teammitglieder polarisieren sich. Es bilden sich Cliquen. Es herrscht ein mühsames Vorwärtskommen und oftmals das Gefühl der Ausweglosigkeit. Gleichzeitig führen diese Konflikte zur Festlegung von Gruppennormen, die für die weitere Zusammenarbeit des Projektteams wichtig sind.

Hilfreich ist es, wenn der Projektleiter in dieser Phase sowohl gelassen reagiert und seine Erfahrungen aus anderen Projekten einbringen kann als auch die existierenden Probleme ernst nimmt und gemeinsam mit dem Projektteam nach Verbesserungen sucht. Darüber hinaus sind die trennenden und verbindenden Standpunkte klar herauszuarbeiten. Durch Feed-back ist die Situation an das Team zurückzuspiegeln. Auf die Einhaltung von Teamregeln ist zu achten.

Norming (Organisationsphase)
Es entstehen erste Teambeziehungen, außerdem setzen sich Teamnormen und Verhaltensregeln durch. Zunehmend ist eine gegenseitige Unterstützung der Regelfall. Es kommt vermehrt zur Unterordnung der verschiedenen Ziele unter gemeinsame Aufgaben.

Der Projektleiter kann diese Phase durch Moderationstechniken und Anfertigung von Protokollen unterstützen. Des Weiteren findet eine Unterstützung in der Lösungsfindung statt bzw. diese wird mit Hilfe gezielter (offener) Fragen eingeleitet.

Performing (Verschmelzungsphase)
Jetzt ist die Energie für die eigentliche Aufgabenerfüllung verfügbar. Konflikte und Probleme lösen sich deutlich auf, das Rollenverhalten der Mitglieder wird zunehmend teamorientierter. Das Team erweist sich als ideenreich, offen, leistungsfähig, solidarisch und hilfsbereit.

Der Projektleiter sollte die bisherigen Zwischenergebnisse herausstellen. Gegenüber Kritik von außen ist das Team zu schützen.

Gleichwohl soll durch die vier Phasen nicht suggeriert werden, dass alle Teams bis zur Verschmelzungsphase vordringen. Denkbar ist auch ein überwiegendes Verharren in der zweiten Phase, möglich ist aber auch, dass in der Verschmelzungsphase eine Störung auftritt, die das Team wieder in die Nahkampfphase zurückwirft.

Abbildung 98 fasst die einzelnen vier Phasen mit den typischen Verhaltensausprägungen zusammen.

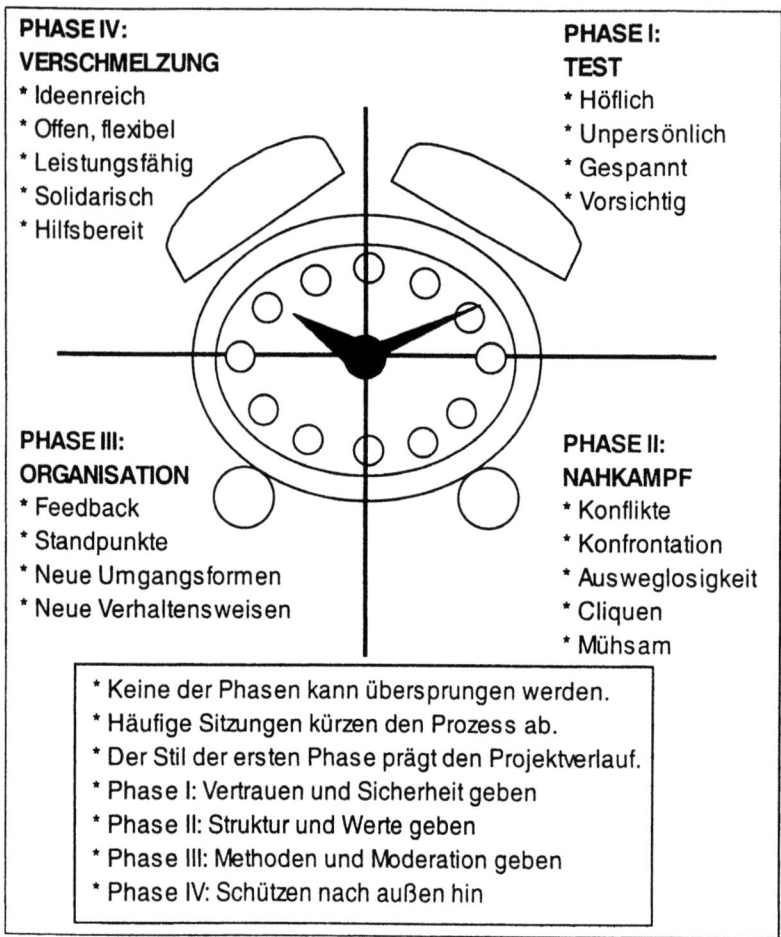

PHASE IV:
VERSCHMELZUNG
* Ideenreich
* Offen, flexibel
* Leistungsfähig
* Solidarisch
* Hilfsbereit

PHASE I:
TEST
* Höflich
* Unpersönlich
* Gespannt
* Vorsichtig

PHASE III:
ORGANISATION
* Feedback
* Standpunkte
* Neue Umgangsformen
* Neue Verhaltensweisen

PHASE II:
NAHKAMPF
* Konflikte
* Konfrontation
* Ausweglosigkeit
* Cliquen
* Mühsam

* Keine der Phasen kann übersprungen werden.
* Häufige Sitzungen kürzen den Prozess ab.
* Der Stil der ersten Phase prägt den Projektverlauf.
* Phase I: Vertrauen und Sicherheit geben
* Phase II: Struktur und Werte geben
* Phase III: Methoden und Moderation geben
* Phase IV: Schützen nach außen hin

Abbildung 98: Teamentwicklung [Platz, 1998, S. 53]

Unabhängig vom Auftreten von Konflikten im Projektteam stellt eine jüngere empirische Untersuchung in der Automobilbranche fest, dass die Arbeit in Projektteams zu einer höheren Arbeitszufriedenheit führt [vgl. Kraus, S. 138-219]. Insofern kann Projektmanagement über die rein instrumentelle Beherrschung von komplexen Aufgabenstellungen hinaus den Mitarbeitern Möglichkeiten zur stärkeren Identifizierung mit dem Unternehmen und der eigenen Arbeit, aber auch zur Personalentwicklung bieten.

3.4.2 Wahl der Aufbauorganisation

Prinzipiell sind vier Grundvarianten der Aufbauorganisation im Projektmanagement zu unterscheiden, die allerdings auch in kombinierter Weise auftreten können. Dies sind:

- Abwicklung des Projektes in der bestehenden Linienorganisation,
- Stabsstellen-Projektorganisation,
- Matrix-Projektorganisation,
- Reine Projektorganisation.

Die einzelnen Alternativen unterscheiden sich im Wesentlichen in der Kompetenzverteilung zwischen dem Projektleiter und der Linienorganisation. Abbildung 99 zeigt diese Aufteilung, wobei auf die erste Variante „Abwicklung in der bestehenden Linienorganisation" deshalb verzichtet wird, weil hier der Abteilungs- bzw. Bereichsleiter gegebenenfalls selbst die Rolle des Projektleiters ausübt.

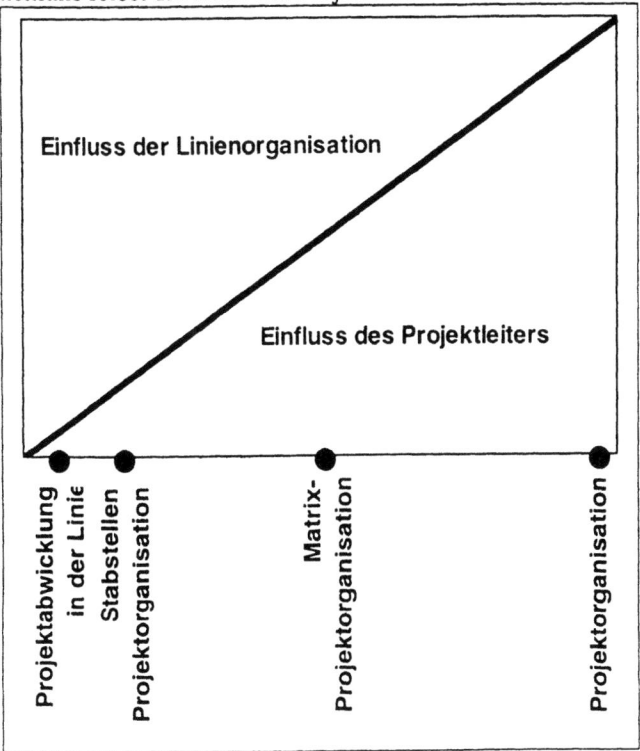

Abbildung 99: Verteilung der Kompetenzen zwischen Projekt und Linienorganisation

Empirische Untersuchungen bezüglich der Verbreitung dieser Varianten sind spärlich und größtenteils älteren Datums. Volpp [vgl. S. 257] hat 22 Projekte ausgewertet. Darunter werden 13 als Matrix-, 5 als Stabsstellen- und 3 als Reine Projektorganisation identifiziert. Auch nach der Auswertung von Rickert [vgl. S. 50] kann aus den zahlreichen angloamerikanischen Studien bei Forschungs- und Entwicklungsprojekten eine Tendenz zur Matrix-Projektorganisation - insbesondere mit Dominanz der Linie - herausgelesen werden. Eversheim/Bochter/Laufenberg [vgl. S. 96] sehen im Bereich der Produktentwicklung die Stabsstellen-Projektorganisation vorn, erkennen aber einen zunehmenden Trend zur Matrix-Projektorganisation.

3.4.2.1 Abwicklung des Projektes in der bestehenden Linienorganisation

Bei dieser Organisationsform wird ein Projekt innerhalb der vorhandenen Organisationsstruktur einer Linienabteilung durchgeführt. Diese Variante wird deshalb vielfach als Grenzfall einer Projektorganisation bezeichnet [vgl. Frese, S. 506].

Sind mehrere Abteilungen involviert, bekommt normalerweise diejenige Abteilung die Verantwortung übertragen, die den größten Anteil am Projekt hat. Als Projektleiter kann der Abteilungsleiter oder ein von ihm eingesetzter Mitarbeiter fungieren. Die Weisungsbefugnisse der Linienorganisation gelten auch für das Projekt. Somit gibt es keine Weisungsbefugnis des Projektleiters gegenüber Mitarbeitern einer anderen Abteilung.

Für innovative, interdisziplinäre Projekte dürfte diese Organisationsform weniger geeignet sein, da das Projekt Gefahr läuft, zu sehr von dem Bereich dominiert zu werden, bei dem es organisatorisch angesiedelt ist. Darüber hinaus kann auch die Koordination der Projektaufgaben über mehrere Abteilungsgrenzen hinweg zu zeitlichen Verzögerungen führen. Für kleinere Projekte mit hohem Abteilungscharakter, beispielsweise im Zusammenhang mit überschaubaren Produktmodifikationen oder Prozessänderungen, ist diese Variante insofern geeignet, als sie organisatorisch keine Umstellungen/Versetzungen bzw. Reintegrationen der Mitglieder des Projektteams erforderlich macht.

3.4.2.2 Stabsstellen-Projektorganisation

Bei der Stabsstellen-Projektorganisation (auch Einfluss-Projektorganisation) wird die Koordination eines Projektes einer dafür geschaffenen Stabsstelle übertragen, die der obersten Unternehmensebene oder einer mittleren Instanz berichtet (Abbildung 100).

Bei einer Stabsstellen-Projektorganisation existieren keinerlei Weisungs- und Entscheidungsrechte gegenüber den am Projekt beteiligten Bereichen. Im Sinne des Kongruenzprinzips kann der Projektleiter somit nicht für die Erreichung der Projektziele verantwortlich gemacht werden; die Verantwortung liegt vielmehr bei den beteiligten Fachabteilungen. Der Projektleiter hat eher die Aufgabe der sachlichen und terminlichen sowie kostenmäßigen Überwachung des Projektes. Seine Rechte beschränken sich auf projektbezogene Informations- und Beratungsrechte.

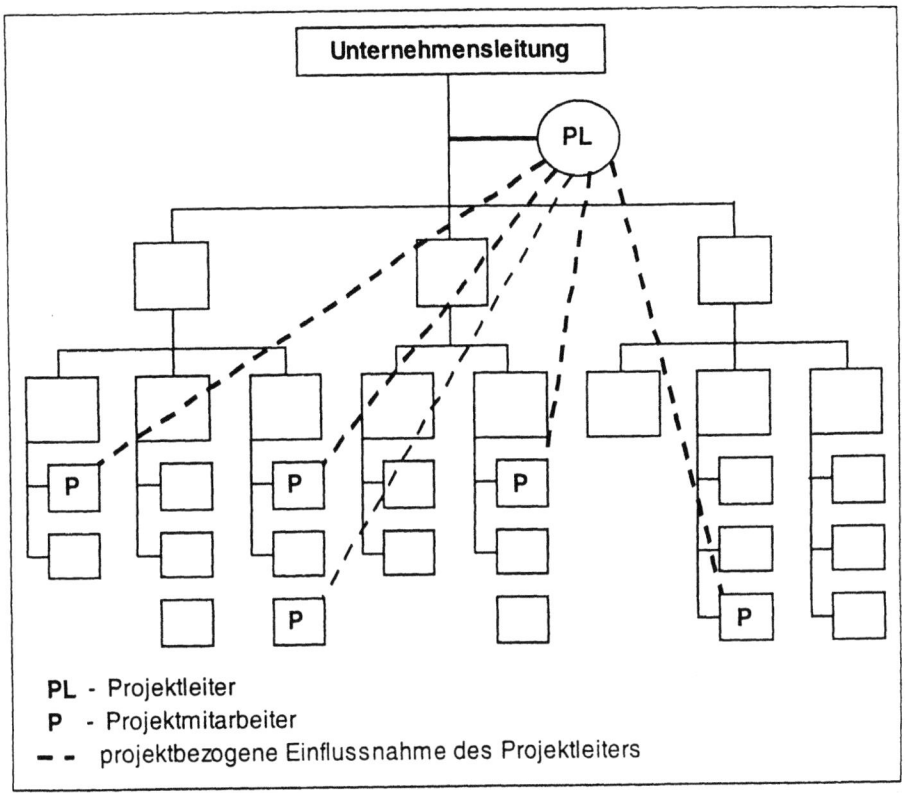

Abbildung 100: Stabsstellen-Projektorganisation

Die Bewertung dieser Variante fällt ähnlich aus wie die bei der Projektabwicklung innerhalb der Linienorganisation. Durch die eingeschränkten Befugnisse fällt die Bearbeitung bereichsübergreifender innovativer Projekte schwer. Da die Mitarbeiter des Projektes organisatorisch in ihrer Abteilung nach wie vor eingebunden sind, kann es durch das Projekt zu zusätzlichen Arbeits- bzw. Doppelbelastungen kommen. Somit besteht die Gefahr von geringer Motivation der Teammitglieder und einer längeren Projektbearbeitungszeit.

3.4.2.3 Matrix-Projektorganisation

Bei der Matrix-Projektorganisation wird die funktional gegliederte Primärorganisation von einer horizontal ausgerichteten Projektorganisation überlagert (Abbildung 101).

Der Projektleiter koordiniert dabei sein Projekt über alle beteiligten Funktionsbereiche hinweg. Dagegen sind die Funktionsbereichsleiter für eine effiziente Abwicklung aller Aufgaben innerhalb ihrer Funktion verantwortlich.

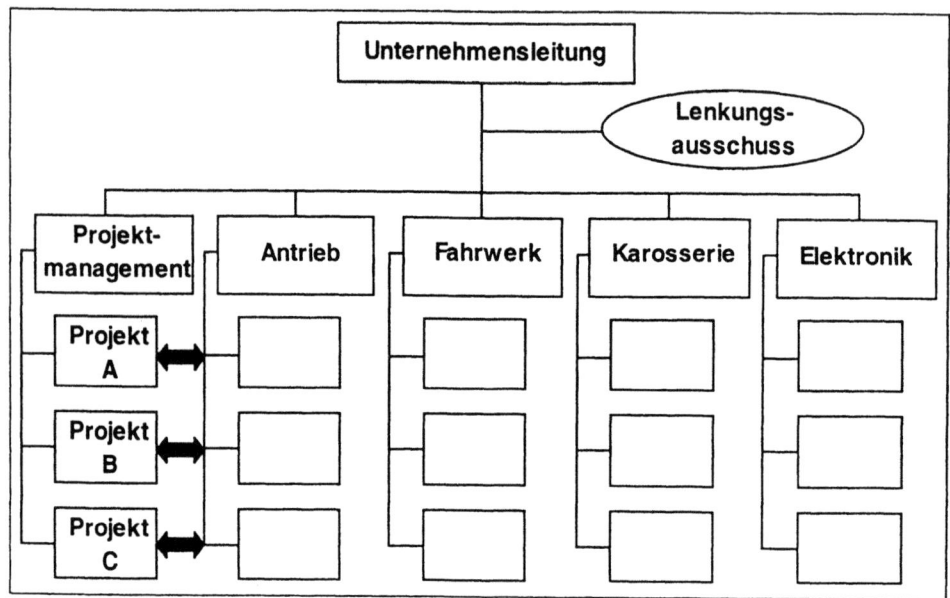

Abbildung 101: Grundkonzept einer Matrix-Projektorganisation

Die Weisungsrechte sind somit zwischen Projektleiter und Fachabteilungsleiter aufge-
teilt: Der Projektleiter ist an erster Stelle für die Definition von Leistungen, die für das
Projekt von einer bestimmten Abteilung erbracht werden sollen, sowie für die zeitliche
Realisierung des Projektes verantwortlich, also für das „Was" und „Wann".

Die Abteilungsleiter oder Teilprojektleiter des jeweiligen Bereiches sind hingegen für
die fachliche Umsetzung der vereinbarten Aufgabe zuständig. Dies schließt die Zuordnung von Mitarbeitern der entsprechenden Abteilung für die Projektaufgabe mit ein.
Somit steht das „Wie" und „Wer" im Mittelpunkt.

Der Hauptvorteil dieser Organisationsform - insbesondere im Vergleich zur reinen Projektorganisation - besteht im Bestreben, personelle und technische Ressourcen effizient
zu nutzen. Die gesamten Ressourcen verbleiben in den Funktionsbereichen, womit die
gewohnte Arbeitsumgebung beibehalten wird. Außerdem können Mitarbeiter der Linie
ihr Spezialwissen und ihre Erfahrung bei Bedarf auch in mehrere Projekte einbringen.
Damit ist der Personaleinsatz deutlich flexibler als bei einer reinen Projektorganisation.

Da in der Regel mehrere Projekte gleichzeitig bearbeitet werden, sind jedoch Konflikte
wahrscheinlich. Deshalb sind klare Prioritäten für die einzelnen Projekte notwendig, zumal nicht alle Projekte gleichzeitig die Ressourcen einer Abteilung (z.B. Prototypentest)
binden können.

3.4.2.4 Reine Projektorganisation

Bei einer reinen Projektorganisation werden die Mitarbeiter des Projektteams in eine dafür geschaffene Organisationseinheit überführt. Der Projektleiter hat eindeutige Weisungsbefugnisse gegenüber den ihm unterstellten Projektmitarbeitern. Insofern unterscheidet sich diese Organisationsform von einer Linienabteilung lediglich in ihrer temporären Existenz. In der Regel sind die Teammitglieder ausschließlich für das Projekt tätig. Es ist eine völlige Konzentration auf den Projektgegenstand möglich, was eine entsprechende Identifikation und zeitliche Beschleunigung erleichtert. Gleichwohl bestehen mehrere Probleme: Einerseits werden Ressourcen häufig in egoistischer Weise für das Projekt gehortet, obwohl dies für die gesamte Projektdauer nicht erforderlich wäre, andererseits müssen die Mitglieder des Projektteams nach Beendigung des Projektes wieder in ihre jeweiligen Linienabteilungen eingegliedert bzw. in anderen Projekten eingebunden werden.

Diese Organisationsform ist vor allem bei größeren, komplexen und neuartigen Innovationsprojekten, beispielsweise bei der Entwicklung eines Brennstoffzellen-Antriebs bei BMW oder DaimlerChrysler, empfehlenswert. Auf Grund der Ressourcenintensität sind es aber wohl vergleichsweise nur wenige Projekte, die in einem Unternehmen so organisiert sind.

3.4.2.5 Gesamtbewertung

Die organisatorischen Anforderungen an innovative Projekte sind je nach Typus verschieden [vgl. Backhaus/de Zoeten, S. 2028-2032]. Diese unterscheiden sich nach

- Komplexität (hohe Verknüpfung der relevanten Teilaufgaben),
- Neuheitsgrad (Ausmaß der Unvorhersehbarkeit),
- Variabilität (Ausmaß der Aufgabenänderung),
- Strukturiertheit (sachliche und zeitliche Bestimmbarkeit des Entwicklungszieles).

Auf der Basis dieser vier Aufgabenmerkmale lassen sich bestimmte Projekttypen herauskristallisieren (Abbildung 102).

So sind Projekte vom Typ A Neuentwicklungen (Typ B Anpassungsentwicklungen) durch hohe (geringe) Komplexität, einen hohen (geringen) Neuheitsgrad, hohe (niedrige) Variabilität und einen geringen (hohen) Strukturiertheitsgrad gekennzeichnet. Zwischen diesen beiden Extremtypen ist eine Vielzahl von Mischtypen vorstellbar (z.B. Weiterentwicklung von bestehenden Produkten).

Je nach Typus ergeben sich dabei unterschiedliche organisatorische Anforderungen, da der Informationsbedarf, die Informationsverarbeitung, der Kommunikations- und Flexibilitätsbedarf variieren.

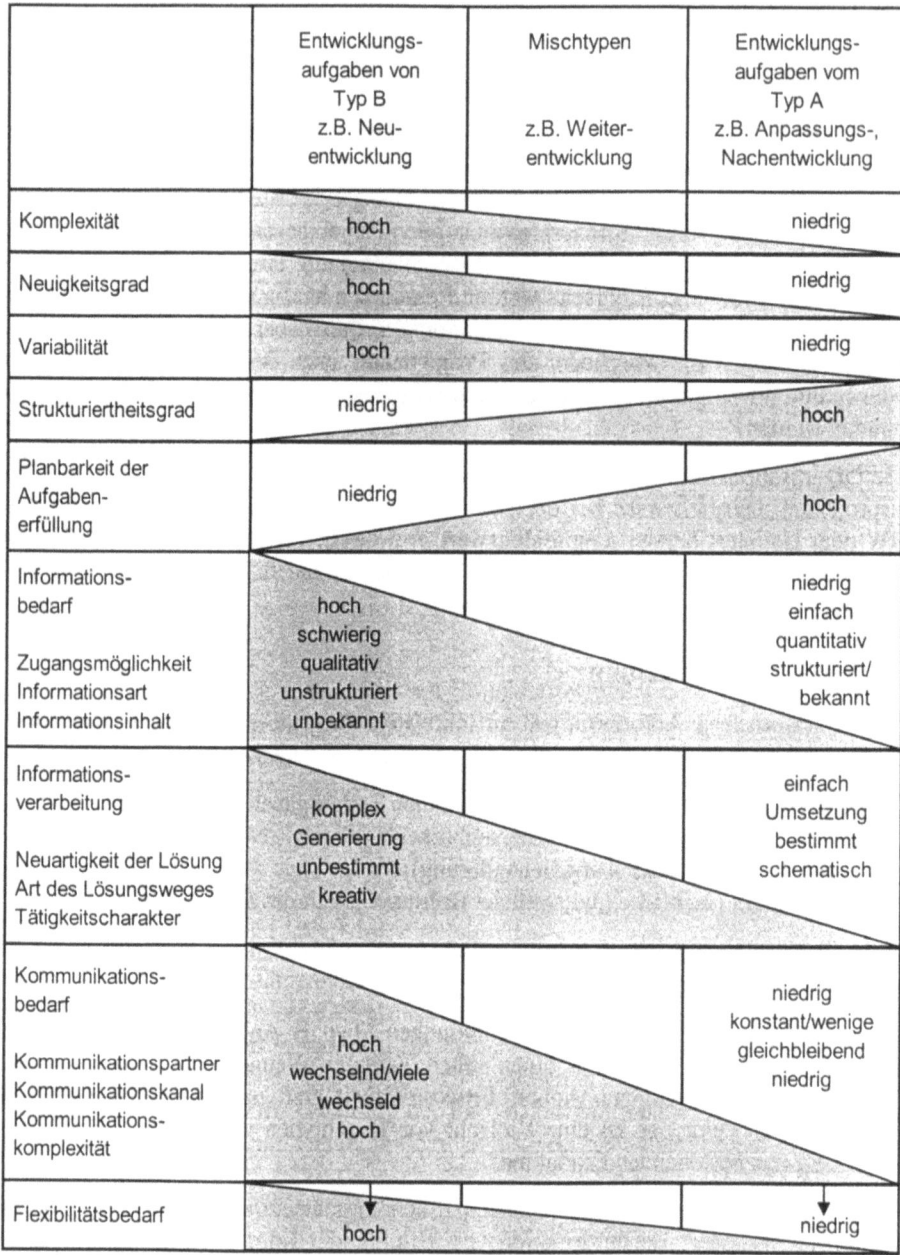

	Entwicklungs-aufgaben von Typ B z.B. Neu-entwicklung	Mischtypen z.B. Weiter-entwicklung	Entwicklungs-aufgaben vom Typ A z.B. Anpassungs-, Nachentwicklung
Komplexität	hoch		niedrig
Neuigkeitsgrad	hoch		niedrig
Variabilität	hoch		niedrig
Strukturiertheitsgrad	niedrig		hoch
Planbarkeit der Aufgaben-erfüllung	niedrig		hoch
Informations-bedarf

Zugangsmöglichkeit Informationsart Informationsinhalt | hoch schwierig qualitativ unstrukturiert unbekannt | | niedrig einfach quantitativ strukturiert/ bekannt |
| Informations-verarbeitung

Neuartigkeit der Lösung Art des Lösungsweges Tätigkeitscharakter | komplex Generierung unbestimmt kreativ | | einfach Umsetzung bestimmt schematisch |
| Kommunikations-bedarf

Kommunikationspartner Kommunikationskanal Kommunikations-komplexität | hoch wechselnd/viele wechseld hoch | | niedrig konstant/wenige gleichbleibend niedrig |
| Flexibilitätsbedarf | hoch | | niedrig |

Abbildung 102: Funktionale Anforderungen unterschiedlicher Entwicklungsaufgaben
[Backhaus/de Zoeten, S. 2031-2032]

In Abbildung 103 werden die einzelnen Varianten der Projektorganisation bewertet.

	Projektabwicklung in der Linie	Stabsstellen-Projekt-organisation	Matrix-Projekt-organisation	Reine Projekt-organisation	Permanente Projekt-organisation
Person des Projekt-leiters	Abteilungsleiter der Fachabteilung, der für das Projekt zuständig ist	MA* der Linie	Projektleiter als Hauptberuf	von Geschäfts-leitung nominiert, dann Hauptberuf	PL* als Beruf oder auf Zeit, danach wieder Mitglied eines P-Teams
Ent-schei-dungs-spielraum	groß, wenn nur eigener Bereich betroffen	Stabsstelle nur Info- und Beratungsrechte, keinerlei Weisungs- u. Entscheidungs-rechte	PL definiert Aufgabe und Zeit, Linie ist für Umsetzung verantwortlich, Projektverant-wortung bei PL	alleinige Verant-wortung für das Projekt	alleinige Verant-wortung für das Projekt
Entschei-dungs-geschwin-digkeit	schnell, wenn nur eigener Bereich betroffen	gering (außer Routineprojekte)	bei "eingespielten Unternehmen" schnell	schnell	schnell
Koordi-nations-aufwand	gering	hoch	Gefahr von Kom-petenzkonflikten	gering, da ein-deutige Weisung	gering, da ein-deutige Weisung
Eingriff in die Linien-organisa-tion	kein Eingriff	kein Eingriff	kein Eingriff gute Eignung für Multiprojekt-management	starker Eingriff Problem: Wieder-eingliederung	Linienorga existiert nicht
Bildung eines Projekt-teams	aus der Fach-abteilung, ggf. nur ein Mitarbeiter	nicht zwingend, ggf. nur Koordi-nation, in der Regel parallel zum Tages-geschäft, mehrere Projekte gleich-zeitig	Kernprojekt-gruppe, häufig parallel zum Tagesgeschäft	Mitglieder werden häufig für Projektdauer freigestellt und beschäftigen sich nur mit Projekt	Mitglieder wer-den speziell für das Projekt zusammengestellt, später neues Projekt
Mitarbei-terbedarf/Personal-kosten	gering	gering	mittel, gute Aus-lastung vorhande-ner Ressourcen	hoch (Wieder-besetzung), Gefahr Projekt-egoismus	notwendig ist kontinuierliche Auslastung
Motiva-tion PL/Team	gering bei Mehrfachbelastung	gering bei Mehrfachbelastung Kompetenzen PL	hoch	sehr hoch	sehr hoch
Komplexi-tät des Projektes	eher gering	gering bis mittel	hoch	hoch	mittel bis hoch
Zeitsensi-bilität des Projektes	gering bis mittel	gering bis mittel	hoch	hoch	mittel bis hoch

* MA = Mitarbeiter   * PL = Projektleiter

Abbildung 103: Bewertung der einzelnen Projektorganisationsvarianten

3.4.2.6 Externe Projektdurchführung

Bei einer externen Durchführung eines Projektes, beispielsweise im Rahmen einer Auftragsforschung, stammen Auftraggeber und Auftragnehmer aus verschiedenen Unternehmen. Dabei kommen die Einzelauftragsorganisation, Generalunternehmerschaft oder ein Konsortium in Betracht.

Bei der **Einzelauftragsorganisation** nimmt der Auftraggeber eine Aufteilung in einzelne Teilaufgaben vor [vgl. Beck, S. 119-120]. Damit entsteht mit jedem Auftragnehmer eine unmittelbare Rechtsbeziehung; die Haftung übernimmt jeder Auftragnehmer für die von ihm zu erbringende Leistung. Für den Fall, dass mehrere Auftragnehmer am Projekt beteiligt sind, bietet sich eine gesonderte Koordinationsstelle an, die die zu erbringenden Teilleistungen überwacht (Abbildung 104).

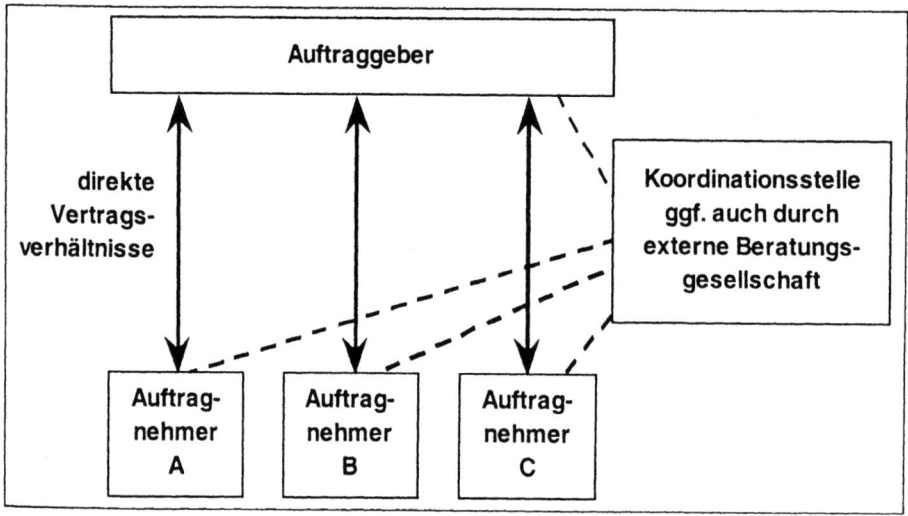

Abbildung 104: Einzelauftragsorganisation

Im Falle einer **Generalunternehmerschaft** schließt der Auftraggeber einen Vertrag mit einem Generalunternehmer für das Gesamtprojekt ab. Diesem obliegt einerseits die Projektleitung, andererseits ist er für das Projekt voll verantwortlich. In aller Regel bearbeitet der Generalunternehmer das Projekt jedoch nicht zu 100 % selbstständig, sondern bindet seinerseits Subunternehmer ein, die in seinem Namen eine vorab definierte Leistung erbringen und dafür vom Generalunternehmer bezahlt werden. Denkbar ist auch, dass zwar im Außenverhältnis dem Auftraggeber gegenüber eine Generalunternehmerschaft existiert, im Innenverhältnis zwischen dem Generalunternehmer und anderen Unternehmen, die am Projekt beteiligt sind, aber ein Konsortialvertrag abgeschlossen wird. Bei einem so bezeichneten **stillen Konsortium** werden die Pflichten der Konsorten untereinander geregelt, die jetzt nicht mehr lediglich Subunternehmer sind, sondern im Regelfall in das Risiko des Generalunternehmers miteingebunden werden (Abbildung 105).

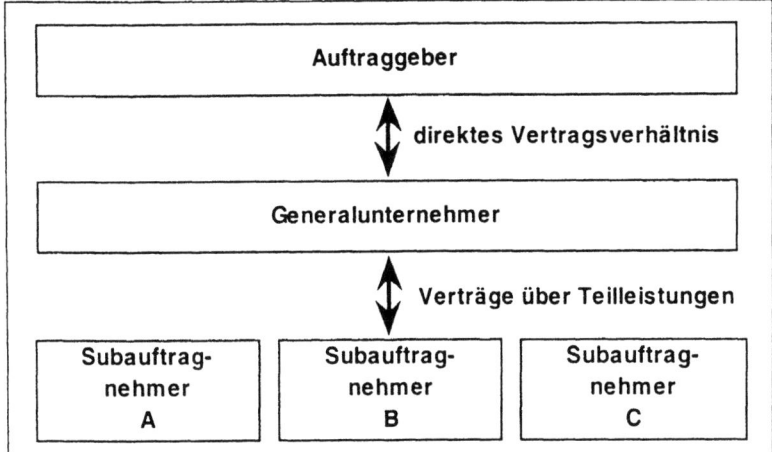

Abbildung 105: Generalunternehmerschaft

Bei einem **offenen Konsortium** ist hingegen das Konsortium der Vertragspartner des Auftraggebers. Sofern nichts anderes vereinbart ist, haften die einzelnen Konsortialpartner dem Auftraggeber gegenüber gesamtschuldnerisch. Dies bedeutet, dass eine durch den Auftraggeber vorgebrachte Forderung gegenüber dem Konsortium oder gegenüber jedem einzelnen Konsortialpartner geltend gemacht werden kann (Abbildung 106). Ein Konsortium wird meist in der Form einer Gesellschaft bürgerlichen Rechts nach §§ 705 ff. BGB betrieben, wobei eines der beteiligten Unternehmen als Konsortialführer (auch Federführer genannt) auftritt und die technische und administrative Geschäftsführung übernimmt.

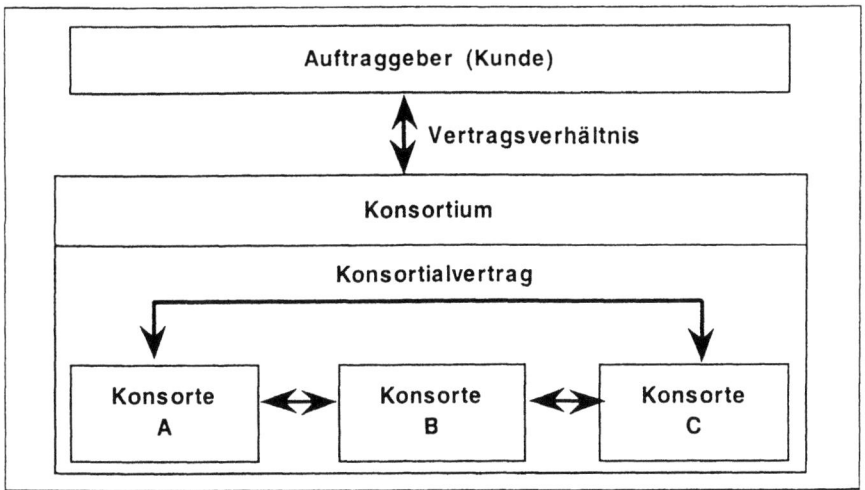

Abbildung 106: Offenes Konsortium

Denkbar ist aber auch, dass zur Bearbeitung eines Projektes ein **Gemeinschaftsunternehmen** von den am Projekt beteiligten Unternehmen gegründet wird (siehe auch Kapitel 2.4.3.2), wie dies beispielsweise im Bereich der Luft- und Raumfahrt typisch ist. Dabei bleiben die Gründer einer solchen Gemeinschaftsunternehmung rechtlich und wirtschaftlich autonom, bei Projektbeendigung kann das Gemeinschaftsunternehmen aufgelöst oder von einem Partner weitergeführt werden.

3.5   Projektplanung

3.5.1   Grundlagen und Voraussetzungen

Für den Fall, dass eine Produktidee umgesetzt werden soll, ist zunächst eine Projektplanung unumgänglich. Abgeleitet aus der Definition des Projektbegriffes (siehe auch Kapitel 1.1.3), umfasst die Projektplanung eine systematische Entscheidungsvorbereitung und Entscheidungsfällung im Hinblick auf zielorientierte, zeitlich begrenzte Aktionsfolgen, die in der Regel einmalig, komplex und stets aperiodischer Art sind.

Die Projektplanung wiederum ist Teil des Projektcontrollings, welches außerdem die Projektüberwachung und -steuerung einschließt (Abbildung 107).

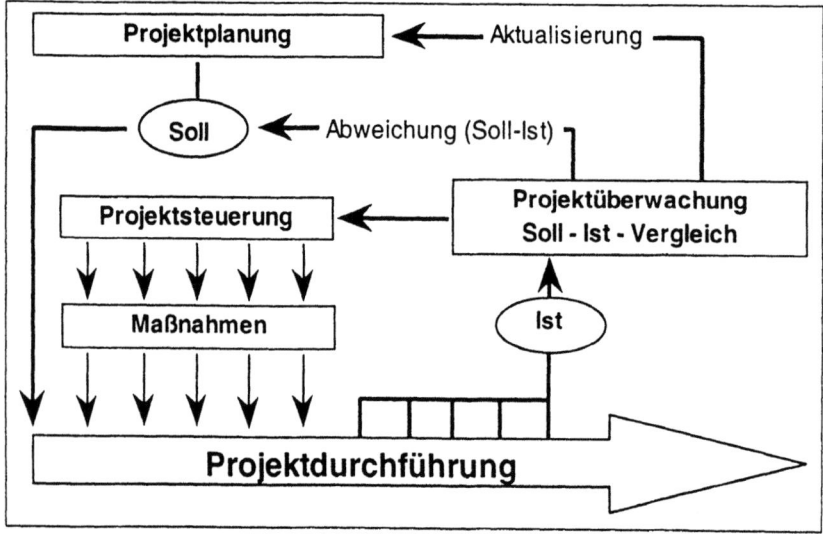

Abbildung 107: Projektcontrolling-Zyklus [Eigene Abbildung in Anlehnung an Litke, S. 90; Keßler/Winkelhofer, S. 47]

Die Planung eines Projektes darf dabei nicht als einmaliger Vorgang verstanden werden. Die Gründe hierfür sind vor allem:

- Projekte dauern häufig über viele Monate bis zu mehreren Jahren. Es ist insofern logisch, als gerade bei einem innovativen Projekt die Projektplanung nicht alle Details umfassen kann bzw. alle Entscheidungen über die Art der Projektrealisierung nicht vorweggenommen werden können.
- Auf Grund der langen Zeitdauer von Projekten kommt es zu Veränderungen, die bei Produktinnovationen beispielsweise aus Kundenwünschen resultieren.
- Während der Realisierung eines Projektes kann es zu nicht vorhersehbaren technischen Schwierigkeiten kommen, die zu Veränderungen bezüglich Zeit, Kosten und/oder Qualität führen können.

Daher gilt, dass die Projektplanung als permanenter Prozess zu verstehen ist, der auf der Basis des existierenden Istzustandes vorgenommen wird. Damit ist auch zu erwarten, dass mit vermehrter Realisierung eines Projektes die Exaktheit der Planung zunimmt, zumal einerseits mit abgeschlossenen Projektteilen die Unsicherheit hierüber sich vermindert, andererseits das Verständnis für den Projektgegenstand wächst.

Inhaltlich umfasst die Projektplanung die Projektstruktur-, Termin-, Kapazitäts- und Kostenplanung (Abbildung 108).

Die einzelnen Module der Projektplanung dürfen nicht isoliert voneinander gesehen werden. Im Folgenden wird ein kurzer Überblick über die einzelnen Planungsmodule gegeben:

Erste Aufgabe der Projektplanung ist zunächst die Aufstellung eines **Projektstrukturplans**. Die Projektstrukturplanung wird unmittelbar aus dem Pflichtenheft des Projektes hergeleitet. Der Projektstrukturplan umfasst - systematisch und möglichst vollständig - alle mit einem Projekt verbundenen Teilaktivitäten (so genannte Arbeitspakete). Jedes Arbeitspaket repräsentiert eine Teilaufgabe des Projektes. Unter ablauforganisatorischen Gesichtspunkten ist zu überlegen, welche Aufgaben in welcher Reihenfolge zu bearbeiten sind. Existieren für alle Teilaufgaben des Projektes Informationen über den unmittelbaren Vorgänger (oder Nachfolger), kann die Ablauforganisation erstellt werden. Grob geschieht das durch einen Meileinsteinplan, der die wesentlichen Zwischenergebnisse des Projektes widerspiegelt und auch für die Projektüberwachung von Bedeutung ist. Verfeinert kommen für die **Ablauf- und Terminplanung** Balkendiagramm und Netzplan zum Einsatz.

Im Beispiel liegt nach Abschluss der Vorphase - am Meilenstein „Projektstart" - das Lastenheft bereit. Hierfür ist es zuvor erforderlich, Marktstudien durchzuführen und Anforderungen abzuklären. Nach Vorlage des Pflichtenheftes wird mit der Konzeptfreigabe der zweite Meilenstein erreicht. Bis zur Erfüllung des dritten Meilensteines „Funktionsfreigabe" muss eine vollständige funktionale und abgesicherte Spezifikation vorhanden sein, sodass zu diesem Zeitpunkt konzeptionelle Änderungen abgeschlossen sind. Die „Produktfreigabe" nach Erstellung eines hinreichend getesteten Prototyps und die „Fertigungsfreigabe", die bei Produktionsreife erreicht ist, sind weitere Meilensteine.

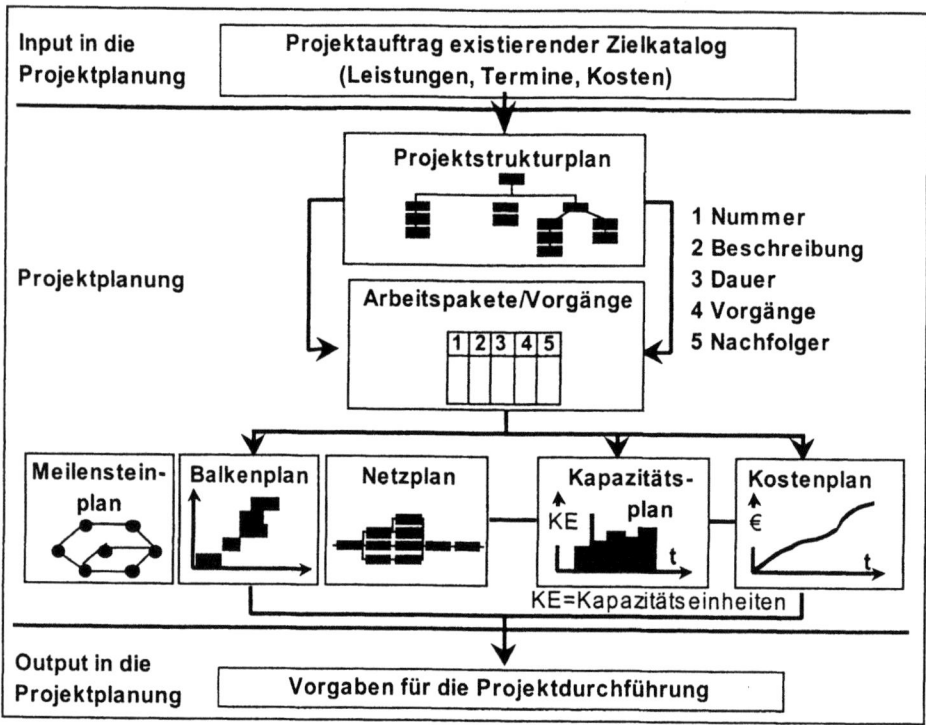

Abbildung 108: Module der Projektplanung

Meilensteine einer Produktentwicklung zeigt Abbildung 109.

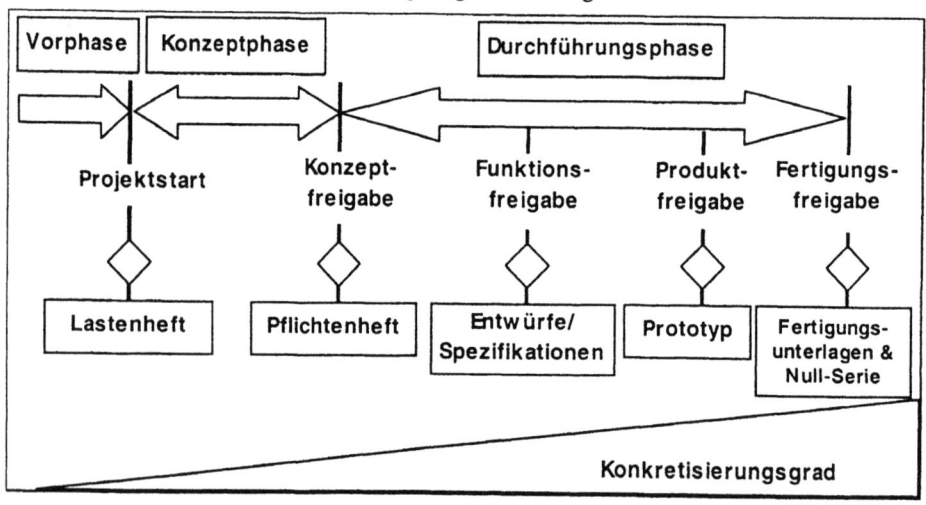

Abbildung 109: Meilensteine einer Produktentwicklung [Modifiziert nach Evers-
heim/Bochtler/Laufenberg, S. 54]

Der Konkretisierungsgrad der erzielten Ergebnisse nimmt mit Erreichen jedes Meilensteins zu.

Für die Bearbeitung der einzelnen Teilleistungen ist der Einsatz von Ressourcen nötig. Die daraus resultierende **Kapazitätsplanung** erfordert, ausgehend von der ersten Terminplanung, eine Abstimmung mit den einzelnen Ressourcen, insbesondere mit den Mitarbeiterkategorien. Stehen nur begrenzte Istkapazitäten zur Verfügung, müssen gegebenenfalls das Projekt oder zumindest einzelne Teile zeitlich angeglichen werden (Optimierung zwischen Kapazitäts- und Terminplanung). Anschließend werden die einzelnen Ressourcen jeweils unter Kostengesichtspunkten bewertet, womit die Grundlage für die **Projektkostenplanung** gelegt ist.

Fazit: Ein Projekt muss gedanklich mehrmals, das heißt iterativ, durchgeplant werden, bis alle Komponenten optimiert werden.

Da die Detailplanung bei komplexen Projekten häufig zu Beginn des Projektes nicht möglich ist, erfolgt in der Regel eine zweistufige Planung (Abbildung 110).

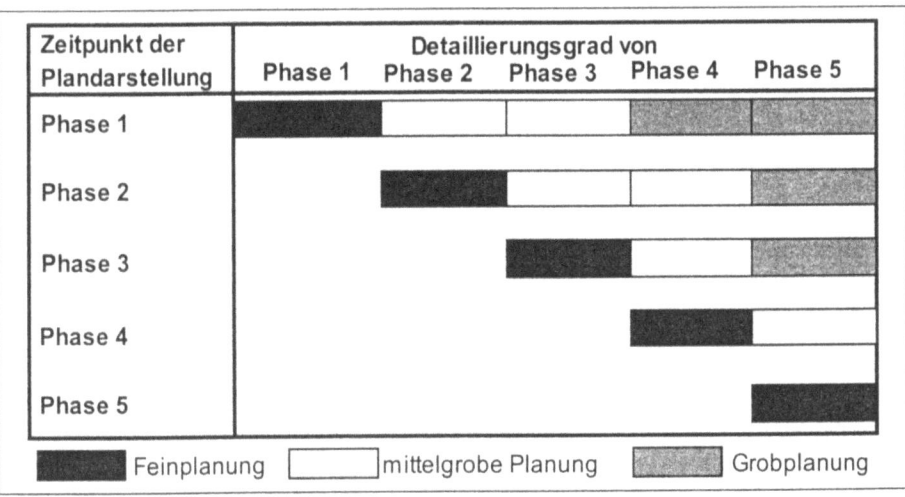

Abbildung 110: Projektplan und Phasenplan

Der Projektplan beinhaltet die Planung des Gesamtprojektes mit dem jeweils sinnvollen Grad an Genauigkeit. Beispielsweise ist einleuchtend, dass bei einem Projekt, das über ein Jahr dauert, eine Festlegung darauf, welcher Mitarbeiter an welchem Tag eingesetzt werden soll, eine Illusion darstellt. Dagegen umfasst der Phasenplan die detaillierte Planung des anstehenden Projektabschnittes. Nach weitestgehender Abarbeitung einer Projektphase wird die nächste Projektphase im Detail geplant (rollierende Planung).

Unabhängig vom Detailgrad der Planung steht eine Reihe von Software-Paketen als Werkzeuge zur Verfügung, die nachfolgende Module unterstützen [vgl. hierzu ausführlich Dworatschek].

Um eine ausreichende Akzeptanz [vgl. Bierfelder, S. 189] für das Controlling im Bereich von innovativen Projekten sicherzustellen, sind vor allem folgende Aspekte wichtig:

- Pläne nicht am bestmöglichen Projektfortschritt orientieren (Berücksichtigung von Unsicherheiten),
- Erfahrungen von Mitarbeitern der einzelnen Arbeitsbereiche in die Planung einbeziehen,
- Controlling durch Sachkunde legitimieren,
- Gründe und Folgen von Kontrollen offen legen,
- rationale Abweichungsanalyse vornehmen.

Ein Projektcontroller steht somit zwischen dem (internen) Auftraggeber und den am Innovationsprozess beteiligten Arbeitsbereichen. Er ist Planer, kritischer Prüfer und zugleich Anwalt für beide Seiten: In seiner Eigenschaft als Planer erarbeitet er mit den Bereichen (z.B. Abteilung Forschung und Entwicklung) die finanziellen Anforderungen und ermittelt die Leistungs- und Zeitziele. Als Prüfer überwacht er (als Vertreter des Auftraggebers) den sachgerechten Einsatz der finanziellen Mittel und kontrolliert die Einhaltung der Leistungs- und Zeitziele [vgl. Hauschildt, 1997, S. 385].

3.5.2   Projektstrukturplanung

Ein Projektstrukturplan ist eine grafische oder tabellarische Gliederung der Gesamtaufgabe eines Projektes in Teilprojekte, Unterprojekte usw. und letztlich in Arbeitspakete, das heißt es erfolgt eine stetige Verfeinerung (Abbildung 111).

Das Arbeitspaket ist sozusagen das Atom des Projektstrukturplans. Es beinhaltet die kleinste, noch sinnvoll fassbare Arbeitseinheit, die einer internen oder externen Organisationseinheit übertragen werden kann sowie ein klar definiertes Ergebnis, das sowohl vom Mengenvolumen als auch vom Aufwand her abschätzbar ist.

Bei der Erstellung eines Projektstrukturplans sind zwei Regeln zu beachten:

Nach der **Disjunktionsregel** müssen sich die einzelnen Strukturelemente inhaltlich vollständig voneinander unterscheiden. Nach der **Vollständigkeitsregel** wird ein Strukturelement in einer darunter liegenden Ebene in mehrere Elemente aufgelöst, wobei sichergestellt werden muss, dass dies in vollem Umfang geschieht. Die Summe der Teilmengen muss gleich der Ursprungsmenge sein.

Nach welcher Logik die Strukturierung erfolgt, ist grundsätzlich sekundär. In Reinkultur lassen sich Projektstrukturpläne objekt-, funktions- und phasenorientiert erstellen.

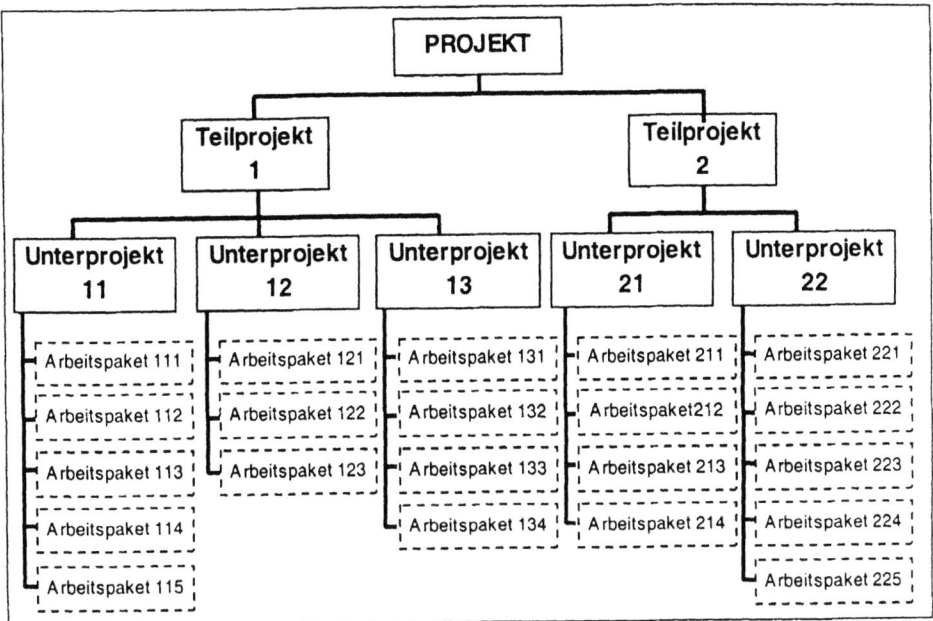

Abbildung 111: Grundstruktur eines Projektstrukturplans

Objektorientierte Projektstrukturpläne entsprechen in ihrer Darstellungsform den Produktstrukturplänen. Dabei wird ein Projekt in die zu entwickelnden Erzeugnisbestandteile zerlegt (z.B. für das Unterprojekt Getriebe: Welle, Gehäuse, Lager, Zahnräder, Dichtungen usw.).

Funktionsorientierte Projektstrukturpläne teilen das Projekt in einzelne Verrichtungen auf, beispielsweise für den Bau eines Prototypen sind dies die Arbeitspakete Material beschaffen, Qualitätskontrolle, Teile bearbeiten usw.

Phasenorientierte Projektstrukturpläne umfassen die einzelnen Phasen eines Forschungs- und Entwicklungsprozesses zur Strukturierung, wobei der Entstehungsprozess des Innovationsobjektes entlang der Prozessschritte erfolgt. Häufig basiert die Phasenorientierung auf einer ansonsten objekt- und/oder funktionsorientierten Vorgehensweise.

Häufig ist es sinnvoll, nicht bei einer Strukturierungslogik zu bleiben, sondern die einzelnen Gliederungssysteme zu mischen. In der Regel wird auf jeder horizontalen Strukturierungsebene nur eine Logik angewandt, um die vollständige Erfassung zu Gewähr leisten. Im Überblick zeigt Abbildung 112 auf der ersten Ebene eine objekt-, auf der zweiten Ebene eine phasen- und auf der dritten Ebene eine funktionsorientierte Strukturierung.

Insgesamt gesehen, nimmt der Projektstrukturplan innerhalb der Projektplanung eine Schlüsselrolle ein, da er die Grundlage der nachgelagerten Planungs- und Überwachungsprozesse bildet. Voraussetzung hierfür ist die möglichst vollständige Erfassung aller Projektaufgaben. Insofern ist ein entsprechender Aufwand notwendig, der aber nach Ansicht von Platz [vgl. 1989, S. 3] bei mittelgroßen Forschungs- und Entwicklungsprojekten nur mit 0,1 % bis 0,7 % der Projektkosten veranschlagt wird.

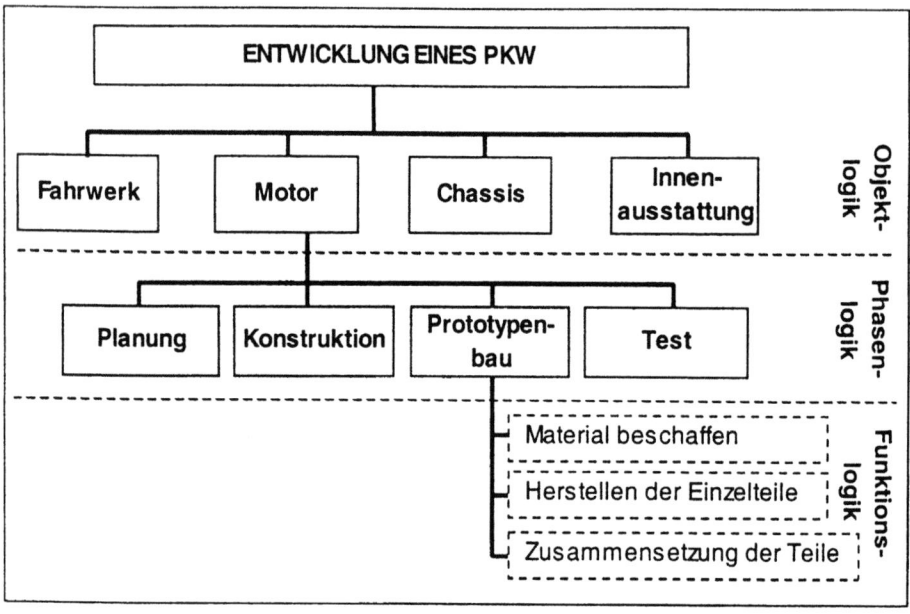

Abbildung 112: Projektstrukturplan auf der Basis verschiedener Strukturierungslogiken

Die **Ziele** der Projektstrukturplanung können wie folgt zusammengefasst werden:

- Schaffen von Transparenz/Reduktion der Komplexität.
  Was ist der Leistungsumfang des gesamten Projektes im Detail ?
  Wo sind noch Abstimmungen mit dem Auftraggeber erforderlich ?
- Aufdecken von Schnittstellen.
  Welche Aufgabe gehört noch zu Arbeitspaket A, welche bereits zu Arbeitspaket B ?
- Sicherstellung der Plan- und Kontrollierbarkeit der definierten Arbeitspakete.
- Koordination.
  Wer bekommt die einzelnen Arbeitspakete übertragen (Mitglieder im Projektteam, Abteilungen oder Externe) ?
- Grundlage für das Informationsmanagement und das Berichtswesen

Nach Erstellung des Projektstrukturplans ist für jedes Arbeitspaket eine **Arbeitspaket-beschreibung** anzufertigen, woraus die einzeln durchzuführenden Aufgaben, Qualitätsvorgaben, Zeit- und Budgetvorgaben, Schnittstellen zu vor- und nachgelagerten Arbeitspaketen sowie die zugeordneten Ressourcen ersichtlich sind (Abbildung 113). Diese Informationen setzen logischerweise voraus, dass sie vorliegen und sich aus den übrigen Planungsmodulen ergeben.

Projekt:
Arbeitspaket:
Verantwortlicher Mitarbeiter/Unternehmen:
Ziele des Arbeitspaketes: ● ● ●
Anfangs- und Endtermine des Arbeitspaketes:
erwartete Ergebnisse/ geforderte Qualität: ● ● ●
Schnittstellen zu anderen Arbeitspaketen: ● ● ●
bereitgestellte Ressourcen: ● ● ●
bereitgestelltes Budget:

Abbildung 113: Inhalte einer Arbeitspaketbeschreibung

Gerade bei innovativen Projekten wird der Projektstrukturplan schrittweise erstellt. Des Weiteren wird im Laufe der Zeit ein zunehmender Detaillierungsgrad mit entsprechender Unterteilung der Aufgaben erreicht (Abbildung 114).

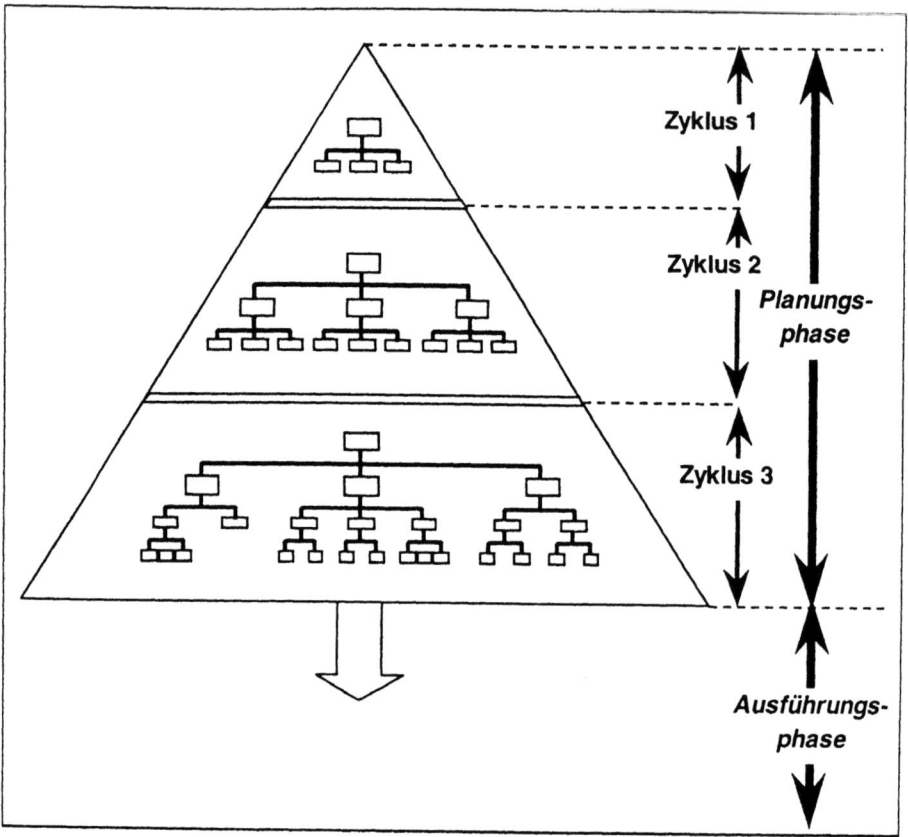

Abbildung 114: Phasenweise Entwicklung eines Projektstrukturplans

Dabei ist es sinnvoll, dass der Projektstrukturplan nicht vom Projektleiter allein, sondern im Team erarbeitet wird. Damit wird nicht nur ein Wirgefühl erzeugt, sondern es besteht ein stärkeres Gefühl für Abhängigkeiten der einzelnen Verantwortlichen.

3.5.3   Ablauf- und Terminplanung

3.5.3.1   Prozess der Ablauf- und Terminplanung

Ausgehend vom magischen Dreieck (siehe auch Kapitel 1.3.3), ist der Faktor Zeit für innovative Projekte von erheblicher Bedeutung. Dabei ist die Ablauf- und Terminplanung als Prozess aufzufassen, dessen Teilprozesse im Folgenden vorgestellt werden (Abbildung 115).

Abbildung 115: Teilprozesse der Ablauf- und Terminplanung

A) Ableitung von Aktivitäten

Den aus dem Projektstrukturplan hervorgehenden Arbeitspaketen, die der strukturellen Gliederungslogik von Objekten oder Funktionen entsprechen, sind die hierfür erforderlichen Aktivitäten (auch als Vorgänge bezeichnet) zuzuordnen. Insofern stellen die Vorgänge die Prozesssicht der Arbeitspakete dar (Abbildung 116). Jedes Arbeitspaket bedingt somit mindestens einen Prozess (Vorgang).

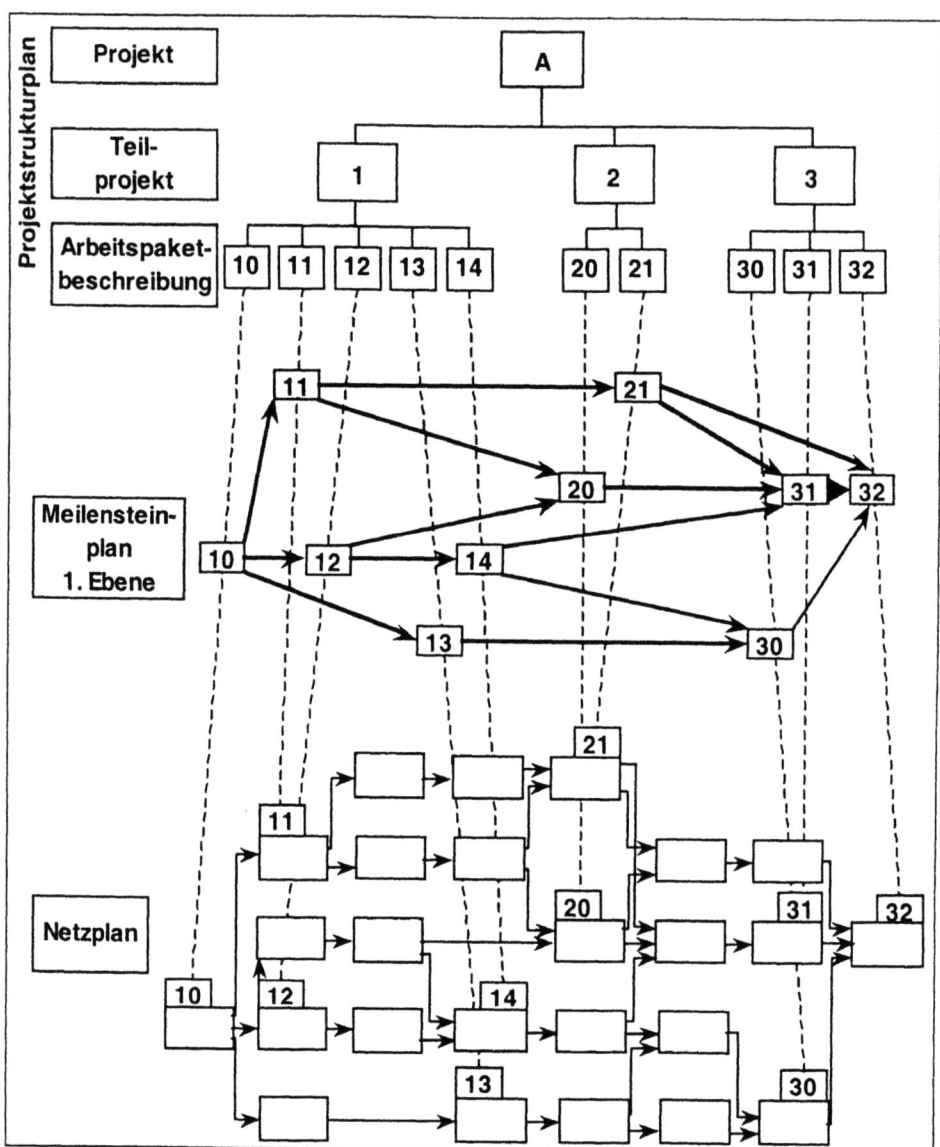

Abbildung 116: Zusammenhang zwischen Projektstrukturplan und Vorgängen

Für eine grobe Terminplanung wird aber auch eine Ablauforganisation auf Ebene der Arbeitspakete vorgenommen. Krüger/Schmolke/Vaupel [vgl. S. 86-88] sprechen dabei auch von High-Level-Terminplänen, die die Abläufe auf aggregierter Ebene darstellen. Erst anschließend werden auf der Basis von Low-Level-Terminplänen die einzelnen Tätigkeiten/Aktivitäten im Detail geplant.

Abbildung 117 zeigt einen High-Level-Terminplan über die Entwicklung eines Flugzeuges beim Unternehmen Airbus.

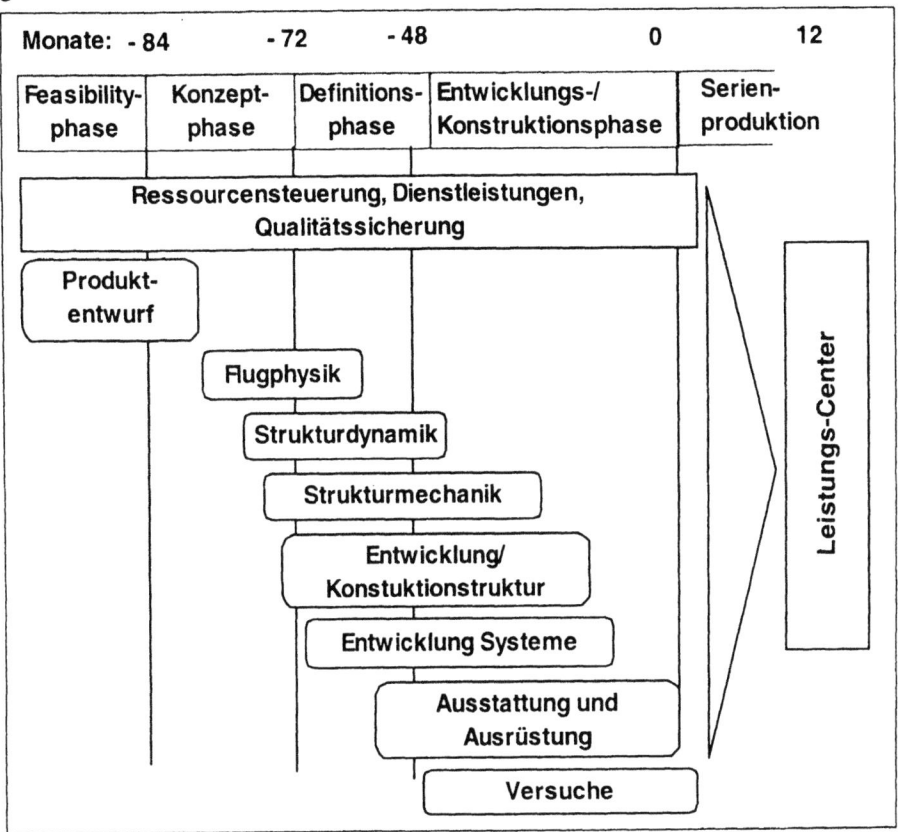

Abbildung 117: Grobterminplan am Beispiel Airbus [Boutellier/Völker/Voit, S. 33]

B) Ablaufplanung

Für die einzelnen Vorgänge sind die logischen Abhängigkeiten (auch als Abhängigkeitsbeziehung oder Anordnungsbeziehung bezeichnet) zu ermitteln. Dies setzt die Beantwortung zumindest einer der beiden Fragen voraus:

1. Welche Vorgänge müssen vorher beendet sein, damit ein bestimmter Vorgang beginnen kann ?
2. Welche Vorgänge folgen unmittelbar nach Abschluss eines bestimmten Vorgangs (so genannter Nachfolger) ?

Allerdings müssen die einzelnen Teilprozesse nicht immer zwingend nacheinander, sondern können auch parallel vonstatten gehen. Besonders im Hinblick auf die zunehmenden Bemühungen, Innovationsprozesse im Rahmen des „Simultaneous Engineering" zu beschleunigen, ist es wichtig, den Innovationsprozess weniger als Abfolge sequenziell ablaufender, sondern vielmehr als - soweit möglich - parallel laufende Teilprozesse zu begreifen.

Nachfolgende Abbildung 118 zeigt die Abhängigkeiten einzelner Vorgänge des Arbeitspaketes „Türverkleidung".

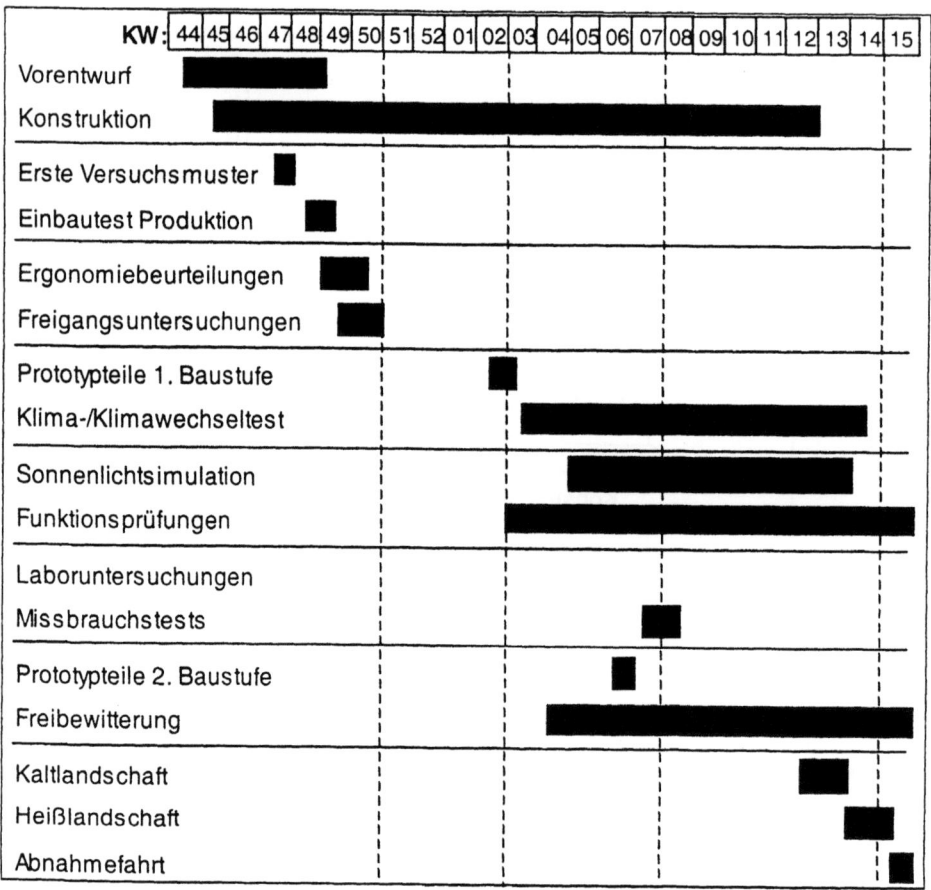

Abbildung 118: Detailplanung des Arbeitspaketes „Türverkleidung"[Dixius, S. 120]

C) Zeitanalyse

Im Mittelpunkt steht die Ermittlung der Vorgangszeiten. Ein Vorgang umfasst den Zeitraum zwischen Anfangs- und Endaktivität. Zur Prognostizierung der Vorgangsdauer stehen verschiedene Methoden zur Verfügung, auf die in Kapitel 3.5.3.2 noch näher eingegangen wird.

D) Zeitrechnung

Die Zeitrechnung hat unter Einsatz von Terminplanungstechniken wie Terminliste, Balkendiagramm oder Netzplan folgende Informationen bereitzustellen:

- Wie ist die Gesamtdauer des Projektes einzuschätzen ?
- Wann starten und enden die einzelnen Vorgänge ?
- Von welchen Vorgängen hängt die Gesamtdauer des Projektes ab ?
- Welche Vorgänge können zeitlich verschoben werden, ohne dass die Projektdauer verlängert werden muss (so genannte Pufferzeiten) ?

E) Kalendrierung

Bei einem wirklichkeitsnahen Projektbezug ist es sinnvoll, von Projektnettotagen auszugehen. Dabei muss sichergestellt werden, dass nur die für die Projektarbeit relevanten Tage vorgemerkt werden. Ausfalltage sind beispielsweise Samstage, Sonntage, Betriebsferien oder Zeiten, in denen die Mitarbeiter in der Linienorganisation eingesetzt sind (Abbildung 119).

F) Plananpassung

Der erste Entwurf eines Terminplans führt gegebenenfalls zu zwei Problemen:

Entweder sind die hierfür notwendigen Ressourcen in den für die Durchführung einzelner Vorgänge geplanten Zeiträumen nicht verfügbar, was einen Kapazitätsausgleich erfordert (siehe auch Kapitel 3.5.4.4) oder es sind Maßnahmen zur Terminbeschleunigung erforderlich (siehe auch Kapitel 3.6.8).

G) Durchführungsvorbereitung

Nach endgültiger Abstimmung der Terminplanung mit anderen Planungsmodulen sind die ausführenden Stellen/Abteilungen oder Fremdfirmen zu informieren.

3.5.3.2 Methoden für die Aufwandschätzung

Zur Prognostizierung der Vorgangszeiten, aber auch der Projektkosten (siehe auch Kapitel 3.5.5.2), existiert eine Flut von Methoden, die entweder in der Praxis so gut wie nie zum Einsatz kommen (z.B. parametrische Schätzgleichungen) oder in stärkerem Maße in Routine- und DV-Projekten (z.B. Multiplikatormethode, Function-Point-Verfahren, Data-Point-Verfahren) angewendet werden [vgl. Litke, S. 120-130; Schwab/Schneider/ Schwab-Matkovits, S. 97-101; Winkelhofer, S. 330-343].

Im weiteren wird mit der Dokumentenanalyse und der Expertenbefragung auf die Methoden zurückgegriffen, die für innovative Projekte geeignet sind.

A) Dokumentenanalyse

Hier geht es um die Auswertung bereits abgeschlossener innovativer Projekte, zumal davon auszugehen ist, dass eine Reihe von Prozessen ähnlich gelagert sind. Denkbar ist auch, dass aus den einzelnen Informationen Indizes für Zeit und Kosten gebildet werden können. Die Methode setzt einerseits eine umfassende Dokumentation abgeschlossener Projekte, andererseits die Vergleichbarkeit mit aktuellen Projekten voraus. Sind die Informationen zutreffend, sind sie hoch einzuschätzen, weil sie frühere Istwerte repräsentieren.

April

Mo	Di	Mi	Do	Fr	Sa	So
1	2	3	4	5	6	7
8	9	10	11	12	13	14
15	16	17	18	19	20	21
22	23	24	25	26	27	28
29	30					

= 12 Projekttage

Mai

Mo	Di	Mi	Do	Fr	Sa	So
		1	2	3	4	5
6	7	8	9	10	11	12
13	14	15	16	17	18	19
20	21	22	23	24	25	26
27	28	29	30	31		

= 20 Projekttage

Juni

Mo	Di	Mi	Do	Fr	Sa	So
					1	2
3	4	5	6	7	8	9
10	11	12	13	14	15	16
17	18	19	20	21	22	23
24	25	26	27	28	29	30

= 20 Projekttage

Juli

Mo	Di	Mi	Do	Fr	Sa	So
1	2	3	4	5	6	7
8	9	10	11	12	13	14
15	16	17	18	19	20	21
22	23	24	25	26	27	28
29	30	31				

= 23 Projekttage

August

Mo	Di	Mi	Do	Fr	Sa	So
			1	2	3	4
5	6	7	8	9	10	11
12	13	14	15	16	17	18
19	20	21	22	23	24	25
26	27	28	29	30	31	

= 10 Projekttage

Legende, z.B. für Mai

| 30 | = Projektarbeitstag

| 26 | = Samstag, Sonntag, Feiertag, projektfreier Tag (z.B. Urlaubszeit)

Abbildung 119: Beispiel Kalendrierung

B) Expertenbefragung

Burghardt [vgl. 2002, S. 107] stellt fest, dass trotz der Menge an analytischen Verfahren für die Aufwandschätzung die konventionelle Schätzung durch den Entwickler die ausschlaggebende und häufig einzig gangbare Methode bei innovativen Projekten darstellt. Dabei existieren mehrere Methoden, die selbstverständlich auch in kombinierter Weise zum Einsatz kommen können:

- Einzelschätzung
- Mehrfachbefragung
- Schätzklausur
- Delphie-Methode

a) Einzelschätzung

Die Einzelschätzung fußt auf der Beurteilung eines Experten, in der Regel eines Entwicklers oder des Projektleiters. Liegen Erfahrungen aus ähnlich gelagerten Entwicklungsprojekten vor, stellen die Schätzwerte eine zufrieden stellende Grundlage dar. Dies setzt jedoch voraus, dass die Umsetzung des Projektes grundlegend durchdrungen und die eigene Produktivität nicht überschätzt wird. Gleichwohl unterliegen die Schätzwerte keiner Kontrolle durch andere Personen.

b) Mehrfachbefragung

Vor allem bei komplexeren Projekten erweist sich die Einzelschätzung als nicht sinnvoll und läuft Gefahr, auf mangelnde Akzeptanz im Unternehmen zu stoßen. Als vernünftiger erweist sich eine Mehrfachbefragung, wobei eine Gruppe von Experten, beispielsweise das Projektteam oder Vertreter der involvierten Abteilungen, zu Rate gezogen werden.

Dabei werden die einzelnen Schätzwerte herangezogen, woraus ein Durchschnittswert gebildet wird. Dies kann entweder der arithmetische Mittelwert oder der arithmetische Mittelwert ohne die Extremwerte sein. Während im ersteren Fall alle Schätzwerte als gleichwertig gelten, werden im zweiten Fall die Extremwerte außen vor gelassen und es wird nur von den übrigen Werten das arithmetische Mittel errechnet.

Methodisch kann auch so vorgegangen werden, dass die einzelnen Teammitglieder zunächst für jede Aktivität eine Schätzung abgeben.

1. Schätzrunde							
A	B	C	D	E	F	G	Teilnehmer
10	12	9	11	6	20	9	Wochen

Liegen die Einzelschätzwerte sehr weit auseinander, müssen die betreffenden Teilnehmer in Rede und Gegenrede die Gründe für die abgegebenen Schätzungen nennen. Die Abweichungen resultieren in der Regel aus unterschiedlichen Vorstellungen von den zu lösenden Aufgaben/Qualitäten.

Im Beispiel liegen Teilnehmer E (mit 6 Wochen) und F (mit 20 Wochen) am weitesten vom Durchschnitt (11 Wochen) entfernt. Nach dem Austausch der Argumente kommt es zu einer nochmaligen Schätzrunde, in der die bisherigen Beurteilungen der Teilnehmer sich verändern können.

2. Schätzrunde							
A	B	C	D	E	F	G	Teilnehmer
10	9	8	10	9	11	9	Wochen

Der Durchschnittswert liegt nun bei 9,4 Wochen, beschlossen wird eine Plandauer von 10 Wochen.

c) Schätzklausur

Die Schätzklausur stellt eine gesonderte Form der Mehrfachbefragung dar. Kern ist die Erstellung einer Matrix, deren Variablen „Größe" und „Komplexität" differenziert werden (z.B. in gering, mittel und hoch). In den sich daraus ergebenden neun (3x3) Komplexitätsfeldern wird der repräsentative Arbeitsaufwand (z.B. in Manntagen) durch Schätzung festgelegt. Anschließend ordnen die Teilnehmer der Schätzklausur jedes Arbeitspaket einem Komplexitätsfeld zu, womit gleichzeitig dessen geschätzter Arbeitsaufwand festgestellt wird. Als vorteilhaft wird der gruppendynamische Aspekt der Methode eingeschätzt. Die Vorgangszeiten werden für jeden/jedes Vorgang/Arbeitspaket durch Division des geplanten Gesamtaufwands des Vorgangs/Arbeitspaketes durch die zugeordneten Mitarbeiter ermittelt. Damit wird gemeinsam und für alle Beteiligten nachvollziehbar auch die Projektdauer ermittelt, sodass diese Planung später auch von allen mitgetragen werden kann (Abbildung 120).

		Größe		
		klein	mittel	groß
Komplexität	gering	1 10 MT	2 20 MT	3 30 MT
	mittel	4 20 MT	5 30 MT	6 40 MT
	hoch	7 30 MT	8 40 MT	9 50 MT
MT= Manntag				

Abbildung 120: Schätzklausur

d) Delphie-Methode

Grundlage der in den Fünfzigerjahren entstandenen Methode ist eine strukturierte Gruppenbefragung, wobei folgende Schritte von Bedeutung sind [vgl. Haupt, S. 47]:

- Auswahl der zu befragenden Experten.
- Darstellung des Problems, das in einzelne Fragen zerlegt ist, mit der Bitte um schriftliche Stellungnahme.
- Erste Analyse, in der die Antworten der Befragten zusammengefasst und ausgewertet werden.
- Bekanntgabe der Ergebnisse, Kurzstellungnahme zu der ersten Befragung und eine sich anschließende zweite Befragung.
- Zweite Analyse der Befragungsergebnisse.

■ ...
■ Ergebnisauswertung.

Im Vergleich zur Schätzklausur bleiben die Teilnehmer anonym. Damit soll die Einflussnahme durch die Dominanz eines Teilnehmers in der Gruppe und den Trend zur Gruppenkonformität vermieden werden.

3.5.3.3 Terminplanungstechniken

In Abhängigkeit vom Ausgangspunkt der Terminplanung werden die Vorwärts- und Rückwärtsrechnung unterschieden.

Die **Vorwärtsrechnung** setzt bei einem bestimmten Anfangstermin für das Projekt an. Vom Projektanfang und dem/den zu tätigenden Vorgang/Vorgängen wird sukzessive in die Zukunft terminiert. Endergebnis der Vorwärtsrechnung ist der frühest mögliche Projektendtermin.

Im Gegensatz dazu wird bei der **Rückwärtsrechnung** vom Projektende ausgegangen, das mit dem frühestmöglichen Endtermin identisch ist, oder von dem Endtermin, an dem das Projekt spätestens abgeschlossen sein muss. Letzteres gilt dann, wenn der Auftraggeber einen Endtermin im Sinne einer Projektübergabe vorsieht.

Zur Terminierung stehen hauptsächlich drei Terminplanungstechniken zur Verfügung:

■ Terminliste
■ Balkendiagramm
■ Netzplantechnik

Für die Darstellung wird die Terminierung einer Produktentwicklung als Beispiel gewählt, wobei sich dieses auf wesentliche, typische Teilaktivitäten reduziert.

A) Terminliste
Bei der Terminliste werden die einzelnen Vorgänge in einer Liste aufgereiht. Typischerweise finden sich darin Informationen über die jeweilige Vorgangsdauer und den geplanten frühesten Anfangs- und Endtermin; denkbar sind aber auch weitere Informationen wie Rückwärtsterminierung, Pufferzeiten oder jeweilige unmittelbare Vorgänger. Insofern wird einfach das - auch für die anderen beiden Terminplanungstechniken - notwendige Datenmaterial tabellarisch erfasst. Dies hat jedoch bei komplexeren Projekten den Nachteil einer mangelnden Übersichtlichkeit, vor allem dann, wenn die einzelnen Vorgänge nicht nur sequenziell nacheinander abgearbeitet werden. Zudem sind Konsequenzen aus der Verschiebung einzelner Vorgänge für nachfolgende Aktivitäten nicht sofort evident, was letztlich zu Terminverzögerungen des gesamten Projektes führen kann.

B) Balkendiagramm
Das Balkendiagramm, auch als Gantt-Technik bezeichnet (nach Henry Lawrence Gantt), veranschaulicht die Terminierung des Projektes durch eine grafische Darstellung. Dabei

werden über eine Zeitachse die einzelnen Vorgänge ihrer zeitlichen Dauer entsprechend abgetragen. Dies geschieht typischerweise auf der Basis der Vorwärtsrechnung.

Da bei einfachen Balkendiagrammen die Abhängigkeiten zwischen den einzelnen Vorgängen sowie vorhandene Pufferzeiten nicht erkennbar sind, wird zunehmend auf die so genannte Plannet-Technik zurückgegriffen [vgl. Steinbuch, S. 161-162], die letztlich einem vereinfachten Netzplan entspricht und beispielsweise auch bei MS-Project Berücksichtigung findet (Abbildung 121). Auf Grund der guten Visualisierungsqualität bieten sich Balkendiagramme - gegebenenfalls auch parallel zur Netzplantechnik - für Präsentationen an.

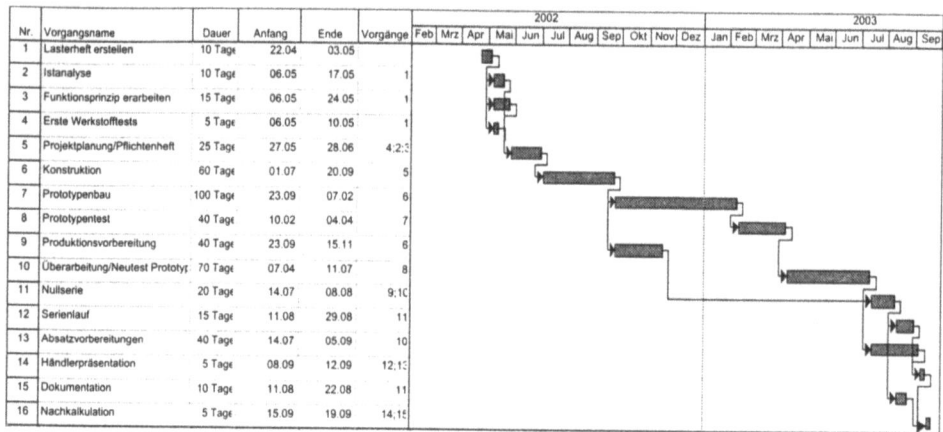

Abbildung 121: Beispiel eines Balkendiagramms auf Basis von MS-Project

C) Netzplantechnik

Die Netzplantechnik ist hauptsächlich für größere Projekte mit einer größeren Zahl von Aktivitäten eine geeignete Terminplanungsmethode, die in ihren Grundzügen ab Mitte der Fünfzigerjahre in den USA und Westeuropa entwickelt worden ist. Inzwischen ist sie in vielfältiger Weise verfeinert und modifiziert.

Die Netzplantechnik unterstützt das exakte und detaillierte Durchdenken des gesamten Projektes und führt dadurch zu einer Optimierung des Ablaufplanes. Dabei fördert die Netzplantechnik das Prozessdenken, weil sie jedem Verantwortlichen die Beziehungen seiner Arbeit zu denen der anderen Abteilungen/Bereiche zeigt und führt somit zu einem wachsenden Verständnis und Verantwortungsbewusstsein für das Gesamtprojekt. Außerdem ist eine Anbindung an kapazitäts- und kostenmäßige Planungen relativ leicht möglich. Das Erkennen von Notwendigkeiten für Beschleunigungsmaßnahmen und die Berücksichtigung der innovativen Projekten immanenten Ungewissheit durch stochastische Verfahren sind weitere Vorteile der Netzplantechnik. Gleichwohl bedeutet die Netzplantechnik in der Regel mehr Aufwand als die beiden zuvor vorgestellten Verfahren. Überdies kann die Übersichtlichkeit bei sehr großen Projekten, zumal bei stochasti-

schen Verfahren, verloren gehen [vgl. Schwarze, S. 69-70]. Letztlich ist aber die Netzplantechnik ein wirksamer Ansatz, um ein innovatives Projekt sinnvoll zu planen.

a) Grundformen und Verfahren der Netzplantechnik

Ein Netzplan beruht auf der Graphentheorie, wobei ein Graph eine Zeichnung darstellt,
die aus einer endlichen Anzahl von Knotenpunkten (Knoten) und einer endlichen Anzahl
von gerichteten Verbindungslinien (Pfeilen, Anordnungsbeziehungen) zwischen diesen
Knotenpunkten besteht [vgl. Schwarze, S. 20-21].

Der Knoten stellt als Symbol entweder einen Vorgang oder ein Ereignis dar. Dagegen
repräsentieren die Pfeile entweder Vorgänge oder Anordnungsbeziehungen.

Als **Vorgang** wird ein Ablaufelement bezeichnet, das einen bestimmten (Teil)Prozess
beinhaltet. Zur Bearbeitung dieses (Teil)Prozesses ist ein Zeitraum erforderlich, der von
einem definierten Anfang bis zu einem definierten Ende reicht.

Dagegen stellt ein **Ereignis** ein Ablaufelement dar, welches das Eintreten eines bestimmten Zustandes beschreibt. Da das Ereignis keine zeitliche Ausdehnung besitzt, e-
xistieren lediglich ein frühester oder spätester Ereigniszeitpunkt.

Eine **Anordnungsbeziehung** wird als qualifizierbare Abhängigkeit zwischen den Vorgängen oder Ereignissen verstanden. Da zwischen den Vorgängen/Ereignissen logische
Abhängigkeiten bestehen, ist unter den Elementen eine Reihenfolge zu bestimmen. Insofern wird/werden mit einer Anordnungsbeziehung für jedes Element der/die unmittelba-
re(n) Vorgänger/Vorgänge definiert.

Auf dieser Grundlage können drei Formen von Netzplänen unterschieden werden [vgl.
Schwarze, 1990, S. 27-28]:

■ **Vorgangsknotennetz.** Dabei werden die Vorgänge durch Knoten und die Anordnungsbeziehungen durch Pfeile dargestellt. Die Anordnungsbeziehung zeigt dabei die
  Abhängigkeiten zwischen den Vorgängen auf, wobei jeweils die unmittelbaren Vorgänger definiert werden.
■ **Vorgangspfeilnetz.** Hier werden die Vorgänge als Pfeile dargestellt und durch Knoten den Anordnungsbeziehungen entsprechend verbunden. Zur eindeutigen Klärung
  der Ablauforganisation sind so genannte Scheinvorgänge (oder Dummys) erforderlich, die keinen Zeitbedarf benötigen. Scheinvorgänge stellen jedoch keine eigentlichen Aktivitäten dar.
■ **Ereignisknotennetz.** Die Ereignisse werden als Knoten abgebildet und ihrer Reihenfolge entsprechend durch Pfeile miteinander verbunden. Ereignisknotennetzpläne
  werden vorwiegend als Übersichtsnetzpläne (Meilensteinnetzpläne) verwendet und
  sehen ähnlich aus wie Vorgangspfeilnetze.

Beim Vergleich zwischen Vorgangsknotennetzen und Vorgangspfeilnetzen dürften erstere - beispielsweise gemessen an der Verbreitung in Software-Tools - die größte Verbreitung haben [die gleiche Vermutung spricht Madauss, S. 209, aus]. Dies liegt
vermutlich daran, dass keine Scheinvorgänge existieren, relevante Informationen zu ei-

nem Vorgang (z.B. Kosten) direkt im Knoten enthalten sein können und Vorgangskno-
tennetze einerseits weniger aufwändig zu zeichnen, andererseits leichter zu ändern sind.

Abbildung 122 veranschaulicht die drei Grundformen im Rahmen eines einfachen Beispiels.

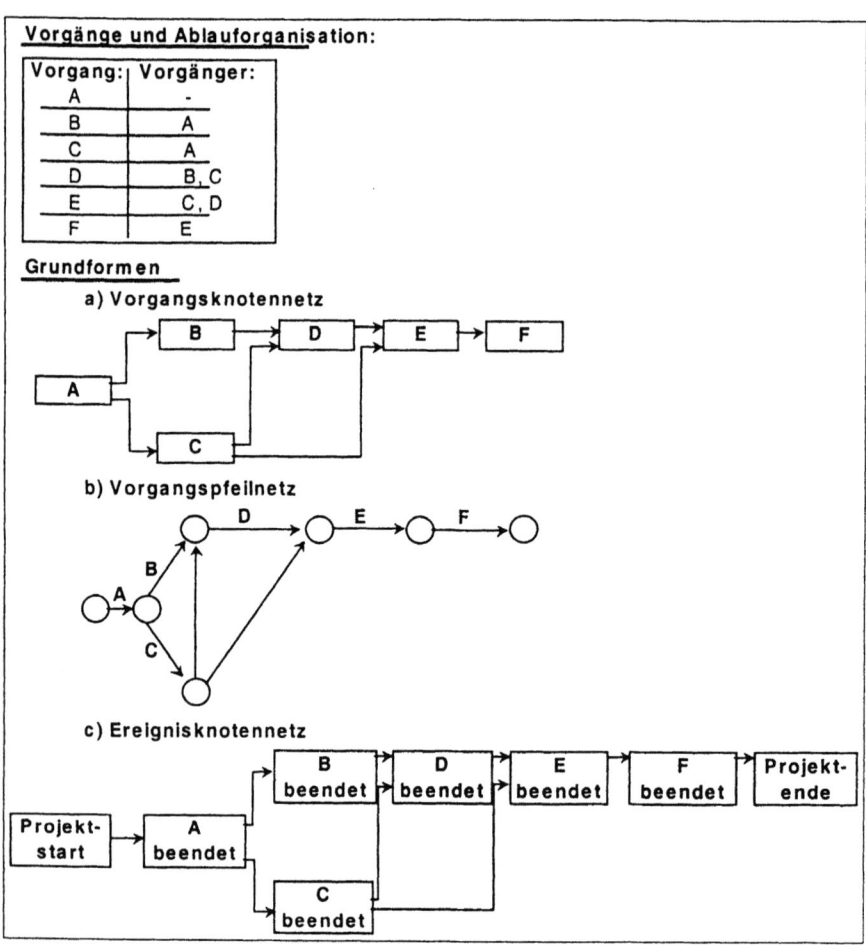

Abbildung 122: Grundformen der Netzplantechnik

Neben den verschiedenen Grundformen der Netzplantechnik sind des Weiteren noch Unterschiede hinsichtlich der Annahmen festzustellen:

So wird hinsichtlich der Projektaktivitäten entweder davon ausgegangen, dass zwingend
alle (deterministisch) oder nur ein Teil im Projekt durchzuführen sind/ist (stochastisch).

Hinsichtlich der zeitlichen Erwartungen gibt es hingegen insofern Unterschiede, als entweder nur eine zeitliche (deterministisch) oder mehrere (stochastisch) Vorgangszeiten-
schätzungen vorliegt/vorliegen [vgl. Corsten/Corsten, S. 152].

Abbildung 123 zeigt die Unterschiede und die hierbei existierenden Verfahren, wobei im weiteren vom MPM-Netz (Vorgangsknotennetz) und PERT (Ereignisknotennetz) ausgegangen wird, zumal die übrigen Methoden in der Praxis kaum angewandt werden [vgl. Krüger/Schmolke/Vaupel, S. 84]. So konnte in der Arbeit von de Pay [vgl. S. VII] kein Unternehmen gefunden werden, das GERT-Netzpläne einsetzt.

Zeitliche Erwartungen / Aktivitäten	Einwertig	Mehrwertig
Alle Aktivitäten sind durchzuführen (deterministisch)	Deterministische Netzplantechnik, insbesondere CPM, MPM	Deterministische Netzplantechnik mit stochastischen Parametern (Zeit), insbesondere PERT
Nur ein Teil der Aktivitäten sind durchzuführen (stochastisch)	Stochastische Netzplantechnik mit deterministischen Parametern, insbesondere GAN	Rein stochastische Netzplantechnik, insbesondere GERT

CPM	= Critical Path Method
MPM	= Matra Potential Method
PERT	= Program Evaluation and Review Technique
GAN	= General Activity Networks
GERT	= Graphical Evaluation and Review Technique

Abbildung 123: Verfahren der Netzplantechnik

b) Zeitplanung mit Hilfe von MPM-Vorgangsknotennetzen

Wie bereits schon erörtert, wird bei der Terminplanung zwischen einer Vorwärts- und einer Rückwärtsrechnung differenziert. Erstere ermittelt die frühesten Anfangs- und Endzeiten eines Vorgangs, letztere die spätesten Anfangs- und Endzeiten. Die Berechnung ist wie folgt:

Bei der Ermittlung des frühesten Anfangs- und Endzeitpunktes gilt folgende Logik:

1. Bei dem (den) Startvorgang (Startvorgängen) beträgt der früheste Anfangszeitpunkt 0.
2. Zu diesem frühesten Anfangszeitpunkt wird die Dauer des Vorgangs hinzu addiert, sodass sich daraus der früheste Endzeitpunkt ergibt.
3. Der früheste Anfangszeitpunkt eines unmittelbaren Nachfolgers ist mit dem frühesten Endzeitpunkt des unter 2. angesprochenen Vorgangs identisch.
4. Existieren bei einem Vorgang mehrere Vorgänger, ist der maximal früheste Endzeitpunkt bei diesen Vorgängen maßgebend. Dieser wird dann als frühester Anfangszeitpunkt des Vorgangs herangezogen. Dies begründet sich dadurch, dass grundsätzlich ein Vorgang erst dann beginnen kann, wenn alle unmittelbaren Vorgänger komplett abgeschlossen sind. Insofern richtet sich der Start eines Vorgangs nach demjenigen Vorgänger, der am längsten dauert.

Bei der Ermittlung des **spätesten Anfangs- und Endzeitpunktes** gilt folgende Logik:

1. Ausgehend vom geplanten oder frühestmöglichen Endtermin des Projektes ergibt sich der späteste Endzeitpunkt für den (die) Vorgang (Vorgänger), mit dem (denen) das Projekt endet.
2. Von diesem spätesten Endtermin wird die Dauer des (der) Vorgangs (Vorgänge) subtrahiert, sodass sich daraus der späteste Anfangszeitpunkt ergibt.
3. Der späteste Endzeitpunkt eines unmittelbaren Vorgängers ist mit dem spätesten Anfangszeitpunkt des unter 2. angesprochenen Vorgangs identisch.
4. Existieren bei einem Vorgang mehrere Nachfolger, ist der minimale späteste Anfangszeitpunkt bei diesen Vorgängen maßgebend. Dieser wird dann als spätester Endzeitpunkt des Vorgangs herangezogen.

Als Erkenntnis aus der Terminplanung ergeben sich für jeden Vorgang ein frühestmöglicher Anfangs- und Endtermin sowie ein spätesterlaubter Anfangs- und Endtermin. Damit ist für jeden Vorgang bekannt, in welchem zeitlichen Korridor er durchgeführt werden muss. Abbildung 124 veranschaulicht, wie ein Vorgangsknoten aufgebaut sein kann.

Vorgangs-bezeichnung	FAZ		FEZ
Vorgangsdauer	SAZ		SEZ
Gesamtpuffer	Freier Puffer	Freier Rückwärtspuffer	Unabhängiger Puffer
FAZ = Frühester Anfangszeitpunkt			
FEZ = Frühester Endzeitpunkt			
SAZ = Spätester Anfangszeitpunkt			
SEZ = Spätester Endzeitpunkt			

Abbildung 124: Beispiel eines Vorgangsknotens

Stimmen bei einem Vorgang die Anfangs- und Endtermine überein, so handelt es sich um einen **kritischen Vorgang**. Die Überschreitung des Termines eines kritischen Vorgangs führt zu einer Verschiebung des Projektendtermines. Die Kette der kritischen Vorgänge bildet den **kritischen Weg**; er kann grafisch besonders kenntlich (z.B. farbig) gemacht werden.

Bei vorgegebenem Projektanfang und -ende sind nur die kritischen Vorgänge streng an Termine gebunden. Bei den übrigen Vorgängen ist es sinnvoll, verschiedene Simulationen (what if...) durchzuspielen, wobei die jeweilige Konstellation des Vorgangs sich in Abhängigkeit von unmittelbaren Vorgängern und Nachfolgern befindet.

Dabei wird auch von so genannten Pufferzeiten gesprochen, die immer dann existieren, wenn die maximal zur Verfügung stehende Bearbeitungszeit für einen Vorgang länger als dessen Dauer ist. Pufferzeiten sind somit wesentliche **Kennzahlen für ein Projekt-controlling**. Beispielsweise können die Pufferzeiten bei der Kapazitätsplanung für eine Optimierung des Ressourceneinsatzes herangezogen werden. Auch bei der Projektüberwachung sind sie von Bedeutung.

Dabei werden folgende Varianten unterschieden, deren Logik durch Abbildung 125 veranschaulicht wird:

1. Gesamter Puffer (GP)
2. Freier Puffer (FP)
3. Freier Rückwärts Puffer (FRP)
4. Unabhängiger Puffer (UP)

Der **gesamte Puffer** ermittelt die Zeitdauer, um die ein Vorgang maximal verzögert/ausgedehnt werden kann. Er bildet somit die Differenz zwischen dem spätesten Anfangszeitpunkt und dem frühesten Anfangszeitpunkt (oder dem spätesten Endzeitpunkt und dem frühesten Endzeitpunkt). Voraussetzung hierfür ist, dass alle Vorgänger so enden, dass ein Start des Vorgangs zum frühestmöglichen Zeitpunkt erfolgen kann; gleichzeitig startet der Nachfolger zu seinem spätesten Anfangszeitpunkt. Gleichwohl kann die gesamte Pufferzeit nicht von jedem einzelnen Vorgang in Anspruch genommen werden. Wird nämlich die gesamte Pufferzeit auf einer Strecke vollständig beansprucht, existiert im Folgenden ein weiterer kritischer Weg.

Beim **freien Puffer** handelt es sich um eine Zeitspanne, um die der Vorgang verzögert/ausgedehnt werden kann, wenn der Vorgang selbst zum frühesten Anfangszeitpunkt beginnen kann, alle unmittelbaren Nachfolger in ihrer Planung nicht beeinträchtigt werden sollen und somit ebenfalls zum frühesten Anfangszeitpunkt starten können. Der freie Puffer berechnet sich, indem der früheste Anfangszeitpunkt des Nachfolgers vom eigenen frühesten Endzeitpunkt subtrahiert wird. Existieren mehrere Nachfolger ist der kleinste der alternativen frühesten Anfangszeitpunkte heranzuziehen.

Der **freie Rückwärtspuffer** umfasst eine Zeitspanne, die für einen Vorgang zur Verfügung steht, wenn seine unmittelbaren Vorgänger erst zum spätesten Endzeitpunkt abschließen. Er wird dadurch ermittelt, dass vom spätesten Anfangszeitpunkt des Vorgangs der späteste Endzeitpunkt des Vorgängers subtrahiert wird. Existieren mehrere unmittelbare Vorgänger, ist derjenige heranzuziehen, der am längsten dauert. Wird der komplette freie Rückwärtspuffer in Anspruch genommen, werden die nachfolgenden Vorgänge kritisch.

Beim **unabhängigen Puffer** handelt es sich um eine Zeitspanne, um die ein Vorgang vorgezogen/verzögert/ausgedehnt werden kann, wenn alle unmittelbaren Vorgänger zum spätesten Endzeitpunkt enden und alle unmittelbaren Nachfolger zum frühesten Anfangszeitpunkt beginnen können. Er wird dadurch berechnet, dass zum freien Puffer der freie Rückwärtspuffer addiert und der gesamte Puffer subtrahiert wird.

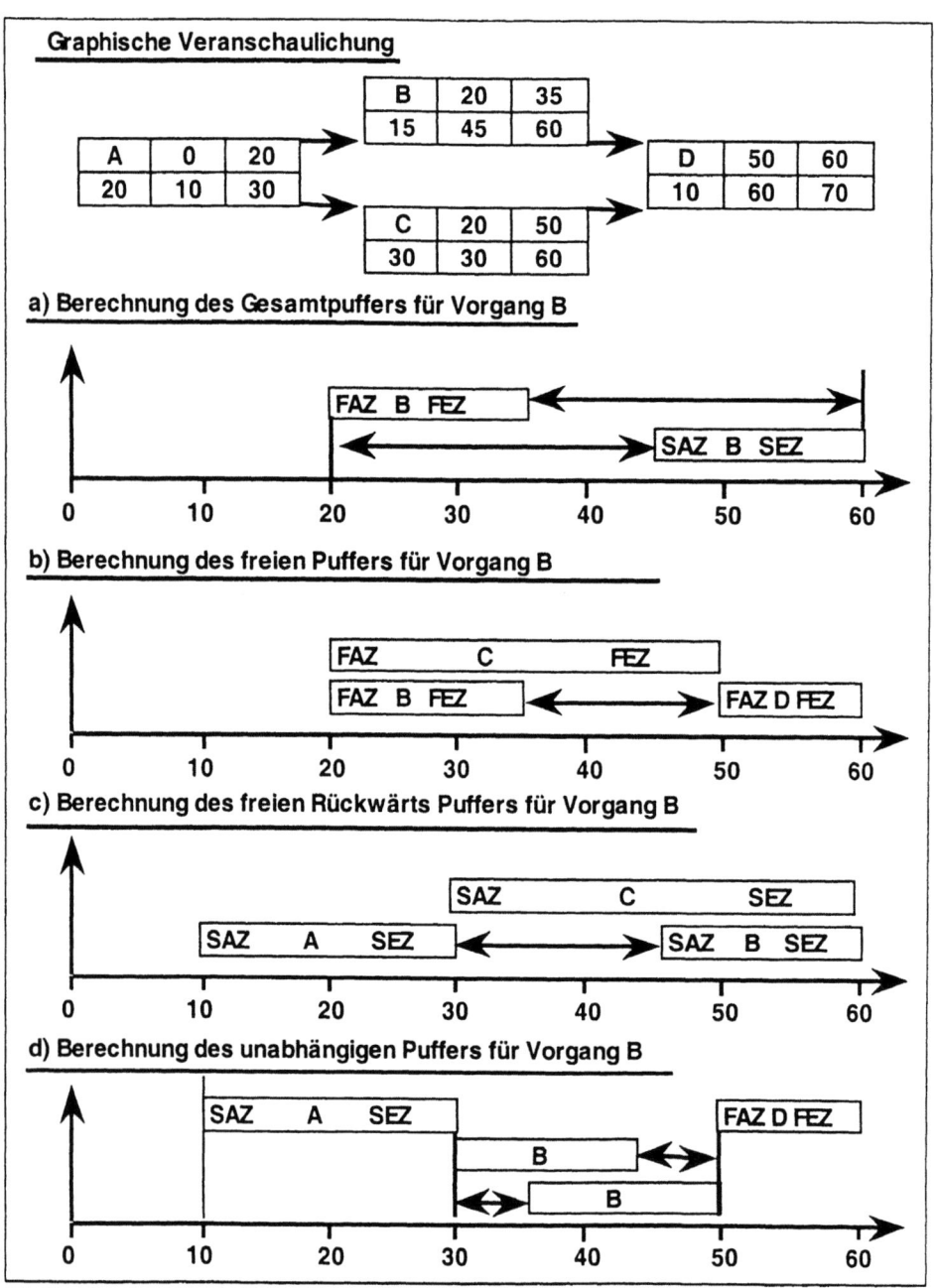

Abbildung 125: Berechnung der Pufferzeiten

Was die Zusammenhänge zwischen den einzelnen Pufferzeiten angeht, gelten folgende Beziehungen:

Gesamte Pufferzeit ≥ Freie Pufferzeit ≥ Unabhängige Pufferzeit

Gesamte Pufferzeit ≥ Freie Rückwärtspufferzeit ≥ Unabhängige Pufferzeit

Abschließend ist festzustellen, dass die Pufferzeiten zur Steuerung des Projektes erforderlich sind. Sie sollten daher nicht den ausführenden Abteilungen/Personen offen gelegt werden (insbesondere nicht der gesamte Puffer). Ansonsten kann der Eindruck entstehen, dass eine Verzögerung eines Vorgangs nicht so problematisch ist, wodurch bereits kurze Zeit nach Projektbeginn alle Pufferzeiten bereits aufgebraucht sind.

Abbildung 126 zeigt die Vorwärts- und Rückwärtsterminierung und Berechnung der Pufferzeiten eines MPM-Vorgangsknotennetzes.

Bezeichnung	Kürzel	Dauer in Wochen	Vorgänger
Lastenheft erstellen	A	2	-
Istanalyse	B	2	A
Funktionsprinzip erarbeiten	C	3	A
Erste Werkstofftests	D	1	A
Projektplanung/Pflichtenheft	E	5	B,C,D
Konstruktion	F	12	E
Prototypenbau	G	20	F
Prototypentest	H	8	G
Produktionsvorbereitung	I	8	F
Überarbeitung/Neutest Prototyp	J	14	H
Nullserie	K	4	I,J
Serienlauf	L	3	K
Absatzvorbereitungen	M	8	J
Händlerpräsentation	N	1	L,M
Dokumentation	O	2	K
Nachkalkulation	P	1	N,O

```
B  2 4      G  2 4    H  4 4    J  4 6   → M
   2 3 5       2 2 4     8 4 4     1 4 6  → K
   1 1 1 1     0 0 0 0   0 0 0 0   0 0 0 0

A  0 2    C  2 5    E  5 8    F  8 2    I  2 2
   2 0 2     3 2 5     3 5 8     1 8 2     8 5 6
   0 0 0 0   0 0 0 0   0 0 0 0   0 0 0 0   3 3 3 3

          D  2 3
             1 4 5
             2 2 2 2

M  6 7
   7 6 7
   0 0 0 0

K  6 6    L  6 6    N  7 7    P  7 7
   4 6 6     3 6 7     1 7 7     1 7 7
   1 0 0 0   1 1 0 0   0 0 0 0   0 0 0 0

          O  6 6
             2 6 7
             3 3 2 2
```

Abbildung 126: Ergebnisse aus einem MPM-Vorgangsknotennetzplan

Vor allem bei großen Projekten ist es unverzichtbar, den gesamten Terminplan in mehrere Teilnetzpläne zu zerlegen (Abbildung 127). Im Idealfall entsprechen die Teilnetzpläne
den aus dem Projektstrukturplan definierten Teil-/Unterprojekten auf der Basis von Projektphasen [vgl. Krüger/Schmolke/Vaupel, S. 86-88]. Gleichwohl ist darauf hinzuweisen, dass bei einer zu hohen Netzplandetaillierung - im Sinne der Planung von Tagesak-
tionen - jeder Projektplaner Gefahr läuft sich zu verzetteln. Dies vor allem deshalb, weil
Details zu sehr einem Änderungsprozess unterliegen, der dazu führt, dass der Projektplaner den Dingen hinterherläuft.

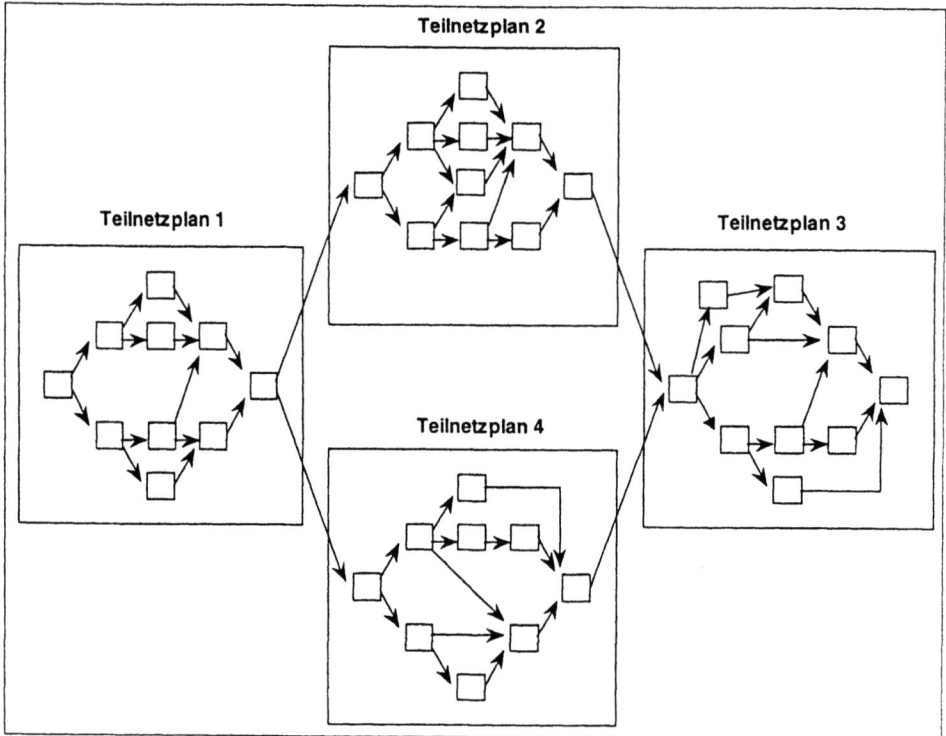

Abbildung 127: Teilnetzplan

c) Zeitplanung mit Hilfe von PERT-Netzplänen

MPM-Netzpläne sind so genannte deterministische Verfahren, das heißt es existiert nur
eine Angabe über die Zeitdauer für alle Vorgänge. Außerdem müssen alle Vorgänge eines Projektes realisiert werden. Gleichwohl wird dadurch die in Forschungs- und Entwicklungsprojekten typische Unsicherheit nicht beachtet. Dieser Mangel soll durch stochastische Netzpläne korrigiert werden [vgl. Bürgel/Haller/Binder, 1996, S. 137].
Ausgangsüberlegung ist dabei, dass die Ausführungsdauer eines Vorgangs nicht eindeutig ist, sondern hierfür eine Häufigkeits- oder Wahrscheinlichkeitsverteilung angegeben
werden kann. Dabei werden - ausgehend von PERT - für jede Aktivität drei Zeitwerte
geschätzt [vgl. Schwarze, S. 103 und S. 138-139]:

■ optimistische Vorgangsdauer: die kürzeste Dauer, wenn keine Verlustzeiten auftreten (OD),

■ pessimistische Vorgangsdauer: sie berücksichtigt den worst-case-Fall und daraus resultierende Verlustzeiten (PD),

■ wahrscheinlichste Vorgangsdauer: normale Bedingungen (WD).

Abbildung 128 veranschaulicht den Unterschied zwischen deterministischer und stochastischer Planung.

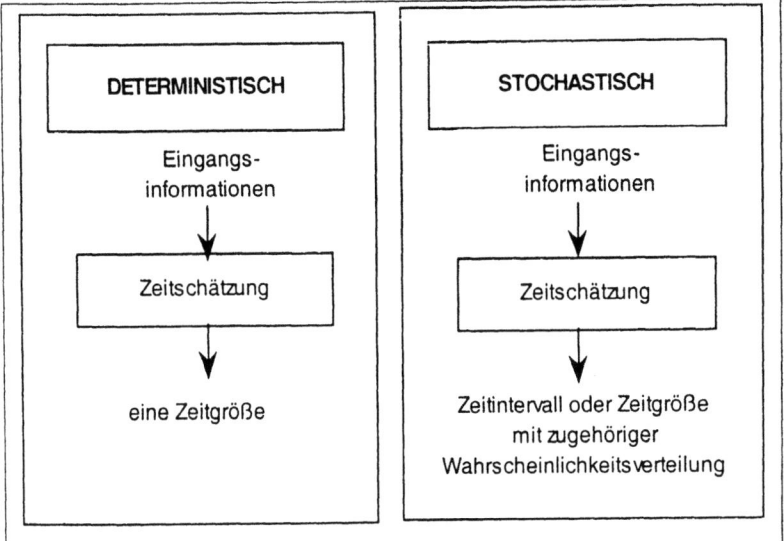

Abbildung 128: Deterministische und stochastische Planung

Für die Terminierung wird keine detaillierte Kenntnis über die Wahrscheinlichkeitsverteilung gefordert. Über die Lage von WD zwischen OD und PD existieren keinerlei Voraussetzungen. Aus den drei Zeitwerten wird die erwartete Ausführungsdauer (ED) nach der Formel

$$ED = \frac{OD + 4\,WD + PD}{6}$$

errechnet.

Dieser ermittelte Wert wird für die Zeitplanung - analog zur Einzeitenschätzung - herangezogen. Er stellt natürlich einen Erwartungswert dar.

Zur Berücksichtigung der Unsicherheit bei der Ermittlung der Vorgangsdauer und des Projektendes werden Varianzen (V) der Wahrscheinlichkeitsverteilungen für die Vorgangsdauer berechnet. Diese dienen als Streuungsmaß. Dabei gilt: Je höher (niedriger) die Varianz, desto größer (kleiner) die Unsicherheit zur Einhaltung der ermittelten Zeitwerte.

$$V = \left[\frac{PD - OD}{6} \right]^2$$

Ausgehend von dem Beispiel einer Produktinnovation, das bereits bei der Berechnung des MPM-Netzplanes zur Anwendung gekommen ist, ergibt sich unter der Beachtung der Schätzung von optimistischen und pessimistischen Vorgangszeiten die Ausgangssituation gemäß Abbildung 129. Hieraus resultiert dann die Terminplanung auf Basis eines Ereignisknotennetzes (Abbildung 130). Angegeben werden jeweils das frühestmögliche (FZ i) und spätestnotwendige (SZ i) Eintreten eines Ereignisses (i) sowie die jeweiligen Varianzen eines Ereignisses bei frühestmöglichem Zeitpunkt (V FZ) und bei spätestnotwendigem Zeitpunkt (V SZ).

Bezeichnung des Vorgangs	Kürzel	Vorgänger	OD	WD	PD	ED	V
Lastenheft erstellen	A	—	1	2	3	2	0,11
Istanalyse	B	A	1	2	4	2,2	0,25
Funktionsprinzip erarbeiten	C	A	2	3	6	3,3	0,44
Erste Werkstofftests	D	A	1	1	2	1,2	0,03
Projektplanung/Pflichtenheft	E	B,C,D	2	5	8	5	1,00
Konstruktion	F	E	9	12	15	12	1,00
Prototypenbau	G	F	15	20	25	20	2,78
Prototypentest	H	G	6	8	13	8,5	1,36
Produktionsvorbereitung	I	F	7	8	9	8	0,11
Überarbeitung/Neutest Prototyp	J	H	10	14	21	14,5	3,36
Nullserie	K	I,J	2	4	9	4,5	1,36
Serienlauf	L	K	2	3	7	3,5	0,69
Absatzvorbereitungen	M	J	6	8	10	8	0,44
Händlerpräsentation	N	L,M	1	1	1	1	0,00
Dokumentation	O	K	2	2	2	2	0,00
Nachkalkulation	P	N,O	1	1	1	1	0,00

Abbildung 129: Ausgangswerte für einen PERT-Netzplan

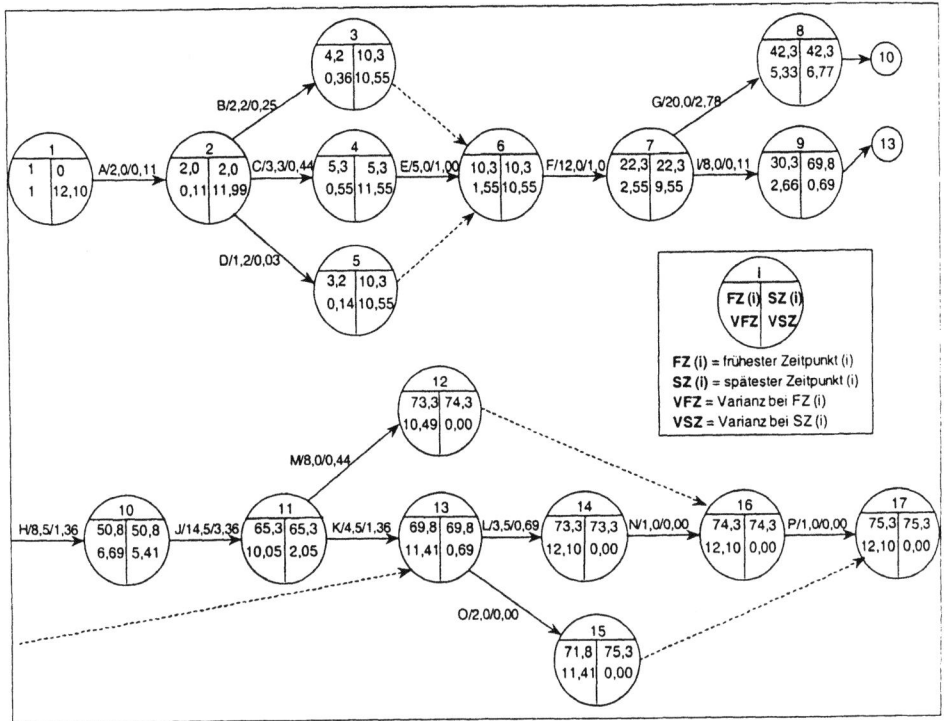

Abbildung 130: Berechnung eines PERT-Netzplans

3.5.4 Kapazitätsplanung

3.5.4.1 Gegenstand und Phasen der Kapazitätsplanung

Patzak/Rattay [vgl. S. 197] verweisen auf eine Befragung von Projektleitern, wonach die Ressourcenproblematik die signifikanteste Ursache für Projektschwierigkeiten ist. Insofern erweist sich die Kapazitätsplanung als ein äußerst bedeutsamer Schritt des Projektmanagements.

Da bei einem Projekt unterschiedliche Ressourcen zum Einsatz kommen, muss sich der Projektleiter nahe liegenderweise auf diejenigen konzentrieren, die als so genannte Engpassressourcen bezeichnet werden.

Dies trifft im Wesentlichen auf **Personalressourcen** zu, die nach Qualifikationen, beispielsweise Konstrukteure, Entwicklungsingenieure, Produktionsingenieure, Programmierer, Marktforscher, Controller usw., unterschieden werden.

Außerdem gilt dies für die Beanspruchung **organisatorischer Einheiten**, beispielsweise die Marktforschungs- oder Konstruktionsabteilung.

Ferner ist der Einsatz wichtiger **Gebrauchsmittel**, beispielsweise Prüfstände, Testanlagen, Elektronenmikroskope oder Großrechneranlagen, zu planen, wobei dies in Abhängigkeit von dem hierfür einzusetzenden Personal erfolgen muss. Engelke [vgl. S. 131] stellt bei seiner Untersuchung in der Unternehmenspraxis eine latente Überkapazität an Gebrauchsmitteln fest. Diese resultiert offensichtlich aus dem nur in unregelmäßigen Abständen erforderlichen Rückgriff auf diese Ressourcen.

Dagegen stellt die **Materialplanung**, beispielsweise Labormaterial, Material für Bauelemente usw., keine typische Aufgabe der Kapazitätsplanung dar, sondern muss von der Abteilung „Einkauf/Materialwirtschaft" in Abstimmung mit dem Projektleiter vorgenommen werden.

Grundsätzliches Ziel der Kapazitätsplanung ist die Planung und Darstellung des Bedarfs an Projektressourcen im Zeitablauf des Projektes, vom Beginn bis zum Ende des Projektes. Dabei ist die Kapazitätsplanung als Prozess zu betrachten, wobei drei Schritte maßgebend sind:

1. Erhebung der Plandaten

Zunächst sind die Planungsdaten für jeden Vorgang bzw. jedes Arbeitspaket zu erheben, wobei sich hauptsächlich folgende Fragen ergeben:

- Welche Ressourcen sind zur Sicherstellung der qualitativen, zeitlichen und kostenmäßigen Ziele erforderlich ?
- Wie viele dieser jeweiligen Ressourcen werden benötigt ?
- Zu welchen Zeitpunkten werden die Ressourcen gebraucht (Anfangs- und Endtermin) ?
- An welchem Ort kommen die Ressourcen zum Einsatz ?
- Wie sollen die benötigten Ressourcen beschafft werden (z.B. bereits vorhanden, Kauf, Lieferant) ?

Die Darstellung des Bedarfs erfolgt in einem Belastungsdiagramm.

2. Feststellung der verfügbaren Istkapazität und von Engpässen

Es reicht nicht aus, hier beispielsweise den Istpersonalbestand abzurufen. Vielmehr ist zu bedenken, dass in der Regel mehrere Projekte um einen begrenzten Ressourcenrahmen konkurrieren. Insofern ist die noch verfügbare Restkapazität zu ermitteln. Dabei kommt es zu einer Gegenüberstellung der Plandaten des neuen Projektes mit der um die durch laufende Projekte gebundenen Kapazitäten verminderten Gesamtkapazität, die als noch verfügbare Restkapazität angesetzt werden kann. Denkbar ist auch, dass der Start eines neuen Projektes mit hoher Priorität direkt in die Durchführung eines laufenden Projektes mit geringerer Priorität eingreift und dessen Neuplanung erfordert. Unabhängig davon, ist festzustellen, dass die verfügbare Restkapazität keine Konstante ist. Durch den Vergleich der Plankapazität mit der noch verfügbaren Restkapazität werden Über- und Unterdeckungen offensichtlich (Abbildung 131).

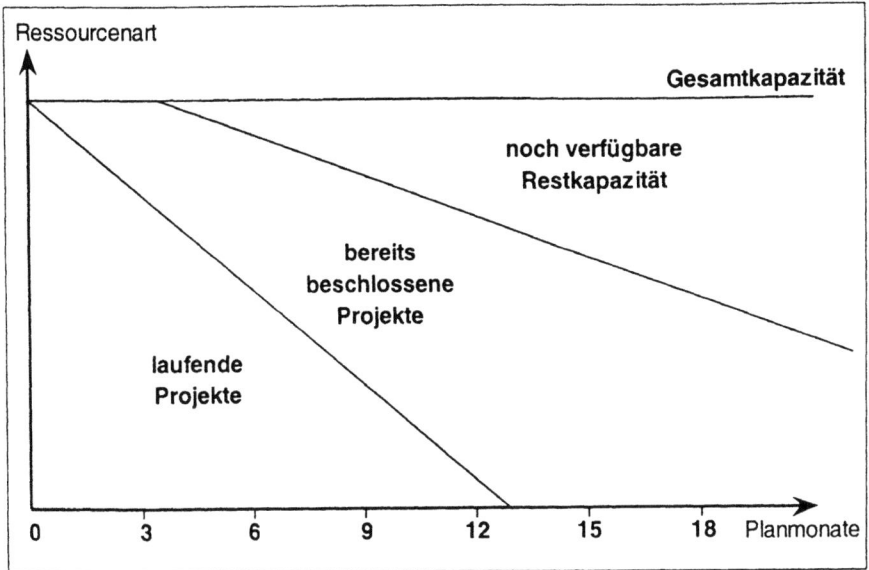

Abbildung 131: Ermittlung der verfügbaren Restkapazität

Die Abbildung verdeutlicht, dass die Kapazitätsplanung für einzelne Projekte nicht isoliert voneinander erfolgen kann. Vielmehr ist es wichtig, die einzelnen Vorgänge für die laufenden Projekte unter Kapazitätsgesichtspunkten integriert zu analysieren und daraus die entsprechenden Schlussfolgerungen für die Projektplanung und -steuerung zu ziehen. Dies setzt eine EDV-gestützte Projektplanung der vorhandenen Ressourcenpools voraus.

3. Optimale Auslastung der Ressourcen
Über- und Unterdeckungen sind zu vermeiden und sind auch nur bei entsprechender Planung ab- und aufbaubar. Optimal ist eine vergleichsweise konstante Auslastung von dem Projekt zugeordneten Ressourcen. Dies führt in der Regel zu Veränderungen in der Ablauforganisation und Terminplanung des Projektes. Anschließend ist die Verfügbarkeit der optimierten Ressourcen abzusichern.

3.5.4.2 Bedarfsermittlung der Ressourcen

Der Aufwand, der zur Realisierung eines Arbeitspaketes bzw. Vorgangs vonnöten ist, erfolgt in der Regel auf Grund der Dominanz der Ressource Personal auf Basis von Manntagen, Mannwochen, Mannmonaten usw. Um zu realistischen Annahmen zu kommen, kann beispielsweise bei einem Mannmonat, speziell bei Mitarbeitern, nicht von 30 Tagen Projekttätigkeit a 8 Stunden = 240 Stunden ausgegangen werden. Zu berücksichtigen sind vielmehr neben Samstagen und Sonn-/Feiertagen die durchschnittlichen Ausfalltage (z.B. in Folge von Krankheit), sodass sich daraus nur 18-20 verfügbare Arbeitstage ergeben können. Aber auch dann kann nicht von produktiven Arbeitszeiten ausgegangen werden, zumal Sitzungstermine, Anfertigung von Berichten u.ä. anfallen.

Schon gar nicht sollte man auf die Idee kommen, Mitarbeiterressourcen (aber auch ande-re) im Rahmen von Überstunden zu verplanen, zumal Überstunden eine der wenigen Möglichkeiten sind, auf die bei Schwierigkeiten in der Projektrealisierungsphase zu-rückgegriffen werden kann.

Auf der anderen Seite ist die in der Terminplanung geschätzte Vorgangsdauer einzuhal-ten.

Abbildung 132 veranschaulicht, wie der Ressourcenbedarf B einer Ressource r für den Vorgang i ermittelt wird.

$$Bi = \frac{A(r,i)}{D(i)}$$

A (r, i) = Arbeitsaufwand (gemessen in Manntagen oder Mannwochen) eines Vorgangs i, der eine Ressource r benötigt.

D (i) = Dauer des Vorgangs i in Tagen (oder Wochen)

Abbildung 132: Ermittlung des Ressourcenbedarfs

Beispielsweise wird festgestellt, dass die Durchführung der Qualitätsprüfung einer Pro-duktkomponente einen Aufwand von acht Mannwochen umfasst. Gemäß Terminplanung soll der Vorgang in zwei Wochen abgeschlossen sein. Daraus ergibt sich ein Ressour-cenbedarf von vier Prüfingenieuren. Die Beurteilung des jeweiligen Ressourcenbedarfs ist vom Projektleiter häufig nicht allein zu leisten. Daher empfiehlt sich eine Abstim-mung mit den jeweiligen Fachabteilungen.

3.5.4.3 Darstellung des Ressourcenbedarfs im Rahmen eines Belastungsdiagramms

Ein Belastungsdiagramm stellt den zeitlichen Verlauf der Inanspruchnahme einer be-stimmten Projektressource in einem Koordinatensystem dar, wobei die Zeit in horizonta-ler Richtung und die geplante Ressourcenmenge in vertikaler Richtung angegeben wer-den. Voraussetzung für die Erstellung eines Belastungsdiagramms ist eine vorliegende Terminplanung, beispielsweise im Rahmen eines Balkendiagramms oder Netzplans. Ein solches Belastungsdiagramm ist für jede zu planende Ressource anzufertigen.

Abbildung 133 zeigt ein Belastungsdiagramm bezüglich des Bedarfs an Programmierern für eine Produktkomponente, wobei die Vorgänge A bis J zu bearbeiten sind. Durch die Spalte „Vorgänger" existiert ein eindeutiger Hinweis auf die konkrete Abfolge des Teilprojektes (TP I), die Vorgangsdauer führt zu einer Terminierung von insgesamt 47 Tagen, aus der Spalte „Ressourcenbedarf" ergibt sich die erforderliche Anzahl von Mitarbeitern zur Ausführung der einzelnen Vorgänge. Für die Vorgänge A bis H, nicht jedoch für die Vorgänge I und J (die deshalb im Belastungsdiagramm auch nicht auftauchen) muss auf die Ressourcenart „Programmierer" zurückgegriffen werden. Ab dem 48. Tag muss mit einem weiteren Teilprojekt (TP II) begonnen werden, sodass der 47. Projekttag aus Sicht von TP I sowohl den frühesten als auch den spätesten Endzeitpunkt darstellt.

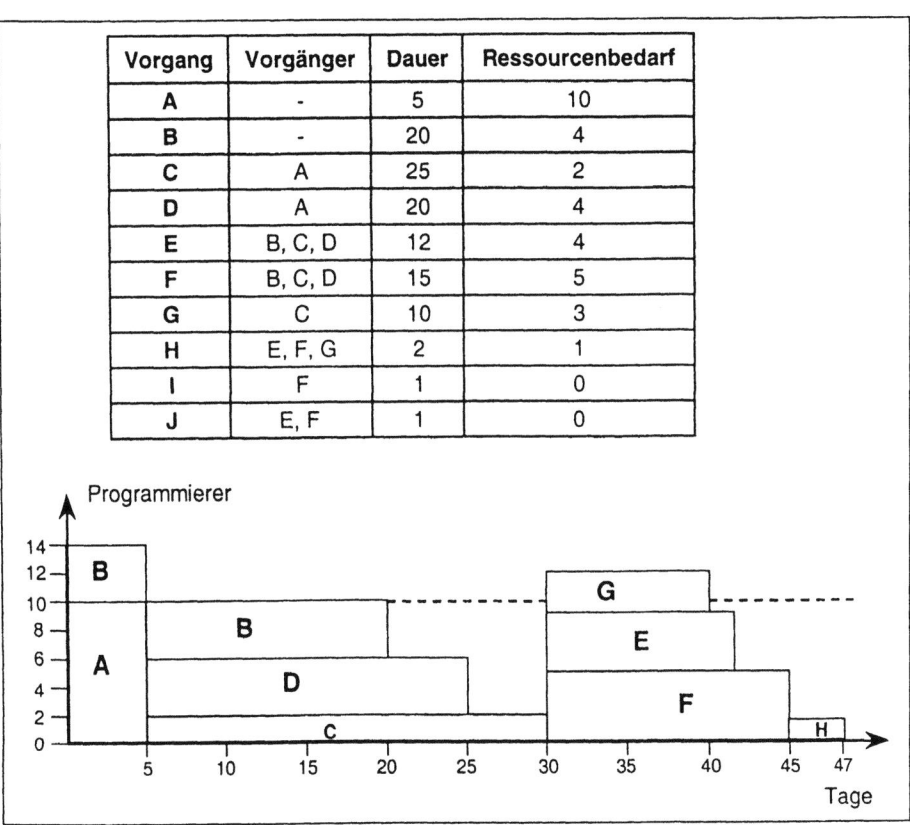

Vorgang	Vorgänger	Dauer	Ressourcenbedarf
A	-	5	10
B	-	20	4
C	A	25	2
D	A	20	4
E	B, C, D	12	4
F	B, C, D	15	5
G	C	10	3
H	E, F, G	2	1
I	F	1	0
J	E, F	1	0

Abbildung 133: Belastungsdiagramm

3.5.4.4 Kapazitätsausgleich

Qualifiziertes Personal und hochwertige Sachmittel stehen nicht in unbegrenzten Mengen zur Verfügung. Insofern ist es erforderlich, die geplante Kapazität, die aus dem Belastungsdiagramm hervorgeht, mit der verfügbaren Restkapazität abzugleichen. Dabei ergeben sich im Wesentlichen zwei Möglichkeiten: Entweder ist die Restkapazität größer/gleich als die geplante Kapazität. Dann könnte die Planung aufrechterhalten werden. Häufig kommt es jedoch auch dann zu einem Kapazitätsausgleich, um aus wirtschaftlichten Gründen die Kapazitätsspitzen zu glätten. Oder die Restkapazität ist kleiner als die geplante Kapazität. Dann muss in jedem Fall ein Kapazitätsausgleich erfolgen. Letzteres trifft im Beispiel für das im Belastungsdiagramm aufgezeigte Problem zu. Danach entsteht bei Teilprojekt I ein Kapazitätsproblem zwischen dem Beginn und dem 5. Projekttag. Dies wird dadurch hervorgerufen, dass die Vorgänge A und B parallel bearbeitet werden und somit 14 Mitarbeiter benötigt würden, aber nur 10 vorhanden sind. Darüber hinaus kommt es zwischen dem 30. und dem 42. Projekttag in Folge der parallelen Bearbeitung der Vorgänge E, F und G zu einem Kapazitätsbedarf von 12 Mitarbeitern. Auch zu diesem Zeitpunkt stehen nur 10 Mitarbeiter zur Verfügung.

Ziel des Kapazitätsausgleichs ist die Anpassung bzw. Optimierung des ursprünglich geplanten Ressourceneinsatzes. Dies ist aber insbesondere deshalb problematisch, weil sich ein Eingriff in die Ablauforganisation des Projektes konsequenterweise auf alle davon betroffenen Ressourcen auswirkt. Dies kann dazu führen, dass die einseitige Optimierung des Ressourceneinsatzes der Mitarbeiterkategorie „Entwicklungsingenieure" zu Lasten einer anderen Ressource, beispielsweise „Prüfanlagen", gehen kann. Voraussetzung ist somit, sich vordergründig mit denjenigen Ressourcen zu befassen, deren Einsatz am teuersten ist.

Grundsätzlich bestehen zwei Möglichkeiten für eine Optimierung der Zeit- und Kapazitätsplanung: Bei einer **terminorientierten** Optimierung werden primär eine Minimierung der Projektbearbeitungszeit bzw. das Einhalten eines bestimmten Termins angestrebt. Dies geht möglicherweise zu Lasten einer optimalen Kapazitätsauslastung, die dann Sekundärziel ist. Dagegen wird bei einer **kapazitätsorientierten** Optimierung versucht - ausgehend von einer einzuhaltenden Kapazitätsgrenze, einer angestrebten Auslastung und einem minimierten Budget -, die Durchlaufzeit der Projekte zu verkürzen. Terminverschiebungen werden dabei bis zu einem bestimmten Grad in Kauf genommen. Ob die eine oder andere Optimierung anzustreben ist, hängt von der konkreten Zielsetzung des Projektes ab. Die Klärung der Zielsetzung ist aber deshalb von Bedeutung, weil sie bestimmte Methoden des Kapazitätsausgleichs bevorzugt oder ausschließt.

Ausgehend von diesen Überlegungen, werden in jedem Fall zunächst solche Maßnahmen bevorzugt, die nicht zu einer Erhöhung des verfügbaren Ressourcenbedarfs führen.

Die wichtigste Möglichkeit stellt einen Eingriff in die Projektorganisation dar, was in Form von **Verschieben**, **Strecken**, **Stauchen** und **Teilen** von Vorgängen erfolgen kann. Idealerweise bleibt davon der Projektendtermin unberührt. Das heißt Vorgänge werden weg von Engpassphasen hin in weniger kritische Phasen im Rahmen der Pufferzeiten überführt. Bei einer kapazitätsmäßigen Optimierung wird jedoch auch eine Verzögerung in Kauf genommen. Diese kommt beispielsweise dann zu Stande, wenn ein Vorgang über den Gesamtpuffer hinaus verschoben oder gestreckt wird.

Verschieben eines Vorgangs meint dabei, den Vorgang so zu verlegen, dass die Kapazitätsprobleme gelöst werden können. Im gezeigten Belastungsdiagramm könnte dies beispielsweise so erfolgen, dass der Vorgang B erst dann beginnt, wenn der Vorgang A abgeschlossen ist. Da der Vorgang B einen freien Puffer von 10 Tagen aufweist, ist das Verschieben um fünf Tage unproblematisch und das Kapazitätsproblem zu Beginn des Teilprojektes gelöst.

Mit dem **Strecken eines Vorgangs** ist gemeint, dass für ihn eine längere Bearbeitungszeit aufgewendet wird. Folge ist, dass der Ressourcenbedarf über die gesamte Vorgangszeit absinkt. Beispielsweise beträgt der Arbeitsaufwand beim Vorgang G 30 Manntage (3 Programmierer a 10 Tage Vorgangsdauer). Vorgang G könnte um fünf Tage, also bis zum Beginn des Vorganges H, gestreckt werden. Die Vorgangszeit würde nun 15 Tage dauern. Bei konstantem Arbeitsaufwand würde der Mitarbeiterbedarf bei zwei liegen (30 Manntage geteilt durch 15 Tage Vorgangsdauer). Der Ressourcenbedarf sinkt nun auf insgesamt 11 Mitarbeiter ab (Vorgang E 4 Mitarbeiter, Vorgang F 5 Mitarbeiter, Vorgang G 2 Mitarbeiter). Das Kapazitätsproblem ist noch nicht endgültig gelöst.

Ähnlich kann beim Vorgang E gehandelt werden. Der Arbeitsaufwand des Vorganges E beträgt 48 Manntage (4 Programmierer a 12 Tage Vorgangsdauer). Wird E nur von drei Mitarbeitern bearbeitet, dafür aber vom 30. bis zum 46. Tag gestreckt, kommt es ebenfalls zu einem Arbeitsaufwand von 48 Manntagen (3 Programmierer a 16 Tage). Damit wäre das Kapazitätsproblem im Beispiel gelöst (Abbildung 134).

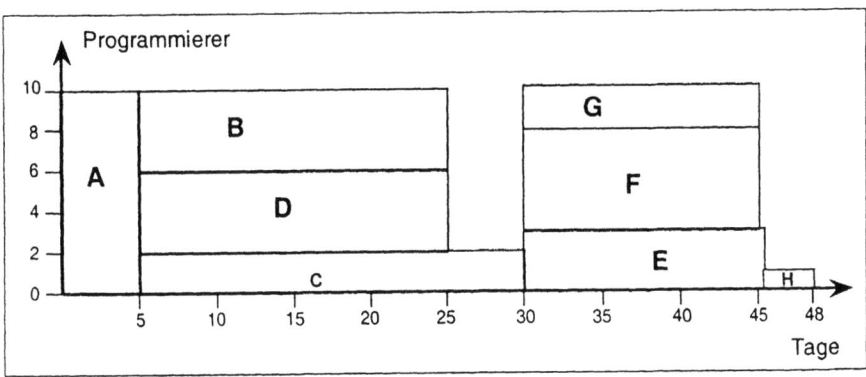

Abbildung 134: Optimierter Ressourceneinsatz

Beim **Stauchen eines Vorganges** ist es genau umgekehrt. Dabei wird ein Vorgang zeitlich verkürzt. Während der verbleibenden Zeitspanne werden dem Vorgang aber zusätzliche Ressourcen zugeordnet. Bezogen auf das bereits optimierte Belastungsdiagramm, fällt die starke Unterauslastung der dem Teilprojekt zugeordneten Mitarbeiter zwischen dem 25. und 30. Projekttag auf. Hier könnte durch eine Stauchung versucht werden, den Vorgang C zeitlich zu beschleunigen und die restlichen Vorgänge vorzuziehen.

Letztlich ist mit dem **Teilen eines Vorgangs** dessen Zerlegung in mehrere Teilprozesse beabsichtigt, was die technische Machbarkeit voraussetzt.

Denkbar ist aber auch die Kombination mehrerer Methoden.

Abbildung 135 vermittelt nochmals einen Überblick über den Zusammenhang zwischen Vorgangsdauer und Ressourcenbedarf. Danach ist rein rechnerisch ein Vorgang bzw. Arbeitspaket von 80 Mannwochen mit 10 Mitarbeitern in 8 Wochen zu bewältigen. Denkbar ist aber auch eine längere Bearbeitungszeit von 10 Wochen durch den Einsatz von 8 Mitarbeitern (strecken) oder eine Verkürzung auf 5 Wochen durch den Einsatz von 16 Mitarbeitern (stauchen).

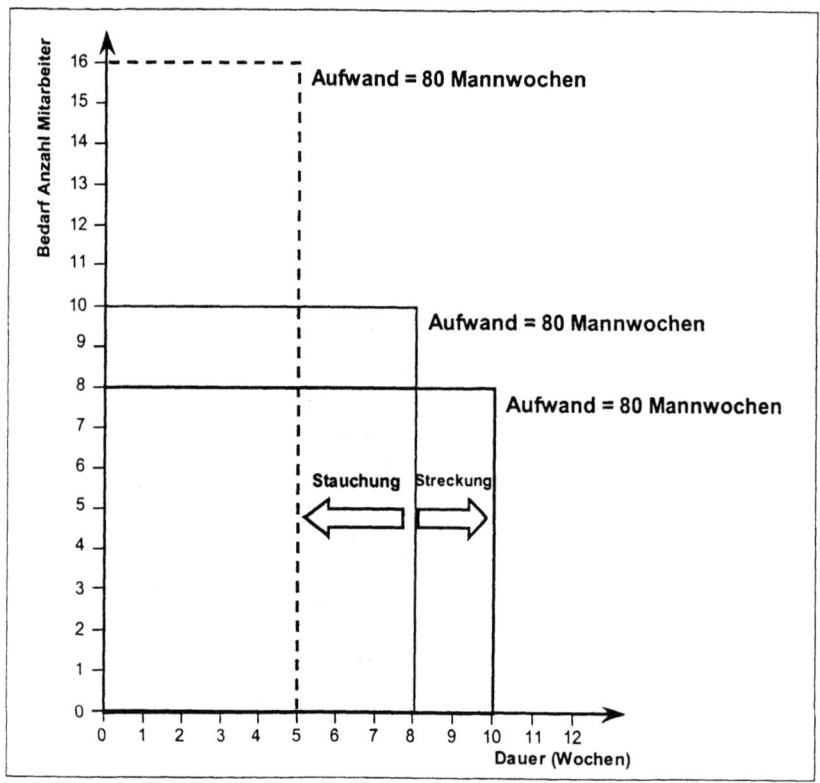

Abbildung 135: Ressourcenbedarf bei Strecken und Stauchen von Vorgängen [Burghardt, 2002, S. 135]

Allerdings ist zu konstatieren, dass die Möglichkeit zum Strecken oder Stauchen oder auch zum Teilen von Vorgängen von der Eigenart des jeweiligen Vorganges abhängt. Zum einen ist zu beachten, ob es sich bei dem Vorgang um einen leistungsgesteuerten Vorgang handelt. Bei einem solchen führt die zusätzliche Einbindung weiterer Ressourcen zu einer Verkürzung der Vorgangsdauer, was aber nicht unbedingt linear erfolgen muss. Dagegen steht bei nicht leistungsgesteuerten Vorgängen die Vorgangszeit fest, beispielsweise auf Grund eines technischen Prozesses. Damit erübrigt sich die Streckung oder Stauchung oder Teilung eines Vorgangs. Zum anderen ist bei einem leistungsgesteuerten Vorgang zu bedenken, ob der Vorgang eine Mindest- oder Höchstzahl der Ressource erfordert. So ist beispielsweise davon auszugehen, dass zur Erarbeitung eines Vorgangs die zusätzliche Einbindung von Mitarbeitern nur bis zu einem gewissen Maße sinnvoll (siehe auch Kapitel 3.4.1.3), gegebenenfalls sogar kontraproduktiv ist, weil der zunehmende Abstimmungsaufwand zwischen den ausführenden Mitarbeitern die arbeitsteiligen Effekte überkompensiert.

Neben dem Eingriff in die Ablauforganisation des Projektes sind auch weitere Methoden des Kapazitätsausgleichs unter Wahrung der Kapazitätsgrenze denkbar:

- Durch die Auftragsvergabe eines Teilprojektes oder Arbeitspaketes an einen **Subunternehmer** kommt es zu einer Kapazitätsentlastung, zumal die Leistungserstellung durch personelle und/oder sachliche Ressourcen des Subunternehmers erfolgt.
- Durch den **Abzug von Ressourcen** von einem Projekt mit geringerer Priorität kommt es zu einem Eingriff in die Projektplanung und -realisierung eines anderen Projektes.
- **Substitution** durch andere Technologien oder Qualifikationen.
- Denkbar ist auch die **Reduzierung des qualitativen und/oder quantitativem Umfangs** eines Arbeitspaketes und somit auch die Minimierung des Arbeitsaufwandes. Allerdings sollte über den Leistungsumfang ganz am Anfang des Projektes entschieden werden.

Bei einer terminorientierten Optimierung kommt noch die Möglichkeit einer befristeten oder unbefristeten **Einstellung von neuem Personal** in Betracht. Allerdings setzt dies voraus, dass bis zur Realisierung des Projektes eine Einarbeitung möglich ist, was wiederum verdeutlicht, wie wichtig eine gut funktionierende Personalplanung im Projektmanagement ist (siehe auch Kapitel 2.5.1.1). Für Sachmittel gilt dies analog in Form von **Kauf**, **Miete** oder **Leasing**. Vor dem Hintergrund der langfristig anvisierten Bindung von personellen Ressourcen und Gebrauchsmitteln muss die quantitative Erhöhung dieser Ressourcen im Zusammenhang mit der Projektprogrammplanung sowie den strategischen Markt- und Technologiepositionen gesehen werden.

3.5.4.5 EDV-Einsatz

Durch den Einsatz geeigneter Projektmanagementsoftware kann die Kapazitätsplanung unterstützt werden. Dies ist zumindest bei der Erstellung der Belastungsdiagramme äußerst hilfreich. Gleichwohl hängt der weitere Gebrauchswert der Software von der Art und Weise der Optimierung ab.

Bei einem so genannten „sanften" Kapazitätsausgleich wird durch das Verschieben von Vorgängen versucht, die Kapazitätsspitzen und -täler durch Einhaltung der minimalen Projektdauer auszugleichen. Sind danach noch Kapazitätsprobleme auszumachen, was in der Regel auch der Fall ist, müssen punktuell „zu Fuß" Maßnahmen getroffen werden, die entweder das Strecken, Stauchen, Teilen oder zeitweise Aufstocken von Ressourcen vorsehen.

Im Gegensatz dazu führt ein „harter" Kapazitätsausgleich dazu, dass eine Ressourcenoptimierung zu Lasten der Projektdauer durchgeführt wird. Da die berechneten Projektendtermine häufig zu inakzeptablen Ergebnissen führen, ist die Anwendung dieses Optimierungsalgorithmus nur begrenzt zu gebrauchen, zumal mögliche technologische und/oder ablauforganisatorische Maßnahmen, die über das Verschieben von Vorgängen hinaus gehen, in diesen Programmen keine Berücksichtigung finden.

Trotz der Unterstützung durch Projektmanagementsoftware ist die weiter gehende Optimierung, beispielsweise durch den Projektleiter, unumgänglich. Ein EDV-System, das eine verlässliche Optimierung bieten würde, müsste vom Niveau her einem Expertensystem entsprechen, das auf der Basis alternativer Managemententscheidungen eigenständig auswählen kann.

3.5.4.6 Continuous Engineering

Das Prinzip der zeitlich kontinuierlichen Produktentwicklung geht aus Abbildung 136 hervor [vgl. Redeker/Sauer, S. 59-63]. Danach reicht der Entwickler A aus Deutschland einen Vorgang nach Ablauf seines Arbeitstages an den Entwickler B in den USA weiter. Dieser führt die Aufgabe für einen Arbeitstag weiter und gibt den Vorgang an den Entwickler C aus Japan weiter. Ist auch dessen Arbeitstag zu Ende, wird der Vorgang von Entwickler A wieder übernommen.

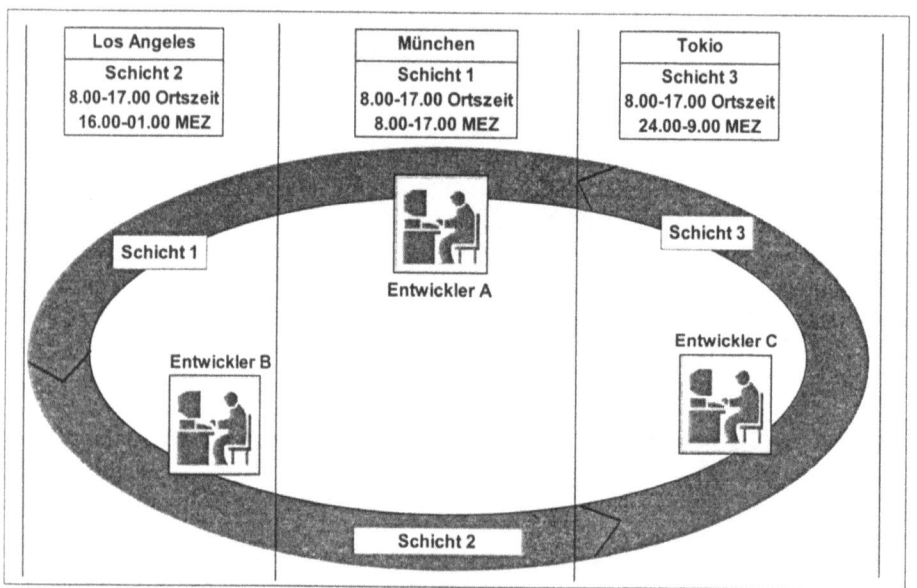

Abbildung 136: Continuous Engineering [Redeker/Sauer, S. 59]

Zur Übergabe der Aufgabe ist es erforderlich, eine Überlappung der Schichten einzuplanen. Idealerweise kommt es zu zeitversetzten Standorten, die eine 24-Stunden-Entwicklung ermöglichen. Eine kontinuierliche Entwicklung ist aber nicht für das gesamte Projekt relevant. Aus den Überlegungen der Terminoptimierung (siehe auch Kapitel 3.6.8) ist es lediglich erforderlich, die Vorgänge entlang des kritischen Weges zeitlich zu reduzieren, weil deren Ergebnisse für die Projektdauer von Bedeutung sind. Neben den informationstechnischen und personellen (Qualifikation, Teamfähigkeit) Voraussetzungen sind auch die organisatorischen Voraussetzungen zu schaffen. Das aktuelle DFG-Forschungsprojekt „Continuous Engineering - Qualitätslenkung bei der Übergabe von Arbeitspaketen in der Produktentwicklung nach dem Schichtprinzip" hat das Ziel, Methoden und Vorgehensweisen zur Organisation der Schichtplanung in der Produktentwicklung zu erarbeiten. Erste Pilotprojekte zeigen, dass die prinzipielle Möglichkeit dazu besteht, die eingesetzten Instrumente müssen jedoch noch weiter ausgebaut werden.

3.5.5 Projektkostenplanung

3.5.5.1 Gegenstand und Notwendigkeit einer Projektkostenplanung

„Denn wer ist unter euch, der einen Turm bauen will und setzt sich nicht zuvor hin und überschlägt die Kosten, ob er genug habe, um es auszuführen?" [Luther Bibel, Lukas 14, 28].

Bei der Planung und Durchführung innovativer Projekte entstehen typischerweise Probleme bezüglich einer verlässlichen Kostenplanung, zumal in der Projektstartphase noch keine exakten Informationen über alle durchzuführenden Aufgaben und den damit in Zusammenhang stehenden Zeit- und Ressourcenbedarf vorliegen. Gleichwohl sind Aussagen über die voraussichtlichen Kosten aus mehreren Gründen von Bedeutung.

Die Kostenplanung ist nämlich Voraussetzung für

- die Ermittlung der Wirtschaftlichkeit des Projektes. Von den Ergebnissen der Wirtschaftlichkeitsrechnung hängt es ab, ob das Projekt „grünes Licht" für die Realisierung und somit die eigentliche Entwicklungsarbeit erhält oder nicht.
- eine Überwachung der in der Realisierungsphase auflaufenden Istkosten (Soll-Ist-Vergleich).
- das Treffen von Make-or-Buy-Entscheidungen. Dabei geht es um die Entscheidung, welche Projektteile bzw. Arbeitspakete im Unternehmen entwickelt werden sollen bzw. welche von Lieferanten, Subunternehmern oder von Unternehmen im Rahmen der Auftragsforschung zu erbringen sind.
- die Durchführung der Finanzplanung und Budgetzuteilung.

Die Kostenanteile für Forschung und Entwicklung haben in den letzten zwanzig Jahren deutlich zugenommen, während die Lebenszyklen sich tendenziell verkürzt haben. Abbildung 137 zeigt Ergebnisse einer Unternehmensbefragung.

Branche	70er Jahre	80er Jahre	90er Jahre
Anlagenbau	6,5 %	8,8 %	10,9 %
Chemie	2,8 %	5,1 %	6,6 %
Elektrotechnik	4,9 %	9,1 %	9,3 %
Informationstechnik	6,8 %	10,7 %	14,2 %
Maschinenbau	4,8 %	6,5 %	7,2 %

Abbildung 137: Entwicklung der Forschungs- und Entwicklungskostenanteile [Dröge, W./Backhaus, K./Weiber, R., S. 53]

3.5.5.2 Bewertung der Projektkosten

Bei der Planung der Projektkosten sind zwei Phasen zu unterscheiden. In einer **ersten** Phase des Projektes, in der vergleichsweise wenig Informationen zur Verfügung stehen, geht es um eine erste grobe Bewertung der voraussichtlichen Projektkosten. Diese Bewertung ist auch in der Phase der Vorauswahl von Projekten von Bedeutung (siehe auch Kapitel 3.2.3.3). Nachdem das Projekt die erste Vorauswahl „überstanden" hat, muss in einer **zweiten** Phase eine detaillierte Projektplanung erarbeitet werden. Die Projektkostenplanung baut dann auf den Erkenntnissen der Ablauf-/Termin- und Kapazitätsplanung auf. Denkbar ist auch eine stochastische Projektkostenplanung, auf die aber nicht weiter eingegangen wird, weil sie in der Unternehmenspraxis nur selten eingesetzt wird [vgl. hierzu Schultz, S. 183-210].

A) Vorgehensweise in der ersten Phase der Projektplanung
Was die Methoden in der ersten Phase angeht, liegt hierzu umfassende Literatur vor [vgl. beispielsweise den Überblick in Burghardt, 1995, S. 130-189 oder Siegwart/Senti, S. 150-152]. Allerdings ist der Großteil dieser Methoden eher für Auftragsprojekte geeignet und weniger für die Planung innovativer Projekte. Insofern wird an dieser Stelle nur ein Überblick über besonders interessante Ansätze gegeben.

a) Expertenbefragung
Hier ist auf die Varianten zu verweisen, die bei der Terminplanung vorgestellt werden (siehe auch Kapitel 3.5.3.2 Teil B).

b) Dokumentenanalyse
Es sind verschiedene Varianten denkbar, wobei abgeschlossene Projekte herangezogen werden. Dies kann auf der Basis von Kennzahlen erfolgen. Ein in Entwicklungsprojekten häufig angewandtes Verfahren basiert auf dem voraussichtlichen Arbeitsaufwand, gemessen in Mannmonaten oder Mannjahren. Durch Multiplikation mit einer Kostengröße je Mannmonat bzw. -jahr werden die voraussichtlichen Projektkosten errechnet. Alternativ zur Größe Mannmonat/-jahr wird auch auf Bezugsgrößen wie kg oder lines of code verwiesen.

Denkbar sind aber auch Adaptionsverfahren. Dabei wird nach einem vergleichbaren Projekt bzw. jeweils vergleichbaren Teilprojekten/Arbeitspaketen gesucht. Die Unterschiede zum aktuellen Projekt sind dabei zu berücksichtigen. Der Erfahrungsschatz vergangener

Projekte muss dabei EDV-technisch verwaltet werden. Über ein solches Verfahren verfügt beispielsweise die Siemens AG namens INVAS. Dabei werden die Kosten von Entwicklungsprojekten prognostiziert, indem per Datenbank geeignete Vergleichsprojekte ermittelt werden.

Darüber hinaus wird in der Literatur auf **parametrische Schätzverfahren** verwiesen. Beispiel hierfür ist das COCOMO-Modell (Constructive-Cost-Modell), mit dessen Hilfe die gesamten Projektkosten sowie die einzelnen Projektphasen bei Softwareprojekten geschätzt werden. Eine Schätzung der Projektkosten fußt auf der Bewertung der voraussichtlichen Anzahl und des Schwierigkeitsgrades der Quellcodezeilen. Informationen, dass für 68 % aller betrachteten Projekte eine Schätzgenauigkeit von +/- 20 % erzielt worden ist, attestieren, dass die Kostenschätzungen durch parametrische Methoden hilfreich sein können. Voraussetzung hierfür ist eine umfangreiche, über einen längeren Zeitraum ermittelte Datenbasis.

B) Vorgehensweise in der zweiten Phase der Projektplanung
Sinnvollerweise orientiert sich die Projektkostenplanung entweder an den Arbeitspaketen, die sich aus dem Projektstrukturplan herleiten lassen, oder am Netzplan. Für jedes Arbeitspaket sind die wesentlichen Kostenarten zu kalkulieren. Nach der empirischen Untersuchung von Littkemann [vgl. S. 1313] Mitte der '90er-Jahre bei 39 Unternehmen verschiedener Größen und Branchen ist ein Kostenrechnungssystem für Projekte nicht selbstverständlich: 60,5 % verfügen über eine Projektkostenarten- und 71,1 % über eine Projektkostenstellen- und -trägerrechnung. Der Verbreitungsgrad ist von der Unternehmensgröße (gemessen an der Mitarbeiteranzahl) unabhängig. Das heißt, dass auch ein Teil größerer Unternehmen auf eine eigenständige Projektkostenrechnung verzichtet.

Die empirische Untersuchung von Kohlbecher [vgl. S. 106] bei 57 kleinen und mittelständischen Maschinenbauunternehmen gibt einen Einblick in die Kostenstruktur der Entwicklung und Markteinführung neuer Produkte (Abbildung 138).

	Kosten Prototyp-Entwicklung (geplant) in €	Anteil in %	Kosten Markt-einführung (geplant) in €	Anteil in %
Materialkosten	186.540	15,3	135.830	6,9
Fremdleistungskosten	212.863	17,4	108.056	5,5
Personalkosten	653.967	53,6	577.224	29,4
Sondereinzelkosten	90.960	7,5	99.008	5,1
Verwaltungsgemeinkosten	75.937	6,2	54.353	2,8
Marktsicherungskosten (z.B. Patentanmeldung)			33.207	1,7
Marketingkosten			144.994	7,4
Produktionsvorbereitungskosten			806.466	41,2
Gesamtkosten	1.220.267	100	1.959.138	100

Abbildung 138: Kostenstruktur der Prototyp-Entwicklung und Entwicklung zur Marktreife [Kohlbecher, S. 106]

Während in der Phase der Prototyp-Entwicklung Personalkosten durchschnittlich die Hälfte (52 %) der anfallenden Gesamtkosten betragen, sind in der Markteinführungsphase die Produktionsvorbereitungskosten mit durchschnittlich 41 % der Gesamtkosten veranschlagt. Die Personalkosten machen aber auch hier fast ein Drittel (29,4 %) aus. Daraus ergibt sich ein Hinweis auf die Bedeutung der Personalkosten bei der Entwicklung neuer Produkte.

Auch Bürgel/Haller/Binder [vgl. 1996, S. 291] sehen in den Personalkosten die dominierende Kostenart, schätzen ihren Anteil aber höher, nämlich auf 70-80 % der Gesamtkosten.

Relevante Kostenarten für ein Projekt sind somit:

a) Personalkosten

Hier werden üblicherweise Standardstundensätze angesetzt, da es zu mühsam und umständlich wäre, die gegebenenfalls unterschiedlichen Gehälter gleich qualifizierter Mitarbeiter für die Kalkulation heranzuziehen. Es werden einzelne Gehaltskategorien gebildet, beispielsweise für Projektleiter, Abteilungsleiter, leitende Ingenieure, Techniker, Zeichner, Sachbearbeiter der Verwaltung usw.

b) Verrechnungssätze von Kostenstellen

Für beteiligte Kostenstellen sind Verrechnungspreise festzulegen. Hierfür sind Informationen aus der Kosten- und Leistungsrechnung heranzuziehen, idealerweise auf Basis einer Prozesskostenrechnung. Verrechnungspreise können beispielsweise für die Anfertigung von Konstruktionszeichnungen, für den Bau von Modellen, für die Durchführung von Tests, für die Erarbeitung von Neuproduktmarketing-Konzepten oder für die Nutzung sehr teurer Geräte (z.B. Elektronenmikroskop) angesetzt werden.

c) Materialkosten

Es sind Standardmaterialkosten der Kosten- und Leistungsrechnung, beispielsweise für den Werteverzehr von Labor- und Werkstattmaterial, für Bauelemente sowie sonstige Roh-, Hilfs- und Betriebsstoffe, festzulegen.

Einen interessanten Ansatz liefern Relativkosten [vgl. Eberle/Heil, S. 784-790]. Diese sind nach DIN 32990 „... auf eine oder mehrere Bezugsgrößen bezogene Kosten eines Kalkulationsobjektes relativiert auf die in gleicher Weise bezogenen Kosten eines Vergleichsobjektes". Sie sind demnach Bewertungszahlen zum Kostenvergleich von Lösungsalternativen. Als Objekte für Relativkosten kommen beispielsweise Einzelteile, Normteile, Werkstoffe oder Fertigungsverfahren in Betracht. Auswahlkriterien sind insbesondere Kostenintensität, Variantenzahl, Häufigkeit des Vorhandenseins in anderen Produkttypen und/oder Vorhandensein technisch gleichwertiger Alternativlösungen. Es handelt sich somit um kostenbeeinflussende Bezugsgrößen, die im Konstruktionsprozess für unterschiedliche Aufgaben berücksichtigt werden müssen.

Dabei sind die Daten so aufzubereiten, dass sie sich auf konstruktive Parameter beziehen und somit den Denk- und Arbeitsweisen in der Konstruktion entsprechen. Kauft der Einkauf beispielsweise Werkstoffe nach Gewicht, entscheidet der Konstrukteur nach Widerstands- bzw. Trägheitsmomenten oder nach geometrischen Größen wie Längen und Durchmesser.

Relativkosten führen nach empirischen Untersuchungen von Eberle/Heil zu erheblichen Kostensenkungen (im Mittel 15 % im Bereich der Materialkosten). Sie unterstützen die Entwicklung von Projekten bei der Suche nach Alternativen, stärken das Kostenbewusstsein und führen zu einer frühzeitigen organisatorischen Kooperation von Konstruktion und Projektplanung.

d) Kalkulatorische Kosten

Für die Nutzung von Anlagen, gegebenenfalls von Labor-Gebäuden und Testanlagen, sind die Höhe der kalkulatorischen Abschreibungen und Zinsen zu ermitteln. Häufig existieren hierfür aber Verrechnungspreise pro genutzter Zeiteinheit.

e) Fremdleistungs- und Beratungskosten

Hier ist an die Inanspruchnahme von Dienstleistungen, beispielsweise für Marktforschung und Unternehmensberater sowie Gebühren für Lizenzen und Patente, zu denken.

f) Sonstiges

Zu berücksichtigen sind Reisekosten (beispielsweise für Reisen zu Kooperationspartnern, Messen oder Ähnliches) sowie Projektwagniskosten (beispielsweise die Absicherung von Währungswagnissen im Zusammenhang mit Lieferanten oder im Rahmen der Auftragsforschung).

Die einzelnen Kostenarten sind den einzelnen Arbeitspaketen zuzuschlüsseln.

Ziel der Kostenverrechnung ist die Wahrung des Kostenverursachungsprinzips. Dieses Prinzip erfordert, dass alle Kosten den sie verursachenden Kostenstellen bzw. Kostenträgern zugerechnet werden. Das Problem des Kostenverursachungsprinzips ist auch im Kontext einer detaillierten Kostenplanung und -überwachung von Bedeutung, wenn die Projektkosten nicht nur dem Projekt als Ganzem, sondern nach Teilprojekten, Arbeitspaketen oder Vorgängen zugeordnet werden sollen (siehe auch Kapitel 3.5.5.5).

Darüber hinaus ist auch die Unterscheidung nach **Einzelkosten** (direkte Kosten) und **Gemeinkosten** (indirekte Kosten) erforderlich. Geht man davon aus, dass die Kostenplanung idealerweise auf der Grundlage der Vorgänge basiert, sind für alle Vorgänge die Einzelkosten zu ermitteln. Dabei handelt es sich um Kosten, die dem Vorgang unmittelbar zugerechnet werden können. Projekteinzelkosten sind beispielsweise Personalkosten von Mitarbeitern, die zum Zeitpunkt der Realisierung ausschließlich an einem Vorgang beteiligt oder Materialkosten, die für die Erstellung eines bestimmten Vorgangs erforderlich sind. Gleichwohl bereitet eine Kostenzurechnung auf Vorgangsbasis häufig Probleme, zumal der Aufwand als zu groß angesehen wird. Es empfiehlt sich dann, die Kosten nach Arbeitspaketen zu verrechnen, die sich aus dem Projektstrukturplan ergeben. Bei einem nach Objekten und Prozessen gegliederten Projektstrukturplan stellen die Arbeitspakete dann Vorgänge dar, die im Netzplan unmittelbar als Teilprozesse gelten. Im Fall eines funktionsorientierten Projektstrukturplans erfolgt die Kostengliederung hingegen nach unternehmensorganisatorischen Gesichtspunkten, was aber eine Kostenüberwachung erschweren kann. Unabhängig davon ist es wichtig, die geplanten Kosten einem konkreten Verantwortungsbereich zuzuordnen. Gleichzeitig wird mit dem Projektstrukturplan eine Hierarchie der Kostenträger innerhalb eines Projektes erstellt.

Im Vergleich dazu sind die Gemeinkosten nicht auf einzelne Vorgänge oder Arbeitspakete zurechenbar und somit für einen Soll-Ist-Vergleich nur bedingt geeignet, allenfalls sind sie nur für die Ermittlung von Gesamtabweichungen heranzuziehen. Gemeinkosten des Projektes sind beispielsweise kalkulatorische Kosten, Personalkosten des Projektleiters, Kosten der kaufmännischen Verwaltung oder des Lenkungsausschusses. Diese werden über eine Schlüsselung dem Projekt zugeordnet und können über die geplante Projektdauer verteilt werden.

Eine Gliederung der Projektkosten entlang des Projektstrukturplans zeigt Abbildung 139. Werden die Kosten entlang der geplanten Realisierung des Projektes dargestellt, lässt sich dies sowohl an einem Histogramm als auch durch Kumulation der Einzelwerte je Zeiteinheit an einer Kostenkurve veranschaulichen (Abbildung 140).

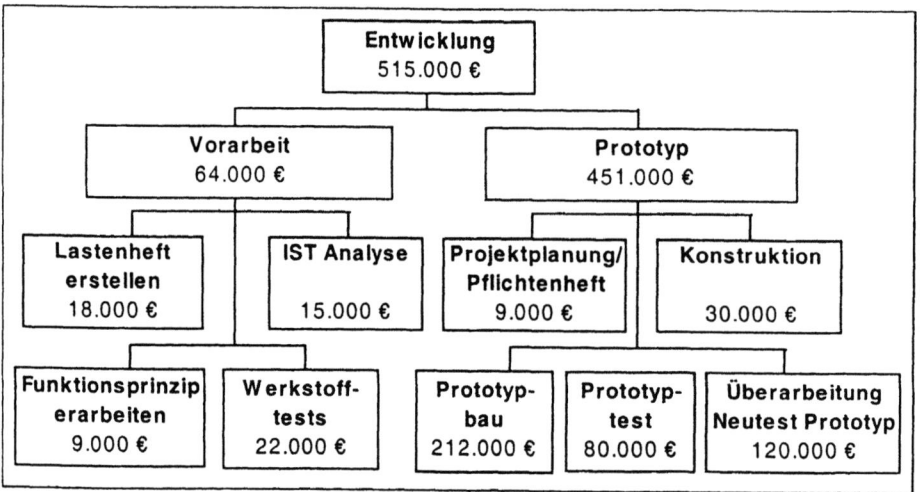

Abbildung 139: Gliederung der Projektkosten auf Basis des Projektstrukturplans

Da die Planungsergebnisse der gesamten Projektkosten bereits vorliegen müssen, wenn die Entscheidung über die Projektfreigabe getroffen wird, ist es in der Regel schwierig, die exakten Kosten, beispielsweise die der Produktionsvorbereitung und der Markteinführung zu ermitteln. Eine verlässliche Bewertung ist häufig erst dann möglich, wenn Prototypen vorhanden und getestet werden. Zum Zeitpunkt der ersten Kostenprognose müssen daher Schätzungen auf der Basis von Erfahrungswerten herangezogen werden. Dabei können für die einzelnen Phasen des Entwicklungsprozesses (Vorentwicklung, Konstruktion, Prototypenbau und 0-Serie vorbereiten) für standardisierte Projektabläufe eine Ähnlichkeit bezüglich der Aufgaben innerhalb eines einzelnen Phasenprozesses selbst dann unterstellt werden, wenn die konkrete Projektaufgabe als einmalig bezeichnet werden kann.

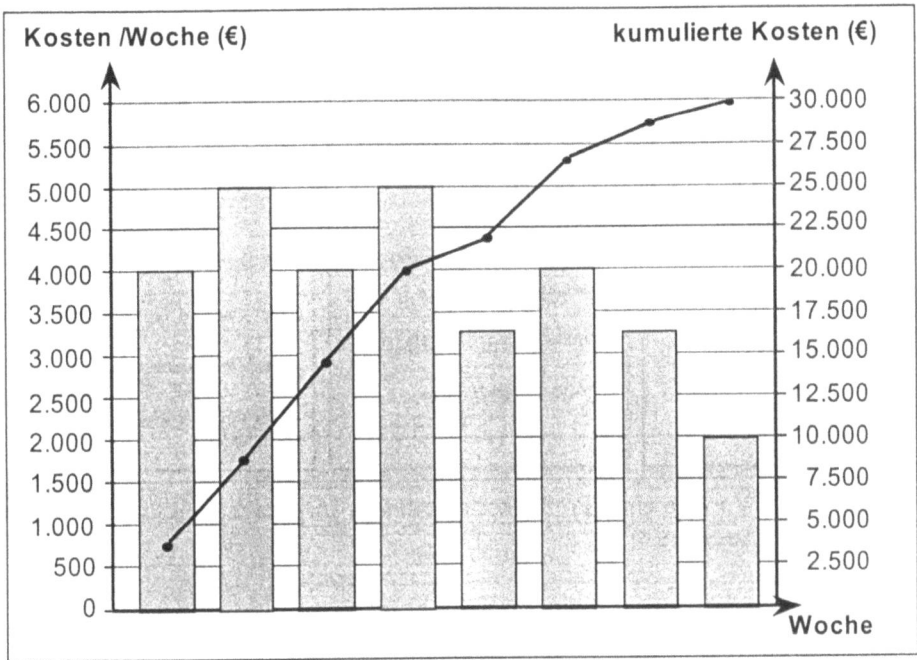

Abbildung 140: Zeitbezogene Kostenplanung

3.5.5.3 Prozesskostenrechnung

Im Forschungs- und Entwicklungsbereich ist ein relativ hoher Anteil der Tätigkeiten potenzialorientiert, welche an hohe fixe bzw. Gemeinkosten gekoppelt sind. Ziel der Prozesskostenrechnung ist insbesondere eine verbesserte Transparenz der Projektkosten und eine verlässlichere Kostenplanung [vgl. Strecker, S. 1-3]. Dies erscheint vordergründig für die produktnahe Entwicklung leistbar, dagegen weniger für Forschungstätigkeiten, zumal die Heterogenität hier höher einzuschätzen ist. Abbildung 141 veranschaulicht, dass darüber hinaus die Prozesskostenrechnung auch der Termin- und Kapazitätsplanung zu Gute kommt.

Kernelement der Methode ist der Prozess. Nach Horváth [vgl. 2001, S. 555] stellt der Prozess eine „auf die Erbringung eines Leistungsoutputs gerichtete Kette von Aktivitäten" dar.

Ausgehend von einer Tätigkeitsanalyse, die eine detaillierte Analyse der Arbeitsinhalte und -abläufe umfasst, werden für die einzelnen Kostenstellen (z.B. Konstruktion, Prototypenbau, Versuch) Teilprozesse (z.B. Erstellung von Pflichtenheften, Konstruktionszeichnungen oder Prototypen) sowie die Kostentreiber (Cost Driver) identifiziert. Kostentreiber sind Faktoren, die den Anfall von Prozessen überhaupt erst verursachen, beispielsweise die Anzahl von Aufträgen oder Bauteilen/Baugruppen [vgl. Strecker, S. 34-37]. Abbildung 142 fasst die Vorgehensweise zusammen.

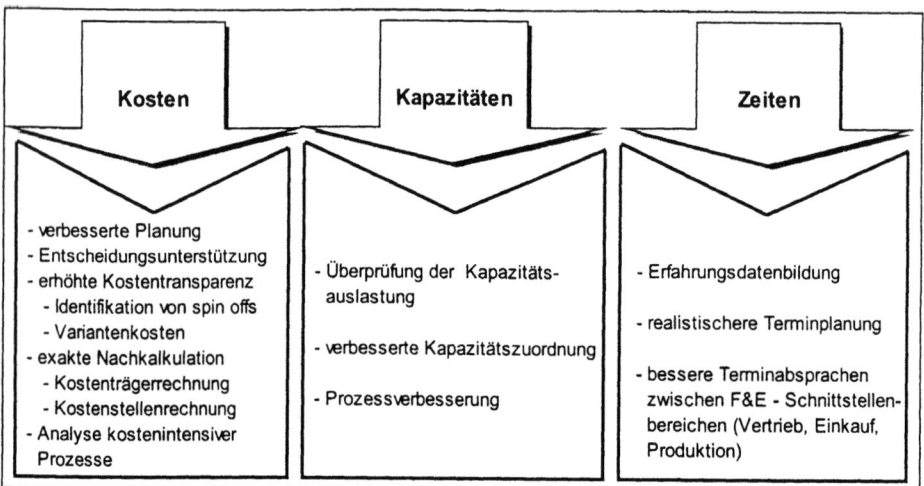

Abbildung 141: Vorteile einer Prozesskostenrechnung im Entwicklungsbereich [Modifiziert nach Strecker, S. 5]

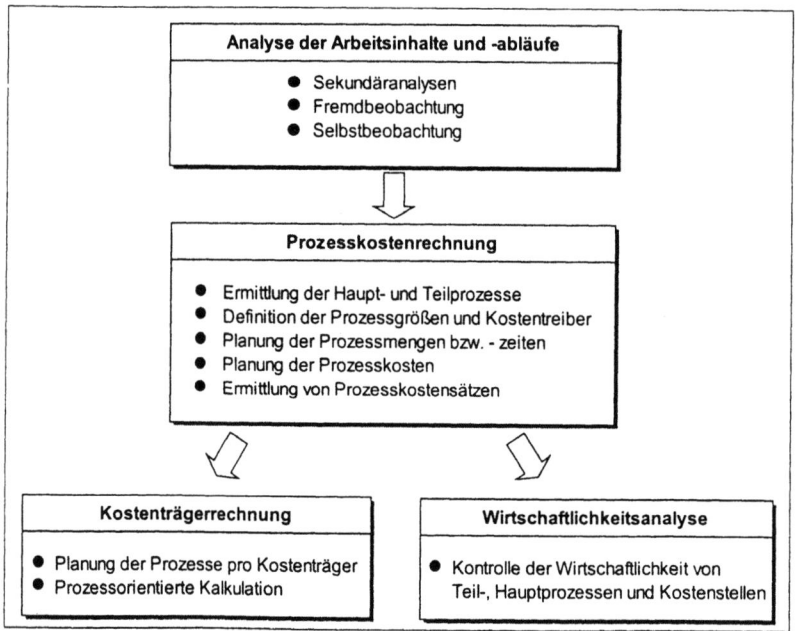

Abbildung 142: Vorgehensweise bei der Prozesskostenrechnung [Strecker, S. 35]

Teilprozesse, die wie die erwähnten Beispiele maßgeblich zur Fortführung einer Wertschöpfungskette beitragen, werden auch als leistungsmengeninduzierte Teilprozesse bezeichnet, da die Inanspruchnahme von Ressourcen unmittelbar an die Erstellung einer Leistung geknüpft ist. Entsprechend variiert der Ressourcenverbrauch mit der erbrachten Leistung (Prozessmenge).

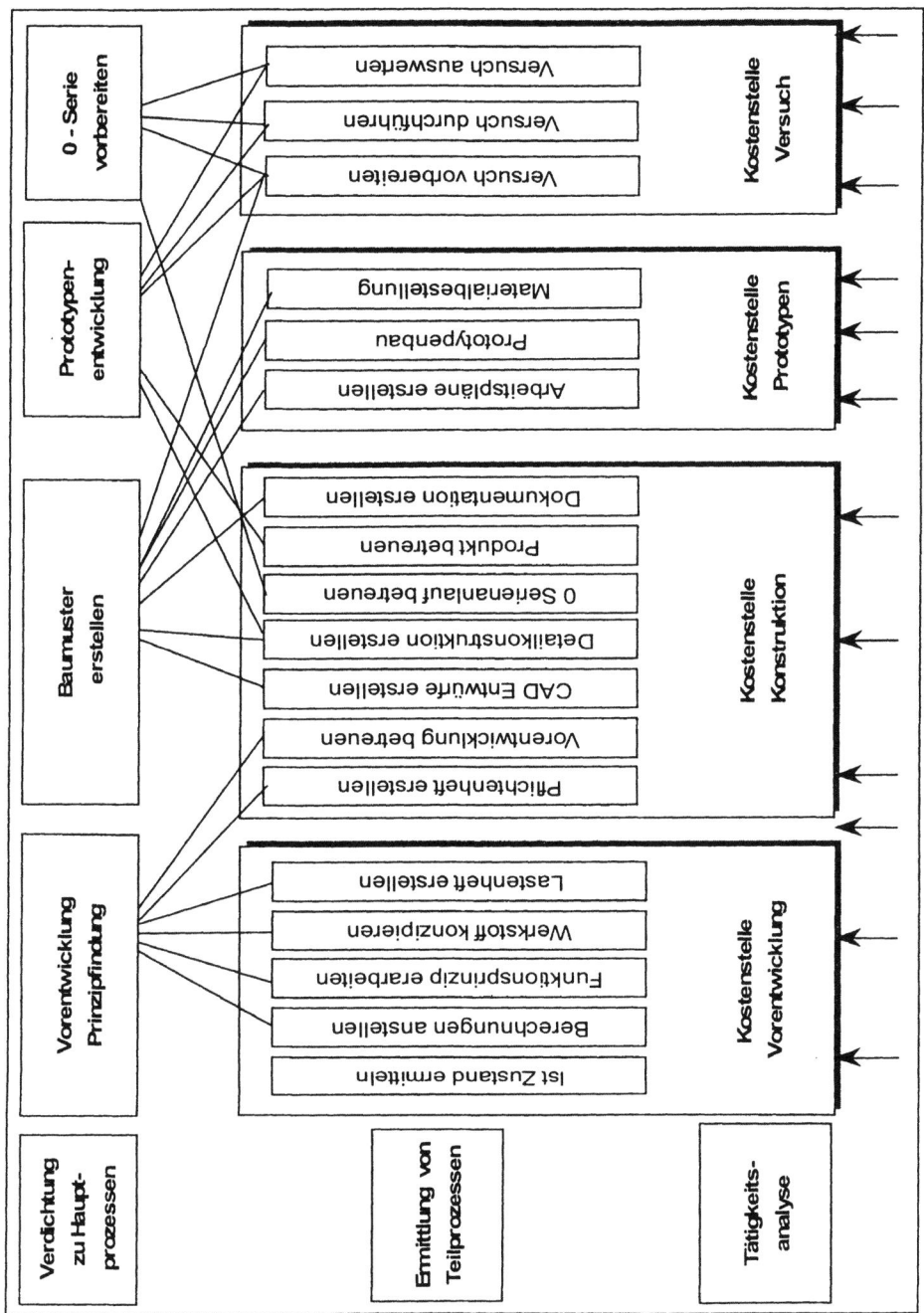

Abbildung 143: Phasen, Aktivitäten und Kostenstellen des Entwicklungsprozesses [Modifiziert nach Siegwart/Bartel/Schultheiss, S. 132]

Neben Zählgrößen im Sinne von „Anzahl" spielt gerade im Innovationsbereich auch der Faktor „Zeit" als Prozessmenge eine wichtige Rolle. Prozesse, die mit den Kalkulationsobjekten nicht direkt in Beziehung stehen, wie beispielsweise „Abteilung leiten", „Weiterbildung" oder „angewandte Forschung", werden als leistungsmengenneutrale Prozesse bezeichnet. Die Verrechnung der Kosten leistungsmengenneutraler Prozesse erfolgt mittels Umlage auf die leistungsmengeninduzierten Teilprozesse. Letztlich werden die gemäß dem Verursachungsprinzip einem Teilprozess zugeordneten Kosten durch die Prozessmenge dividiert. Dadurch erhält man den Prozesskostensatz.

Die Teilprozesse werden bei vorliegenden identischen Kostentreibern wiederum zu Hauptprozessen verdichtet (Abbildung 143). Bei der Erstellung von Hauptprozessen sind typischerweise mehrere Kostenstellen involviert.

Abbildung 144 zeigt die Prozesskosten für einen Hauptprozess „Produktentwicklung" eines Maschinenbauunternehmens. Danach betragen die geplanten Prozesskosten 1.022.000 €. Hinzu kommen noch die Kosten mit Einzelkostencharakter (Material- und Fertigungseinzelkosten). Bei einer geplanten Absatzmenge von 8.000 Stück betragen die anteiligen Prozesskosten pro abgesetzter Einheit 127,75 €.

Nr.	Teilprozess	Prozesskosten (lmi + lmn)
1	Durchführung Marktanalyse und Erstellung Lastenheft	230.000
2	Erstellung Pflichtenheft	35.000
3	Durchführung technischer Vorstudie	90.000
4	Durchführung Labortests	30.000
5	Designstudien	45.000
6	Konstruktionszeichnungen erstellen Bauteil A	34.000
	Bauteil B	42.000
7	Durchführung Materialprüfungen	38.000
8	Bau Prototyp	245.000
9	Funktionstests	105.000
10	Dokumentation	8.000
11	Vorbereitungen Produktion	120.000
	Summe Entwicklungskosten	**1.022.000**
	Entwicklungskosten pro Stück bei Planabsatzzahl 8.000	**127,75**

Abbildung 144: Prozesskosten für den Hauptprozess „Produktentwicklung"

Grundsätzliche Anwendungsprobleme der Prozesskostenrechnung ergeben sich aus der Kreativität in Forschungs- und Entwicklungsprozessen und ihren Folgen für die Stabilität von Prozessstrukturen, bei einmaligen und seltenen Prozessen und bei mangelhafter Zurechnung von Prozesskostensätzen auf Produkt- und Technologieprojekte.

3.5.5.4 Liquiditätsplanung

In der Betriebswirtschaft wird sinnvollerweise zwischen Auszahlungen und Kosten bzw. Einzahlungen und Leistungen unterschieden [vgl. Wöhe, S. 972-985]. Diese Differenzierung ist vor allem für die Projektfinanzierung und die Ermittlung von Finanzierungslücken von Bedeutung. Diese treten immer dann auf, wenn die kumulierten Auszahlungen über den Einzahlungen im Projekt liegen, wobei durch Verschieben nicht kritischer Vorgänge im Rahmen der Pufferzeiten eine Optimierung angestrebt wird. Gleichwohl: Im Gegensatz zur Finanzierung von Auftragsprojekten [vgl. hierzu Tytko], beispielsweise bei Bauprojekten, bei denen in der Regel der Auftraggeber nach Fertigstellungsgrad Einzahlungen vornimmt, ist dies bei innovativen Projekten nur im Rahmen der Auftragsforschung der Fall. Ansonsten ist hier lediglich an Einzahlungen, die sich aus staatlichen Forschungs- und Entwicklungssubventionen oder aus dem durch den Vorabverkauf von Lizenzen ergeben, zu denken. Voraussetzung für eine Projektfinanzierung sind somit in erster Linie laufende Umsätze aus anderen Produkten des Unternehmens.

3.5.5.5 Produktlebenszyklusrechnung

Ausgelöst durch Diskussionen über hohe Nachfolgekosten bei militärischen sowie luft- und raumfahrttechnischen Projekten, wird zunehmend die Forderung nach einer Lebenszykluskosten-Betrachtung gestellt [vgl. Madauss, S. 283-290]. Damit werden alle Kosten, die dem gesamten Lebenszyklus eines Produkts oder Systems zufallen, berücksichtigt, zumal beispielsweise die eigentlichen Betriebskosten einschließlich Inspektion, Wartung und Instandsetzung ein Vielfaches der Entwicklungskosten betragen können. Eine Abwägung ist vor allem dann wichtig, wenn das Projekt von vornherein finanziell als gerade noch machbar erscheint.

Ziel muss es somit sein, die gesamten Lebenszykluskosten zu optimieren. Dafür bedarf es häufig technischer Maßnahmen, deren direkter Kostenmehraufwand geringer ist als die erreichte Kostenreduzierung während der Nutzung des Projektgegenstandes. Damit kann beispielsweise die Wirtschaftlichkeit einer Entwicklungsmaßnahme durch die Zuverlässigkeitserhöhung wegen niedriger Instandhaltungskosten nachgewiesen werden, was gerade im Investitionsgütersektor von Bedeutung ist.

Gleichzeitig müssen die Entwicklungskosten in die Kostenrechnung Eingang finden. Ewert/Wagenhofer [vgl. S. 324] verweisen beispielsweise auf die Softwarebranche. Danach stellen die Entwicklungskosten Vorleistungskosten dar, während die Produktionskosten kaum ins Gewicht fallen. Werden die Entwicklungskosten der Software nicht für die Preiskalkulation herangezogen, kann es zu gravierenden Verzerrungen durch strategische Entscheidungen kommen.

Die Verrechnung der Entwicklungskosten wäre dann am einfachsten zu lösen, wenn nur ein neues Produkt entwickelt wird und somit nur ein Kostenträger in Frage kommt. Dann könnten die Entwicklungskosten auf die geplanten Stückzahlen verteilt werden, die voraussichtlich insgesamt abgesetzt werden. Diese einfache Art der Kostenverrechnung ist jedoch häufig nicht möglich, da ein Entwicklungsziel (z.B. die Entwicklung eines Einzelteils oder einer Baugruppe) vielfach nicht nur auf ein Produkt ausgerichtet ist. So können die Entwicklungsergebnisse eines Projektes „Neue Werkstoffe" für eine Vielzahl von Projekten des Unternehmens verwendet werden. Somit sind die Kosten für die Erarbeitung grundsätzlicher Funktionsprinzipien der Produktgruppe zuzurechnen, während die Kosten für spezifische Variantenentwicklungen, die auf dem grundsätzlichen Funktionsprinzip aufbaut, nur der Variante zugeordnet werden dürfen.

Beispiel
Die Entwicklung einer neuen Scheinwerfergeneration, die den Nutzen einer besseren Ausleuchtung von Kurven bietet, ist bei einem Automobilhersteller grundsätzlich für alle Baureihen nutzbar. Dagegen sind die Kosten der spezifischen Anpassung an einzelne Modelle diesen unmittelbar zurechenbar.

Die Produktlebenszyklusrechnung und das Target Costing (siehe auch Kapitel 3.3.3) stehen in einem komplementären Verhältnis zueinander. Während die Lebenszykluskosten eine Anleitung zur Erfassung und Darstellung aller Zahlungsströme eines Produktes geben, liefert das Target Costing eine Anleitung, wie die Ausgabeströme geordnet werden sollen, wenn von vorgegebenen Absatzpreis- und Mengenverhältnissen und einer gewünschten Gewinnspanne ausgegangen wird [vgl. Franz, S. 282-283].

3.6 Projektüberwachung und Projektsteuerung

3.6.1 Ziel und Gegenstand

Ziel der Projektüberwachung ist die Ermittlung und Analyse realisierter oder erwarteter Zielabweichungen von Projektaktivitäten während oder nach Abschluss dieser Aktivitäten durch den Vergleich der Daten der Projektplanung mit den im Projektablauf erreichten Istwerten. Um bei negativen Projektentwicklungen frühzeitig Maßnahmen zur Projektsteuerung ergreifen zu können, ist ein kurzer Überwachungszyklus zwingend.

Die Wahl des Überwachungszyklus hängt von der gesamten vermuteten Projektdauer ab. Bei Entwicklungszeiten von über einem Jahr ist ein monatlicher Zyklus sinnvoll, bei einer geringeren Projektdauer muss ein entsprechend kürzerer Zyklus gewählt werden.

In Verbindung mit dem **Projektgegenstand** wird überprüft, inwieweit die im Pflichtenheft dokumentierten Anforderungen, beispielsweise Funktions- und Qualitätsanforderungen, erfüllt sind. Dies ist Aufgabe der Qualitätssicherung, auf die hier nicht weiter eingegangen wird. Dagegen sind die Überwachungsparameter des **Projektablaufs** primär Termine und Kosten (Abbildung 145). Es ist zu empfehlen, die Projektüberwachung auf die gleiche Basis zu stellen wie die Projektplanung. Das heißt die Projektüberwachung bezieht sich auf Vorgänge oder Arbeitspakete. Die empirische Untersuchung bei 32 Unternehmen von George [vgl. S. 220] zeigt, dass 44 % aller befragten Unternehmen die Arbeitspakete zum Maßstab nehmen, 19 % nennen die detailliertere Variante auf Vorgangsbasis. Die übrigen Unternehmen bleiben auf einer relativ groben Ebene der Projektüberwachung und ziehen die Teilprojekte heran.

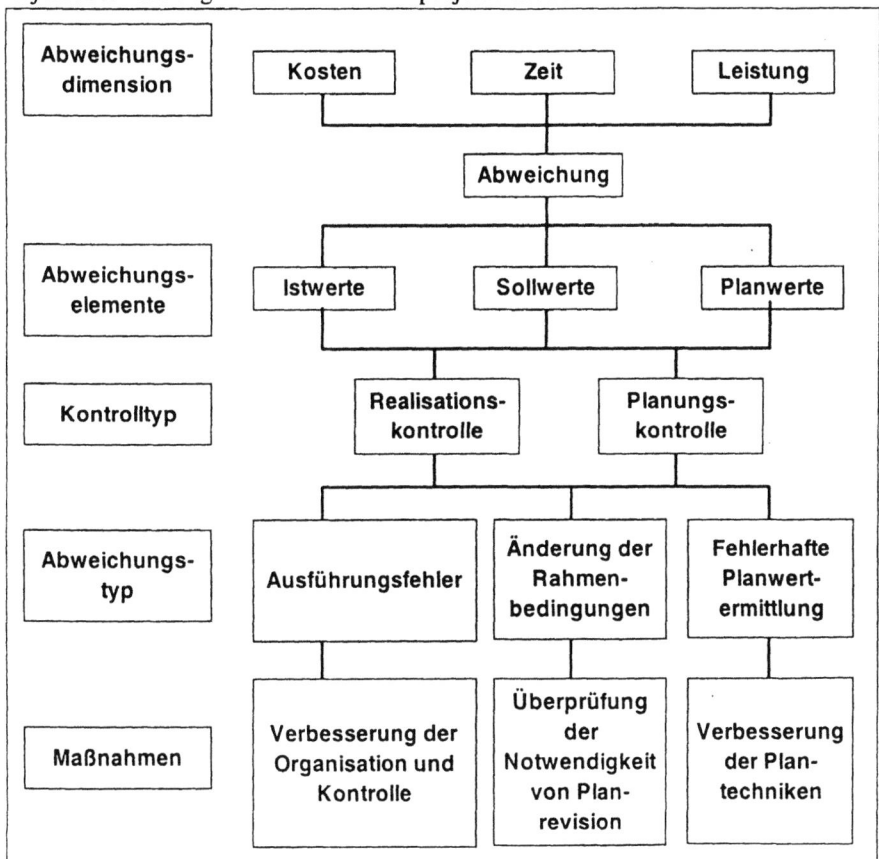

Abbildung 145: Überblick über Aufgaben und Methoden der Projektüberwachung und –steuerung [Brockhoff, 1999, S. 450]

Eng mit der Projektüberwachung ist die Projektsteuerung verknüpft. Es ist vielfach Realität, dass Projekte nicht so ablaufen, wie sie geplant worden sind. In der Regel kommt es zu Abweichungen zwischen den Istwerten des realen Projektverlaufs und den Werten der Projektplanung. Dabei reicht es nicht aus, lediglich „buchhalterisch" die Abweichungen zu erfassen und anschließend zur Tagesordnung überzugehen. Vielmehr sind sieben Schritte vorzunehmen:

1. **Freigabe von Arbeitspaketen**

   Der Projektleiter gibt, idealerweise auf der Basis der Projektplanung, den Beginn eines Arbeitspaketes frei. Es ist nochmals zu überprüfen, dass die geplanten Ressourcen zur Verfügung stehen und auch in diesem Arbeitspaket tätig werden.

2. **Regelmäßige Überwachung des Projektes**

   Die Istdaten für die einzelnen Projektparameter Qualität, Zeit, Kosten sind zu sammeln und aufzubereiten.

3. **Erfassung und Dokumentation von Abweichungen**

   Durch den Vergleich der Soll- und Istwerte sind für die einzelnen Parameter die Abweichungen zu ermitteln. Es ist festzustellen, bei welchen Parametern es zu Abweichungen gekommen ist.

4. **Analyse von Abweichungen**

   Es ist festzustellen, welche Ursachen für die Abweichungen verantwortlich sind.

5. **Beschluss von Maßnahmen zur Projektsteuerung**

   Falls möglich, ist zu eruieren, welche Maßnahmen ergriffen werden sollen, um idealerweise das Projekt in vertretbarem Maße zu realisieren.

6. **Aktualisierung der Planung**

   Die Projektstruktur-, Ablauf-, Termin-, Kapazitäts- und Kostenplanung ist unter Berücksichtigung der beschlossenen Maßnahmen zu aktualisieren. Darüber hinaus ist, ausgehend vom bisherigen Istzustand des Projektes, eine Prognose des restlichen Projektverlaufs vorzunehmen. Da mit zunehmender Projektdauer der Kenntnisstand über das Projekt zunimmt, kann keinesfalls die ursprüngliche Planung ungeprüft fortgeschrieben werden.

7. **Kontrolle der Wirksamkeit der beschlossenen Maßnahmen**

   Zum nächsten Überwachungszeitpunkt ist festzustellen, ob die getroffenen Maßnahmen ausreichend sind, die gewünschten Effekte (z.B. zeitliche Verkürzung der ursprünglichen Terminverzögerung) zu erzielen.

Hinsichtlich der zu treffenden Maßnahmen der Projektsteuerung (Punkt 5) ist es kaum möglich, alle drei relevanten Parameter eines Projektes (Qualität, Zeit und Kosten) auf die ursprüngliche Projektplanung zurückzuführen, wenn es zu kritischen Abweichungen, beispielsweise hinsichtlich eines Zeitverzugs, gekommen ist. Naturgemäß werden sich Maßnahmen zur Beschleunigung eines Projektes (siehe auch Kapitel 3.6.8), beispielsweise in Form von Überstunden, Einbindung von Fremdfirmen, Know-how-Zukauf oder Erwerb von Lizenzen, negativ auf die weitere Kostenentwicklung des Projektes auswirken. Dies gilt analog, wenn eine Reduzierung des Leistungsumfanges bzw. Qualitätsvorgaben erwogen werden und somit das ursprüngliche Pflichtenheft beschnitten wird.

Umgekehrt gilt, dass erforderliche Nachbesserungen zur Erreichung der Qualitätsvorgaben sowohl zu zeitlichen Verzögerungen als auch zu erhöhten Kosten führen können. Letztlich sind Kostenüberschreitungen besonders schwer zu kompensieren, zumal eine zeitliche Streckung des Projektes in der Regel nicht kostenreduzierend, sondern sogar kontraproduktiv ist. Eine „Abspeckung" des Leistungsumfangs oder der Rückgriff auf Gleichteile oder carry-over-Teilen (siehe auch Kapitel 2.4.4.2 F), ist bei innovativen Projekten noch am ehesten eine wirksame Maßnahme.

3.6.2   Ursachen für Abweichungen

Ausgehend von oben genannter Abbildung 144, sind die Ursachen für Projektabweichungen in

- einer fehlerhaften Planwertermittlung,
- Ausführungsfehlern und
- einer Änderung der Rahmenbedingungen

zu sehen.

Eine **fehlerhafte Planwertermittlung** liegt beispielsweise dann vor, wenn Tätigkeiten im Projektstrukturplan vergessen worden sind und somit in der weiteren Planung nicht weiter Berücksichtigung finden. Denkbar ist auch, dass Abhängigkeiten zwischen zwei Vorgängen oder eine Kapazitätsüberlastung nicht berücksichtigt worden sind, was zu Verzögerungen führen kann.

Ausführungsfehler sind beispielsweise eine falsche Mitarbeiterauswahl, mangelnde Führung von Mitarbeitern, Fehler bei der Bearbeitung von Vorgängen, was Korrekturen erforderlich macht, oder das Nichteinhalten von Lieferzeiten für Projektteile für Fremdfirmen.

Eine **Änderung der Rahmenbedingungen** liegt beispielsweise bei Leistungsänderungen im Vergleich zum ursprünglichen Pflichtenheft vor. Neue Markttrends können die Gewichtung einzelner Produktmerkmale verändern oder völlig neue in den Blickpunkt rücken lassen. Insofern geht es nicht darum, überholte Pflichtenhefte abzuarbeiten, sondern gegebenenfalls neue Leistungsmerkmale einzubauen. Darüber hinaus ist an auftretende technische Probleme zu denken, die zu neuen Lösungen führen müssen. Auch Prioritätsveränderungen durch die Unternehmensleitung, Veränderungen der Währungsrelationen oder der krankheitsbedingte Ausfall wichtiger Mitarbeiter können unter dieser Rubrik subsumiert werden.

Ausgehend von den einzelnen Ursachen für Abweichungen, unterscheiden Ewert/Wagenhofer [vgl. S. 383-384] Plan- und Realisationsabweichungen. Was ersteres angeht, soll auch die Planung einer Kontrolle unterworfen werden. Bei einem Verzicht darauf würden Planabweichungen vollständig den für die Realisierung einer Projektaufgabe Verantwortlichen zugerechnet, was aber nicht immer gerechtfertigt ist.

Die Planabweichung entspricht dabei der Differenz zwischen der ursprünglichen Plangröße und der ex post Plangröße. Letztere wird unter der Hypothese ermittelt, dass bereits zum Planungszeitpunkt der Informationsstand vorgelegen hat, wie er zum Kontrollzeitpunkt, bei Feststellung der Istsituation, gegeben ist. Damit stellt die ex post Plangröße die bestmögliche Plangröße dar, die unter den tatsächlich eingetretenen Umständen erzielbar gewesen wäre. Gleichwohl sind der Planungsgenauigkeit Grenzen gesetzt, die sich alleine schon aus dem Wirtschaftlichkeitsprinzip ergeben. Insofern sind nur die Abweichungen zu berücksichtigen, die der Planungsverantwortliche tatsächlich hat vermeiden können. Im Gegensatz dazu stellt die Realisationsabweichung die Differenz zwischen der Istgröße und der ex post Plangröße dar. Dies setzt allerdings voraus, dass die ex post Plangröße dem Informationsstand zum Zeitpunkt der Entscheidung des für die Realisation Verantwortlichen entspricht, was in der Praxis schwierig sein dürfte.

Zur Erklärung von Projektabweichungen im Vergleich zur Projektplanung wird auf das „Fischgrätendiagramm" von Ishikawa zurückgegriffen. Hauptziel der Methode ist die Identifizierung möglicher Ursachen, die zu einem Problem geführt haben. Start ist die Eintragung des betreffenden Problems (hier Projektabweichung) in ein Feld (den Fischkopf). Eine gerade Linie (die Wirbelsäule) wird vom Kopf aus über das Blatt gezogen (Abbildung 146). Beim folgenden Schritt werden Abzweigungen von etwa 45 Grad (die Gräten) gezogen. Jede Abzweigung ist eine mögliche Ursache des Problems, die das Projektteam in Betracht zieht. Ist dies erreicht, können die möglichen dahinterliegenden Ursachen dargestellt werden [vgl. Majaro, S. 141]. Charakteristisch ist die Berücksichtigung der 6 M´s [vgl. Corsten/Corsten, S. 268] als Ausgangspunkt:

- Mensch,
- Maschine,
- Mitwelt (Umwelt),
- Management,
- Methode und
- Material.

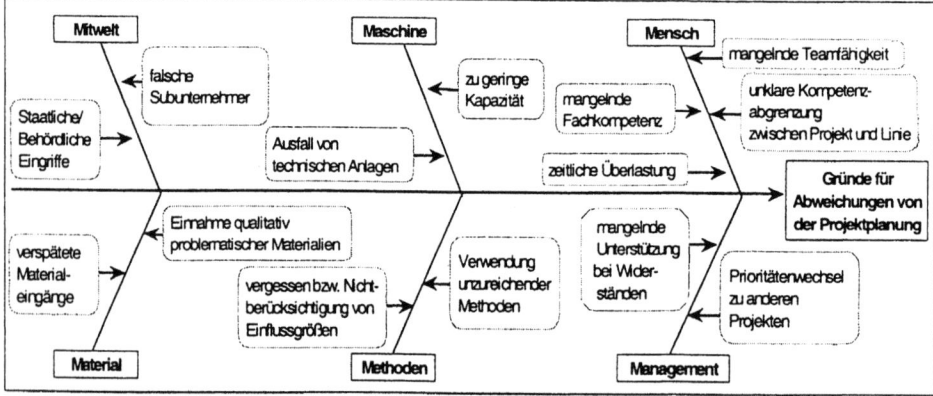

Abbildung 146: Ursachen für Projektabweichungen auf Basis des Fischgrätenmodells

3.6.3   Informationsmanagement im Projekt

Das Informationsmanagement ist für eine Steuerung des Projektes unverzichtbar. Ziel ist die Bereitstellung von bedarfsgerechten Informationen, die rechtzeitig übermittelt werden. Bedarfsgerecht heißt dabei, dass eine Informationsflut vermieden wird und der Informationsinhalt für den jeweiligen Empfänger von Nutzen ist [vgl. Krüger, Schmolke, Vaupel, S. 119-122]. Beispielsweise muss der Lenkungsausschuss im Rahmen eines regelmäßigen Projektstatusberichts vordergründig über den Stand der Gesamtzielsetzungen des Projektes informiert werden, technische Detailinformationen sind hingegen weniger wichtig. Letzteres ist wiederum für Berichte vorgesehen, die an Arbeitspaket- oder Teilprojektleiter versandt werden, welche dann frühzeitig Probleme erkennen und Steuerungsmaßnahmen einleiten können.

Neben der Festlegung, in welchen zeitlichen Abständen Berichte anzufertigen sind (z.B. monatlich), ist es zudem notwendig, übergeordnete Stellen, hauptsächlich den Lenkungsausschuss und den Projektleiter, immer dann zu informieren, wenn Änderungen auftreten, die zumindest ein maßgebliches Projektziel gefährden.

Was den Aufbau von Projektberichten angeht, sollten folgende Aspekte beachtet werden:

- Voraussetzung ist eine **kompakte** Übersicht über die aktuelle Projektsituation auf möglichst einer Seite. Dies stellt sicher, dass wichtige Informationen nicht überlesen werden.
- Es ist über die **Schlüsselaktivitäten** im Vergleich zum letzten Bericht Auskunft zu geben.
- Es sind immer Aussagen hinsichtlich des Erreichens von **Termin-, Kosten-** und **Qualitätszielen** zu treffen.
- Etwaige Soll-Ist-Abweichungen sind vor dem Hintergrund von aktuellen **Projektrisiken** und der **Wirtschaftlichkeit** des Projektes zu betrachten.
- Es ist über eingeleitete oder geplante **Maßnahmen der Projektsteuerung** zu informieren.
- Erforderlich ist die präzise Darstellung von Bereichen und Problemen, bei denen noch **Entscheidungsbedarf** von Seiten des Berichtsempfängers besteht.
- Des Weiteren ist konkreter **Unterstützungs-** oder **Informationsbedarf** durch den Berichtsempfänger unmissverständlich darzulegen.

Abbildung 147 veranschaulicht an einem Beispiel ein Geflecht einzelner Berichte im Projektmanagement.

Was die Art der physischen Informationsübermittlung angeht, ist die Informationsweitergabe per E-Mail und/oder durch Groupware-Systeme zumindest innerhalb des Projektteams zu favorisieren. Dafür sprechen sowohl Kosten- als auch Zeitargumente. Was die Informationsweitergabe an höhere Hierarchieebenen im Unternehmen betrifft, so wird aber häufig noch der traditionelle „Papierweg" gewählt.

Verfasser	Dokument	Umfang	Periode	Empfänger
Projektleiter	Projektstatusbericht	1 Seite	monatlich	Lenkungsausschuss
Projektleiter	Projektabschlussbericht	je nach Projekt	Projektabschluss	Lenkungsausschuss
Projektleiter	Sofortbericht	1 Seite	bei Problem	Lenkungsausschuss
Arbeitspaket-Verantw.	Arbeitspaketbericht	1 Seite	wöchentlich	Projektleiter
Arbeitspaket-Verantw.	Sofortbericht	1 Seite	bei Problem	Projektleiter
einzelner Mitarbeiter	Mitarbeiterbericht	1 Seite	wöchentlich	Arbeitspaket-Verantw.
einzelner Mitarbeiter	Sofortbericht	1 Seite	bei Problem	Arbeitspaket-Verantw.
Arbeitsgruppe	Protokoll	Ergebnisse	wöchentlich	Projektleiter
Sprecher der Nutzer	Erfahrungsbericht	Ergebnisse	bei Bedarf	Projektleiter

Abbildung 147: Beispiel für Berichte im Projektmanagement

Etwas übertrieben, aber den Sachverhalt treffend, ist das typische Vokabular der für die Realisierung einzelner Projektaufgaben verantwortlichen Mitarbeiter bei schriftlichen Berichten (Abbildung 148).

Es ist geplant, die Arbeit zu beginnen ...	Es ist zu früh, um sagen zu können, wann die Arbeit begonnen werden kann.
Die Arbeit begann am ...	Einige Mitarbeiter haben begonnen.
Lösungen für einige Probleme scheinen ausführbar.	Wir verstehen Teile der Arbeit nicht.
Der Abschluss steht kurz bevor.	Es ist immer noch nicht so weit.
Die Untersuchung hat ein neues Problem offenbart, dessen Lösung erwogen wird.	Ein Problem, an das zuvor keiner gedacht hat, ist aufgetreten und wir wissen nicht, wie es zu lösen ist.
Das Werk ist vollendet. Die Projekt-ergebnisse deuten auf die Notwendigkeit weiterer Untersuchungen auf diesem Gebiet hin.	Es hat nicht geklappt.

Abbildung 148: Interpretation von Projektstatusberichten [Madauss, S. 230]

3.6.4   Überwachung der Projektkosten

3.6.4.1   Ermittlung der Istkosten

Eine Überwachung der Projektkosten macht es erforderlich, die angefallen Kosten zu erfassen und sie den geplanten gegenüberzustellen, woraus die Planabweichungen sichtbar werden. Voraussetzung hierfür ist die regelmäßige Verfügbarkeit von aktuellen Projektinformationen. Rinza [vgl. S. 33] weist darauf hin, dass zwischen Kostenverursachung und der Information über die Kostenhöhe in Unternehmen im Mittel vier bis acht Wochen vergehen können. Insofern haben Littkemann/Lewerenz [vgl. S. 22] Recht, wenn sie konstatieren, dass die klassische, auf eine Abrechnung der betrieblichen Routinetätigkeiten fixierte Kostenrechnung mit der Erfassung und Bewertung der im Innovationsprozess anfallenden Projektkosten überfordert ist. Vielmehr ist ein Projektcontrolling nötig, das spätestens nach zwei bis drei Wochen alle aktuellen Daten vorlegen kann.

Voraussetzung für eine Kostenkontrolle ist die Erfassung des tatsächlichen Projektaufwandes. Wegen der Bedeutung der Personalkosten ist insbesondere der Personalaufwand zu erfassen. Methodisch geschieht dies durch eine regelmäßige Stundenkontierung. Hieraus geht hervor, welcher Mitarbeiter für welches Arbeitspaket (Aufgabenhierarchie) welche Tätigkeiten in welchem zeitlichen Umfang (Stundenaufteilung) erbracht hat. Darüber hinaus wird der Projektstatus durch Gegenüberstellung von Plan- und Isttermin sowie Plan- und Istaufwand ermittelt. Zur Verwaltungsvereinfachung im Projekt empfehlen sich die Erstellung einer Bildschirmmaske und die Direkterfassung an vernetzten PC´s.

Nach Vorliegen der erfassten Aufwände einzelner Tätigkeiten sind sie mit den Plankostensätzen zu multiplizieren. Diese Vorgehensweise ist auf die übrigen Kostenarten (siehe auch Kapitel 3.5.5.2) zu übertragen, beispielsweise auf die zeitliche Inanspruchnahme von Testanlagen oder die Beanspruchung der Leistungen einzelner Abteilungen des Unternehmens (z.B. Marktforschung, Konstruktion).

Kritisch zu hinterfragen sind auch die Abweichungen zwischen geplantem und tatsächlichem Ressourceneinsatz (Abbildung 149). Stellt sich beispielsweise heraus, dass zu Beginn des Projektes weniger Personenstunden als geplant geleistet werden (im Beispiel in den ersten beiden Berichtsquartalen), ist zu prüfen, ob die zugesagten personellen Ressourcen auch tatsächlich für das Projekt tätig werden oder noch in einem anderen eingebunden sind. Werden hier Abweichungen festgestellt, sind frühzeitig Gespräche mit den betreffenden Abteilungen oder dem Lenkungsausschuss zu führen.

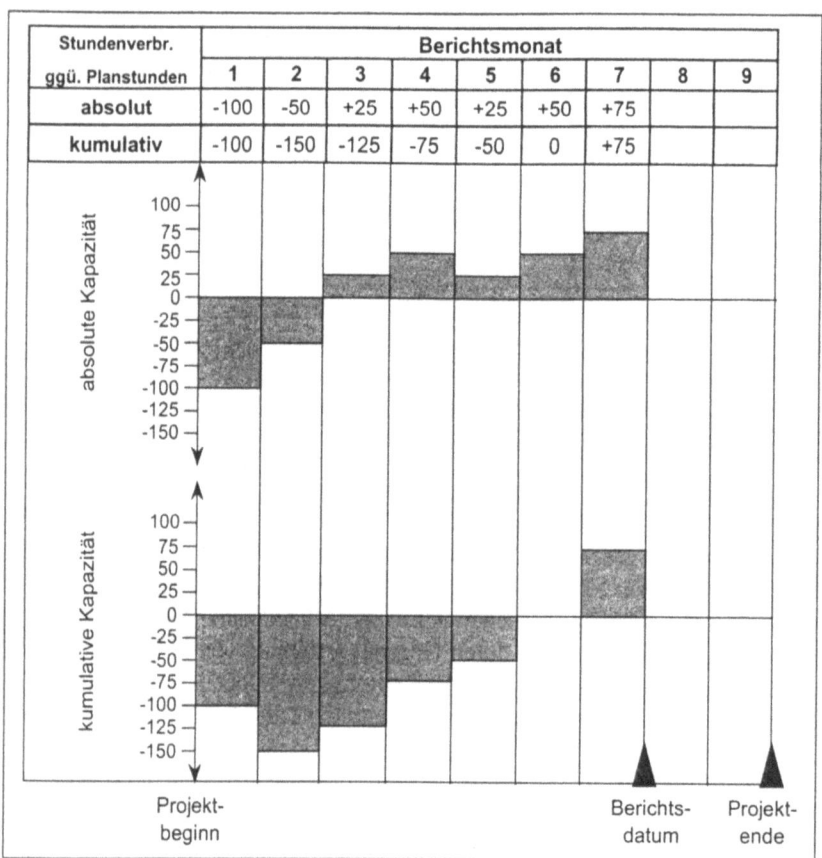

Stundenverbr.	Berichtsmonat								
ggü. Planstunden	1	2	3	4	5	6	7	8	9
absolut	-100	-50	+25	+50	+25	+50	+75		
kumulativ	-100	-150	-125	-75	-50	0	+75		

Abbildung 149: Kapazitätsabweichungsanalyse

3.6.4.2   Problemstellung und Budgetanalyse

Das Kernproblem, Methoden einzusetzen, die eine reale Abweichung zwischen Projektplanung und Projektrealität feststellen, ist für innovative Projekte in der schwierigen
Output-Messung zu sehen. Obwohl eine größere Anzahl von noch vorzustellenden Methoden existiert, bereitet die Messung des Projektfortschritts bzw. des Arbeitsfortschrittes von Arbeitspaketen erhebliche Schwierigkeiten [vgl. Coenenberg/Raffel, S. 94].

Unternehmen, die das Problem einer detaillierten Projektfortschrittsermittlung umgehen
möchten, setzen eine vergleichsweise einfache Projektkostenkontrolle in Form einer
Budgetkontrolle ein. Dabei erfolgt ein Kostenvergleich der bis zum Berichtszeitpunkt
angefallenen Istkosten mit den für diesen Zeitpunkt vorgesehenen Plankosten (auch als
Budgetkosten bezeichnet). Die Differenz zwischen diesen beiden Größen wird als negative (Istkosten < Plankosten) oder positive (Istkosten > Plankosten) Gesamtabweichung
ausgewiesen (Abbildung 150). Voraussetzung für die Projektüberwachung ist, dass die

Planungs- und Kontrolleinheiten übereinstimmen müssen. Wird beispielsweise das Arbeitspaket (der Vorgang) als Planungsebene gewählt, so sind die Istkosten ebenfalls auf der Ebene des Arbeitspaketes (des Vorgangs) zu ermitteln.

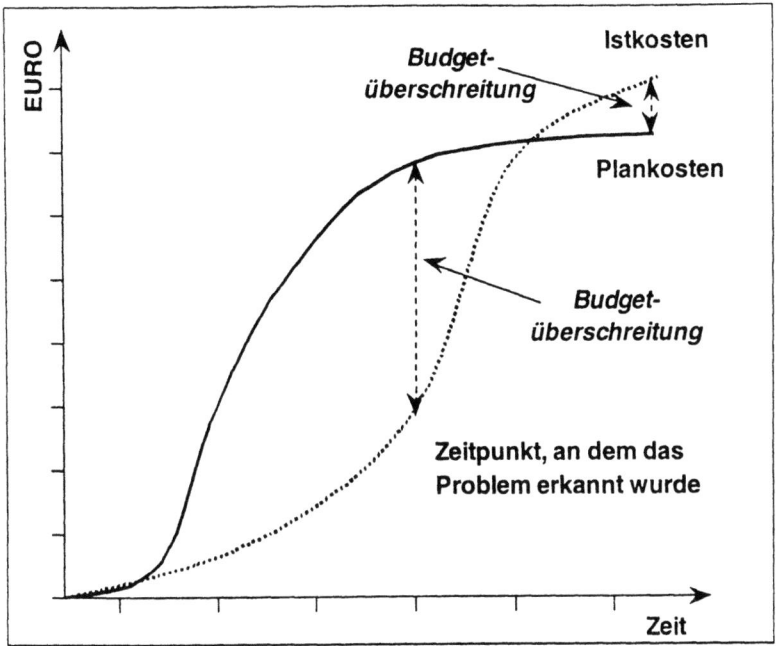

Abbildung 150: Budgetkontrolle

Analog zur klassischen starren Plankostenrechnung [vgl. Kilger, S. 36-39] sind aus der ermittelten Gesamtabweichung diejenigen Abweichungen herauszurechnen, die sich aus der Differenz zwischen Plan- und Istpreisen ergeben. Dies sind beispielsweise nicht eingeplante Tarifvertragsabschlüsse, die sich auf die Personalkosten der Projektmitarbeiter auswirken. Zudem sind auch Abweichungen, die sich aus nachträglichen Veränderungen des Pflichtenheftes ergeben, so genannte change-order-Kosten, herauszurechnen.

Gleichwohl ist der Informationswert einer auf diese Weise ermittelten Abweichungsanalyse begrenzt. Der entscheidende Nachteil der Ermittlung besteht darin, dass die verstrichene Projektdauer als alleiniger Ausgangspunkt für die Kostenüberwachung herangezogen wird. Somit wird unterstellt, dass sich der tatsächliche immer dem geplanten Projektfortschritt entsprechend entwickelt. Nur in dieser Situation wäre eine Kostendifferenz sinnvoll interpretierbar. Gleichwohl ist festzustellen, dass diese Prämisse häufig nicht erfüllt ist. Eine negative Gesamtabweichung kann zu der Ansicht verleiten, dass das Projekt effizienter als geplant durchgeführt wird. Möglicherweise liegt es aber ganz einfach daran, dass Schwierigkeiten im Projekt zu Terminverzögerungen geführt haben. Krystek/Zur [vgl. S. 308] weisen zu Recht darauf hin, dass dies vielfach zu verspäteten Projektsteuerungsmaßnahmen führt und eine Frühaufklärung nicht erfolgt.

Die Schwierigkeiten bei der Interpretation der festgestellten Abweichungen resultieren letztlich aus der bekannten Problematik der starren Plankostenrechnung. Auch dort ist eine Abweichung nur dann sinnvoll interpretierbar, wenn die Istbeschäftigung der geplanten Beschäftigung entspricht. Ziel ist es daher, analog zu einer flexiblen Plankostenrechnung, durch die Ermittlung der Sollkosten eine Leistungs- und eine Verbrauchsabweichung zu ermitteln.

3.6.4.3   Arten von Kostenabweichungen

Versteht man unter den **Istkosten** die tatsächlich angefallenen Kosten, die durch den realisierten Projektfortschritt verursacht werden (es wird auch von actual cost of work performed gesprochen), und unter den **Plankosten** die geplanten Kosten für die Realisierung eines geplanten Projektfortschritts (auch als Budgetkosten oder budget cost of work scheduled bezeichnet), stellen die **Sollkosten** die geplanten Kosten, bezogen auf den aktuell vorliegenden Projektfortschritt, dar (so genannte budgeted cost of work performed, auch als Earned Value, Fertigstellungswert oder Arbeitswert definiert).

Durch Gegenüberstellung von Ist- und Sollkosten kann eine Verbrauchsabweichung ermittelt werden, die bei positivem (negativem) Vorzeichen beispielsweise durch einen ungeplanten zusätzlichen (geringeren) Ressourceneinsatz hervorgerufen worden ist. Damit wird ein Maßstab für die Wirtschaftlichkeit der bisherigen Projektdurchführung geliefert.

Im Gegensatz dazu signalisiert eine negative (positive) Abweichung zwischen Soll- und Plankosten, dass das Projekt langsamer (schneller) als geplant voranschreitet. Stimmen Plan- und Sollkosten überein, verläuft der Projektfortschritt laut Plan.

Die Gesamtabweichung setzt sich somit aus einer Kostenvarianz (Verbrauchsabweichung) und einer Leistungsvarianz (Beschäftigungsabweichung) zusammen (Abbildung 151). Dies setzt eine integrierte Projektkostenüberwachung, also eine Analyse von Kosten **und** Leistungen, voraus. Dabei wird auch von einer Earned-Value-Analyse gesprochen.

3.6.4.4   Methoden zur Ermittlung von Projektkostenabweichungen

Zur Ermittlung einer Kostenabweichung sind grundsätzlich drei Grundmodelle zu nennen:

A) Vergleich zwischen Soll- und Istkosten

Es erfolgt ein klassischer Vergleich zwischen den Soll- und den Istkosten. Die ursprünglich ermittelten Plankosten sind hier sekundär (Abbildung 152).

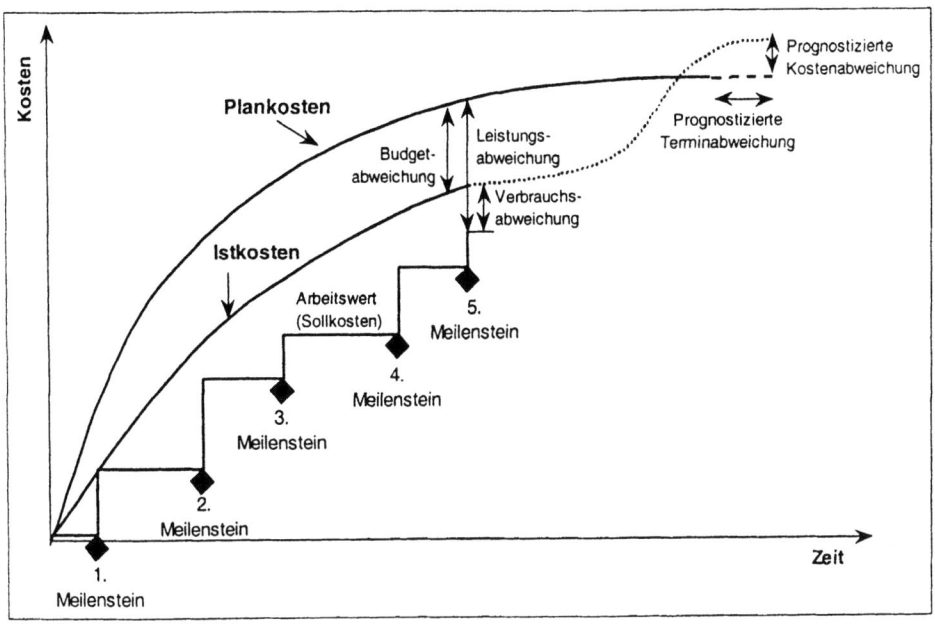

Abbildung 151: Integrierte Projektkosten- und Leistungsüberwachung

Arbeits-paket	Plan-kosten [TEUR]	bisherige Kosten [TEUR]	Sollkosten [TEUR]	Abweichung Meilenstein [TEUR]
A	350	365	350	15
B	300	175	180	-5
C	150	105	75	30
D	50	50	45	5
Summe	850	695	650	45

Abbildung 152: Vergleich zwischen Sollkosten und Istkosten

Ausgehend von Abbildung 152 sollte zu einem geplanten Zeitpunkt ein Meilenstein abgeschlossen sein, der aus den Arbeitspaketen A, B, C und D besteht. Der Arbeitsfortschritt aller Arbeitspakete beträgt damit 100 %.

Durch die Zahlenwerte ist jedoch erkennbar, dass gegenwärtig eine Minderleistung vorliegt. Die Sollkosten liegen nämlich bei den Arbeitspaketen B, C und D jeweils unter den Plankosten.

Danach gilt, dass das Arbeitspaket A abgeschlossen ist (Plankosten stimmen mit den Sollkosten überein). Arbeitspaket B ist nur zu 60 %, C zu 50 % und D zu 90 % abgeschlossen. Deshalb betragen die Sollkosten entsprechend 60 %, 50 % bzw. 90 % der ursprünglichen Plankosten der Arbeitspakete. Die Kostenabweichung liegt bei 45 (45.000 €).

B) Vergleich zwischen Plankosten und erwarteten Gesamtkosten des Meilensteins
Es erfolgt am geplanten Stichtag für die Erfüllung eines Meilensteins ein Vergleich zwischen den Plankosten (des Meilensteins) und den bisherigen Istkosten. Stehen Projektleistungen im Vergleich zur Planung noch aus (Minderleistung), erfolgt für die fehlenden Leistungen eine Ermittlung der noch erwarteten Restkosten, die zu den bisherigen Istkosten addiert werden. Eine Kostenabweichung berechnet sich aus den Plankosten des Projektmeilensteins und seinen erwarteten Gesamtkosten (Abbildung 153).

Arbeits-paket	Plan-kosten [TEUR]	bisherige Istkosten [TEUR]	noch erwartete Kosten (Restkosten) [TEUR]	erwartete Gesamtkosten [TEUR]	Abweichung Meilenstein [TEUR]
A	350	365	0	365	15
B	300	175	125	300	0
C	150	105	100	205	55
D	50	50	10	60	10
Summe	850	695	235	930	80

Abbildung 153: Vergleich zwischen Plankosten und erwarteten Gesamtkosten des Meilensteins

Für den Fall, dass das Meilensteinergebnis bereits vorliegt und zudem weitere Leistungen erbracht worden sind, die für die Erfüllung des nächsten Meilensteins erforderlich sind (Mehrleistung), müssen von den bisherigen Istkosten die Kosten der Mehrleistung subtrahiert werden.

Im Gegensatz zur ersten Methode wird hier nicht vom derzeitigen Projektstand ausgegangen. Vielmehr wird die geplante Leistung des Meilensteins herangezogen. Die Abweichung stellt (bei Minderleistung) einen Prognosewert dar (die Arbeitspakete B, C und D sind noch nicht abgeschlossen !). Insofern ist diese Methode weniger als Alternative zur ersten, sondern vielmehr als Ergänzung anzusehen.

Im Beispiel beträgt die Abweichung nach der zweiten Methode 80 (80.000 €), nach der ersten lediglich 45 (45.000 €). Dies ist so zu interpretieren, dass für die Fertigstellung der noch nicht abgeschlossenen Arbeitspakete (B, C, D) mit Mehrkosten gerechnet wird, die über den ursprünglich geplanten Kosten liegen. Sinnvollerweise werden in den Restkosten nicht die ursprünglichen Plankosten fortgeschrieben. Vielmehr sollte der aktuelle Informationsstand über das Projekt mit einfließen.

C) Vergleich zwischen Plankosten und Istkosten des abgeschlossenen Meilensteins
Nach Erreichen eines Meilensteinergebnisses werden die angefallenen Istkosten mit den für diesen Meilenstein vorgesehenen Plankosten verglichen (Abbildung 154).

Arbeits- paket	Plan- kosten [TEUR]	Istkosten Meilenstein [TEUR]	Abweichung Meilenstein [TEUR]
A	350	365	15
B	300	300	0
C	150	215	65
D	50	55	5
Summe	850	935	85

Abbildung 154: Vergleich zwischen Plankosten und Istkosten des abgeschlossenen Meilensteins

Eine Mehr- oder Minderleistung kann hier nicht vorliegen. Insofern ist eine Ermittlung - wie bei der Budgetabweichung - korrekt. Gleichwohl setzt diese Methode voraus, dass gewartet wird, bis ein Meilensteinergebnis vorliegt. Eine Projektsteuerung durch frühzeitige Feststellung von Abweichungen ist dann aber nicht mehr möglich. Insofern hat diese Methode mit einem Projektcontrolling nur wenig zu tun.

Im Beispiel beträgt die Kostenabweichung für den Meilenstein 85 (85.000 €). Der Unterschied zu den 80 (80.000 €) nach der zweiten Methode ist so zu interpretieren, dass die kalkulierten Restkosten nicht ganz mit den tatsächlich noch angefallenen Istkosten übereinstimmten. Während bei Arbeitspaket B die kalkulierten Restkosten sich so auch in der Realität einstellten, waren diese bei Arbeitspaket C um 10 (10.000 €) geringer, bei Arbeitspaket D aber um 5 (5.000 €) höher als die tatsächlichen Istkosten.

3.6.4.5 Bewertung des Projektfortschritts

Für die dargelegten Grundmethoden [vgl. George, S. 102-105; Haas, S. 131-135] der Abweichungsermittlung, insbesondere für die ersten beiden, ist eine Feststellung des aktuellen Projektfortschritts (Fertigstellungsgrad, Projektleistung) erforderlich. Wird der erreichte Projektfortschritt mit den hierfür geplanten Projektkosten multipliziert, steht das Ergebnis, kostenrechnerisch betrachtet, für die Sollkosten. Im Projektmanagement wird häufig der Begriff „Arbeitswert" verwendet.

Ein eindeutiger Fertigstellungsgrad von Vorgängen/Arbeitspaketen lässt sich für diejenigen feststellen, die entweder noch gar nicht begonnen worden oder bereits vollständig abgeschlossen sind. Im ersteren Fall beträgt der Fertigstellungsgrad 0 %, im letzteren Fall 100 %. Schwierigkeiten treten hingegen dann auf, wenn Vorgänge/Arbeitspakete bereits begonnen worden, aber noch nicht abgeschlossen sind. Für deren Bewertung existieren mehrere Methoden, die anschließend vorgestellt werden:

A) 0-100-Methode

Ist die Messung des Arbeitswertes nur schwer möglich oder handelt es sich um kleinere Arbeitspakete mit geringerem Gesamtwert, wird die 0-100-Methode angewendet.

Beispiel

Ein Arbeitspaket ist mit 10.000 € budgetiert. Das Arbeitspaket wird am 25.02. gestartet und endet am 12.04. Danach wird erst am 12.04. der Arbeitswert von 10.000 € gutgeschrieben.

Kernproblem

Die Methode führt zu Verzerrungen. Während der gesamten Bearbeitungszeit des Vorgangs/Arbeitspaketes kommt es zu pessimistischen Einschätzungen beim Vergleich der Soll- mit den Istkosten. Dabei ist die Verfälschung umso geringer, je weniger Berichtszeitpunkte innerhalb der Laufzeit liegen. Liegt kein Berichtszeitpunkt dazwischen, ist die Methode sogar fehlerfrei.

B) 50-50-Methode

Die Methode ist ähnlich wie die 0-100-Methode angelegt. Allerdings werden bereits bei Beginn des Arbeitspaketes 50 % des Arbeitswertes gutgeschrieben, die weiteren 50 % folgen bei Beendigung des Arbeitspaketes. Für kleinere, unkritische Arbeitspakete kann diese einfache Methode ausreichen.

Beispiel

Ein Arbeitspaket ist mit 10.000 € budgetiert. Das Arbeitspaket wird am 25.02. gestartet und endet am 12.04. Danach werden bereits am 25.02. 5.000 € als Arbeitswert zugerechnet. Am 12.04. beträgt der Arbeitswert nun 10.000 €.

Kernproblem

Die Methode führt zu Verzerrungen. Während in der ersten Hälfte der Bearbeitungszeit optimistische Einschätzungen beim Vergleich der Soll- mit den Istkosten vorherrschen, sind sie in der zweiten Hälfte pessimistisch. Bezogen auf das Beispiel, werden bei einem Soll-Ist-Vergleich Ende Februar 5.000 € an Arbeitswert festgelegt, obwohl nur wenige Tage am Arbeitspaket gearbeitet worden ist. Insofern können die Istkosten noch nicht allzu hoch sein. Es entsteht - aus Sicht des Projektes grundsätzlich vorteilhaft - die Situation, dass die Istkosten unterhalb der Sollkosten liegen. Dadurch kann es zu Fehleinschätzungen kommen.

C) Zeitproportionalität

Der Arbeitsfortschritt wird analog zur bisher am Arbeitspaket gearbeiteten Zeitdauer im Verhältnis zur geplanten Gesamtdauer des Arbeitspaketes berechnet. Das heißt die Methode impliziert, dass die Leistungserstellung innerhalb eines Arbeitspaketes (Vorgangs) proportional zu der geplanten Dauer erfolgt.

Beispiel

Ein Arbeitspaket ist mit einer Gesamtdauer von 10 Wochen terminiert und ist mit 5.000 € budgetiert.

Nach zwei Wochen wird ein Arbeitsfortschritt von 20 %, also von 1.000 € und nach 5 Wochen von 50 %, also von 2.500 € gutgeschrieben.

Kernproblem
Da von der geplanten Dauer ausgegangen wird, kommt es bei Terminverzögerungen zu optimistischen Beurteilungen. Beispielsweise werden nach 5 Wochen 50 % Arbeitsfortschritt festgestellt, tatsächlich ist man aber zwei Wochen hinter dem eigenen Terminplan.

D) Mengenproportionalität
Diese Methode kommt dann zur Anwendung, wenn im Ablauf eines Arbeitspaketes gleichartige Ergebniseinheiten entstehen, deren Wert messbar ist. Dies können beispielsweise standardisierte Konstruktionszeichnungen, entwickelte Teile oder Standard-Testdurchläufe sein.

Beispiel
Ein Arbeitspaket ist mit 3 Monaten geplant und umfasst die Anfertigung von 30 Konstruktionszeichnungen einzelner Bauteile. Das Gesamtarbeitspaket ist mit 15.000 € budgetiert. Die Plankosten einer Konstruktionszeichnung liegen somit bei 500 € (Abbildung 155). Liegen zum Stichtag 21 Konstruktionszeichnungen vor, beträgt der Arbeitswert 10.500 €.

Monat	Anzahl Konstruktions-zeichnungen	Arbeitswert (kumuliert in €)
1	4	2.000
2	9	6.500
3	8	10.500
4	9	15.000

Abbildung 155: Messung des Arbeitsfortschritts durch Mengenproportionalität

Kernproblem
Obwohl die Methode einfach anzuwenden ist, kann sie in einem Projekt nicht allzu häufig eingesetzt werden, weil es an der Vergleichbarkeit einzelner Aufgaben in einem Arbeitspaket mangelt.

E) Schätzung
Hier wird der Fertigstellungsgrad von dem arbeitspaketverantwortlichen Mitarbeiter geschätzt. Für die Ermittlung des Arbeitswertes wird der Schätzwert (in %) mit dem Gesamtbudget des Arbeitspaketes multipliziert. Überlegung ist, dass die ausführenden Mitarbeiter über die besten Detailkenntnisse bezüglich des aktuellen Arbeitsfortschrittes verfügen.

Beispiel

Der verantwortliche Mitarbeiter eines Arbeitspaketes mit einem Gesamtbudget von 20.000 € nennt einen Schätzwert von 75 %. Der Arbeitswert beträgt somit 15.000 €.

Kernproblem

Es kommt zu einer Unterschätzung der restlichen Projektaufgaben im Arbeitspaket und somit zu einer zu positivistischen Einschätzung des aktuellen Arbeitsstandes. Dieses Phänomen ist auch unter dem Begriff „90 %-Syndrom" bekannt (Abbildung 156), was aber nicht unbedingt mutwillig erfolgen muss. Vielmehr werden häufig gegen Ende einer Aufgabe eintretende Probleme und/oder Nachbesserungen nicht angemessen berücksichtigt.

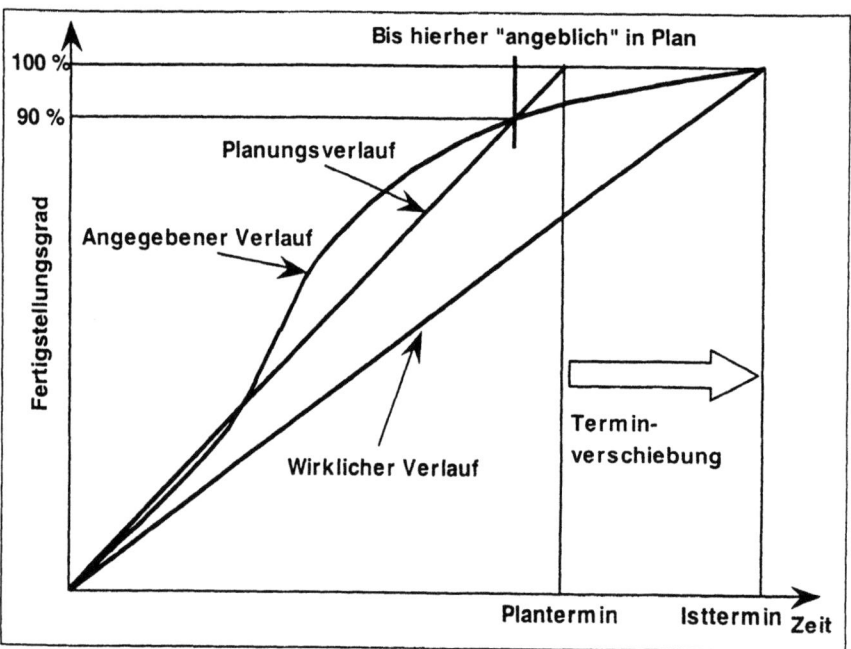

Abbildung 156: 90 %-Syndrom [Modifiziert nach Burghardt, 2002, S. 196]

Um das 90 %-Syndrom zu mildern, wird durch die Schätzung des Restaufwandes versucht, optimistischen Schätzungen entgegenzutreten. Unterschied ist, dass nicht mehr nach der bereits erreichten Leistung gefragt wird, sondern nach dem noch ausstehenden Aufwand. Annahme ist, dass ein Mitarbeiter sich nicht für vergangene Leistungen rechtfertigen muss, sondern die Schätzung des Restaufwandes einer planungsähnlichen Situation entspricht. Dies gelingt vor allem dann, wenn die Schätzungen in regelmäßigen Abständen verlangt werden. Der Fertigstellungsgrad errechnet sich nach folgender Formel:

$$\text{Fertigstellungsgrad} = \frac{(\text{Plandauer} - \text{Restdauer})}{\text{Plandauer}} \cdot 100$$

Beispiel

Die geplante Dauer eines Arbeitspaketes beträgt 30 Tage. Am 22. Arbeitstag werden als voraussichtliche Restdauer 12 Tage angegeben. Der Fertigstellungsgrad beträgt 60 %. Bezogen auf das oben genannte Gesamtbudget von 20.000 € beträgt der Arbeitswert 12.000 €.

Losgelöst von ursprünglichen Planwerten, kann aber auch folgende Formel angewendet werden:

$$\text{Fertigstellungsgrad} \qquad \frac{\text{bisheriger Ressourceneinsatz (Manntage)}}{\text{(bisheriger Ressourceneinsatz + geplanter Restaufwand in Manntagen)}}$$

Beispiel

Bisher sind 88 Manntage für ein Arbeitspaket erbracht worden. Dies resultiert aus einer Beschäftigung von vier Mitarbeitern an 22 Arbeitstagen. Als Restaufwand werden noch 40 Manntage prognostiziert. Der Fertigstellungsgrad beträgt somit 68,75 %.

F) Statusschritt- bzw. Meilensteinverfahren

Für größere Arbeitspakete ist die Statusschritt- bzw. Meilensteinmethode empfehlenswert. Dabei werden bereits im Planungsprozess mit dem Arbeitspaketverantwortlichen einige klar erkennbare Zwischenschritte (Meilensteine) innerhalb des Arbeitspaketes festgelegt. Diese Meilensteine werden mit einem prozentualen Fertigstellungsgrad belegt.

Beispiel

Ein Arbeitspaket umfasst die Meilensteine A bis E. Unabhängig von der Dauer zur Erreichung dieser Meilensteine wird der geplante Arbeitsfortschritt für Meilenstein A mit 5 %, für B mit 15 %, für C mit 20 % und für D und E mit je 30 % eingeschätzt (Gesamtsumme somit 100 %). Das Gesamtbudget für das Arbeitspaket beträgt 90.000 €. Insofern ergibt sich folgende Situation (Abbildung 157).

Meilenstein	Dauer in Tagen	geplanter Arbeitsfortschritt	Kumulation
A	40	35%	35%
B	60	40%	75%
C	40	25%	100%

Abbildung 157: Messung des Arbeitsfortschritts durch Definition von Meilensteinen

Nachdem Meilenstein A abgeschlossen worden ist, beträgt der Arbeitswert 4.500 € (5 % von 90.000 €). Nachdem auch Meilenstein B beendet worden ist, erhöht sich der Arbeitswert sprunghaft auf insgesamt 18.000 € (20 % von 90.000 €), nach Abschluss von Meilenstein C auf 36.000 € sowie auf 63.000 € nach Abschluss von D. Nach Abschluss von Meilenstein E ist das Arbeitspaket abgeschlossen, der Arbeitswert beträgt dann 90.000 €.

Zur Abmilderung der Sprünge im Arbeitswert kann zwischen den Meilensteinen interpoliert werden. Ist beispielsweise Meilenstein A und B abgeschlossen und wird bereits 5 Tage zur Erreichung von Meilenstein C gearbeitet, wird ein Arbeitswert von 30 % ermittelt (20 % für Meilenstein A und B + 5/10 Tage = 1/2 von 20 % an Meilenstein C).

Kernproblem
Die Methode setzt klar abgrenzbare Meilensteine innerhalb eines Arbeitspaketes voraus.

G) Sekundärleistungs-Proportionalität
Diese Methode findet dann Anwendung, wenn der Arbeitsfortschritt eines Vorgangs/Arbeitspaketes vom Fortschritt eines anderen abhängt. Dies ist dann zu erwarten, wenn im Arbeitspaket eine Zuarbeit zu einem anderen geleistet wird.

Beispiel
Für das Arbeitspaket „Programmierung", das mit 50.000 € budgetiert ist, wird ein Arbeitsfortschritt von 50 % ermittelt. Der Arbeitswert beträgt somit 25.000 €.

Das Arbeitspaket „Qualitätsprüfung/Test" erbringt für das Arbeitspaket „Programmierung" unmittelbare Leistungen und ist mit 4.000 € budgetiert. Der Arbeitsfortschritt wird auch hier mit 50 % angesetzt, der Arbeitswert beträgt dann 2.000 €.

Kernproblem
Die Methode ist auf Arbeitspakete beschränkt, die unmittelbar einem anderen Arbeitspaket zuordenbar sind. Möglicherweise besteht jedoch ein zeitlicher Abstand zur primären Aktivität, was zu einer zu optimistischen Beurteilung des Arbeitswertes führen kann.

H) Begutachtung
Zur Einschätzung des Arbeitsfortschritts wird auf eine Begutachtung, beispielsweise durch den Projektleiter, gegebenenfalls auch durch Externe, zurückgegriffen.

Kernproblem
Die (externe) Bewertung setzt objektivierbare Kriterien voraus.

Die Problematik der Arbeitsfortschritts- und somit Arbeitswertbestimmung tritt nur bei den zum Berichtszeitraum offenen Positionen auf. Dieses Problem lässt sich dadurch entschärfen, dass entweder die Berichtszeitpunkte weit auseinandergelegt werden oder die Anzahl der zum Berichtszeitpunkt offenen Positionen möglichst klein ist. Während erstere Variante abzulehnen ist, da dadurch die Möglichkeiten einer Projektsteuerung eingeschränkt werden, ist letztere Variante dann sinnvoll, wenn die Laufzeiten der einzelnen Vorgänge/Arbeitspakete möglichst kurz gehalten werden, idealerweise analog zu den Berichtszeiträumen partitioniert werden.

3.6.4.6 Beispiel einer integrierten Projektkosten- und Leistungsanalyse

Nachfolgend wird das in den Kapiteln 3.6.4.3 und 3.6.4.4 vorgestellte Konzept einer integrierten Kosten- und Leistungsanalyse näher erläutert [vgl. hierzu auch Coenenberg/Raffel, S. 97-98]. Ausgangspunkt ist ein Entwicklungsprojekt mit einer geplanten Dauer von 18 Monaten und einem Gesamtbudget von 12.000.000 €. Die einzelnen relevanten Daten werden nachfolgend für die ersten 12 Monate zusammengefasst (Abbildung 158), wobei sich folgende rechnerische Größen ergeben:

- Die Istkosten stammen aus der Kumulation der für die einzelnen Arbeitspakete angefallenen Kosten.
- Die Plankosten ergeben sich aus der Projektkostenplanung und orientieren sich am geplanten Projektverlauf.
- Die Sollkosten repräsentieren den tatsächlichen Bearbeitungsstand des Projektes auf der Basis von Plankosten.

Monat	Istkosten [TEUR]	Istkosten kumuliert [TEUR]	Plankosten [TEUR]	Plankosten kumuliert [TEUR]	Sollkosten [TEUR]	Sollkosten kumuliert [TEUR]
1	800	800	750	750	820	820
2	850	1.650	800	1.550	830	1.650
3	750	2.400	800	2.350	700	2.350
4	900	3.300	850	3.200	850	3.200
5	830	4.130	900	4.100	800	4.000
6	650	4.780	700	4.800	650	4.650
7	1.100	5.880	900	5.700	800	5.450
8	950	6.830	1.000	6.700	925	6.375
9	850	7.680	950	7.650	800	7.175
10	795	8.475	850	8.500	780	7.955
11	915	9.390	930	9.430	800	8.755
12	800	10.190	820	10.250	690	9.445

Abbildung 158: Gegenüberstellung von Ist-, Plan- und Sollkosten in den ersten 12 Projektmonaten

Aus den einzelnen Werten lassen sich folgende Schlussfolgerungen ziehen:

- Da die Sollkosten in den ersten zwei Monaten jeweils höher als die Plankosten sind, verläuft der Projektfortschritt zunächst besser als geplant, ab dem dritten Monat ist der Projektfortschritt jeweils kleiner als der ursprünglich geplante. Dies kann beispielsweise an zu optimistischen Schätzungen der Vorgangszeiten oder an Kapazitätsengpässen liegen.
- Der Vergleich zwischen den Ist- und den Sollkosten zeigt, dass im ersten Monat die durchgeführte Leistung kostengünstiger als geplant erbracht worden ist. In den folgenden fünf Monaten sind die Sollkosten jeweils um etwa 100.000 € niedriger als die Istkosten. Ab dem 7. Monat vergrößert sich zunehmend diese Abweichung. Dies kann beispielsweise daran liegen, dass der Ressourceneinsatz teurer als geplant ist.

■ Zusammenfassend ergibt sich, dass das Projekt sowohl in Bezug auf den Projektfortschritt hinter den Planungen zurückbleibt als auch der erreichte Projektfortschritt teurer als geplant ist.

Abbildung 159 veranschaulicht dies an den einzelnen Kostenverläufen. Darüber hinaus
sind die Kostenvarianz (KV), Leistungsvarianz (LV) und Gesamtabweichung (GA) feststellbar.

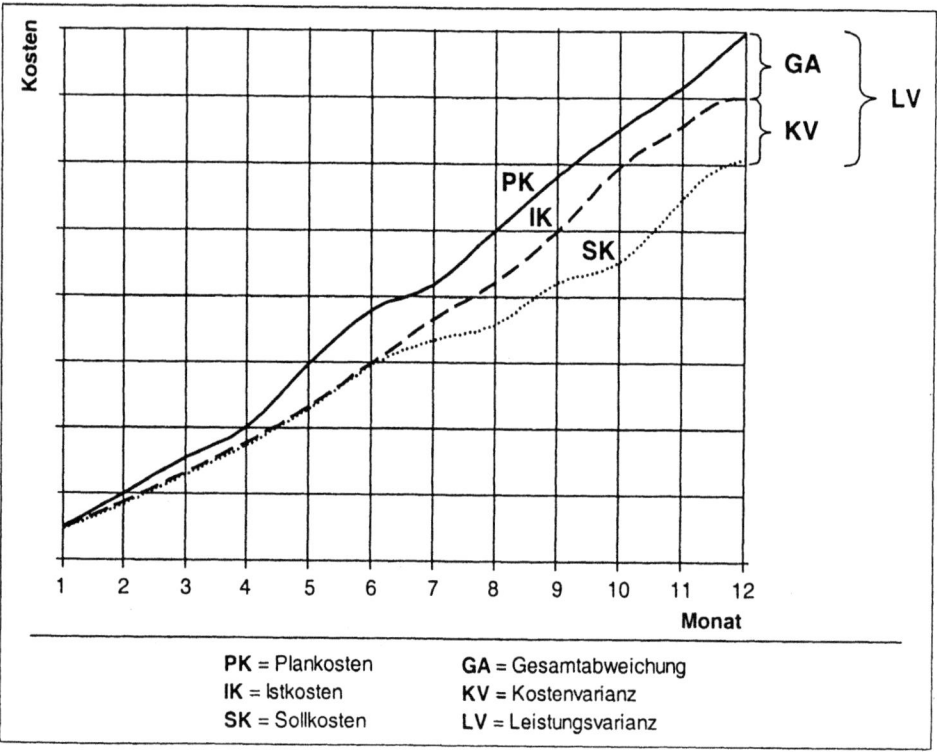

Abbildung 159: Verlauf der Ist-, Plan- und Sollkosten in den ersten 12 Projektmonaten

Die in Abb. 159 gezeigten Abweichungen lassen sich auch analytisch (absolut und in
Prozent) ermitteln.

Kostenvarianz	KV (€):	=	Istkosten (IK) - Sollkosten (SK)
	KV (%)	=	KV (€)/SK
Leistungsvarianz	LV (€)	=	SK - Plankosten (PK)
	LV (%)	=	LV (€)/PK

Dabei können die Kennzahlen für eine bestimmte Periode oder durch kumulierte Werte ermittelt werden.

Ein positiver Wert bei der Kostenvarianz signalisiert eine Unwirtschaftlichkeit im Projektfortschritt, ein negativer Wert zeigt an, dass Vorgänge/Arbeitspakete oder zumindest Teile davon kostengünstiger als geplant abgeschlossen worden sind.

Dagegen weist ein positiver Wert bei der Leistungsvarianz darauf hin, dass das Projekt schneller vorankommt als geplant, ein negativer Wert signalisiert, dass das Projekt hinter dem geplanten Fortschritt zurückbleibt.

Zudem können zwei Indizes ermittelt werden:

Kostenindex (K-Index):	K-Index = IK/SK
Leistungsindex (L-Index):	L-Index = SK/PK

Ein Kostenindex von über (unter) 100 % signalisiert eine Kostenüberschreitung (Kostenunterschreitung), ein Leistungsindex von über (unter) 100 % verdeutlicht eine Beschleunigung (Verzögerung) des Projektes im Vergleich zur Planung.

Die Abbildung 160 und 161 veranschaulichen dies im Rahmen der Zahlen aus Abbildung 157.

Monat	KV IK-SK [TEUR]	KV kumuliert [TEUR]	KV % KV/SK	KV % kumuliert	K-Index IK/SK	K-Index kumuliert IK/SK
1	-20	-20	-2,4%	-2,4%	98%	98%
2	20	0	2,4%	0,0%	102%	100%
3	50	50	7,1%	2,1%	107%	102%
4	50	100	5,9%	3,1%	106%	103%
5	30	130	3,8%	3,3%	104%	103%
6	0	130	0,0%	2,8%	100%	103%
7	300	430	37,5%	7,9%	138%	108%
8	25	455	2,7%	7,1%	103%	107%
9	50	505	6,3%	7,0%	106%	107%
10	15	520	1,9%	6,5%	102%	107%
11	115	635	14,4%	7,3%	114%	107%
12	110	745	15,9%	7,9%	116%	108%

KV = Kostenvarianz   SK = Sollkosten
IK = Istkosten   K-Index = Kostenindex

Abbildung 160: Kostenvarianz und Kostenindex

Monat	LV SK-PK [TEUR]	LV kumuliert [TEUR]	LV % LV/PK	LV % kumuliert	L-Index SK/PK	K-Index kumuliert SK/PK
1	70	70	9,3%	9,3%	109,3%	109,3%
2	30	100	3,8%	6,5%	103,8%	106,5%
3	-100	0	-12,5%	0,0%	87,5%	100,0%
4	0	0	0,0%	0,0%	100,0%	100,0%
5	-100	-100	-11,1%	-2,4%	88,9%	97,6%
6	-50	-150	-7,1%	-3,1%	92,9%	96,9%
7	-100	-250	-11,1%	-4,4%	88,9%	95,6%
8	-75	-325	-7,5%	-4,9%	92,5%	95,1%
9	-150	-475	-15,8%	-6,2%	84,2%	93,8%
10	-70	-545	-8,2%	-6,4%	91,8%	93,6%
11	-130	-675	-14,0%	-7,2%	86,0%	92,8%
12	-130	-805	-15,9%	-7,9%	84,1%	92,1%

LV = Leistungsvarianz   L-Index = Leistungsindex
SK = Sollkosten   K-Index = Kostenindex
PK = Plankosten

Abbildung 161: Leistungsvarianz und Leistungsindex

Werden die Monate 1 und 12 herausgegriffen, ergibt sich folgende Situation (Abbildung 162):

	Monat 1	Monat 12 (kumuliert)
Kostenabweichung (IK - SK)	800 - 820 = -20	10.190 - 9.445 = 745
Leistungsabweichung (SK - PK)	820 - 750 = 70	9.445 - 10.250 = - 805
Gesamtabweichung (IK - PK)	800 - 750 = 50	10.190 - 10.250 = - 60

IK = Istkosten,   SK = Sollkosten,   PK = Plankosten

Abbildung 162: Ermittlung der Gesamtabweichung

Die negative Kostenvarianz von -20 erklärt, dass der Projektfortschritt 20.000 € weniger als geplant kostet, nach 12 Monaten hat sich die Entwicklung deutlich umgekehrt. Das Projekt kostet 745.000 € mehr, als der Leistungsstand hätte kosten dürfen. Der Kostenindex von 107,9 signalisiert eine Kostensteigerung von 7,9 %.

Die positive Leistungsabweichung von 70 erklärt, dass das Projekt im ersten Monat schneller als geplant vorangekommen ist. Mit anderen Worten: Es wurden über die Planung hinaus Leistungen im Planwert von 70.000 € mehr geleistet. Im Gegensatz dazu hat sich das Projekt nach 12 Monaten, 2/3 der geplanten Projektdauer sind vorbei, anders entwickelt: Leistungen im Umfang von 805.000 € wurden noch nicht erbracht. Das Projekt liegt zeitlich zurück. Dies signalisiert auch der Leistungsindex von 92,1 %.

3.6.5 Überwachung der Projektdauer

Ein weiterer wichtiger Überwachungsparameter ist der Faktor „Zeit". Dabei ist festzustellen, ob eine geplante Projektleistung tatsächlich in der geplanten Zeit erbracht worden oder es zu zeitlichen Verzögerungen gekommen ist (Abbildung 163).

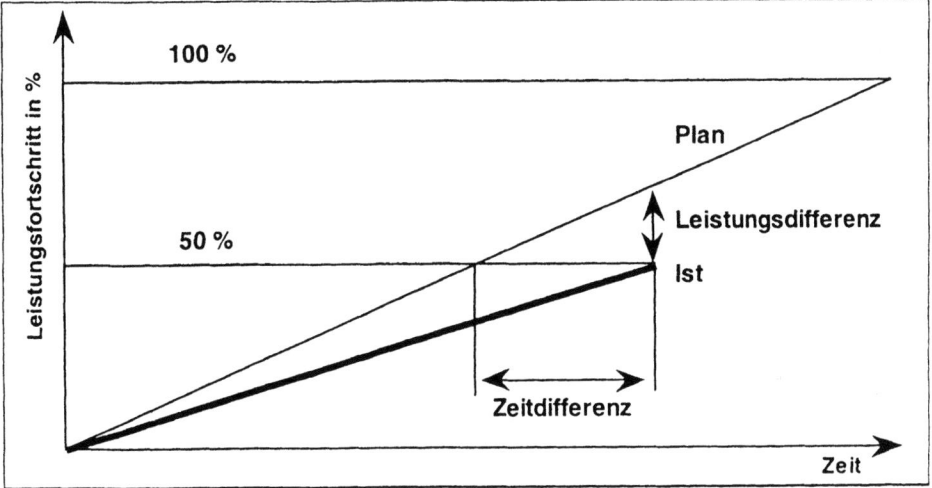

Abbildung 163: Zeitabweichung

Grundsätzlich wird so vorgegangen, dass all diejenigen Vorgänge ermittelt werden, die in einem Überwachungsintervall begonnen oder beendet werden müssen. Dabei ist es erforderlich, dass zeitliche Veränderungen von den ausführenden Stellen der Projektleitung so mitgeteilt werden müssen, damit frühzeitig die Konsequenzen für das Gesamtprojekt gezogen werden können.

Weitere Probleme treten dann auf, wenn auf Grund der zeitlichen Verzögerung nachfolgende Vorgänge verschoben werden müssen, was auch den Projektendtermin gefährden kann. Die dafür eingeplanten Kapazitäten werden nämlich später benötigt, als ursprünglich geplant. Da teure Ressourcen, wie Personal, Testanlagen usw., knapp vorgehalten und entsprechend voll ausgeplant werden, kann es zu Konflikten mit anderen Vorgängen oder gar anderen Projekten kommen.

Das Beispiel aus Abbildung 164 veranschaulicht die möglichen Konsequenzen, wenn die
Entwicklung des Elementes B um zwei Wochen verzögert wird. Beim betroffenen Vorgang und den nachfolgenden Vorgängen handelt es sich um zeitkritische Aktivitäten, die
zu einer entsprechenden Verzögerung der gesamten Projektdauer führen können, sofern
keine anderweitigen Maßnahmen ergriffen werden.

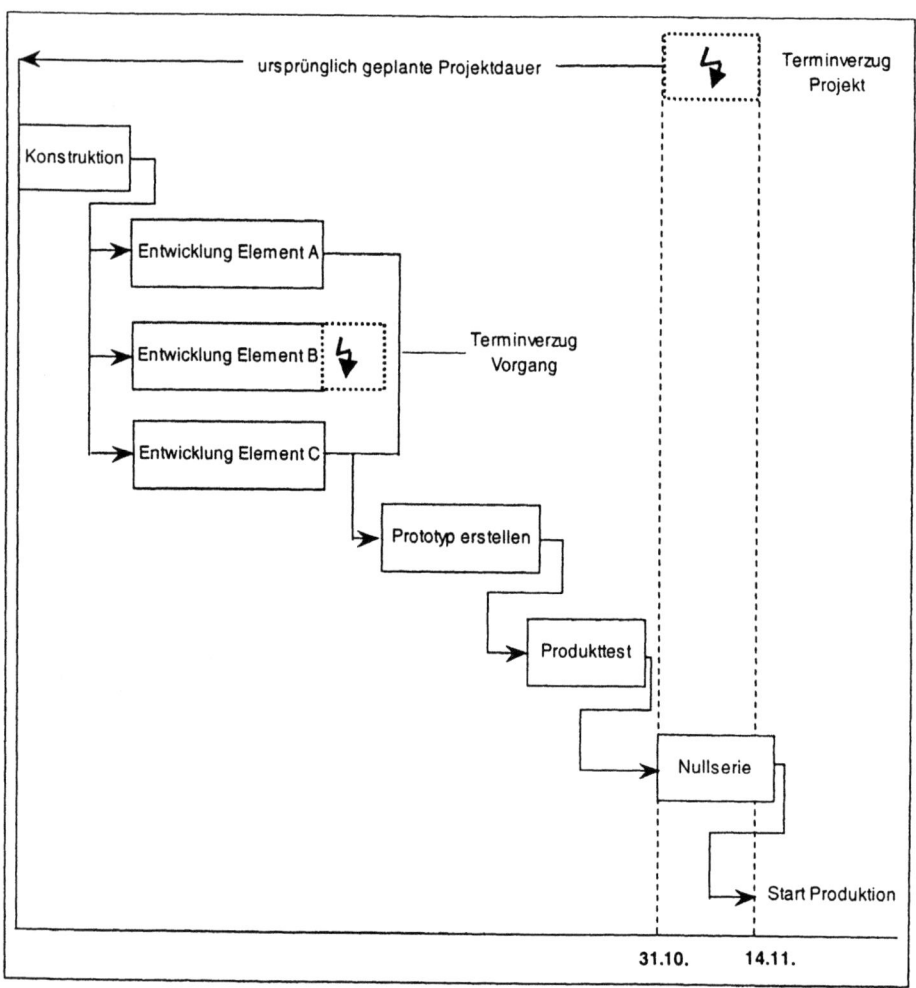

Abbildung 164: Konsequenzen einer Terminverzögerung eines Vorgangs für das Projekt

3.6.6   Kennzahlen der Projekteffizienz

Aus den Informationen, die durch die Überwachung der Projektkosten und der Projektdauer gewonnen werden, lässt sich eine Reihe von Kennzahlen bilden. Im Folgenden werden einige erörtert [vgl. Alter, S. 286; Krüger/Schmolke/Vaupel, S. 145; Rinza, S. 35].

A) Geplanter Fertigstellungsprozentsatz (Planned per cent complete)
Die Kennzahl verdeutlicht, welcher Projektfortschritt mit dem bisherigen Ressourceneinsatz hätte erbracht werden müssen, wenn zwischen Ressourceneinsatz und Projektfortschritt ein linearer Zusammenhang existiert.

$$\text{geplanter Fertigstellungsprozentsatz [\%]:} \quad \frac{\text{bisheriger Ressourceneinsatz}}{\text{insgesamt geplanter Ressourceneinsatz}} \cdot 100$$

B) Prozentualer Kostenfortschritt (Per cent spent)
Die Kennzahl gibt an, welcher Projektfortschritt mit dem bisher angefallenen Kosten hätte erbracht werden müssen, wenn zwischen Plankostenverlauf und dem Projektfortschritt ein linearer Zusammenhang besteht.

$$\text{prozentualer Kostenfortschritt [\%]:} \quad \frac{\text{Istkosten}}{\text{Plankosten}} \cdot 100$$

C) Leistungs- oder Termin-Performance (Schedule-Performance-Indicator = SPI)
Bei dieser Kennzahl wird der tatsächliche Projektfortschritt mit dem geplanten Fertigstellungsprozentsatz (siehe A) ins Verhältnis gesetzt und mit dem Faktor 100 multipliziert. Werte von unter 100 signalisieren Zeitverzögerungen.

$$\text{SPI} = (\text{Projektfortschritt [\%]} / \text{Geplanter Fertigstellungsprozentsatz [\%]}) \cdot 100$$

Verbreitet ist auch der folgende Ansatz, bei dem Werte von über 100 hingegen Zeitverzögerungen anzeigen.

$$\frac{(1 + \text{benötigte Tage - geplante Tage})}{\text{geplante Tage}} \cdot 100$$

D) Kosten-Performance (Cost-Performance-Indicator = CPI)

Zur Bildung dieser Kennzahl wird der tatsächliche Projektfortschritt mit dem prozentualen Kostenfortschritt (siehe B) ins Verhältnis gesetzt und mit dem Faktor 100 multipliziert. Werte von unter 100 signalisieren Kostenüberschreitungen.

CPI = (Projektfortschritt [%] / prozentualer Kostenfortschritt [%]) • 100

Verbreitet ist auch der folgende Ansatz, bei dem Werte von über 100 hingegen Kostenüberschreitungen anzeigen.

$$\frac{(1 + \text{Istkosten} - \text{Sollkosten})}{\text{Sollkosten}} \bullet 100$$

Beispiel

Das geplante Projektbudget beträgt 80.000 € bei einem geplanten Ressourceneinsatz von 180 Manntagen. Zum Berichtszeitraum wird der bisherige Istaufwand mit 115 Manntagen ermittelt, der Restaufwand wird auf 78 Manntage geschätzt. Die Istkosten betragen zurzeit 62.000 €.

Der Projektfortschritt wird wie folgt geschätzt (siehe auch Kapitel 3.6.4.5 Teil C):

$$\text{Fertigstellungsgrad} = \frac{\text{bisheriger Ressourceneinsatz}}{\text{bisheriger Ressourceneinsatz} + \text{Restaufwand}} = \frac{115}{115+78} = 59{,}6\,\%$$

Der geplante Fertigstellungsprozentsatz beträgt 115/180 Manntage • 100 % = 63,9 %.

Der prozentuale Kostenfortschritt beträgt 62.000/80.000 € • 100 % = 77,5 %.

Das heißt für den bisherigen Projektfortschritt sind 63,9 % des gesamten geplanten Ressourceneinsatzes benötigt, gleichzeitig aber 77,5 % des Budgets in Anspruch genommen worden.

Der SPI beträgt 93,3 % (59,6/63,9), der CPI 76,9 % (59,6/77,5). Die Werte signalisieren eine zeitliche Verzögerung im Projekt sowie eine Kostenüberschreitung.

Die Termin- und Kostenabweichung kann aber auch wie folgt ermittelt werden:

$$\text{Terminabweichung} = \frac{1 + 115 - 102}{102} \bullet 100\,\% = 112{,}7\,\%$$

Um die Zahl 102 zu ermitteln, muss beim geplanten Ressourceneinsatz von 180 Mann-tagen ausgegangen werden. Zwar sind bislang 115 Manntage verbraucht worden, es werden aber noch 78 benötigt (statt 65 als eigentlicher Rest). Daraus ergibt sich 180 - 78 = 102.

$$\text{Kostenabweichung} \quad = \quad \frac{1 + (62.000 - 47.680)}{47.680} \bullet 100\,\% \quad = \quad 130,0\,\%$$

Um die Zahl 47.680 € als Sollkosten zu ermitteln, wird vom Fertigstellungsgrad (59,6 %) ausgegangen, der mit dem gesamten Budget von 80.000 € multipliziert wird. Es er-geben sich daraus die 47.680 €.

3.6.7 Prognose bezüglich der Restkosten und der restlichen Projektdauer

3.6.7.1 Vergangenheitsbezogene Bestimmung auf der Basis von Kennzahlen

Aus den sich im Projektverlauf ergebenden Abweichungen zwischen Soll- und Istwerten muss eine Neubewertung des restlichen Projektes hinsichtlich der Restkosten und der noch erforderlichen Projektdauer erfolgen. Dabei orientiert sich der Projektendtermin an der aktuellen Istsituation.

A) Restkosten
Zur Ermittlung der Restkosten (Cost to Complete) ist zunächst von den aktuellen Istkosten auszugehen, die sich aus dem derzeitigen Projektfortschritt ergeben. Für die Ermittlung der Restkosten sind die Kosten der noch nicht vollständig abgeschlossenen und der noch nicht begonnenen Arbeitspakete zu prognostizieren. Die Restkosten plus die bisherigen Istkosten ergeben zusammen die voraussichtlichen Projektkosten (Antici-pated Final Costs).

Wie nachfolgende Kennzahl zeigt, wird zur Ermittlung der Restkosten von folgendem Zusammenhang ausgegangen:

$$\frac{\text{Restkosten + Istkosten zum Zeitpunkt i}}{\text{Istkosten zum Zeitpunkt i}} \quad = \quad \frac{\text{Gesamte Plankosten des Projektes}}{\text{Sollkosten zum Zeitpunkt i}}$$

Zur Ermittlung der Sollkosten muss der Projektfortschritt beurteilt werden. Dabei muss auf eine der in Kapitel 3.6.4.4 behandelten Methoden zurückgegriffen werden.

Durch Umstellung der Formel ergibt sich:

Restkosten =	Istkosten zum Zeitpunkt i	•	Gesamte Plankosten	-	Istkosten zum
	Sollkosten zum Zeitpunkt i		des Projektes		Zeitpunkt i

Beispiel
Die aktuellen Istkosten eines Projektes betragen 200.000 €. Die gesamten Plankosten des Projektes 225.000 €, die Sollkosten 160.000 €.

Restkosten	=	200.000	• 225.000	- 200.000
		160.000		
Restkosten	=	1,25	• 225.000	- 200.000
Restkosten	=	281.250		- 200.000
Restkosten	=	81.250		

Denkbar ist aber auch, zuerst erst die erwarteten Gesamtkosten zu ermitteln durch folgende Formel zu ermitteln. Ausgehend von Abbildung 165 ergibt die Differenz zwischen den erwarteten Gesamtkosten und den aktuellen Istkosten die Restkosten.

Erwartete Gesamtkosten	=	Istkosten zum Zeitpunkt i	•	Gesamte Plankosten
		Sollkosten zum Zeitpunkt i		des Projektes

Restkosten		= Erwartete Gesamtkosten - Istkosten zum Zeitpunkt i
Erwartete Gesamtkosten	=	200.000 • 225.000
		160.000
Erwartete Gesamtkosten	=	281.250
Restkosten	=	281.250 - 200.000 = 81.250

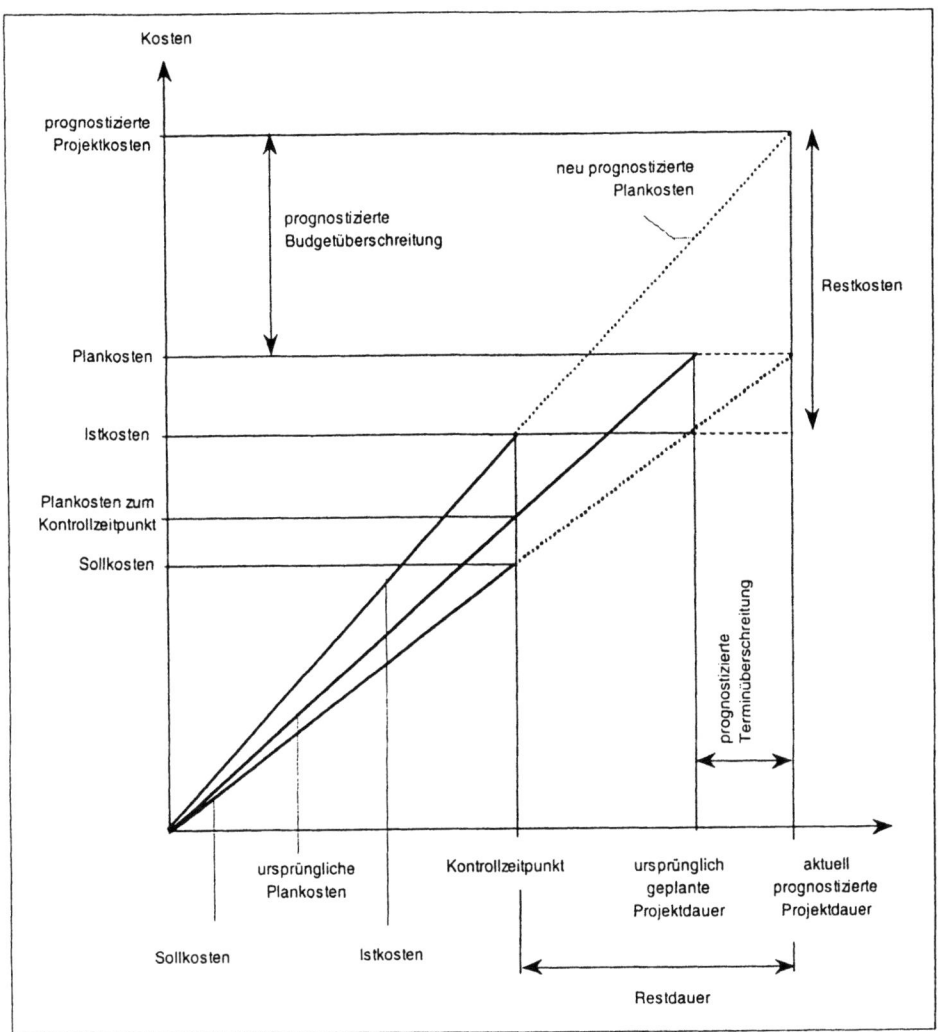

Abbildung 165: Prognose von Restdauer und Restkosten

Werden die erwarteten Gesamtkosten des Projektes ermittelt, ist auch die prognostizierte Überschreitung (oder Unterschreitung) des Projektbudgets feststellbar (Abbildung 166).

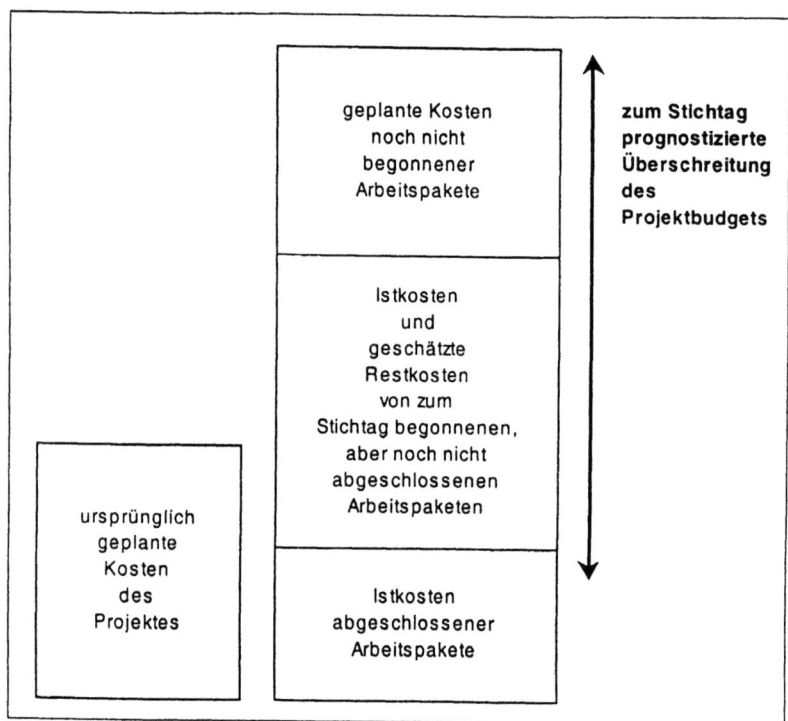

Abbildung 166: Prognostizierte Kostenabweichung des Gesamtprojektes

Werden größere Kostenabweichungen prognostiziert, ist die Durchsetzung von Projektsteuerungsmaßnahmen erforderlich. Diese können beispielsweise in Form von Materialsubstitution, Verzicht auf geplante Projektelemente oder Änderungen des Projektgegenstandes erfolgen.

B) Restdauer

Für die Ermittlung der Restdauer gilt ähnliches wie für die Berechnung der Restkosten, weil beide Projektgrößen eng zusammenhängen [vgl. Burghardt, 2002, S. 202-203]. Beispielsweise führt ein Nichtausschöpfen des Budgets, wenn also die Sollkosten unter den Plankosten liegen, zwangsläufig zu einer Terminverschiebung.

Je nach entsprechenden Annahmen der künftigen Kostenverläufe (linear oder beliebig) wird von einem formelmäßigen Zusammenhang zur Ermittlung der restlichen Projektdauer ausgegangen.

Bei linearem Kostenverlauf gilt folgende Formel:

Restdauer = Termin-Leistungsindex • ursprünglich geplante Projektdauer-Kontrollzeitpunkt

Zur Ermittlung des Termin-Leistungsindex gilt:

$$\text{Termin-Leistungsindex} = \frac{\text{Plankosten zum Zeitpunkt des Kontrollzeitpunktes (PZK)}}{\text{Sollkosten}}$$

Beispiel

Ein Projekt sollte ursprünglich in 200 Projekttagen abgeschlossen werden. Nach 120 Tagen (Kontrollzeitpunkt) liegen die Sollkosten bei 160.000 €, die Plankosten, die nach 120 Tagen budgetiert waren (PZK), liegen bei 180.000 €.

Daraus ergibt sich ein Termin-Leistungsindex von 1,125 (180.000/160.000).

Die Restdauer liegt folglich bei 105 Tagen (1,125 • 200 - 120).

Daraus ergibt sich somit eine voraussichtliche gesamte Projektdauer von 225 Projekttagen (Kontrollzeitpunkt + Restdauer = 120 + 105 = 225).

Abbildung 165 veranschaulicht die Ermittlung der prognostizierten Restdauer bei gleichzeitiger Ermittlung der prognostizierten Restkosten.

Bei beliebigem Kostenverlauf gilt hingegen eine abgewandelte Formel. Im Vergleich zur Berechnung auf der Basis von linearen Kostenverläufen ergeben sich bei beliebigen Kostenverläufen jedoch immer kleinere Werte für die voraussichtliche Restdauer und damit auch für die prognostizierte gesamte Projektdauer.

$$\text{Restdauer} = \text{Termin-Leistungsindex} \quad • \quad \text{(ursprünglich geplante Projektdauer - Kontrollzeitpunkt)}$$

Bei der Übertragung auf oben genanntes Beispiel gilt dann:

Restdauer = 1,125 • (200 - 120)

Restdauer = 90 Tage

Daraus ergibt sich somit eine voraussichtliche Projektdauer von 210 Projekttagen (Kontrollzeitpunkt + Restdauer = 120 + 90 = 210).

3.6.7.2 Meilenstein-Trendanalyse

Die Meilenstein-Trendanalyse ist eine feste Größe in der Terminüberwachung und bei der Prognostizierung des Projektendtermines [vgl. beispielsweise Alter, S. 299 und S. 302; Burghardt, 2002, S. 172-174].

Grundsätzlich lassen sich Trendanalysen für Meilensteine, Arbeitspakete oder Vorgänge durchführen. In der Regel sind sie aber vor allem für projektentscheidende Ereignisse und somit für Meilensteine von Bedeutung.

Im Gegensatz zu oben genannter vergangenheitsbezogener Ermittlung wird vielmehr der Aufwand für die verbleibenden Aufgaben des Projektes in periodisch kurzen Sequenzen, beispielsweise monatlich, neu geschätzt, wobei schon erkennbare zukünftige Abweichungen berücksichtigt werden. Grundsätzlich wird auf die Methoden zurückgegriffen, die auch bei der erstmaligen Planung des Projektes eingesetzt worden sind (siehe auch Kapitel 3.5.3.2 B).

Wie Abbildung 167 zeigt, existieren zwei Dimensionen: Auf der waagerechten (Abszisse) befinden sich die Berichtszeiträume (im Beispiel von Januar 2002 bis Dezember 2003). Auf der senkrechten (Ordinate) befindet sich die Planungsachse mit derselben Zeiteinteilung von unten nach oben.

Zu Beginn werden alle Meilensteine auf der Ordinate an der Stelle eingetragen, wo sie voraussichtlich beendet sind. Der Meilenstein 1 wird beispielsweise bei 04/2002 eingetragen, weil spätestens am 30.04.2002 der Meilenstein abgeschlossen sein soll.

In periodischer Folge (im Beispiel monatlich) erfolgt die Überwachung der Einhaltung der geplanten Meilensteine. Es gilt zu ermitteln, ob der bisherige geplante Meilensteintermin eingehalten werden kann oder ob eine Verschiebung zu erwarten ist. Werden die einzelnen Eintragungen miteinander verbunden, entsteht ein Trend bezüglich der Terminentwicklung. Diese Trends werden wie folgt erkannt:

- Bei einem konstanten Linienverlauf sind bislang noch keine Veränderungen des Meilensteintermines eingetreten. Es wird mit der Einhaltung des Meilensteintermins gerechnet.
- Existiert ein Linienverlauf mit einem Trend nach unten, wird mit einem früheren Meilensteintermin gerechnet als ursprünglich geplant worden ist. Möglicherweise ist mit zu großen Puffern geplant oder der Arbeitsaufwand überschätzt worden.
- Nimmt der Linienverlauf in der Tendenz fortlaufend zu, wird mit Verzögerungen bei der Erreichung des Meilensteins gerechnet. Dies kann an einer zu optimistischen Schätzung der Bearbeitungszeit für die einzelnen Vorgänge/Arbeitspakete eines Meilensteines gelegen haben. Erfolgt diese Prognose erst kurz vor dem geplanten Ende des Meilensteins, kann von einer Trendwende gesprochen werden, die beispielsweise mit der Unterschätzung von Restarbeiten oder Angst vor dem Projektleiter erklärt werden kann. Problematisch ist, dass hier kaum noch Projektsteuerungsmaßnahmen greifen, um den ursprünglich geplanten Endtermin zu halten.

Hat die Linie die Begrenzungslinie (hier 45-Gradlinie) erreicht, ist der Meilenstein abgeschlossen.

Im oben genannten Beispiel wird das Projekt in sieben Meilensteine aufgeteilt. Die Punkte signalisieren, wann mit einem Meilenstein tatsächlich begonnen worden ist. Beispielsweise ist mit Meilenstein 1 am 01.01.2002 begonnen worden, mit Meilenstein 7 hingegen wird am 01.08.2002 begonnen. Gleichwohl werden für alle Meilensteine von Beginn an die Terminprognosen beurteilt. Das geplante Projektende ist am 30.09.2003 vorgesehen und fällt mit der Beendigung von Meilenstein 7 zusammen.

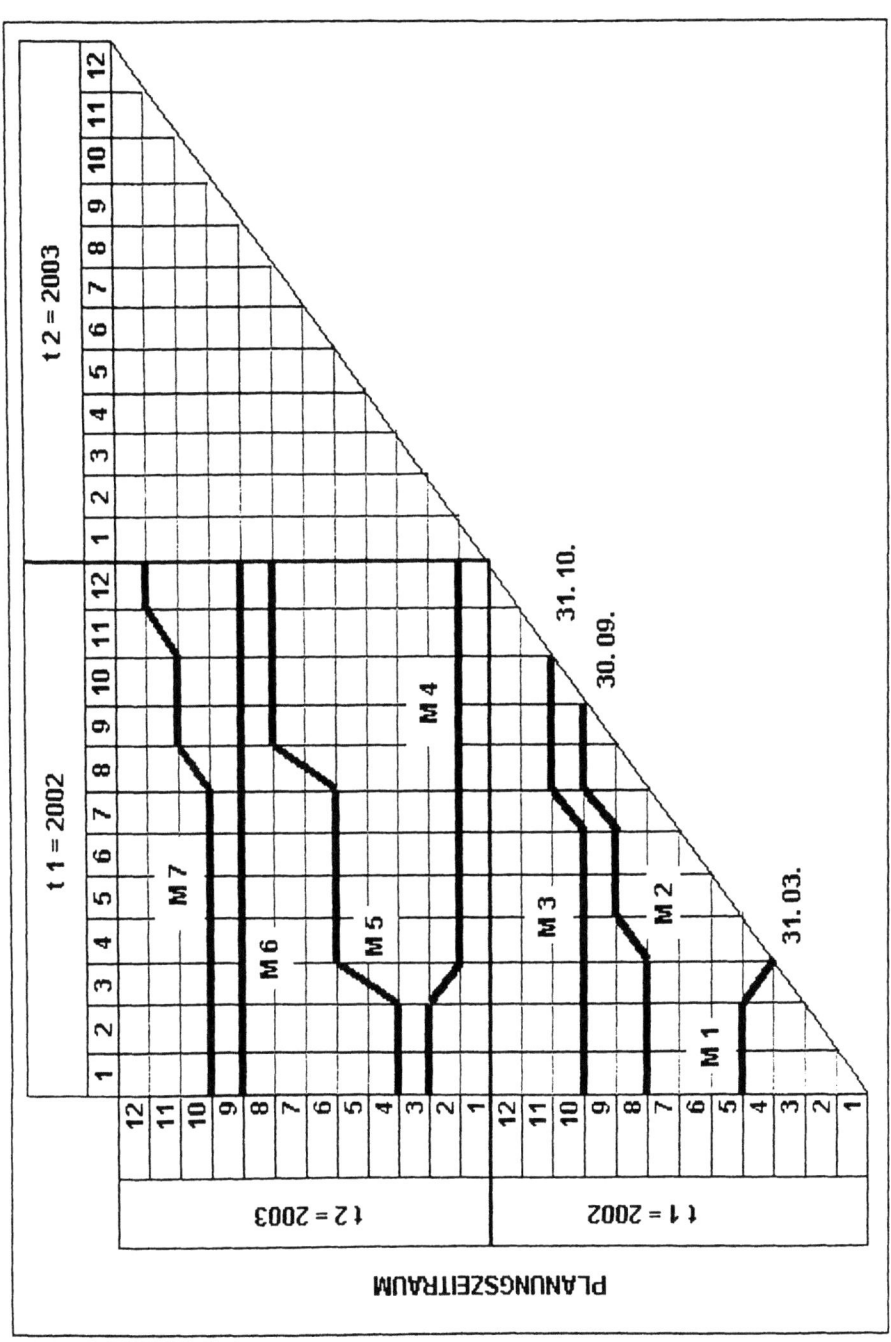

Abbildung 167: Meilenstein-Trendanalyse zum Berichtszeitpunkt 01.01.2003

Die Terminprognosen der einzelnen Meilensteine sind wie folgt zu begründen:

■ Meilenstein 1 wird ein Monat vorher als geplant abgeschlossen (31.03.2002). Die Verkürzung wird in den vorherliegenden Berichtsterminen (01.02.2002 und 01.03.2002) vor dem Meilensteinendtermin nicht signalisiert. Grund ist eine Überschätzung des Restaufwandes und der Sicherheitspuffer.

■ Meilenstein 2 wird am 01.01.2002 begonnen und sollte ursprünglich am 31.07.2002 fertig gestellt sein. Am 01.05.2002 und am 01.08.2002 wird das Meilensteinergebnis jeweils um einen Monat wegen Lieferantenprobleme und technischer Schwierigkeiten nach hinten verschoben, sodass der Meilenstein erst am 30.09.2002 abgeschlossen werden kann.

■ Meilenstein 3 wird am 01.04.2002 begonnen und sollte bis zum 30.09.2002 abgeschlossen werden. Auf Grund der zeitlichen Verzögerungen bei Meilenstein 2 und der hieraus existierenden Abhängigkeiten wird ebenfalls am 01.08.2002 der Endtermin um einen Monat auf den 31.10.2002 verschoben. Dieser Termin wird eingehalten.

■ Meilenstein 4 wird vor dem eigentlichen Start (01.04.2002) um einen Monat verkürzt, weil mehr Mitarbeiter zur Verfügung stehen, als ursprünglich zu Beginn des Projektes angenommen. Bislang deutet nichts auf Verzögerungen hin, sodass mit dem Endtermin 31.01.2003 gerechnet wird.

■ Im Gegensatz dazu wird die Bearbeitungszeit von Meilenstein 5 am 01.04.2002 um zwei Monate heraufgesetzt (statt 31.03.2003 nun 31.05.2003), weil ursprüngliche geplante Leistungen in Folge der gesamten Projektkostenentwicklung aus dem Pflichtenheft herausgenommen und preiswertere Varianten gefunden werden. Am 01.09.2002 wird der voraussichtliche Endtermin desselben Meilensteins nochmals um zwei Monate (vom 31.05.2003 auf 31.07.2003) nach hinten verschoben, weil bisherige Testergebnisse umfassende Nachbesserungen notwendig machen.

■ Meilenstein 6 ist von Anfang an für den 31.08.2003 terminiert. Seit Beginn am 01.07.2002 gibt es keine Tendenzen für Verzögerungen.

■ Letztlich ist Meilenstein 7 für den 30.09.2003 terminiert (gleichzeitig Projektende). Am 01.08.2002 wird mit der Bearbeitung des Meilensteins begonnen. Die Berichte am 01.09.2002 und 01.12.2002 signalisieren optimistische Vorgangszeiten. Darüber hinaus wirken sich die Verzögerungen bei Meilenstein 5 negativ aus.

Mit der gleichen Logik ist auch eine Kostentrendanalyse für die einzelnen Meilensteine durchführbar. Hier ändert sich nur die Bezeichnung der Ordinate, an der nun die voraussichtlichen Kosten abgetragen werden (Abbildung 168).

Beispiel: Meilenstein 1 ist ursprünglich für 150.000 € geplant. Am 01.02.2002 wird dieser Wert auf 100.000 € nach unten korrigiert, letztlich wird der Meilenstein mit 110.000 € abgeschlossen.

Auf eine vertiefende Erklärung der Kostenprognosen wird an der Stelle verzichtet, zumal auf Gründe für Kostenabweichungen bereits hingewiesen worden ist (siehe auch Kapitel 3.6.2).

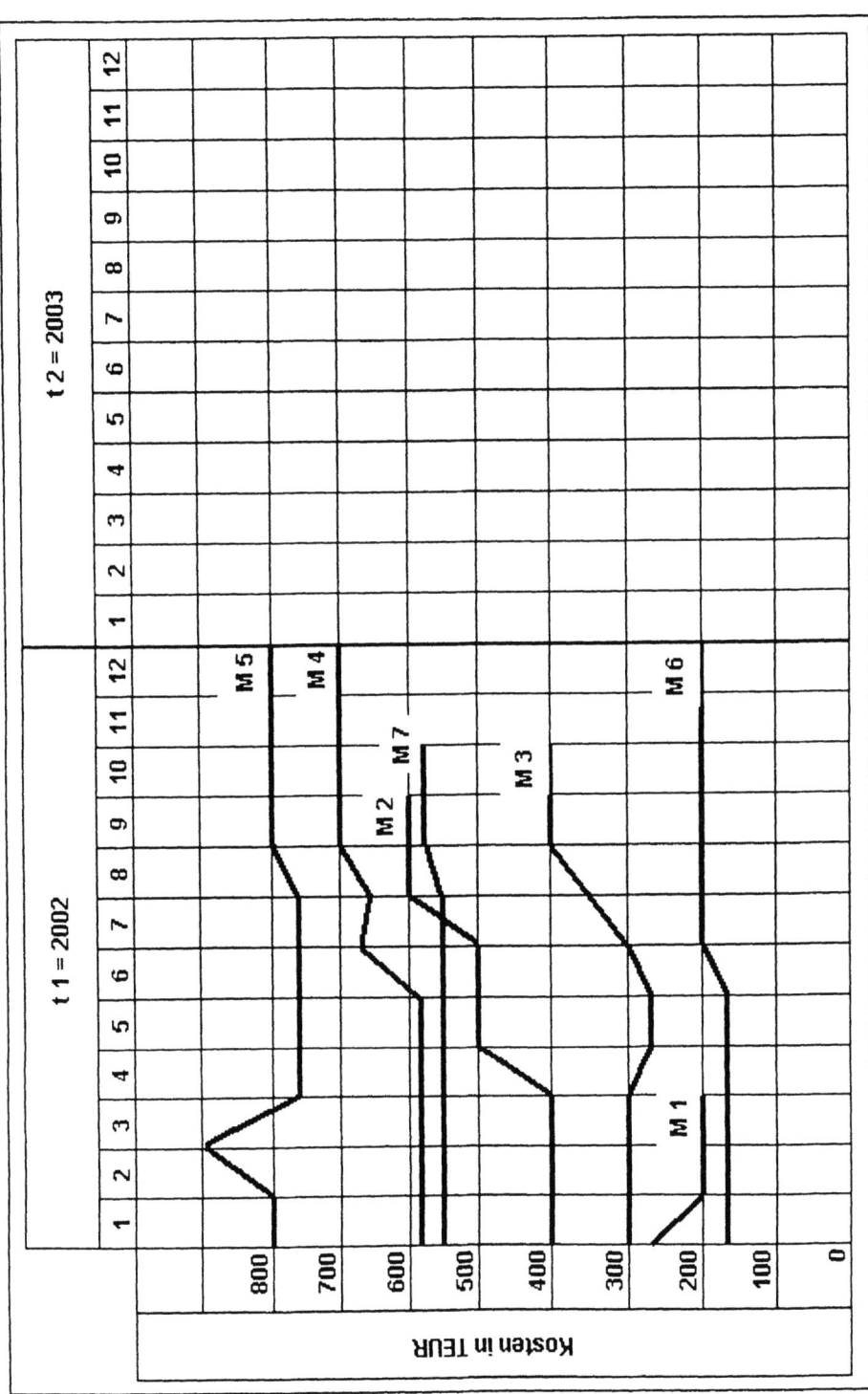

Abbildung 168: Kosten-Meilenstein-Trendanalyse

3.6.8   Zielterminrechnung

Wie bereits in Kapitel 1.3.3 verdeutlicht, sind die drei maßgeblichen Projektgrößen Qualität, Zeit und Kosten voneinander abhängig. Analog zur Beschleunigung von Wertschöpfungsprozessen kann bei innovativen Projekten die Bearbeitungszeit einzelner Vorgänge/Arbeitspakete in einem gewissen Maße reduziert werden, was jedoch zu Lasten der Projektkosten geht. Insofern stellt sich die Frage nach dem optimalen Zeit-Kosten-Verhältnis. Diese Überlegung wird als Zielterminierung oder Target Timing bezeichnet.

Eine Beschleunigung der Bearbeitungszeit kann bei innovativen Projekten vor allem durch folgende Optionen erreicht werden:

- Anordnung von Überstunden inklusive der Arbeit zu ungewöhnlichen Arbeitszeiten (Wochenende, Nachtarbeit).
- Beziehung von Fremdleistungen. Hieraus ergeben sich nicht nur Kapazitätseinsparungen, speziell von Mitarbeitern, die in anderen Vorgängen eingesetzt werden können, sondern möglicherweise auch Zeitersparnisse, die sich aus den Know-how-Vorteilen des Subunternehmers ergeben.
- Nutzung von Gleichteilen oder carry-over-Teilen aus anderen Projekten.
- Teilweise Überlappung von nachfolgenden Vorgängen bei gleichzeitiger Erhöhung des Risikos, resultierend aus den unsicheren Erwartungen des Vorgangsendes.

Dabei ist zu untersuchen, welcher zusätzliche Aufwand (beispielsweise Anzahl der Überstunden) erforderlich ist, um für einen Vorgang eine Beschleunigung um eine Zeiteinheit zu erzielen. Die hierfür anzusetzenden Kosten werden als Beschleunigungskosten bezeichnet. Diese sind von Vorgang zu Vorgang verschieden, da einerseits der notwendige Aufwand unterschiedlich einzuschätzen ist, andererseits differenzierte Maßnahmen (Überstunden, Fremdleistungen) zur Anwendung kommen können.

$$b = \frac{KVD - KND}{ND - VD}$$

b = Beschleunigungskosten

KVD = Kosten bei verkürzter Dauer   ND = Normaldauer

KND = Kosten bei Normaldauer   VD = Verkürzte Dauer

Beispiel

Ein Vorgang, für den eine Dauer von 10 Wochen geplant ist, kann durch die Ansetzung von Überstunden und der Zuordnung weiterer personeller Ressourcen auf 8 Wochen reduziert werden. Die Kosten des Vorgangs betragen bei 10 Wochen 30.000 €, bei 8 Wo-

chen 35.000 €. Insofern belaufen sich die (mittleren) Beschleunigungskosten auf 2.500 €
pro Woche.

Je nach Umfang der beschleunigbaren Vorgänge ergeben sich verschiedene Alternativen
für die Projektdauer. Dabei sind die Beschleunigungskosten der einzelnen Zeitalternati-
ven zu ermitteln. Werden Beschleunigungskosten aufaddiert, wird auch von Zusatzkosten gesprochen.

Die zeitliche Beschleunigung eines Projektes ist selbstverständlich nur dann von Bedeutung, wenn sich ein konkreter Nutzen daraus ergibt. Anders ausgedrückt: Wenn es nicht
auf einige Wochen Projektdauer mehr oder weniger ankommt, ist die Überlegung einer
Projektdauerbeschleunigung uninteressant.

Brockhoff/Urban [vgl. S. 4] bestimmen in ihrem Konzept der „optimalen Entwicklungsdauer" den Kapitalwert der prognostizierten Bruttogewinne (ohne Aufwand für Forschung und Entwicklung) in Abhängigkeit vom Markteintritt und ermitteln den Kapitalwert der zur Realisierung des Markteintrittstermins notwendigen Entwicklungsaufwendungen.
Die sich daraus ergebende Differenz der beiden Größen stellt den Projektkapitalwert dar,
den es zu optimieren gilt. Aus dem optimalen Kapitalwert ist dann wiederum der
Markteintrittstermin abzuleiten. Insofern interpretieren Brockhoff/Urban den frühzeitigen Markteintritt einer Produktinnovation als Nutzen. Gleichwohl kann diese Überlegung auch auf andere Nutzenarten übertragen werden. So kann der Nutzen auch in der

- Einsparung von Kosten (z.B. Personal-, Materialkosten, geringerer Ausschuss) bei
  Prozessinnovationen oder bei der
- Durchführung anderer Projekte im Freiwerden von personellen Ressourcen

gesehen werden.

Bei der Beschleunigung der Projektdauer sind ausschließlich kritische Vorgänge von Interesse, zumal diese die Projektdauer bestimmen. Allerdings können durch die schrittweise Zeitverkürzung neue kritische Wege entstehen, sodass dann eine gleichzeitige
Verkürzung auf mehreren kritischen Wegen erforderlich wird. Sinnvollerweise werden
nicht alle Vorgänge gleichzeitig reduziert. Vielmehr wird eine selektive Verkürzung angestrebt, um den jeweiligen Nutzen gegenüberzustellen. Eine maximale Reduzierung der
Projektdauer ist unter Kostengesichtspunkten häufig nicht optimal.

Die Reduktion der Projektdauer beginnt bei dem kritischen Vorgang mit den niedrigsten
Beschleunigungskosten. Diese werden so lange reduziert, bis sie entweder ihre Minimal-
dauer erreicht haben oder neue Tätigkeiten kritisch werden und niedrigere Beschleunigungskosten aufweisen. Da die Anzahl der kritischen und zeitlich beschleunigbaren
Vorgänge sich zunehmend verringert, werden die „jeweils niedrigsten Beschleunigungskosten" zunehmend teurer. Bis zu einer minimalen Projektdauer werden alle Alternativen ermittelt.

Zur Ermittlung der optimalen Projektdauer sind für jede Alternative die Kosten zu ermitteln. Dabei werden die jeweils erforderlichen Beschleunigungskosten aufaddiert und in

der Summe als Zusatzkosten ausgewiesen. Diese Zusatzkosten und die Opportunitätskosten werden addiert. Die Summe stellt die gesamten relevanten Projektkosten dar.

Die Opportunitätskosten resultieren aus dem in Geld bewerteten Nutzen einer Projektbeschleunigung. Sie betragen Null, wenn eine weitere zeitliche Reduzierung des Projektes
nicht möglich ist und erreichen ihr Maximum bei der derzeitigen Projektdauer, die als
Normaldauer bezeichnet wird.

Abschließend liegt für jede alternative Projektdauer die Summe der gesamten relevanten
Kosten vor. Deren Minimum ist die unter Kostengesichtspunkten optimale Projektdauer
(Abbildung 169).

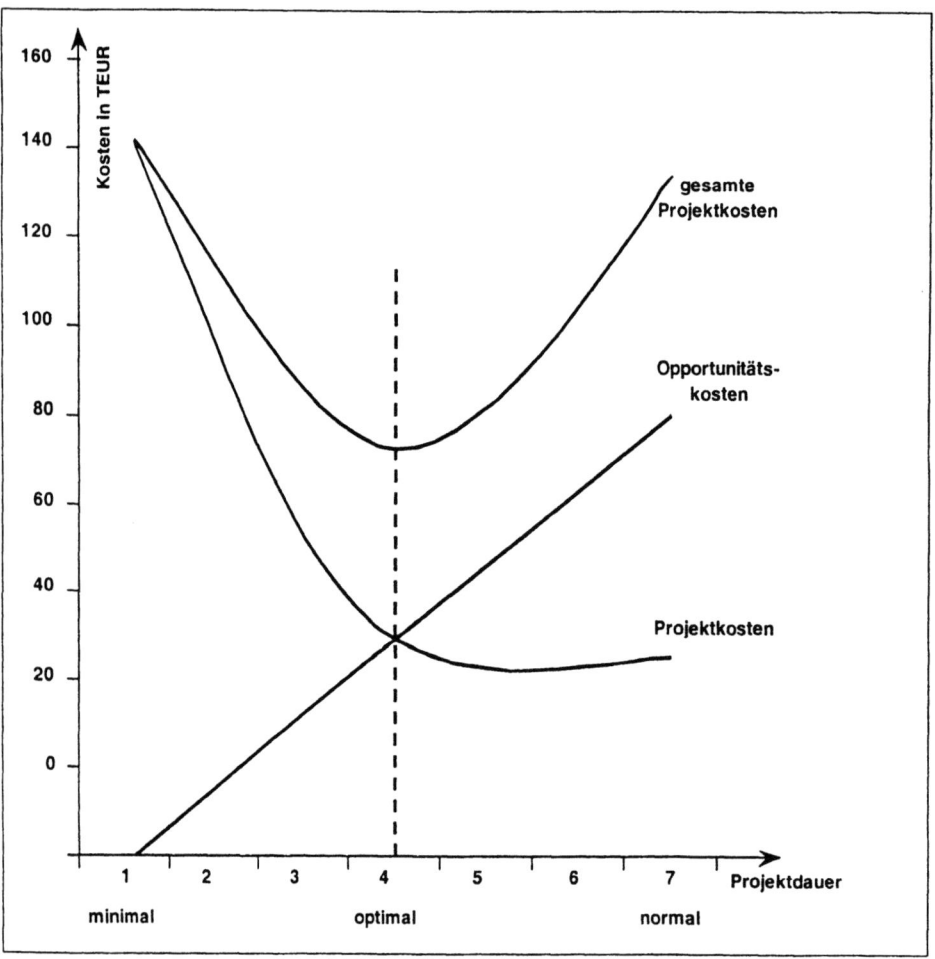

Abbildung 169: Zusammenhang zwischen Projektkosten und Projektdauer [Eigene Abbildung in Anlehnung an Hahn, S. 623]

Beispiel

Für eine Produktinnovation bzw. im Falle, dass ein Teil schon abgeschlossen ist, für die noch fehlenden Projektleistungen, wird eine Projektdauer von 34 Wochen für die Vorgänge A bis G angesetzt. Von den Vorgängen A - G sind alle bis auf G beschleunigbar; die Vorgänge B und F um jeweils zwei Wochen, die Übrigen um jeweils eine Woche. Die Möglichkeiten zur Beschleunigung der einzelnen Vorgänge sowie die Beschleunigungskosten ergeben sich aus der Abbildung 170.

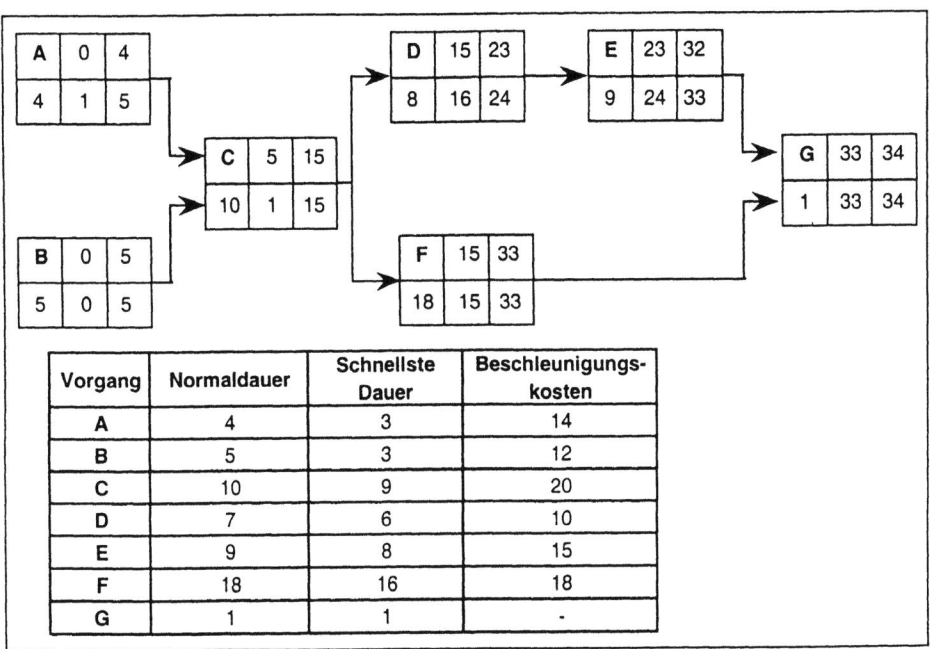

Vorgang	Normaldauer	Schnellste Dauer	Beschleunigungs- kosten
A	4	3	14
B	5	3	12
C	10	9	20
D	7	6	10
E	9	8	15
F	18	16	18
G	1	1	-

Abbildung 170: Übersicht über Beschleunigungszeiten und -kosten

Der Nutzen der vorzeitigen Fertigstellung des Projektes besteht in einer vorzeitigen Markteinführung des Produktes (Kundenbindung, höhere Produktpreise). Auf Basis einer Prognose wird der Grenznutzen (Gewinn) mit wöchentlich 25.000 € eingeschätzt. Die Aufgabe besteht in der Identifikation der optimalen Projektdauer des Innovationsprojektes unter Berücksichtigung aller Alternativzeiten und Kosten-Nutzen-Verhältnissen (Abbildung 171).

Alternative	1	2	3	4	5	6
Projektdauer	34	33	32	31	30	29
Verkürzung von	-	B	F	C	A+B	D+F
auf ... Zeiteinheiten	-	4	17	9	3+3	6+16
Beschleunigungskosten [TEUR]	0	12	18	20	14+12	10+18
Zusatzkosten [TEUR]	0	12	30	50	76	104
A (FEZ/SEZ)	4/5	4/4	4/4	4/4	3/3	3/3
B (FEZ/SEZ)	5/5	4/4	4/4	4/4	3/3	3/3
C (FEZ/SEZ)	15/15	14/14	14/14	13/13	12/12	12/12
D (FEZ/SEZ)	23/24	22/23	22/22	21/21	20/20	19/19
E (FEZ/SEZ)	32/33	31/32	31/31	30/30	29/29	28/28
F (FEZ/SEZ)	33/33	32/32	31/31	30/30	29/29	28/28
G (FEZ/SEZ)	34/34	33/33	32/32	31/31	30/30	29/29

Alternative	1	2	3	4	5	6
Projektdauer	34	33	32	31	30	29
Zusatzkosten [TEUR]	0	12	30	50	76	104
Opportunitätskosten [TEUR]	125	100	75	50	25	0
Gesamte relevante Kosten	125	112	105	100	101	104

Alternative	1	2	3	4	5	6
Projektdauer	34	33	32	31	30	29
Zusatzkosten [TEUR]	0	12	30	50	76	104
Nutzen (Gewinn) [TEUR]	0	25	50	75	100	125
Gesamte relevante Kosten	0	13	20	25	24	21

Abbildung 171: Alternativen der Projektbeschleunigung

Es bestehen insgesamt sechs verschiedene Alternativen der Projektdauer. Sie reichen von 34 Wochen, was dem jetzigen Planungs- bzw. Bearbeitungssstand entspricht, bis zu einer Verkürzung auf 29 Wochen.

Alternative 1 sieht keine Beschleunigung eines Vorganges vor. Die Projektdauer bleibt bei 34 Wochen.

Was **Alternative 2** angeht, hat zwar Vorgang D die niedrigsten Beschleunigungskosten (10.000 €), da er aber kein kritischer Vorgang darstellt, würde eine Verkürzung auf 6 Wochen keine Reduzierung der Projektdauer ergeben. Insofern ist es sinnvoll, Vorgang B auf 4 Wochen zu verkürzen. Damit wird nun auch Vorgang A kritisch, was die angegebenen Werte der frühesten und spätesten Endzeitpunkte angehen. Die Projektdauer beträgt 33 Wochen.

Alternative 3 sieht eine Verkürzung von Vorgang F vor, womit die Vorgänge D und E kritisch werden. Die Projektdauer beträgt dann 32 Wochen.

Alternative 4 verkürzt zusätzlich den Vorgang C. Die Projektdauer liegt bei 31 Wochen.

Bei **Alternative 5** existieren unter den verbleibenden kritischen Vorgängen A und B sowie D, mit E und F jeweils zwei kritische Wege. Insofern wäre eine alleinige Beschleunigung von A oder B, D oder F bzw. E oder F nicht zielführend. Die Variante einer Beschleunigung von A und B führt mit insgesamt 26.000 € zu den niedrigsten Beschleunigungskosten. Die Projektdauer liegt bei 30 Wochen.

Bei **Alternative 6** verbleibt nur noch eine Beschleunigung von D und F. Eine weitere Beschleunigung der Projektdauer unterhalb von nun 29 Wochen ist nicht möglich. Der Vorgang E wäre zwar noch zeitlich beschleunigbar, dies würde aber dazu führen, dass der kritische Weg über den Vorgang F laufen würde. An der Projektdauer würde sich dann nichts ändern.

Werden den Alternativen die jeweiligen Zusatz- und Opportunitätskosten gegenübergestellt, wird deutlich, dass Alternative 4 mit insgesamt 100.000 € am besten abschneidet, weil hier das Kostenminimum liegt. Die Opportunitätskosten liegen bei Alternative 6 bei 0, weil eine weitere Beschleunigung des Projektes nicht möglich ist, und erhöhen sich Woche für Woche um 25.000 € bis zur Erreichung der Normaldauer.

Rückt an die Stelle der Opportunitätskosten eine Gewinnbetrachtung, ist die Sichtweise genau umgekehrt. In diesem Fall würden bei der Normaldauer keine zusätzlichen Gewinnmöglichkeiten bestehen und darüber hinaus würde mit jeder verkürzten Woche ein Gewinn von 25.000 € erzielt werden. Dies setzt dann allerdings eine Subtraktion der Zusatzkosten von der Gewinnoption voraus. An der Entscheidung ändert sich aber letztlich nichts. In beiden Fällen stellt sich Alternative 4 als die unter Kosten-Nutzen Gesichtspunkten optimale Variante heraus. Abschließend sind die Maßnahmen einzuleiten, die zu einer Projektdauer von 31 Wochen führen und die sicherstellen, dass die hierfür notwendige Beschleunigung der Vorgänge B, F und C auch eintritt.

3.6.9 Beurteilung der Bedeutung von auftretenden Abweichungen bezüglich der Wirtschaftlichkeit des Projektes und Prüfung eines eventuellen Projektabbruchs

3.6.9.1 Begriff Projektabbruch

Die fortlaufende Analyse der Abweichungen von Projektdauer und -kosten sowie die Prüfung qualitativer Vorgaben sind eine notwendige aber keine hinreichende Aufgabe. Mit anderen Worten: Es reicht nicht aus, lediglich Abweichungen zu ermitteln und Prognosen aufzustellen, die signalisieren, dass sich das Projekt beispielsweise voraussichtlich um weitere drei Monate verschiebt und weitere finanzielle Mittel benötigt, sondern es ist zu prüfen, ob eine weiterführende Projektbearbeitung überhaupt noch sinnvoll ist. Im Gegensatz zur Ermittlung von Abweichungen, was eine operative Aufgabe des

Projektcontrollings darstellt, handelt es sich bei letzterem um eine strategische Entscheidung mit entsprechender Tragweite.

Unter einem Projektabbruch für ein innovatives Projekt ist die außerplanmäßige Beendigung der Arbeiten an einem Projekt, mit dessen Durchführung bereits begonnen worden ist, zu verstehen. Die ursprünglich mit dem Projekt verbundenen Ziele sind technisch und/oder zeitlich und/oder kostenmäßig nicht erreicht worden, wobei die Abweichungen so gravierend sind, dass eine wirtschaftlich sinnvolle Weiterführung des Projektes nicht gegeben ist.

Beispiel

Für die Entwicklung eines neuen Produktes ist ein Zeitraum von 2 Jahren vorgesehen. Nach einer Entwicklungszeit von einem Jahr zeigen sich einerseits technische Schwierigkeiten, die nur mit erheblichem finanziellen Aufwand zu lösen sind, andererseits werden zwei Konkurrenzprodukte am Markt eingeführt, die eine wirtschaftliche Nutzung des Projektes nahezu ausschließen. Deshalb wird das Projekt beendet.

Nach diesem Begriffsverständnis liegt hingegen kein Projektabbruch vor, wenn der Projektgegenstand (Produkt oder Prozess) nach erfolgter Markteinführung bzw. Nutzung vom Markt genommen wird, ohne dass der ursprünglich geplante Markt- bzw. Nutzungszyklus erreicht worden ist.

Beispiel

Ein Hardwarehersteller führt ein Produkt am Markt ein, das ursprünglich für drei Jahre am Markt angeboten und dann durch ein Nachfolgeprodukt ersetzt werden soll. Auf Grund technologischer Weiterentwicklungen und der Konkurrenzsituation am Markt wird das Produkt bereits nach zwei Jahren vom Markt genommen und durch das Nachfolgeprodukt abgelöst.

3.6.9.2 Gründe und Entscheidungskriterien für einen Projektabbruch

Während des Projektablaufs können sich die Erfolgsaussichten eines Projektes auf Grund von Planabweichungen oder veränderten Rahmenbedingungen maßgeblich verändern. Insofern sollte die Prüfung der Wirtschaftlichkeitsrechnung sich nicht nur auf die Projektstartphase beziehen.

Die Erfahrung zeigt, dass Abbruchentscheidungen in der Praxis oft zu spät oder gar nicht getroffen werden, sodass Innovationsprojekte mit geringem Erfolgspotenzial weitergeführt werden, die Ressourcen und Kapital unrentabel binden, und gleichzeitig andere Projekte nicht durchgeführt werden können.

Somit verlangt die Entscheidung über den Abbruch von Forschungs- und Entwicklungsprojekten nach einer überzeugenden Entscheidungsregel. Zwar lassen sich in der Unternehmenspraxis Beispiele nachweisen, wo entgegen einer Abbruchentscheidung insgeheim weiter entwickelt worden ist und das Entwicklungsergebnis dem Unternehmen später zugute kommt (z.B. Entwicklung einer einäugigen Spiegelreflexkamera bei Rollei oder Entwicklung des Audi Quattro), aus der Förderung solcher „U-Boot-Projekte" aber ein Prinzip des Innovationsmangements zu machen, erscheint zu weit gehend [vgl. Hoffmann, S. 121-127].

Grundsätzlich ist festzustellen, dass die Wahrscheinlichkeit eines Projektabbruchs mit fortschreitender Projektrealisierung stetig sinkt, da ein Projektabbruch sich nur dann als sinnvoll erweist, wenn sich die Konsequenzen aus der Projektbeendigung im Verhältnis zur Weiterführung als vorteilhafter erweisen (Überschreitung des Point of no Return). Da aber mit zunehmender Dauer ein immer größerer Teil der Projektkosten getätigt wird und bereits Verpflichtungen eingegangen worden sind (z.B. mit Lieferanten), reduziert sich der Entscheidungsspielraum des Lenkungsausschusses permanent.

Als Entscheidungskriterien für einen Projektabbruch stehen nach Brockhoff [vgl. 1999, S. 408-414] und Gerpott [vgl. 1999, S. 177-185] analytisch-deduktive und empirisch-induktive Verfahren zur Verfügung. Die Grundidee analytisch-deduktiver Verfahren besteht in einem Vergleich der erwarteten Verzinsung der im Projekt investierten Finanzmittel mit der Verzinsung eines alternativen Projektes. Bei diesem Kalkül sind projektbedingte Zahlungsströme in der Vergangenheit irrelevant. Gleichwohl ergeben sich Schwierigkeiten für Vorhaben der Grundlagenforschung und der angewandten Forschung hinsichtlich der Beschaffung der verlässlichen Informationen im Sinne der Vorhersehbarkeit von Absatzzahlen, Marktzyklus usw. Für marktnahe Entwicklungen lässt sich der Kapitalwert hingegen verlässlicher prognostizieren. Für Forschungsprojekte sind dagegen Entscheidungen auf Basis von Nutzwertanalysen (siehe auch Kapitel 3.2.3.2) und Technologieportfolios (siehe auch Kapitel 2.3.2.4) geeignet.

Im Folgenden wird von der Wirtschaftlichkeitsanalyse aus Kapitel 3.2.3.3 ausgegangen. Dies ist deshalb logisch, weil eine erste Wirtschaftlichkeitsanalyse vor Beginn des Projektes durchgeführt werden muss. Die Entscheidung, das Projekt zu starten, fußt auf dem Kapitalwert und/oder der Umsatzrendite. Diese Entscheidungskriterien bedürfen einer regelmäßigen Überprüfung.

Im Beispiel werden lediglich die Folgen einer Kostenüberschreitung im Entwicklungsprozess dargestellt: Nach dem Ende des ersten Entwicklungsjahres wird eine Kostenerhöhung von 20 % festgestellt. Es wird angenommen, dass sich diese auch im zweiten Jahr der Entwicklung fortsetzen wird. Möglich wären auch überarbeitete Prognosen während des vierjährigen Marktzyklus oder eine Verkürzung des Lebenszyklus in Folge eines verspäteten Markteintritts, die jedoch hier konstant bleiben (Abbildung 172).

| | Entwicklungszeit | | Marktzyklus | | | | |
	2002	2003	2004	2005	2006	2007	Summe
Absatzmenge	0	0	8.000	20.000	18.000	7.000	53.000
Preis	0	0	2.800	2.400	2.000	1.800	9.000
Umsatz	0	0	22.400.000	48.000.000	36.000.000	12.600.000	119.000.000
Entwicklungskosten	18.000.000	23.000.000	1.000.000	500.000	300.000	0	42.800.000
	21.600.000	27.600.000					51.000.000
Herstellkosten	0	0	6.000.000	12.000.000	10.620.000	4.130.000	32.750.000
Verwaltungs-/Vertriebs-GK	~~2.000.000~~	~~2.000.000~~	3.000.000	6.000.000	5.310.000	2.065.000	~~20.375.000~~
	2.400.000	2.400.000					21.175.000
Gesamte Kosten	~~20.000.000~~	~~25.000.000~~	10.000.000	18.500.000	16.230.000	6.195.000	~~85.925.000~~
	24.000.000	30.000.000					104.925.000
Operatives Ergebnis	~~-20.000.000~~	~~-25.000.000~~	12.400.000	29.500.000	19.770.000	6.405.000	~~23.075.000~~
	-24.000.000	-30.000.000					14.075.000
Operatives Ergebnis (Barwerte bei 8 % Kalk. Z.)	~~-20.000.000~~	~~-23.148.148~~	10.631.001	23.418.051	14.531.540	4.359.135	~~9.791.580~~
	-24.000.000	-27.777.778					1.161.950
Ergebnis kumuliert	~~-20.000.000~~	~~-45.000.000~~	~~-32.600.000~~	~~-3.100.000~~	~~16.670.000~~	~~23.075.000~~	~~23.075.000~~
	-24.000.000	-54.000.000	-41.600.000	-12.100.000	7.670.000	14.075.000	14.075.000
Ergebnis kumuliert (Barwerte bei 8 % Kalk. Z.)	~~-20.000.000~~	~~-43.148.148~~	~~-32.517.147~~	~~-9.099.096~~	~~-5.432.445~~	~~-9.791.580~~	~~-9.791.580~~
	-24.000.000	-51.777.778	-41.146.776	-17.728.725	-3.197.185	1.161.950	1.161.950

Abbildung 172: Wirtschaftlichkeitsanalyse während der Projektrealisierung

Die im Beispiel berechnete Erhöhung der Entwicklungskosten um 20 % wirkt sich problematisch aus:

• Statische Amortisationsdauer:	August 2006 (statt Februar 2006)
• Dynamische Amortisationsdauer:	September 2007 (statt August 2006)
• Kapitalwert	1.161.950 € (statt 9.791.580 €)
• Umsatzrendite	11,8 % (statt 19,4 %)
• Umsatzrendite (auf Basis der Barwerte)	1,0 % (statt 8,2 %)

Beispielsweise zeigt die dynamische Amortisationsdauer, dass eine Amortisation erst drei Monate vor dem Ende des geplanten Marktzyklus erreicht wird. Reduziert sich der Marktzyklus oder kommt es zu einer zeitlichen Verzögerung der Markteinführung ist eine Amortisation kaum möglich. Zudem sinken der Kapitalwert und die Umsatzrendite deutlich ab. Insofern ist zu überlegen, ob das Projekt fortgesetzt werden sollte.

Eine empirisch-induktive Vorgehensweise setzt bei einer statistischen Untersuchung bislang abgeschlossener Projekte an und ermittelt die Bedeutung einzelner Merkmale sowohl von erfolglosen als auch erfolgreichen Projekten. Stellt sich beispielsweise heraus, dass Projekte, die in der Mitte ihrer Laufzeit signifikant höhere Zeitabweichungen aufweisen, in der Regel erfolglos enden, liegt es nahe, ein solches Projekt vorzeitig abzubrechen, wenn die Zeitabweichung nicht verringert werden kann. Voraussetzung ist jedoch eine unternehmensspezifische Analyse der Diskriminanzmerkmale, da je nach vorliegender empirischer Studie unterschiedliche landes-, branchen-, technologie- oder projektphasenspezifische Erfolgsfaktoren ermittelt worden sind. Hinzu kommt, dass in der Praxis einzelnen Kriterien wenig Vertrauen entgegengebracht wird und/oder Verantwortliche dazu tendieren, diese unsachgemäß zu umgehen.

Exemplarisch zeigt Abbildung 173 einige wesentliche Ursachen. Zusätzlich sind die angegebenen Gründe einer dominierenden Risikoart (siehe auch Kapitel 3.2.4) zugeordnet.

Gründe für den Abbruch (Mehrfachnennungen möglich)	Anteil der Unternehmen in %	Dominierende Risikoart
Änderung der Absatzaussichten nach Beginn der Vorhaben	56	Verwertungsrisiko
Der Aufwand wurde unterschätzt, die Entwicklung wäre zu teuer geworden	36	Kostenrisiko
Die Produktionseinrichtungen und die Markteinführung wäre zu teuer geworden	34	Kostenrisiko
In unserem Unternehmen nicht lösbare technische Probleme	32	Technisches Risiko
Die dafür vorgesehenen Mittel wurden in anderen Unternehmensbereichen benötigt; es gab generelle Finanzierungsprobleme	7	Kosten-/ Verwertungsrisiko
Die Konkurrenz kam vorher mit einem ähnlichen Produkt auf den Markt	14	Zeit-/ Verwertungsrisiko
Sonstiges	8	-

Abbildung 173: Gründe für den Abbruch von Forschungs- und Entwicklungsprojekten
[Specht/Beckmann, S. 28]

3.7 Projektabschluss

3.7.1 Übergabe der Projektergebnisse und abschließende Tests

Am Ende des Projektes wird der Projektgegenstand dem Projektauftraggeber bzw. dem Lenkungsausschuss präsentiert.

Die abschließende Projektpräsentation sollte folgende Punkte umfassen:

1. Es sind die abschließenden Projektergebnisse vorzustellen. Bezogen auf den Projektgegenstand, sind die realisierten Leistungsmerkmale mit dem Pflichtenheft zu vergleichen. Dazu gehört auch die Erörterung des erreichten Qualitätsstandards. Gegebenenfalls kann auf die Ergebnisse von Tests verwiesen werden:

   Bei einem **Leistungsmerkmaltest** steht die Prüfung, ob das Produkt/der Prozess die gemäß Pflichtenheft festgelegten Leistungsmerkmale erbringt, im Mittelpunkt.

   Verbreitet ist auch der Einsatz von **Akzeptanztests**. Je nach Branche und Produkt können die inhaltlichen Testschwerpunkte sehr unterschiedlich sein.

   Bei Konsumgütern werden verstärkt Markttests durchgeführt. Dabei wird die Prüfung des Verkaufs von Produkten in einem Testmarkt unter dem Einsatz des gesamten Marketinginstrumentariums vorgenommen. Die Produkte eignen sich gleichfalls für den Test alternativer Marketing-Mix-Strategien und zu einer fundierten Schätzung von Absatz- und Marktanteilspotenzialen.

   Für Investitionsgüter ist der Markttest mit Hilfe des Testmarkts hingegen zu teuer. Als Form des Markttests haben lediglich die Ausstellung des Produktes auf Messen oder die zeitweise Überlassung an potenzielle Verwender eine Bedeutung. Dabei sollten diese Unternehmen einen repräsentativen Charakter aufweisen, um das Produkt oder Verfahren in seiner künftigen Umwelt unter realistischen Bedingungen zu testen.

   Beispiel: DaimlerChrysler liefert im Laufe des Jahres 2001 einen Lieferwagen vom Typ Mercedes-Benz Sprinter mit Brennstoffzellen-Antrieb an den Hamburger Paketdienst Hermes Versand Service aus. Das Fahrzeug soll über zwei Jahre die Alltagstauglichkeit der neuen Antriebstechnik beweisen (Hannover Messe 2001).

   Bei einem **Umwelttest** wird der gegenseitige Einfluss auf die Umwelt auf Basis von beispielsweise klimatischen, elektrischen, mechanischen oder akustischen Prüfungen untersucht. Außerdem wird geprüft, ob die Umwelt nicht über zulässige Werte hinaus belastet wird sowie umgekehrt, das Produkt von der Umwelt nicht funktionsstörend beeinflusst wird.

   Ferner ermittelt ein **Stresstest** die Leistungsgrenzen des Projektgegenstandes.

Bei einer Produktinnovation werden häufig im Rahmen eines **Typtests** die Vorbereitungen zur Aufnahme der Produktion parallel zur Produktentwicklung getroffen.
Die Vorbereitungen bestehen im Wesentlichen in der Umrüstung vorhandener oder
gegebenenfalls in der Beschaffung und Installierung neuer Fertigungsanlagen und
Werkzeuge, des Weiteren in der Beschaffung der notwendigen Fertigungsmateria-
lien sowie in der Einarbeitung des Fertigungspersonals.

Vor der Serienfertigung ist in der Regel noch die Vorserienfertigung, so genannte
Null-Serie eingeplant. Dabei ist zu prüfen, ob das Produkt in der geforderten Funk-
tions- und Fertigungsqualität wirtschaftlich hergestellt werden kann. In der Vorserie
werden alle fertigungstechnischen Abläufe und Verfahren festgelegt und erprobt.
Auftretende Schwächen müssen frühzeitig erkannt werden und sind durch Nachbesserungen zu beseitigen.

2. Es sind die geplanten und die tatsächlichen Projekttermine sowie Projektkosten, am
   besten entlang der vereinbarten Meilensteine, gegenüberzustellen und Gründe für
   Abweichungen sowie getroffene Maßnahmen der Projektsteuerung zu erörtern. Dies
   gilt auch für die geplante und erreichte Wirtschaftlichkeit des Projektes.

3. Die Zusammenarbeit im Projekt, insbesondere mit Abteilungen des Unternehmens
   und externen Institutionen aber auch im Projektteam, sind zu erörtern.

4. Bleibt das Projektteam nach dem Ende des Projektes nicht zusammen, sind die
   Teammitglieder entweder wieder in der Linienorganisation oder in anderen Projekten einzusetzen. Eine reibungslose Weiterbeschäftigung der Mitarbeiter des Projektteams ist von der Qualität der Personalplanung abhängig. Nur bei gelungenem
   Wechsel zwischen Linien- und Projekttätigkeit werden Mitarbeiter mit Potenzial in
   Unternehmen bereit sein, für eine bestimmte Zeitdauer in einem Projekt mitzuarbei-
   ten, anstatt eine Linientätigkeit vorzuziehen. Außerdem bleibt nur dann das im Projekt gesammelte Know-how dem Unternehmen erhalten.

5. Alle weiteren Projektressourcen sind aufzulösen.

6. Die im Projekt noch durchzuführenden Aktivitäten sind festzuhalten. Überdies ist
   sicherzustellen, dass nach Auflösung des Projektteams der Projektgegenstand in
   Routineprozesse überführt wird und hierfür die Verantwortlichkeiten geklärt werden. Bei einer Produktinnovation könnte dies beispielsweise ein Produktmanager
   und somit die Abteilung Marketing, bei einer Prozessinnovation die Abteilung Produktion sein.

Bei einer Produktinnovation umfassen die Vorbereitungen im Marketing vor allem
die Planung und Realisierung des Einsatzes aller Marketinginstrumente. Auf der
Grundlage einer Markteinführungsstrategie sind Entscheidungen über den Preis-
(Handelspreise, Rabattsätze), Kommunikations- (Werbe-, Promotion- und PR-
Maßnahmen) und Distributionsmix (Festlegung der Distributionskanäle, Vorberei-
tung des Vertriebs, Schulung des Außendienstes) zu treffen.

7. In der Schlusssitzung ist das offizielle Ende des Projektes zu verkünden. Das Projekt
    endet mit der Einführung des neuen Produktes am Markt (z.B. im Handel, auf Mes-
    sen, in Katalogen) bzw. dessen Nutzung im Unternehmen. Dieser Schritt stellt
    gleichzeitig den Beginn der Marktphase dar. Der weitere Verlauf, die so genannte
    Diffusion, zeigt letztlich, wie erfolgreich die Verbreitung der Innovation ist.

3.7.2   Projektabschlussbericht und Dokumentation

Am Ende des Projektes ist ein Projektabschlussbericht anzufertigen, wobei der gesamte
Projektverlauf zu würdigen ist. Das Sammeln und systematische Aufbereiten von Istwerten sind Voraussetzung für jede Erfahrungssicherung, die zukünftigen Projekten zu Gute
kommt. Idealerweise geschieht dies durch Einspeisen der Ergebnisse in eine Datenbank.

Zudem ist ein Projekthandbuch zu erstellen, in dem die Funktionen des Innovationsobjektes und Wartungsaufgaben dokumentiert werden.

3.7.3   Projektabschlusssitzung

Am Ende eines Projektes hat es sich bewährt, dass alle Projektteammitglieder ihre Erfahrungen, die sie im Projekt gesammelt haben, austauschen. Dabei sollten die positiven
und negativen Elemente des Projektes umfassend diskutiert und Verbesserungsvorschläge unterbreitet werden. Außerdem ist festzustellen, wie Verbesserungsvorschläge bei
anderen künftigen Projekten berücksichtigt werden können. Die Projektabschlusssitzung
kann mit Hilfe der Metaplanmethode und des Stimmungsbarometers unterstützt werden.

Literaturverzeichnis

AAKER, D.A.: Strategisches Markt-Management, Wiesbaden 1989: Gabler

AGAMUS CONSULT: Stars der Innovation - Die Agamus Consult Innovations-Studie, Starnberg 1998: Agamus Consult Unternehmensberatung GmbH

ALBACH, H.: Innovation und Imitation als Produktionsfaktoren, in: G. Bombach/B. Gahlen/A.E. Ott (Hrsg.), Technologischer Wandel - Analyse und Fakten, Tübingen 1986: Mohr, S. 47-63

ARTHUR D. LITTLE: Management der F&E-Strategie, Wiesbaden 1991: Gabler

ARTHUR D. LITTLE: Management von Innovation und Wachstum, Wiesbaden 1997: Gabler

BACK-HOCK, A.: Produktlebenszyklusorientierte Ergebnisrechnung, in: W. MÄNNEL (HRSG.), Handbuch Kostenrechnung, Wiesbaden 1992: Gabler, S. 703-714

BACKHAUS, K.: Industriegütermarketing, 6. Aufl., München 1999: Vahlen

BACKHAUS, K./DE ZOETEN, R.: Produktentwicklung, Organisation der, in: E. FRESE (HRSG.), Handwörterbuch der Organisation, 3. Aufl., Stuttgart 1992: Poeschel, S. 2024-2039

BADARACCO, J.L. JR.: Strategische Allianzen - Wie Unternehmen durch Know-how-Austausch Wettbewerbsvorteile erzielen, Wien 1991: Ueberreuter

BEA, F.X./HAAS, J.: Strategisches Management, 3. Aufl., Stuttgart 2001: Lucius & Lucius

BECK, T.: Die Projektorganisation und ihre Gestaltung, Berlin 1996: Duncker und Humblot

BECKER, J.: Marketing-Konzeption - Grundlagen des strategischen Marketing-Management, 6. Aufl., München 1998: Vahlen

BERGFELD, H./LEITZ, W./MEMPEL, G.: Multiprojektmanagement im F&E-Bereich, in: Gesellschaft für Projektmanagement INTERNET Deutschland e.V. (Hrsg.), Projektmanagement, Beiträge zur Jahrestagung 1990, München 1990: Gesellschaft für Projektmanagement e.V., S. 533-534

BESTMANN, U.: Kompendium der Betriebswirtschaftslehre, 9. Aufl., München/Wien 1997: Oldenbourg

BIERFELDER, W.H.: Innovationsmanagement - Prozessorientierte Einführung, 3. Aufl., München/Wien 1994: Oldenbourg

BIERICH, M.: Strategische Allianzen in der Elektroindustrie, in: Schmalenbachs Zeitschrift für betriebswirtschaftliche Forschung, Sonderheft Nr. 27, 1990, S. 77-84

BIERMANN, T./DEHR, G. (HRSG.) Innovation mit System - Erneuerungsstrategien für mittelständische Unternehmen, Berlin/Heidelberg/New York u.a. 1997: Springer

BITZER, B.: Innovationshemmnisse im Unternehmen, Wiesbaden 1990: Deutscher Universitäts-Verlag

BLEICHER, F.: Effiziente Forschung und Entwicklung - Personelle, organisatorische und führungstechnische Instrumente, Wiesbaden 1990: Deutscher Universitäts-Verlag

BLEICHER, K.: Das Konzept integriertes Management, 5. Aufl., Frankfurt am Main 1999: Campus

BLUM, U.: Volkswirtschaftslehre - Studienhandbuch, 2. Aufl., München/Wien 1994: Oldenbourg

BÖHNISCH, W.: Personale Widerstände bei der Durchsetzung von Innovationen, Stuttgart 1979: Poeschel

BÖSENBERG, D./METZEN, H.: Lean-Management, 5. Aufl., Landsberg/Lech 1995: Moderne Industrie

BONNET, P.: Methoden und Verfahren der Technikfolgenabschätzung: Exotische Hausmannskost ?, in: H.-J. Bullinger (Hrsg.), Technikfolgenabschätzung, Stuttgart 1994: Teubner, S. 33-54

BOUTELLIER, R./VÖLKER, R.: Erfolg durch innovative Produkte - Bausteine des Innovationsmanagements, München/Wien 1997: Hanser

BOUTELLIER, R./VÖLKER, R./VOIT, E.: Innovationscontrolling - Forschungs- und Entwicklungsprozesse gezielt planen und steuern, München/Wien 1999: Hanser

BRÄNDEL, O.C.: Technische Schutzrechte, Heidelberg 1995: Recht und Wirtschaft

BRAUN, C.C.: Innovationsstrategien multinationaler Unternehmen, Frankfurt am Main/Berlin/Bern u.a. 1995: Lang

BROCKHOFF, K.: Forschung und Entwicklung, Überwachung der, in: Handwörterbuch der Revision, A.G. Coenenberg/K. von Wysocki (Hrsg.), 2. Aufl., Stuttgart 1992: Poeschel, S. 567-583

BROCKHOFF, K.: Management der Schnittstellen zwischen Forschung und Entwicklung sowie Marketing, in: E. Zahn (Hrsg.), Handbuch Technologiemanagement, Stuttgart 1995: Schäffer-Poeschel, S. 437-453

BROCKHOFF, K.: Forschung und Entwicklung - Planung und Kontrolle, 5. Aufl., München/Wien 1999: Oldenbourg

BROCKHOFF, K./URBAN, C.: Die Beeinflussung der Entwicklungsdauer, in: K. Brockhoff/A. Picot/C. Urban (Hrsg.), Zeitmanagement in Forschung und Entwicklung, Düsseldorf/Frankfurt am Main 1988: Handelsblatt, S. 1-42

BRUCK, J.: Entwicklung einer Gesamtkonzeption für das Management strategischer Allianzen im F&E-Bereich, Frankfurt am Main/Berlin/Bern u.a. 1996: Lang

BUCHHOLZ, W.: Timingstrategien - Zeitoptimale Ausgestaltung von Produktentwicklungsbeginn und Markteintritt, in: Schmalenbachs Zeitschrift für betriebswirtschaftliche Forschung, Heft Nr. 1, 1998, S. 21-40

BÜRGEL, H.D./HALLER, C./BINDER, M.: Die japanische Konkurrenz - Anstöße für Überlegungen zur Effektivitäts- und Effizienzsteigerung des westlichen F&E-Prozesses, in: H. Albach (Hrsg.), Effizienzsteigerung im Innovationsprozess, Ergänzungsheft Nr. 1, 1995 der Zeitschrift für Betriebswirtschaft, Wiesbaden 1995, S. 1-26

BÜRGEL, H.D./HALLER, C./BINDER, M.: F&E-Management, München 1996: Vahlen

BULLINGER, H.-J.: Einführung in das Technologiemanagement, Modelle, Methoden, Praxisbeispiele, Stuttgart 1994: Teubner

BULLINGER, H.-J.: Förderung der Unternehmenskreativität, in: H.-J. Bullinger/S. Hermann (Hrsg.), Wettbewerbsfaktor Kreativität, Wiesbaden 2000: Gabler, S. 21-30

BULLINGER, H.-J./WARSCHAT, J./BERNDES, S./STANKE, A.: Simultaneous Engineering, in: E. Zahn (Hrsg.), Handbuch Technologiemanagement, Stuttgart 1995: Schäffer-Poeschel, S. 377-394

BUMANN, A.: Das Vorschlagswesen als Instrument innovationsorientierter Unternehmensführung - Ein integrativer Gestaltungsansatz, dargestellt am Beispiel der Schweizerischen PTT-Betriebe, Fribourg 1991: Universitäts-Verlag

BUNDESMINISTERIUM FÜR BILDUNG UND FORSCHUNG: Bundesbericht Forschung 2000, Bonn 2000

BUNDESVERBAND DEUTSCHER KAPITALBETEILIGUNGSGESELLSCHAFTEN (BVK) E.V., Geschäftsbericht 2001

BURGHARDT, M.: Projektmanagement, 3. Aufl., München/Erlangen 1995: Publicis Corporate Publishing

BURGHARDT, M.: Einführung in das Projektmanagement, 4. Aufl., München/Erlangen 2002: Publicis Corporate Publishing

CC-NANOCHEM: Kompetenzzentrum Nanotechnologie - Funktionalität durch Chemie, Kaiserslautern/Saarbrücken 2001: Nanotechnologie Kompetenzzentrum

CEZANNE, W.: Allgemeine Volkswirtschaftslehre, 3. Aufl., München/Wien 1997: Oldenbourg

CHAN, W./MAUBORGNE, R.: Damit die Innovation kein Flop wird, in: Harvard Business Manager, Heft Nr. 2, 2001, S. 86-97

CLEMENT, M./LITFIN, T./VANINI, S.: IST DIE PIONIERROLLE EIN ERFOLGSFAKTOR ?, IN: ZEITschrift für Betriebswirtschaft, Heft Nr. 2, 1998, S. 205-226

COENENBERG, A.G./RAFFEL, A.: Integrierte Kosten- und Leistungsanalyse für das Controlling von Forschungs- und Entwicklungsprojekten, in: Kostenrechnungspraxis, 1988, S. 199-207

CORSTEN, H.: Simultaneous Engineering als Managementkonzept für Produktentwicklungsprozesse, in: P. Horváth/Fleig, G. (Hrsg.), Integrationsmanagement für neue Produkte, Stuttgart 1998: Schäffer-Poeschel, S. 123-166

CORSTEN, H./CORSTEN, H.: Projektmanagement, München/Wien 2000: Oldenbourg

CREESE, R.C./MOORE, T: Cost Modeling for Concurrent Engineering, in: Cost Engineering, Heft Nr. 6, 1990, S. 23-27

DEISENHOFER, T.: Marktorientierte Kostenplanung auf Basis von Erkenntnissen der Marktforschung bei der AUDI AG, in: P. Horváth (Hrsg.), Target Costing, Stuttgart 1993: Schäffer-Poeschel, S. 93-118

DEUTSCHE AUSGLEICHSBANK: Programme, Richtlinien, Merkblätter, Bonn 1999

DEUTSCHE BISCHOFFSKONFERENZ: Der Mensch - sein eigener Schöpfer ? Wort der Deutschen Bischoffskonferenz zu Fragen von Gentechnik und Biomedizin, Pressemitteilungen der Deutschen Bischoffskonferenz vom 08.03.2001: Sekretariat der Deutschen Bischoffskonferenz (http://www.dbk.de/pm2001/pm2001030802-2.html)

DEUTSCHES INSTITUT FÜR BETRIEBSWIRTSCHAFT: Das Ideenmanagement / BVW in Deutschland, Jahresbericht 2000, Frankfurt am Main 2001

DICHTL, E./ISSING, O. (HRSG.): Synergieeffekt, in: Vahlens großes Wirtschaftslexikon, 2. Aufl., Bd. 2: L-Z, München 1993: Beck/Vahlen, S. 2049

DIENSBERG, C.: Betriebliche Weiterbildung, Vorschlagswesen und Umweltschutz - Lernprozesse zwischen Mitarbeiter- und Unternehmensentwicklung, Frankfurt am Main/Berlin/Bern u.a. 1997: Lang

DIETHELM, G.: Projektmanagement, Bd. 1: Grundlagen, Herne/Berlin 2000: Neue Wirtschafts-Briefe

DIN DEUTSCHES INSTITUT FÜR NORMUNG E.V.: Qualitätsmanagement (DIN EN ISO 8402), Berlin 1995

DOMSCH, M.E./GERPOTT, T.J.: Personalauswahl und Personalbeurteilung als Instrument des Personal-Managements in der industriellen Forschung und Entwicklung (F+E), in: H.H. Moll/H.J. Warnecke (Hrsg.), RKW-Handbuch Forschung, Entwicklung, Konstruktion (F+E), Berlin 1985, S. 1-42

DOMSCH, M.E./GERPOTT, H./GERPOTT, T.J.: Technologische Gatekeeper in der industriellen F&E, Stuttgart 1989: Poeschel

DOMSCH, M.E./LADWIG, D.H.: Humanressourcen und Technologiepotential, in: E. ZAHN (HRSG.), Handbuch Technologiemanagement, Stuttgart 1995: Schäffer-Poeschel, S. 285-305

DPMA: DEUTSCHES PATENT- UND MARKENAMT, Jahresberichte 1999-2001, München 2000, 2001, 2002

DRÖGE, W./BACKHAUS, K./WEIBER, R.: Trends und Perspektiven im Investitionsgüter-marketing - Eine empirische Bestandsaufnahme, in: W. Dröge/K. Backhaus/R. Wei-ber (Hrsg.), Strategien für Investitionsgütermärkte, Landsberg/Lech 1993: Moderne Industrie, S. 18-99

DÜRRENMATT, F.: Die Physiker - Eine Komödie in zwei Akten, Neufassung 1980, Zü-rich 1985: Diogenes

DWORATSCHEK, S.: Projektmanagement-Software, in: H. Schelle (Hrsg.), Projekte er-folgreich managen, Köln 1994: TÜV Rheinland, S. 1-26

EGGERS, O.: Funktionen und Management der Forschung in Unternehmen, Wiesbaden 1997: Deutscher Universitäts-Verlag

ENDRUWEIT, G.: Wechselwirkungen zwischen Gesellschaft und Technologie, in: E. Zahn (Hrsg.), Handbuch Technologiemanagement, Stuttgart 1995: Schäffer-Poeschel, S. 1053-1069

ENGELKE, P.: Integration von Forschung und Entwicklung in die unternehmerische Pla-nung und Steuerung, Heidelberg 1991: Physica

EVANGELISCHE KIRCHE IN DEUTSCHLAND: Gemeinsame Presseerklärung über die Be-gegnung des Präsidiums der Sozialdemokratischen Partei Deutschlands mit Vertre-tern des Rats der Evangelischen Kirche in Deutschland, Pressemitteilungen der EKD, Hannover/Berlin,   12.02.2001:   Pressestelle   der   EKD (http://www.ekd.de/presse/pm2463.html)

EVERSHEIM, W./BOCHTLER, W./LAUFENBERG, L.: Simultaneous Engineering - Erfahrun-gen aus der Industrie für die Industrie, Berlin/Heidelberg/New York u.a. 1995: Springer

EVERSHEIM, W./BREIT, S.: Voraussetzungen für erfolgreiches Reengineering, in: IO Ma-nagement, Heft Nr. 7/8, 1999, S. 18-22

EWERT, R./WAGENHOFER, A.: Interne Unternehmensrechnung, 4. Aufl., Ber-lin/Heidelberg/New York 2000: Springer

FAIX, A.: Attraktivität und Stärke bestimmen - Patentpolitik auf der Grundlage der Pa-tentportfolio-Analyse, in: Wissenschaftsmanagement, Heft Nr. 1, 2001, S. 14-18

FOSTER, R.N.: Innovation - Die technische Offensive, Wiesbaden 1986: Gabler

FRANZ, K.-P.: Ein dynamischer Ansatz des Target Costing, in: K. Backhaus/B. Gün-ter/M. Kleinaltenkamp u.a. (Hrsg.), Marktleistung und Wettbewerb - strategische und operative Perspektiven der marktorientierten Leistungsgestaltung, Wiesbaden 1997: Gabler, S. 277-289

FRESE, E.: Grundlagen der Organisation - Konzept, Prinzipien, Strukturen - 8. Aufl., Wiesbaden 2000: Gabler

GAISER, B./KIENINGER, M.: Fahrplan für die Einführung des Target Costing, in: P. Horváth (Hrsg.), Target Costing, Stuttgart 1993: Schäffer-Poeschel, S. 53-73

GAITANIDES, M.: Prozessorganisation, in: Handwörterbuch der Produktionswirtschaft, W. Kern/H.-H. Schröder/J. Weber (Hrsg.), 2. Aufl., Stuttgart 1996: Schäffer-Poeschel, S. 1682-1696

GASSMANN, O.: Internationales F & E-Management - Potentiale und Gestaltungskonzepte transnationaler F & E-Projekte, München/Wien 1997: Odenbourg

GAUGLITZ-LÜTER, S.: Effektivitäts- und effizienzorientiertes Forschungs- und Entwicklungsmanagement, Lohmar/Köln 1998: Eul

GAUL, W./VOLKMANN, M.: Methodeneinsatz zur Unterstützung erfolgreicher Produktinnovationen, in: Zeitschrift für Unternehmensentwicklung und Industrial Engineering, Heft Nr. 2, 2000, S. 75-78

GEMÜNDEN, G.: Zeit - Strategischer Erfolgsfaktor in Innovationsprozessen, in: M. Domsch/H. Sabisch/S.H. Siemers (Hrsg.), F&E-Management, Stuttgart 1993: Schäffer-Poeschel, S. 67-118

GEMÜNDEN, H.G./HÖGL, M.: Teamarbeit in innovativen Projekten - Eine kritische Bestandsaufnahme der empirischen Forschung, in: H.G. Gemünden/M. Högl (Hrsg.), Management von Teams - Theoretische Konzepte und empirische Befunde, Wiesbaden 2000: Gabler, S. 1-31

GEORGE, G.: Kennzahlen für das Projektmanagement, Frankfurt am Main/Berlin/Bern u.a. 1999: Lang

GERPOTT, T.J.: Gestaltung der Integration und Erfolg von Unternehmensakquisitionen, Stuttgart 1993: Schäffer-Poeschel

GERPOTT, T.J.: Lernprozesse im Zeitwettbewerb, in: H. Simon/K. Schwuchow (Hrsg.), Management-Lernen und Strategie, Stuttgart 1994: Schäffer-Poeschel, S. 57-77

GERPOTT, T.J.: Strategisches Technologie- und Innovationsmanagement, Stuttgart 1999: Schäffer-Poeschel

GERYBADZE, A.: Forschung und Entwicklung, in: W. Korff/S. Feldhaus (Hrsg.), Handbuch der Wirtschaftsethik, Bd. 3, Gütersloh 1999: Gütersloher Verlags-Haus, S. 292-316

GERYBADZE, A./MEYER-KRAHMER, F./REGER, G.: Globales Management von Forschung und Innovation, Stuttgart 1997: Schäffer-Poeschel

GESCHKA, H.: Forschung und Entwicklung als Objekt betrieblicher Entscheidungen, Meisenheim am Glan 1970: Hain

GESCKKA, H.: Wettbewerbsfaktor Zeit - Beschleunigung von Innovationsprozessen, Landsberg/Lech 1993: Moderne Industrie

GESCHKA, H.: Methoden der Technologiefrühaufklärung und der Technologievorhersage, in: E. Zahn (Hrsg.) Handbuch Technologiemanagement, Stuttgart 1995: Schäffer-Poeschel, S. 623-644

GESCHKA, H./YILDIZ, A.: Probleme in den Griff bekommen - Kreativitätstechniken, in: Gabler's Magazin, Heft Nr. 4, 1990, S. 36-40

GRENZMANN, C./MARQUARDT, R./REVERMANN, C./WUDTKE, J.: Forschung und Entwicklung in der Wirtschaft 1995 bis 1997, Essen 1997

GRÜTZNER, F.: Rating - Innovatives Potenzial überwiegend subjektiv ermittelbar, in: Wissenschaftsmanagement Special, Heft Nr. 4, 2000, S. 19

GRUNOW, M./GÜNTHER, H.-O.: Simultaneous Engineering, in: H.-U. KÜPPER/A. WAGENHOFER (HRSG.), Handwörterbuch Unternehmensrechnung und Controlling, 4. Aufl., Stuttgart 2002: Schäffer-Poeschel, S. 1763-1771

HAAS, M.: Finanzielles Controlling von Projekten im industriellen Großanlagenbau - Ein betriebswirtschaftliches Konzept und dessen Informatik-Umsetzung, zugl. Diss., Zürich 1996: Schulthess Polygraphischer Verlag AG

HAHN, D.: Planung und Kontrolle, 6. Aufl., Wiesbaden 2001: Gabler

HANSEN, U.: Marketing und soziale Verantwortung, in: H. STEINMANN/A. LÖHR (HRSG), Unternehmensethik, 2. Aufl., Stuttgart 1991: Poeschel, S. 243-256

HARRYSON, S.: F & E-Vernetzung - das Geheimnis des Erfolgs, in: ARTHUR D. LITTLE (HRSG.), Management von Innovation und Wachstum, Wiesbaden 1997: Gabler, S. 247-264

HAUPT, R.: Industriebetriebslehre - Einführung - Management im Lebenszyklus industrieller Geschäftsfelder, Wiesbaden 2000: Gabler

HAUSCHILDT, J.: Innovationsmanagement, 2. Aufl., München 1997: Vahlen

HAUSCHILDT, J.: Zur Weiterentwicklung des Promotoren-Modells, in: J. HAUSCHILDT/H.G. GEMÜNDEN (HRSG.), Promotoren - Champions der Innovation, Festschrift für E. Witte, Wiesbaden 1998: Gabler, S. 235-262

HAUSCHILDT, J.: Widerstand gegen Innovationen - destruktiv oder konstruktiv ?, in: ZfB-Ergänzungsheft, Nr. 2, 1999, S. 1-21

HAUSCHILDT, J./CHAKRABARTI, A.K.: Arbeitsteilung im Innovationsmanagement, in: J. HAUSCHILDT/H.G. GEMÜNDEN (HRSG.), Promotoren - Champions der Innovation, Festschrift für E. Witte, Wiesbaden 1998: Gabler, S. 67-87

HAUSCHILDT, J./KIRCHMANN, E.: Zur Existenz und Effizienz von Prozesspromotoren, in: J. HAUSCHILDT/H.G. GEMÜNDEN (HRSG.), Promotoren - Champions der Innovation, Festschrift für E. Witte, Wiesbaden 1998: Gabler, S. 89-107

HEIDENBERGER, K./MUTHSAM, H.L./STUMMER, C.: Budgetierungsansätze für Forschung und Entwicklung im Überblick, in: Zeitschrift für Betriebswirtschaft, Heft Nr. 9, 2000, S.1005-1029

HEINTEL, P./KRAINZ, E.E.: Projektmanagement - Eine Antwort auf die Hierarchiekrise ?, 4. Aufl., Wiesbaden 2000: Gabler

HERING, E.: Ganzheitliches Controlling, in: P.H. STEINMÜLLER (HRSG.), Die neue Schule des Controllers, Bd. 2, Stuttgart 1999: Schäffer-Poeschel, S. 279-723

HERMES, M.: Eigenerstellung oder Fremdbezug neuer Technologie, zugl. Diss. Kiel, Kiel 1995

HICKEL, R.: Die Risikospirale - Was bleibt von der New Economy ?, Frankfurt am Main 2001: Eichborn

HINTERHUBER, H.H.: Innovationsdynamik und Unternehmensführung, Wien/New York 1975

HINTERHUBER, H.H.: Strategische Unternehmensführung, Bd. 1, 5. Aufl., Berlin/New York 1992a: de Gruyter

HINTERHUBER, H.H.: Strategische Unternehmensführung, Bd. 2, 5. Aufl., Berlin/New York 1992b: de Gruyter

HOFFMANN, L.: Innovation durch Konspiration, in: Harvard Manager, Heft Nr. 1, 1991, S. 121-127

HORSCH, J.: Innerbetriebliche Innovationshemmnisse als Problemfeld in Organisationen, in: H. Tempel/W. Schmittel/B. Rudow (Hrsg.), Die Organisation der Unternehmen im Wandel, Bd. 1 der Schriftenreihe der Fachhochschule Merseburg, Merseburg 1996, S. 31-52

HORSCH, J.: Umweltorientierte Produktpolitik, Lehrbrief im Fachhochschul-Fernstudienverbund der Länder, Berlin 1998

HORSCH, J.: Personalplanung - Grundlagen, Gestaltungsempfehlungen, Praxisbeispiele, Herne/Berlin 2000: Neue Wirtschafts-Briefe

HORVÁTH, P.: Controlling, 8. Aufl., München 2001: Vahlen

HORVÁTH, P./ARNAOUT, A./GLEICH, R./SEIDENSCHWARZ, W./STOI, R.: Neue Instrumente in der deutschen Unternehmenspraxis - Bericht über die Stuttgarter Studie, in: A. EGGER/O. GRÜN/R. MOSER (HRSG.), Managementinstrumente und -konzepte - Entstehung, Verbreitung und Bedeutung für die Betriebswirtschaftslehre, Stuttgart 1999: Schäffer-Poeschel, S. 289-328

HORVÁTH, P./LAMLA, J./HÖFIG, M.: Rapid Prototyping - der schnelle Weg zum Produkt, in: Harvard Business Manager, Heft Nr. 3, 1994, S. 42-53

HORVÁTH, P./NIEMAND, S./WOLBOLD, M.: Target Costing - State of the Art, in: P. HORVÁTH (HRSG.), Target Costing, Stuttgart 1993, S. 1-27

HOWALDT, J./KOPP, R./WINTHER, M. (HRSG.), Kontinuierlicher Verbesserungsprozess - KVP als Motor lernender Organisation, Köln 1998: Bachem

HÜBNER, H.: Integratives Innovationsmanagement – Nachhaltigkeit als Herausforderung für ganzheitliche Erneuerungsprozesse, Berlin 2002: Erich Schmidt

INSTITUT DER DEUTSCHEN WIRTSCHAFT: Flexible Organisation - Eine Nasenlänge voraus, in: Informationsdienst des Instituts der deutschen Wirtschaft, Heft Nr. 10, 1999, S. 7

INSTITUT DER DEUTSCHEN WIRTSCHAFT: Forschung und Entwicklung - Mehr Geld für zündende Ideen, in: Informationsdienst des Instituts der deutschen Wirtschaft, Heft Nr. 6, 2002a, S. 8

INSTITUT DER DEUTSCHEN WIRTSCHAFT: Technologische Leistungsfähigkeit - Firmen auf Innovationskurs, in: Informationsdienst des Instituts der deutschen Wirtschaft, Heft Nr. 19, 2002b, S. 6-7

JÓRASZ, W.: Kosten- und Leistungsrechnung, in: P.H. STEINMÜLLER (HRSG.), Die neue Schule des Controllers, Bd. 2, Stuttgart 1999: Schäffer-Poeschel, S. 1-278

KAMPHAUSEN, J.E.: Prozessmanagement in der Produktentwicklung, Aachen 1999: Shaker

KANT, I.: Grundlegung zur Methaphysik der Sitten, 7. Aufl., Hamburg 1994: Reclam

KELLNER, H.: Projekte konfliktfrei führen, München/Wien 1996: Hanser

KERN, W./SCHRÖDER, H.-H.: Forschung und Entwicklung in der Unternehmung, Reinbeck 1977: Rowohlt

KERN, W./SCHRÖDER, H.-H.: Forschung, Organisation der, in: E. GROCHLA (HRSG.), Handwörterbuch der Organisation, 2. Aufl., Stuttgart 1980: Poeschel, S. 707-719

KERN, W./SCHRÖDER, H.-H.: Forschung, Organisation der, in: E. FRESE (HRSG.), Handwörterbuch der Organisation, 3. Aufl., Stuttgart 1992: Poeschel, S. 627-640

KEßLER, H./WINKELHOFER, G.: Projektmanagement, Berlin/Heidelberg/New York 1997: Springer

KIRCHMANN, E.: Innovationskooperation zwischen Hersteller und Anwendern, Wiesbaden 1994: Deutscher Universitäts-Verlag

KIESER, A.: Unternehmenskultur und Innovation, in: E. STAUDT (HRSG.), Das Management von Innovationen, Frankfurt am Main 1986: Frankfurter Allgemeine Zeitung, S. 42-50

KILGER, W.: Flexible Plankostenrechnung und Deckungsbeitragsrechnung, 10. Aufl., Wiesbaden 1993: Gabler

KLOOCK, J.: Erfahrungskurven-Konzept, in: N. SZYPERSKI (HRSG.), Handwörterbuch der Planung, Stuttgart 1989: Poeschel, S. 427-433

KÖNIG, M./VÖLKER, R.: Innovationsmanagement in der Industrie, München/Wien 2002: Hanser

KOHLBECHER, S.: Förderung betrieblicher Innovationsprozesse - Eine empirische Erfolgsanalyse, Wiesbaden 1997: Deutscher Universitäts-Verlag

KORNWACHS, K.: Philosophie und ethische Praxis der Technikfolgenabschätzung, in: H.-J. BULLINGER (HRSG.), Technikfolgenabschätzung, Stuttgart 1994: Teubner, S. 137-159

KRAUS, G.: Einfluss des angewandten Projektmanagements auf die Arbeitszufriedenheit der in einer Projektorganisation integrierten Mitarbeiter - Eine Felduntersuchung in der Automobilindustrie, Frankfurt am Main/Berlin/Bern u.a. 1996: Lang

KRAUSE, R.: Unternehmensressource Kreativität - Trends im Vorschlagswesen, Erfolgreiche Modelle, Kreativitätstechniken und Kreativitäts-Software, Köln 1996: Bachem

KREIS, R.: Betriebswirtschaftslehre, Band II: Innovations- und Wertschöpfungsprozess, 5. Aufl., München/Wien 1998: Oldenbourg

KROPEIT, G.: Erfolgsfaktoren für die Gestaltung von FuE-Kooperationen, in: C. TINTELNOT/D. MEIßNER/I. STEINMEIER (HRSG.), Innovationsmanagement, Berlin/Heidelberg/New York 1999: Springer, S. 271-282

KRUBASIK, E.G.: Technologie - Strategische Waffe, in: Wirtschaftswoche, Heft Nr. 25, 1982, S. 28-33

KRÜGER, W.: Projektmanagement und Führung, in: A. KIESER/G. REBER/R. WUNDERER (HRSG.), Handwörterbuch der Führung, 2. Aufl., Stuttgart 1995: Schäffer-Poeschel, S. 1780-1795

KRÜGER, A./SCHMOLKE, G./VAUPEL, R.: Projektmanagement als kundenorientierte Führungskonzeption, Stuttgart 1999: Schäffer-Poeschel

KRYSTEK, U./ZUR, E.: Projektcontrolling - Frühaufklärung von projektbezogenen Chancen und Bedrohungen, in: Controlling, 1991, S. 304-311

KÜNG, H.: Weltethos für Weltpolitik und Weltwirtschaft, München 1997: Piper

KURTH, H.W.: Entwicklungsmanagement - Effizientes Projektmanagement, Tagungsbericht zur 3. Entwicklungsmanagementtagung, 2. Aufl., Hernborn-Seelbach 1997: IUP

LANGE, J.H.: Produktinnovations-Controlling - Konzept und Instrumente für eine bereichsübergreifende Planung und Kontrolle der Innovationstätigkeit, Münster/Hamburg 1994: Lit

LAWRENCE, P.R.: Wie man Widerstände gegen Neuerungen abbaut, in: H.G. KOBLITZ (HRSG.), Führung und Organisation, Bd. 1, Hamburg 1985: Manager-Magazin, S. 119-130

LECHLER, T./GEMÜNDEN, H.G.: Kausalanalsyse der Wirkungsstruktur der Erfolgsfaktoren des Projektmanagements, in: Zeitschrift für Betriebswirtschaft, Heft Nr. 4, 1998, S.435-450

LINCKE, W.: Simultaneous Engineering - Neue Wege zu überlegenen Produkten, München/Wien 1995: Hanser

LITKE, H.-D.: Projektmanagement - Methoden, Techniken, Verhaltensweisen, 3. Aufl., München/Wien 1995: Hanser

LITTKEMANN, J.: Erfolgreiches Innovationscontrolling - Ergebnisse einer empirischen Untersuchung, in: Zeitschrift für Betriebswirtschaft, Heft Nr. 12, 1997, S.1309-1331

LITTKEMANN, J./LEWERENZ, S.: Organisation des Innovationscontrollings, in: IO Management, Heft Nr. 11, 2000, S. 20-30

LOMNITZ, G.: Multiprojektmanagement – Projekte planen, vernetzen und steuern, Landsberg am Lech 2001: Moderne Industrie

LUTHER BIBEL, Standardausgabe mit Apokryphen, Stuttgart 1985: Deutsche Bibelgesellschaft

MACHARZINA, K.: Unternehmensführung, 3. Aufl., Wiesbaden 1999: Gabler

MACHIAVELLI, N.: Der Fürst, Frankfurt am Main 1990: Insel-Verlag (Original: Il Principe, Florenz 1513)

MADAUSS, B.J.: Handbuch Projektmanagement, 6. Aufl., Stuttgart 2000: SchäfferPoeschel

MÄRTENS, M.: Ethik als Grundlage für moralisches Handeln in Unternehmungen - Ein ganzheitlicher Ansatz, München/Mering 2000: Hampp

MAILÄNDER, P.: Ausgründung und Management-Buy-out, in: W. WEITNAUER (HRSG.), Handbuch Venture Capital - Von der Innovation zum Börsengang, München 2000: Beck, S. 177-185

MAJARO, S.: Erfolgsfaktor Kreativität - Ertragssteigerung durch Ideenmanagement, London/New York/St. Louis u.a. 1993: McGraw-Hill

MEFFERT, H.: Marketing - Grundlagen der Absatzpolitik, 9. Aufl., Wiesbaden 2000: Gabler

MENACHE, G./WEITNAUER, W.: Forschungseinrichtungen und Technologietransfer, in: W. WEITNAUER (HRSG.), Handbuch Venture Capital - Von der Innovation zum Börsengang, München 2000: Beck, S. 43-51

MERZ, E./BIEHLER, B.: Betriebliches Vorschlagswesen - professionell und wirksam, Landsberg am Lech 1994: Moderne Industrie

MEYER, D.: Die Forschungs- und Entwicklungskooperation als strategische Allianz, in: Wirtschaftswissenschaftliches Studium, Heft Nr. 1, 1994, S. 15-19

MICHEL, K.: Technologie im strategischen Management, 2. Aufl., Berlin 1990: E. Schmidt

MILLING, P./MAIER, F.: Invention, Innovation und Diffusion, Berlin 1996: Duncker und Humblot

MISSLING, P.: Schutz der Innovation, in: W. WEITNAUER (HRSG.), Handbuch Venture Capital - Von der Innovation zum Börsengang, München 2000a: Beck, S. 57-73

MISSLING, P.: Der Lizenzvertrag, in: W. WEITNAUER (HRSG.), Handbuch Venture Capital - Von der Innovation zum Börsengang, München 2000b: Beck, S. 227-246

MISSLING, P./MENACHE, G.: Patent- und Urheberrecht im Arbeitsverhältnis, in: W. WEITNAUER (HRSG.), Handbuch Venture Capital - Von der Innovation zum Börsengang, München 2000: Beck, S. 74-82

MONDEN, Y.: Wege zur Kostensenkung - Target Costing und Kaizen Costing, München 1999: Vahlen

MORDHORST, C.F.: Ziele und Erfolg unternehmerischer Lizenzstrategien, Wiesbaden 1994: Deutscher Universitäts-Verlag

MÜLLER, J./WIELOWSKI, C.D.: Innovationen für das E-Business - Der Electronic@Business Check, in: E. BRUCH/J. MÜLLER/C.D. WIELOWSKI (HRSG.), Innovationen - Bausteine des Erfolgs von morgen, Landsberg/Lech 2000: Moderne Industrie, S. 189-205

MÜLLER, W.: Risiko und Ungewissheit, in: W. WITTMANN (HRSG.), Handwörterbuch der Betriebswirtschaft, 5. Aufl., Stuttgart 1993: Schäffer-Poeschel, S. 3813-3825

MÜLLER-MERBACH, H.: Die Zukunft im Voraus erfahren, in: E. BRUCH/J. MÜLLER/C.D. WIELOWSKI (HRSG.), Innovationen - Bausteine des Erfolgs von morgen, Landsberg/Lech 2000: Moderne Industrie, S. 247-270

NEFIODOW, L.A.: Basisinnovationen als Treiber der Wirtschaft, in: E. BRUCH/J. MÜLLER/C.D. WIELOWSKI (HRSG.), Innovationen - Bausteine des Erfolgs von morgen, Landsberg/Lech 2000: Moderne Industrie, S. 11-26

NIESCHLAG, R./DICHTL, E./HÖRSCHGEN, H.: Marketing, 19. Aufl., Berlin 2002: Duncker & Humblot

o.V.: Nanotechnologie - Ungeahnte Möglichkeiten, in: Das Wirtschaftsstudium, Heft Nr. 12, 2000, S. 1568-1569

o.V.: Kunststoff für die Biotonne, in: Der Spiegel, Heft Nr. 9, 2001, S. 93

PATZAK, G./RATTAY, G.: Projektmanagement - Leitfaden zum Management von Projekten, Projektportfolios und projektorientierten Unternehmen, 3. Aufl., Wien 1998: Linde

DE PAY, D.: Informationsmanagement von Innovationen, Wiesbaden 1995: Gabler

PEPELS, W.: Innovationsmanagement, Berlin 1999: Cornelsen Girardet

PERILLIEUX, R.: Der Zeitfaktor im strategischen Technologiemanagement - Früher oder später Einstieg bei technischen Produktinnovationen ?, Berlin 1987: Erich Schmidt

PERILLIEUX, R.: Technologietiming, in: E. ZAHN (HRSG.) Handbuch Technologiemanagement, Stuttgart 1995: Schäffer-Poeschel, S. 267-284

PERITSCH, M.: Wissensbasiertes Innovationsmanagement - Analyse, Gestaltung, Implementierung, Wiesbaden 2000: Deutscher Universitäts-Verlag

PETERS, J./BECKER, W.: Hochschulkooperationen und betriebliche Innovationsaktivitäten - Ergebnisse aus der deutschen Automobilindustrie, in: Zeitschrift für Betriebswirtschaft, Heft Nr. 11, 1999, S.1293-1311

PFEIFFER, W./METZE, G./SCHNEIDER, W./AMLER, R.: Technologie-Portfolio zum Management strategischer Zukunftsgeschäftsfelder, 6. Aufl., Göttingen 1991: Vandenhoeck und Ruprecht

PFEIFFER, W./WEIß, E.: Methoden zur Analyse und Bewertung technologischer Alternativen, in: E. Zahn (Hrsg.) Handbuch Technologiemanagement, Stuttgart 1995: Schäffer-Poeschel, S. 663-679

PICOT, A.: Transaktionskostenansatz in der Organisationstheorie - Stand der Diskussion und Aussagewert, in: Die Betriebswirtschaft, Heft Nr. 2, 1982, S. 267-284

PICOT, A./DIETL, H./FRANCK, E.: Organisation, Stuttgart 1997: Schäffer-Poeschel

PIONTEK, J., Controlling, München/Wien 1996: Oldenbourg

PLATZ, J.: Produkt- und Projektstrukturpläne als Basis der Projektplanung, in: H. RESCHKE/H. SCHNELLE/R. SCHNOPP (HRSG.), Handbuch Projektmanagement, Bd. 1, Köln 1989: TÜV Rheinland

PLATZ, J.: Teambildung - Durch eine geeignete Projektkultur zum Erfolg, in: D. LANGE (HRSG.), Deutsches Projektmanagement-Forum 1998, München 1998: Gesellschaft für Projektmanagement e.V., S. 45-63

PLESCHAK, F./SABISCH, H.: Innovationsmanagement, Stuttgart 1996: Schäffer-Poeschel

PORTER, M.E.: Wettbewerbsvorteile, 5. Aufl., Frankfurt am Main 1999: Campus

PRAHALAD, C.K./HAMEL, G.: Nur Kernkompetenzen sichern das Überleben, in: Harvard Manager, Heft Nr. 2, 1991, S. 66-78

PRICEWATERHOUSECOOPERS, Innovation - Erfolgsfaktoren im Wettbewerb, Zürich 1998

REDEKER, G./SAUER, R.: Continuous Engineering - Kontinuierliche Produktentwicklung nach dem Schichtprinzip, in: Industrie Management, Heft Nr. 5, 2000, S. 59-63

REINHARDT, W.: Controlling von F&E-Projekten, Ludwigsburg/Berlin 1993: Verlag Wissenschaft und Praxis

RICKERT, D.: Multi-Projektmanagement in der industriellen Forschung und Entwicklung, Wiesbaden 1995: Deutscher Universitäts-Verlag

RINZA, P.: Projektmanagement - Planung, Überwachung und Steuerung von technischen und nichttechnischen Vorhaben, 4. Aufl., Berlin/Heidelberg/New York u.a. 1998: Springer

ROHRBACH, B.: Möglichkeiten der Aktivierung kreativer Potenziale, in: E. BRUCH/J. MÜLLER/C.D. WIELOWSKI (HRSG.), Innovationen - Bausteine des Erfolgs von morgen, Landsberg/Lech 2000: Moderne Industrie, S. 71-85

ROLING, J.: Venture Capital und Innovation - Theoretische Zusammenhänge, empirische Befunde und wirtschaftspolitische Implikationen, Lohmar/Köln 2001: Eul

ROSENSTIEL, L. VON: Grundlage der Organisationspsychologie, 3. Aufl., Stuttgart 1992: Schäffer-Poeschel

ROTERING, C.: Forschungs- und Entwicklungskooperationen zwischen Unternehmen - eine empirische Analyse, Stuttgart 1990: Poeschel

RÜDIGER, M.: Theoretische Grundmodelle zur Erklärung von FuE-Kooperationen, in: Zeitschrift für Betriebswirtschaft, Heft Nr. 1, 1998, S. 25-48

SABISCH, H.: Produktinnovationen, Stuttgart 1991: Poeschel

SCHEFCZYK, M.: Finanzieren mit Venture Capital - Grundlagen für Investoren, Finanzintermediäre, Unternehmer und Wissenschaftler, Stuttgart 2000: Schäffer-Poeschel

SCHERER, P.: Gestaltung des Serienanlaufs bei zentraler Entwicklung und dezentraler Produktion, in: P. HORVÁTH/FLEIG, G. (HRSG.), Integrationsmanagement für neue Produkte, Stuttgart 1998: Schäffer-Poeschel, S. 87-103

SCHEWE, G.: Imitationsmanagement: Nachahmung als Option des Technologiemanagements, Stuttgart 1992: Schäffer-Poeschel

SCHMALEN, H./PECHTL, H.: Die Rolle der Innovationseigenschaften als Determinanten im Adoptionsverhalten, in: Schmalenbachs Zeitschrift für betriebswirtschaftliche Forschung, Heft Nr. 9, 1996, S. 816-836

SCHMELZER, H.J.: Steigerung der Effektivität und Effizienz durch Verkürzung von Entwicklungszeiten, in: R. REICHWALD/H.J. SCHMELZER (HRSG.), Durchlaufzeiten in der Entwicklung - Praxis des industriellen F&E-Managements, München 1990: Oldenbourg, S. 27-63

SCHMELZER, H.J./BUTTERMILCH, K.-H.: Reduzierung der Entwicklungszeiten in der Produktentwicklung als ganzheitliches Problem, in: K. BROCKHOFF/A. PICOT/C. URBAN (HRSG.), Zeitmanagement in Forschung und Entwicklung, Düsseldorf/Frankfurt am Main 1988: Handelsblatt, S. 43-73

SCHRÖDER, H.-H.: Technologiemanagement, in: W. KERN/H.-H. SCHRÖDER/J. WEBER (HRSG.), Handwörterbuch der Produktionswirtschaft, 2. Aufl., Stuttgart 1996, S. 1994-2011

SCHULTZ, V.: Projektkostenschätzung - Kostenermittlung in frühen Phasen von technischen Auftragsprojekten, Wiesbaden 1995: Gabler

SCHUMPETER, J.A.: Kapitalismus, Sozialismus und Demokratie, 7. Aufl., Tübingen/Basel 1993: Francke

SCHUSTER, M.: Corporate Venture Capital, in: Wisu - Das Wirtschaftsstudium, Heft Nr. 10, 2001, S. 1288-1292

SCHWAB, F./SCHNEIDER, W./SCHWAB-MATKOVITS, I.: EDV Projektentwicklung, 3. Aufl., Wien 1999: Manz

SCHWARZE, J.: Netzplantechnik - Eine Einführung in das Projektmanagement, 7. Aufl., Herne/Berlin 1994: Neue Wirtschafts-Briefe

SERVATIUS, H.G.: Methodik des strategischen Technologie-Managements, Grundlage für erfolgreiche Innovationen, Berlin 1985: E. Schmidt

SHANKAR, V./CARPENTER, G.S./KRISHNAMURTHI, L.: Late mover advantage - How innovative late entrants outsell pioneers, in: Journal of Marketing Research, Heft Nr. 1, 1998, S. 54-70

SIEGWART, H./BARTEL, H./SCHULTHEISS, L.: Kalkulation - Arbeitsbuch für Studium und Praxis, Köln 1998: Bachem

SIEGWART, H./SENTI, R.: Product Life Cycle Management - Die Gestaltung eines integrierten Produktlebenszyklus, Stuttgart 1995: Schäffer-Poeschel

SIMON, H.: Stein der Weisen, in: manager magazin, Heft Nr. 2, 1993, S. 134-140

SOMMERLATTE, T.: Warum Hochleistungsorganisation und wie weit sind wir davon entfernt ?, in: A.D. Little (Hrsg.), Management der Hochleistungsorganisation, 2. Aufl., Wiesbaden 1991: Gabler, S. 1-22

SOMMERLATTE, T./DESCHAMPS, J.-P.: Der strategische Einsatz von Technologien - Konzepte und Methoden zur Einbeziehung von Technologien in die Strategieentwicklung des Unternehmens, in: A.D. LITTLE (HRSG.), Management im Zeitalter der strategischen Führung, 2. Aufl., Wiesbaden 1986: Gabler, S. 37-76

SONNTAG, W.: Unternehmenserfolg durch permanente Sanierung - Strategien, Wettbewerbsfähigkeit, Innovation, Köln 1998: Bachem

SPECHT, G./BECKMANN, C.: F&E-Management, Stuttgart 1996: Schäffer-Poeschel

SPECHT, G./GERHARD, B.: Beteiligung unternehmensinterner Funktionsbereiche am Innovationsprozess, in: C. TINTELNOT/D. MEIßNER/I. STEINMEIER (HRSG.), Innovationsmanagement, Berlin/Heidelberg/New York 1999: Springer, S. 219-234

SPECHT, G./PERILLIEUX, R.: Erfolgsfaktoren technischer Führer- und Folgerpositionen auf Investitionsgütermärkten, in: Schmalenbachs Zeitschrift für betriebswirtschaftliche Forschung, Heft Nr. 3, 1988, S. 204-226

STÄHLI, A.: Innovationsmanagement und die Business School 2000, in: R. BERNDT (HRSG.), Innovatives Management, Berlin/Heidelberg/New York 2000: Springer, S. 97-114

STAUDT, E.: Forschung und Entwicklung, in: W. WITTMANN (HRSG.), Handwörterbuch der Betriebswirtschaft, 5. Aufl., Stuttgart 1993: Schäffer-Poeschel, S. 1185-1198

STAUDT, E./KOTTMANN, M.: Deutschland gehen die Innovatoren aus !, in: Personal, Heft Nr. 1, 2001, S. 22-28

STAUDT, E./KOTTMANN, M./MERKER, R.: Kompetenzdefizite von Naturwissenschaftlern und Ingenieuren behindern den Strukturwandel und verhindern Innovationen, in: Zeitschrift für Personalforschung, Heft Nr. 1, 1999, S. 5-28

STEIN, A./GACKSTATTER, S/HASSAN, A./RIEMANN, A.: Wenn F+E-Projekte wie strategische Optionen bewertet werden, in: Harvard Business Manager, Heft Nr. 2, 2001, S. 49-58

STEINBUCH, P.A.: Projektorganisation und Projektmanagement, 2. Aufl., Ludwigshafen 2000: Kiehl

STEINMANN, H./LÖHR, A.: Grundlagen der Unternehmensethik, 2. Aufl., Stuttgart 1994: Schäffer-Poeschel

STIFTERVERBAND FÜR DIE DEUTSCHE WISSENSCHAFT: Aufwendungen der Wirtschaft für FuE steigen weiter - verhaltene Pläne für 2001, Pressemittteilung Nr. 106 anlässlich der FuE-Pressekonferenz am 15.03.2001

STIPPEL, N.: Innovations-Controlling - Managementunterstützung zur effektiven und effizienten Steuerung des Innovationsprozesses im Unternehmen, München 1999: Vahlen

STRECKER, A.: Prozesskostenrechnung in Forschung und Entwicklung, München 1991: Vahlen

STÜCKELBERGER, C.: Das Konzept der nachhaltigen Entwicklung um zwei Dimensionen erweitern - Ein Beitrag der Entwicklungsethik, in: H.-B. PETER (HRSG.), Globalisierung, Ethik und Entwicklung, Bern/Stuttgart/Wien 1999: Haupt, S. 103-122

SÜVERKRÜP, C.: Internationaler technologischer Wissenstransfer durch Unternehmens-akquisitionen - Eine empirische Untersuchung am Beispiel deutsch-amerikanischer und amerikanisch-deutscher Akquisitionen, Frankfurt am Main/Berlin/Bern u.a. 1992: Lang

TANI, T./WANGENHEIM, S. VON: Vergleichende empirische Analyse des Serienanlaufs bei Automobilzulieferern in Deutschland und Japan, in: P. HORVÁTH/FLEIG, G. (HRSG.), Integrationsmanagement für neue Produkte, Stuttgart 1998: Schäffer-Poeschel, S. 23-53

THOM, N.: Grundlagen des betrieblichen Innovationsmanagements, 2. Aufl., Königstein/Ts. 1980: Hanstein

THOM, N.: Betriebliches Vorschlagswesen - Ein Instrument der Betriebsführung und des Verbesserungsmanagements, 5. Aufl., Frankfurt am Main/Berlin/Bern u.a. 1996: Lang

THOMA, W.: Erfolgsorientierte Beurteilung von F&E-Projekten, Darmstadt 1989: Toeche-Mittler

TIMMIS, K.N.: „Sicherheitsforschung" in bezug auf Freisetzung und Risikoabschätzung - Die Notwendigkeit, eine langfristige Strategie für eine koordinierte interdisziplinäre Grundlagenforschung zu entwickeln, in: H. ALBACH/D. SCHADE/H. SINN (HRSG.), Technikfolgenforschung und Technikfolgenabschätzung, Berlin/Heidelberg/New York u.a. 1991: Springer, S. 141-161

TSIFIDARIS, M.: Management der Innovation - Pragmatische Konzepte zur Zukunftssicherung des Unternehmens, Renningen-Malmsheim 1994: Expert

TUSHMAN, M.L./O´REILLY, C.A.: Innovation ist machbar, Landsberg/Lech 1998: Moderne Industrie

TYTKO, D.: Grundlagen der Projektfinanzierung, Stuttgart 1999: Schäffer-Poeschel

ULRICH, P.: Unternehmensethik und „Gewinnprinzip" - Versuch der Klärung eines unerledigten wirtschaftsethischen Grundproblemes, in: H.G. NUTZINGER (HRSG.), Wirtschaftsethische Perspektiven III: Unternehmensethik, Verteilungsprobleme, methodische Ansätze: Berlin 1996: Duncker & Humblot: S. 137-171

ULRICH, P.: Integrative Wirtschaftsethik - Grundlagen einer lebensdienlichen Ökonomie, Bern/Stuttgart/Wien 1997: Haupt

VAHS, D./BURMESTER, R.: Innovationsmanagement - Von der Produktidee zur erfolgreichen Vermarktung, 2. Aufl., Stuttgart 2002: Schäffer-Poeschel

VIDAL, M.: Strategische Pioniervorteile, in: Zeitschrift für Betriebswirtschaft, Ergänzungsheft Nr. 1, Effizienzsteigerung im Innovationsprozess, Schriftleitung H. Albach, Wiesbaden 1995, S. 43-58

VÖLKER, R.: Wertmanagement in Forschung und Entwicklung - Allokation der F & E-Ressourcen auf Projekte, Bereiche und Standorte, München 2000: Vahlen

VOIGT, K.-I./STURM, C.: Integriertes Innovationscontrolling, in: Kostenrechnungspraxis, Heft Nr. 1, 2001, S. 7-12

VOLPP, U.: Personelle Auswirkungen der Einführung eines Projekt-Managements - Das Problem der Kollision von temporärer und dauerhafter Organisationsform, zugl. Diss. Mainz, Mainz 1989

WANGENHEIM, S. VON: Integrationsbedarf im Serienanlauf dargestellt am Beispiel der Automobilindustrie, in: P. HORVÁTH/FLEIG, G. (HRSG.), Integrationsmanagement für neue Produkte, Stuttgart 1998: Schäffer-Poeschel, S. 57-86

WANGENHEIM, S. VON/DÖRNEMANN, J.: Von der Markteintrittsstrategie zum Serienlauf, in: P. HORVÁTH/FLEIG, G. (HRSG.), Integrationsmanagement für neue Produkte, Stuttgart 1998: Schäffer-Poeschel, S. 299-322

WEIBER, R.: Diffusion von Telekommunikation, Wiesbaden 1992: Gabler

WEIß, E.: Management diskontinuierlicher Technologie-Vorgänge, Göttingen 1989: Vandenhoeck & Ruprecht

WEITNAUER, W.: „Venture Capital" und eine neue „Gründerzeit", in: W. WEITNAUER (HRSG.), Handbuch Venture Capital - Von der Innovation zum Börsengang, München 2000: Beck, S. 4-12

WIENDIECK, G.: Teamarbeit, in: E. FRESE (HRSG.), Handwörterbuch der Organisation, 3. Aufl., Stuttgart 1992: Poeschel, S. 2375-2384 (fehlt bislang im LV)

WILDEMANN, H.: Lernen vom Wettbewerb als Instrument der betrieblichen Innovation, in: Zeitschrift für Betriebswirtschaft, Heft Nr. 11, 1998, S. 1181-1199

WINKELHOFER, G.: Methoden für Management und Projekte - Ein Arbeitsbuch für Unternehmensentwicklung, Organisation und EDV, Berlin/Heidelberg/New York 1997: Springer

WITTE, E.: Organisation für Innovationsentscheidungen, Göttingen 1973: Schwartz

WITTE, E.: Erfolgsmuster von Innovationen, in: E. Gaugler (Hrsg.), Zukunftsaspekte der anwendungsorientierten Betriebswirtschaftslehre, Festschrift für E. Grochla, Stuttgart 1986: Poeschel, S. 235-246

WITTE, E.: Das Promotoren-Modell, in: J. Hauschildt/H.G. Gemünden (Hrsg.), Promotoren - Champions der Innovation, Festschrift für E. Witte, Wiesbaden 1998: Gabler, S. 9-41

WITTLAGE, H.: Unternehmensorganisation - Eine Einführung mit Fallstudien, 6. Aufl., Herne/Berlin 1998: Neue Wirtschafts-Briefe

WÖBSE, H.H.: Die Einheit von Materie, Geist und Seele - Über die Sinnhaftigkeit einer Synthese natur- und geisteswissenschaftlicher Erkenntnisse für die Ethik-Diskussion, in: Landwirtschaft + Stadt, Heft Nr. 1, 1987, S. 1-11

WÖHE, G.: Einführung in die Allgemeine Betriebswirtschaftslehre, 20. Aufl., München 2000: Vahlen

WOLFRUM, B.: Strategisches Technologiemanagement, 2. Aufl., Wiesbaden 1994: Gabler

WUPPERFELD, U.: Management und Rahmenbedingungen von Beteiligungsgesellschaften auf dem deutschen Seed-Capital Markt, Frankfurt am Main/Berlin/Bern u.a. 1996: Lang

ZEHNDER, C.A.: Informatik-Projektentwicklung, 3. Aufl., Zürich 2001: VDF/Hochschulverlag an der ETH

ZÜNDORF, L./GRUNT, M.: Innovation in der Industrie - Organisationsstrukturen und Entscheidungsprozesse betrieblicher Forschung und Entwicklung, Frankfurt am Main/New York 1982: Campus

Stichwortverzeichnis

A

Ablauf- und Terminplanung	214
Abweichungen	259
Adoption	6
angewandte Forschung	8
Anreizsystem	119
Arbeitnehmererfindungen	55
Arbeitspaket	210
Aufbauorganisation	197
Auftragsforschung	87
Aufwandschätzung	219
Aufwendungen für F+E	164
Ausgliederung des Innovationsmanagements	85, 99

B

Balanced Scorecard	36
Balkendiagramm	223
Basistechnologie	57
Belastungsdiagramm	238
Benchmarking	139
Beschleunigungskosten	292
Betriebliches Vorschlagswesen	108
Bewertungsverfahren	148
Brainstorming	144
Brainwriting (6-3-5-Methode)	144
Budgetanalyse	264
Budgetierung	166

C

Continuous Engineering	244

D

Delphie-Methode	222
Design for Manufacture and Assembly	183
Differenzierung	34
Diffusion	6
Diversifikation	42

Dokumentenanalyse	219

E

EDV-Einsatz	243
Einzelauftragsorganisation	204
Entscheidungsbaum	156
Entwicklung	8
Entwicklungstrichter	20
Ereignisknotennetz	225
Erfahrungskurve	73
Ethik und Innovation	128
Expertenbefragung	220

F

Fachpromotor	133
Feasibility-Studie	159
Fehlermöglichkeits- und Einflussanalyse	183
Feinauswahl	153
Finanzielle Rahmenbedingungen	164
Fischgrätendiagramm	260
Folgerstrategie	70
Förderprogramme	169
Forschung und Entwicklung	8

G

Gap-Analyse	28
Gebrauchsmuster	54
Generalunternehmerschaft	204
Grobauswahl	149
Grundlagenforschung	8

I

Ideengenerierung	142
Imitation	7
Imitationsmanagement	82
Informationsmanagement	261
Innovation	1
Innovation als Prozess	6

Innovationsansätze   5
Innovationseinkauf   81
Innovationskonzepte   79
Innovationsmanagement   15, 27
Innovationsportfolio   70
Invention   6
Istkosten   263

J

Job-Rotation   119

K

Kalendrierung   219
Kapazitätsausgleich   239
Kapazitätsplanung   235
Kennzahlen   281
Klonen   128
Kondratieff-Zyklus   3
Konsortium   205
Kontinuierliche Verbesserungsprozesse   108
Kooperation   87
Kosten   22
Kostenabweichungen   266
Kostenbeeinflussung   23
Kostenführerschaft   34
Kostenindex   277
Kosten-Meilenstein-Trendanalyse   291
Kostenstruktur   247
Kostenvarianz   277
kritischer Weg   228

L

Lastenheft   170
Lebenszyklus   16
Leistungsindex   278
Leistungsvarianz   278
Lenkungsausschuss   186
Liquiditätsplanung   255
Lizenznahme   83

M

Machtpromotor   133

Magisches Zieldreieck   21
Management von Forschung und
    Entwicklung   19
Marktattraktivität   43
Marktattraktivitäts-Wettbewerbsvorteil-
    Portfolio   43
Marktdurchdringung   41
Markteintritt   78
Marktentwicklung   41
Marktorientierung   40
Matrix-Projektorganisation   199
Meileinstein   207
Meilenstein-Trendanalyse   287
Morphologischer Kasten   145
MPM-Netzplan   227
MS-Project   224
Multi-Projektmanagement   19

N

Netzplantechnik   224
Nutzwertanalyse   152

O

Organisation von Projekten   185

P

Patent   50
Patentanmeldungen   52
Personal   111
Personalbedarfsplanung   112
Personalbeschaffung   112
Personalentwicklung   116
Personalführung   118
Persönlichkeitsmerkmale   114
PERT-Netzplan   232
Pflichtenheft   171
Phasenplan   209
Pionierstrategie   69
Portfolio-Analyse   32
Problemerkennung   139
Produktentwicklung   42
Produktinnovation   12

Produktklinik   140
Produktlebenszyklusrechnung   255
Produkt-Markt-Matrix   40
Produktmodifikation   42
Produktsubstitution   42
Produkttechnologie   48
Projekt   9
Projektabbruch   297
Projektabschluss   303
Projektabschlussbericht   305
Projektabschlusssitzung   305
Projektbeschleunigung   296
Projektcontrolling   206
Projekteffizienz   281
Projektergebnisse   303
Projektfortschritt   269
Projektkosten- und Leistungsanalyse   274
Projektkostenplanung   245
Projektleiter   187
Projektmanagement   19, 137
Projektorganisation   197
Projektplanung   206
Projektprogrammplanung   138
Projektrisikoportfolio   162
Projektstart   169
Projektsteuerung   256
Projektstrukturplan   210
Projektteam   189
Projektüberwachung   256
Projektziele   169
Promotorenmodell   132
Prozess   13
Prozessinnovation   12
Prozesskostenrechnung   251
Prozesspromotor   133
Prozesstechnologie   48
Pufferzeiten   229

Q

Qualität   22
Quality Function Deployment   182

R

Reine Projektorganisation   201
Ressourcen   237
Restdauer   286
Restkapazität   237
Restkosten   283
Risikobewertung   160

S

Schätzklausur   222
Schlüsseltechnologie   58
Schrittmachertechnologie   58
Schutzrechte   49
Schwachstellenanalyse   140
Sensitivitätsanalyse   158
S-Kurven-Konzept   60
Sollkosten   267
Stabsstellen-Projektorganisation   198
Strategieentwicklung   30, 40
Strategieimplementierung   36
strategische Geschäfteinheit   33
strategische Geschäftsfelder   32
Substitutionstechnologie   60
Synektik   145

T

Target Costing   173
Target Timing   292
Teamentwicklung   196
Technik   46
Technikpotenzialabschätzung   60
Technologie   46
Technologiefrüherkennung   48
Technologielebenszyklus   60
Technologiemanagement   9
Technologieportfolio   63
Technologieprognose   56
Technologische Kernkompetenz   63
Terminliste   223
Terminverzögerung   280
Theorie   46
Timingstrategie   69

Transaktionskostentheorie   79

U

Unternehmensakquisition   84
Unternehmenskultur   115

V

Venture-Management   92, 99, 100
Verbesserungsvorschlag   109
Vorgang   215, 225
Vorgangsknotennetz   225
Vorgangspfeilnetz   225

W

Wertschöpfungskette   35
Wettbewerbsvorteil   44
Wettbewerbsvorteile   34
Widerstände gegen Innovationen   121
Wirtschaftlichkeitsanalyse   154

Z

Zeit   24
Zeitabweichung   279
Zeitfalle   24
Zielkostenkontrolldiagramm   180
Zielterminrechnung   292
Zukunftswettbewerbe   147

MIX
Papier aus verantwortungsvollen Quellen
Paper from responsible sources
FSC® C105338

If you have any concerns about our products,
you can contact us on
ProductSafety@springernature.com

In case Publisher is established outside the EU,
the EU authorized representative is:
Springer Nature Customer Service Center GmbH
Europaplatz 3, 69115 Heidelberg, Germany

Printed by Libri Plureos GmbH
in Hamburg, Germany